ein Ullstein Buch

Berta Drews – die Drews – wurde als Tochter eines Ingenieurs am 19. November 1901 »quasi auf der Durchreise« in Berlin geboren und wuchs in Stettin und Posen auf. Als sich ihr Traum, Sängerin zu werden, zerschlug, wurde sie Schülerin an Max Reinhardts Schauspielschule des Deutschen Theaters. Sie debütierte 1924 in Stuttgart und machte sich vor allem als Protagonistin zeitgenössischer Dramatik (Brecht, Hauptmann, Zuckmayer, Wedekind) schnell einen Namen. 1930 kam sie nach Berlin und begegnete hier dem Mann, der ihr weiteres Leben prägte und den sie 1932 heiratete: Heinrich George. Als George 1938 Intendant des Berliner Schiller-Theaters wurde, begann – nach der Geburt ihrer beiden Söhne Jan und Götz – ihre »zweite Karriere«. Nach dem Tod von Heinrich George 1946 in sowjetischer Lagerhaft wurde Berta Drews ab 1948 in ihrer »dritten Karriere« eine der Säulen, die Doyenne der Staatlichen Schauspielbühnen Berlin.

In ihrer Autobiographie hat Berta Drews virtuos Gegenwart und Vergangenheit miteinander verbunden. Das Buch, in dem sie vor allem auch ihre – niemals konfliktfreie – Verbindung mit Heinrich George und nach seinem tragischen Tod ihre erzwungene Emanzipation, ihr »Freistrampeln« beschreibt, besticht durch seine frischen Menschenschilderungen und spiegelt wie in einem Kaleidoskop die Höhen und Tiefen eines bewußt und intensiv gelebten Schauspielerdaseins. Berta Drews starb am 9. April 1987 in Berlin.

Berta Drews

Wohin des Wegs

Erinnerungen

ein Ullstein Buch

ein Ullstein Buch
Nr. 22020
im Verlag Ullstein GmbH,
Frankfurt/M – Berlin

Ungekürzte Ausgabe
Mit 75 Fotos
und 24 Textillustrationen

Umschlagentwurf:
Hansbernd Lindemann
Foto: Ullstein – Buhs/Remmler (1961)
Alle Rechte vorbehalten
Taschenbuchausgabe mit Genehmigung
der Albert Langen – Georg Müller
Verlag GmbH, München · Wien
© 1986 by Albert Langen – Georg Müller
Verlag GmbH, München · Wien
Printed in Germany 1988
Druck und Verarbeitung:
Clausen & Bosse, Leck
ISBN 3 548 22020 7

November 1988

CIP-Kurztitelaufnahme
der Deutschen Bibliothek

Drews, Berta:
Wohin des Wegs: Erinnerungen /
Berta Drews. – Ungekürzte Ausg. –
Frankfurt/M; Berlin: Ullstein, 1988
    (Ullstein-Buch; Nr. 22020)
    ISBN 3-548-22020-7
NE: GT

Für meine Söhne
Jan und Götz George

Inhalt

»Wenn man alt ist,
wird man in Jugenderinnerungen zurückgeholt.«

C. G. Jung

»Freilich erfahren wir erst im Alter,
was uns in der Jugend begegnete.«

Goethe

Vorwort

Die Saison war ruhig. Ein paarmal im Monat spielte ich meine alten Rollen und konnte den Tag nach Belieben nutzen.

Ich laufe gern durch den Wald in der Nähe, am Ufer des Sees entlang, und immer wieder ertappe ich mich dabei, an vergangene Zeiten zu denken. Meine Kindheit fällt mir ein, meine Wünsche, meine Träume und immer wieder die Frage: Wo bin ich hergekommen, wo gehe ich hin? Ich bedaure dann das Versäumnis, meine Eltern und später meinen Mann nicht nachdrücklich befragt zu haben. Ich würde auch die Mühsal einer Reise in die Städte meiner Kindheit (beide polnisch) auf mich nehmen, was mir vor ein paar Jahren nicht im Traum eingefallen wäre, um auf den Straßen der verlorenen Jugend zu laufen. Jetzt, wo mein Leben sich neigt, möchte ich etwas davon festhalten. Welches waren die Erfahrungen, die den späteren Menschen prägten, welches die Begegnungen, die mein kindliches Wesen reifen ließen? Da kommt mir ein Drehbuch ins Haus: *Die Blechtrommel* nach dem Roman von Günter Grass. Der Regisseur Volker Schlöndorff möchte, daß ich die alte Babka Anna spiele. Das bedeutet eine Reise ins Land meiner Väter, Danzig und die Kaschubei! Das ist mehr als ein Zufall. Der Kreis schließt sich. Ich sage ja.

An einem grauen Tag, es regnet und ein scharfer Nordost fegt unter meine weiten Röcke, beginnen die Aufnahmen in der Nähe Danzigs.

Fast zwei Stunden dauert die Fahrt zum Drehort. Das Auto schlittert zuweilen gefährlich seitlich weg. Die Straßen sind glitschig, die Reifen wohl nicht die neuesten. Wir wollen den Leichenschmaus in Babkas Scheune drehen. Der Regen hat den Boden aufgeweicht. Wir stapfen durch Matsch und Pfützen. Meine Röcke – vier nach des Dichters Wunsch – werden von der Nässe schwerer und schwerer. Ich wickle mich fester in das große schwarze Trauertuch, empfinde aber kein Mißvergnügen.

Es dunkelt, als wir in der Scheune beim Licht der Stallaternen und Windlichter den Schmaus beginnen. Und als die alten echten Kaschubenweibchen ihre fremden Lieder anstimmen und alles mögliche Geflügel – aufgescheucht durch das ungewohnte Licht – zwischen unseren Beinen flattert, durchströmt mich ein warmes Heimatgefühl.

Später, als der Wind einen sternenklaren Nachthimmel freigefegt hat, stehe ich auf dem Hof der kleinen geduckten Kate, und ich hartgesottener, verwöhnter Stadtmensch bilde mir ein, etwas von mir steckt noch bis zu den Knien in diesem kaschubischen Schlamm.

Das bestärkt mich von neuem, rückblickend etwas aufzuschreiben für die, welche nach mir kommen. Vielleicht sind es manchmal nur kurze Visionen, unscharfe Bilder, beschworen durch eine Melodie, einen Geruch. Auch Selbsttäuschungen werde ich ausgesetzt sein – und: wie sagt der Prediger Salomon?

»Es geschieht nichts Neues unter der Sonne.«

»Pratz, Ba pommt!«

*Ungewöhnliche Kinderjahre
in Berlin, Posen und Stettin*

»Man will ebens aus dem Matsche rauskommen. Raus, fort!
Meinswegen ooch höher nuff!«

Gerhart Hauptmann, »Der rote Hahn«

Um es gleich ohne Umschweife zu sagen: Mit einem Stammbaum
verdienstvoller Namen kann ich nicht aufwarten. Dennoch muß
ich weit ausholen, und zwar bis zur ersten Hälfte des vorigen
Jahrhunderts.

Großmutter väterlicherseits wurde um diese Zeit geboren.
Irgendwo im Osten, wo die Füchse sich gute Nacht sagen. Als
Kind hörte ich erzählen, sie käme aus Litauen und ich sei ihr wie
aus dem Gesicht geschnitten. Die Gene hatten – wie so oft – einen
Sprung getan (und es sollte eine Zeit kommen, wo ich Grund zu
haben glaubte, mit diesem Vermächtnis zu hadern).

Als 1933 der Ahnenpaß vorgelegt werden mußte, stand da zu
lesen: Großmutter kam aus Popélken. (Auch das noch! Wer kennt
schon Popélken?) Mein Mann lachte lauthals über diesen Namen
und behauptete von Stund an, ich mit meinem Kalmückengesicht
könne ja nur von dort kommen. Und dabei blieb es. Ich machte
mit, denn schließlich prägte Großmutters Nase mein Gesicht
unwiderruflich – und die kam nun wirklich aus Popélken! (Die
Nase, meine ich.)

Natürlich war alles ganz anders. Die standesamtliche Eintragung
meiner Geburt findet man in Berlin. Genau in Tempelhof. Es gibt
eine Tuschzeichnung, die ich liebevoll bewahre. Vater hat sie
vom Fenster unserer Wohnung aus gemacht – das Tempelhofer

11

Feld, lange bevor dort Flugzeuge landeten. Wir blieben nur ein paar Monate, waren genaugenommen auf der Durchreise. Vater, der Ingenieur, bereitete sich in Berlin für das Lehrfach vor. Mit Ausdauer und Zähigkeit hatte er seinen Traum verwirklicht: die höhere Beamtenlaufbahn.

Ein langer Weg von der Volksschule in Memel, dem nördlichsten Punkt der damals deutschen Ostsee, wo er als zweites Kind eines Schiffszimmermanns geboren wird. Dann vierzehn Jahre Militärmusiker in Danzig, um mit den mühsam ersparten Groschen studieren zu können: die Technische Hochschule in Berlin das Ziel. Endlich Ingenieur bei Siemens.

Er ist schon 37 Jahre, als er eine junge Frau kennenlernt, die meine Mutter wird. Sie ist 24 Jahre alt. Eine einfache Natur, heiter, mit hübschen, etwas bäuerlichen Zügen. Sie hat trotz ihrer Jugend eine Vertrauensstellung in einem wohlhabenden Bankiershaushalt. Bevorzugt von der Dame des Hauses, die sie gern um sich hat und erlaubt, ihr beim Frisieren und dem täglichen Bad zur Hand zu gehen.

Mit großen Augen hörte ich immer wieder die Berichte von dieser üppigen, für meine kindliche Vorstellung märchenhaft reichen, glanzvollen Zeit, die jedesmal den Höhepunkt erreichten, wenn von den Abenden die Rede war, an denen man im »kleinen Salon« um hohe Einsätze Karten spielte. Und Mutter mußte zur Stelle sein, um allerlei Leckerbissen vorzubereiten und sie zu servieren. Es konnte dann vorkommen, daß am nächsten Morgen Goldstücke auf dem Teppich lagen, ganz einfach dalagen wie verlorene Knöpfe. Das sollte einer begreifen! Und manchmal durfte Mutter sogar ein Goldstück behalten.

Vater liebte diese tüchtige Helene, die aus Pommern stammte und mit zwei kräftigen Beinen im Leben stand. Er war eher zart. Mittelgroß. Sein sensibles Gesicht mit der goldgeränderten Brille, der hohen Stirn, die sich schon früh zu einer Glatze weitete, ließen sogleich den Geistesarbeiter erkennen.

An eine feste Verbindung denken wohl beide nicht. So ist ihre

Schwangerschaft eher fatal. Dennoch, im Juli 1901 heiratet er sie, entschließt sich zur gleichen Zeit, ins Lehrfach zu wechseln. Und nachdem ich am 19. November in Tempelhof geboren bin, übersiedeln beide nach Posen, wo er Oberlehrer an der Maschinenbauschule wird.

Nach drei Jahren bittet er sie um seine Freiheit. Es gibt keine Möglichkeit einer Verständigung. Dieser liebenswerte Sonderling, der neben seinem Beruf Musik und Bücher über alles liebt, will allein sein. Er schickt sie nach Stettin, wo seine alte Mutter wohnt, versorgt sie mit allem und wird auch weiter in Verbindung mit ihr und dem Kind bleiben. Er besucht uns regelmäßig, er reist mit uns und holt mich wohl auch eine Woche zu sich.

Was ihn befreite, war für die junge Frau eine Verbannung, die ihr sehr schwer geworden sein muß. Ihre Tüchtigkeit, die ihr Leben ausmachte, war eingeschränkt in zwei einfachen Zimmern, in der Sorge um das kleine Mädchen, das nicht essen mochte, was sie liebevoll zubereitete, und das sich aus dem Staub machte, wo es nur konnte.

Ich berichte hier, was Muter mir erzählte: Ich muß zwei Jahre gewesen sein, als ich zur Weihnachtszeit Leute vor den bunten Schaufenstern verdrängte mit dem Ruf: »Pratz, Ba pommt!« (zu deutsch: »Platz, Berta kommt!«) Es scheint sich also um ein selbstbewußtes, ziemlich unverschämtes kleines Ding gehandelt zu haben. Meine Erinnerung aber täuscht mich nicht, in späteren Jahren eher schüchtern, besonders älteren Leuten gegenüber, gewesen zu sein. Hatte Mutters lose Hand, all die Kopfnüsse, die ich für meine Wildheit einheimste, ihr Werk getan?

Zunächst war in der neuen Umgebung nur Großmutter da. Wir besuchten sie fast täglich. Jedesmal ein weiter Weg. Durch prächtige Anlagen, in denen ich mich lieber getummelt hätte, bis zur Hafengegend. Mit den roten Backsteinhäusern, wie Kasernen, trostlos in ihrer Monotonie.

Großmutter! – ich bilde mir ein, sie nie umhergehend, sondern immer nur in einem großen Lehnstuhl in der Nähe des Fensters sitzend gesehen zu haben. Neben sich ein Tischchen mit Nähzeug und Spielkarten. Um die Schultern immer den gleichen Umhang aus grober, schwarzer Spitze. Auf dem schütteren, glattgestriegelten Haar eine kleine Haube. Tante Berta, Vaters jüngste Schwester, versorgte sie. Ein stilles, unscheinbares »spätes Mädchen«.

Ich bekam immer denselben Becher Milchkaffee, die gleichen Bilderbücher und alten Hauspostillen. Nur »Modepuppen« brachten Abwechslung. Man schnitt sie aus, dazu Roben mit allen Accessoires. Bekleidete sie in vielen Varianten damit und konnte mit immer neuen Bogen eine erträumte Eleganz zaubern. Das machte Spaß, und für einen Groschen gab's viel.

Aber wie so oft, wenn ein Einzelkind mit den Großen beisammen sitzt, bekam ich vieles ihrer Unterhaltungen mit. Wenn sie nicht Karten spielten, ging es um Speis und Trank, um die lieben Nachbarn oder um Leben und Tod. Besser: um das Sterben. Ein Thema, das ausführlich, mit oft abstoßender Genauigkeit erörtert, mich erregte und bange machte.

Zuweilen aber gingen sie ins Geschirr mit Gespenstern, Erscheinungen, Voraussagen und Großmutters »zweitem Gesicht«. Da spitzte ich die Ohren! Nicht zum Segen. Es gab eine Geschichte aus ihrer jungen Ehe. In einem harten Winter waren ihr Mann und dessen Bruder mit Getreide im Schlitten unterwegs. Eine weite Strecke durch tiefen Wald. Es dämmerte, sie saß am Fenster und sah ins Schneetreiben. Da geht hinter ihr die Tür, und in Pelze gewickelt, mit schweren Schuhen stapft ihr Johannes quer durch den Raum in das angrenzende Zimmer. Überrascht, daß er schon zurück, folgt sie dem stummen Gast – um festzustellen, daß niemand da ist, und einen zweiten Ausgang gab es nicht. Eine schaudervolle Feststellung! Erst am nächsten Morgen erfuhr sie, was geschehen war. Zu der gleichen Stunde, als sie ihn zu sehen glaubte, waren die beiden Männer von Wölfen verfolgt worden. Die Pferde gingen durch, und der Schlitten drohte zu kippen.

Ich fand Großmutter unheimlich, konnte aber nicht genug bekommen. Auf dem Heimweg, im Dunkeln, drückte ich mich dann an meine Mutter.

Die dramatische Zuspitzung dieser Gruselgeschichten ließ nicht auf sich warten. Eines schönen Tages, als wir uns Großmutters Haus näherten, fanden wir es mit Seilen abgesperrt. Polizisten und ein Haufen aufgebrachter Menschen. Was war geschehen? Im Hinterhaus waren Poltergeister am Werk, hieß es. In der Wohnung einer jungen, kränklichen Frau flogen Gegenstände durch die Luft, wurden Schränke verrückt – alles mit höllischem Lärm! Ich stellte mir sogleich ein kleines Männchen vor – vielleicht auch viele –, die dieses Unwesen trieben. Und irgendwie brachte ich Großmutter damit in Zusammenhang. Wir gingen schleunigst heim.

Doch die Folgen blieben nicht aus. Kurz danach entdeckte ich vor dem Einschlafen beim matten Licht aus dem Nebenzimmer im Muster des Läufers vor meinem Bett eine kleine, etwa fingerlange Figur, schwarz und wie mir schien mit Armen und Beinen. Sogleich stand für mich fest, daß dies ein Poltergeist auf der Lauer war. Ich schlüpfte unter die Decke, schweißgebadet, mit klopfendem Herzen und redete mir gut zu: »Wenn ich ihn nicht ansehe, wird nichts geschehen.«

Es hat Jahre gedauert, bis ich diese Angst vor etwas Unheimlichem, Gefährlichem verlor. Ich schlief mit dem Kopf unter der Decke und war nicht zu bewegen, im Dunkeln die Arme herauszunehmen.

Es gab aber auch festliche Tage. Dazu gehörte Großmutters 80. Geburtstag. Vater hatte ein langes Gedicht gemacht, das ich aufsagen mußte, und einen Myrtentopf gekauft, an den er acht in Stanniolpapier gewickelte echte Goldstücke hängte. Für die damalige Zeit und für mich im besonderen eine ungeheure Kostbarkeit. Ich trug diesen kleinen Baum wie eine Monstranz und hielt meinen Vater für den reichsten und besten Menschen der Welt.

Leider kam aus Masuren auch Tante Clara angereist. Sie war eine entfernte Verwandte. Klein und dicklich, mit einem Mopsgesicht. Man nannte sie »die Reisetante«, denn sie fuhr von einer Verwandtschaft zur anderen, quer durchs Land, wohl nicht immer erwünscht! Meinem Vater, dem Wunderkind und guten Geist der Familie, schmierte sie Honig ums Maul. Das ärgerte mich, und da ihren Kleidern ein muffiger Geruch anhing, der mir mißfiel, verkündigte ich diese Beobachtung lauthals. Das setzte Ohrfeigen und einen Rausschmiß. Noch ehe die Tür sich ganz hinter mir schloß, hörte ich sie sagen: »Berta ist ein greuliches Kind!«

Das traf mich mitten ins Herz. Ich war verletzt und gedemütigt und quälte mich lange mit der Vorstellung herum, ich sei wirklich greulich und niemand könne mich liebhaben. Nein, es tat nicht gut, immer mit den Erwachsenen zusammenzusein. Ich brauchte Freunde, und Mutter brauchte sie auch.

In diesen ersten Jahren wurden das die Imres. Sie wohnten nebenan und kamen aus Ungarn. Gisélla (mit der Betonung auf der zweiten Silbe!) und Andor. Dazu zwei Kinder: Béla und Wally. Er war Bildhauer und fast immer in seinem entfernten Atelier. Sie war eine große, gutaussehende Frau, der sich Mutter herzlich anschloß. Was Wunder, daß wir Kinder bald ein Herz und eine Seele waren. Das heißt Béla und ich. Die kleinere Schwester Wally nutzten wir schnöde aus. Wir machten sie zu unserer Sklavin. Sie mußte uns bedienen und durfte bei unseren Streifzügen nur hinter uns gehen. Sie war demütig und zart. Mit ihren blonden Locken und braunen Augen, die durch einen leichten Silberblick nur gewannen, entzückte sie so manchen, und oft hörten wir sagen, sie würde einmal hübsch werden.

Von Béla und mir konnte man das schwerlich annehmen. Beide mager, eckig: er mit einem Lausbubengesicht und Sommersprossen, ich mit meinem großen Mund und der Himmelfahrtsnase, mit Haaren wie Strippen, die in einem dicken Zopf hinten herunterhingen. Wir heckten die tollsten Streiche aus und trieben uns mit Vorliebe auf einem großen Lagerplatz für Plaster-

16

und Feldsteine herum. Wie geschaffen zum Klettern, Bauen von Höhlen zum Verstecken. Es war allerdings schier unmöglich, bei diesen Spielen sauber und adrett zu bleiben, und Löcher in den Kleidern brachten wir auch heim. Mutter machte dann kurzen Prozeß, es setzte Ohrfeigen. Sie sprach nicht viel, schrie nie – aber ihre lose Hand fürchtete ich sehr. Der Einfachheit halber wurde ich dann mit Béla gleich in eine Wanne gesteckt und abgeseift. Der kleine biologische Unterschied verblüffte mich nicht sonderlich. Das war für mich »der Spatz«, und wir sprachen unverblümt darüber.

Manchmal spielten wir Hochzeit. Dann hängte ich mir ein Stück alte Gardine ins Haar und band unsere Hände mit einer Blechkette aneinander. So wanderten wir in feierlichem Rhythmus, fromme Weisen singend, durch die Räume. Wally natürlich hinterher.

Einmal in der Woche schickte man uns in den nahegelegenen Quistorppark, um in einer Molkerei am anderen Ende frische Butter zu holen. Köstlich duftende Butter, die, in Holzformen gepreßt, mit hübschen Mustern verziert wurde.

Es war ein herrlicher Frühlingstag, ganz nach unserem Geschmack. Wir näherten uns einer blühenden Fliedergruppe. Als wir sie erreichten, stand etwas verdeckt ein Mann vor uns. Seine verblüffende Darbietung in meiner Augenhöhe erschreckte uns. Hand in Hand standen wir da. Versteinert. Der Unmensch grinste mich an, tat den Mund auf und sagte: »Was ist das?«

Und ich, eilfertig, nur bemüht, jetzt keinen Fehler zu machen: »Das ist der Spatz.«

Da war es Béla aber schon gelungen, mich mit festem Griff fortzuziehen, und so schnell uns unsere Beine tragen konnten, liefen wir davon.

Wieder zu Hause, hatten wir uns längst beruhigt und machten uns nun kichernd und einander ins Wort fallend mit unserem Abenteuer wichtig. Großes Lamento beider Mütter und striktes Verbot, den Park alleine zu betreten! Das tat uns leid, denn

Schaden hatten unsere kleinen Seelen nicht genommen, glaube ich.

Viel verhängnisvoller wurden unsere unschuldigen Spiele von einem Jungen verdüstert, der Mano M. hieß. Er mochte vierzehn Jahre alt sein. Der hatte Béla und mich aufs Korn genommen. Wo er uns erwischte, faßte er uns rechts und links unter und zischte in unsere Ohren unbegreifliche Unflätigkeiten. Es nahm kein Ende, und aller Schrecken unserer kindlichen Phantasie überkam uns. Er wollte auch, daß wir auf den Friedhof gingen und Blumen für ihn stahlen. Er stachelte uns an, beim Kaufmann etwas zu nehmen. Und verschreckt, wie wir waren, taten wir unser Bestes. Immer ahnend, daß dies böse und gefährlich war. Diesmal schwiegen wir; niemand erfuhr von unseren Ängsten.

Hier stellt sich die Frage: War ich fromm? Kirchen faszinierten mich, und wenn wir sie betraten, was selten genug geschah, erfüllte mich ein übermächtiges Gefühl. Ihre unermeßliche Höhe, das sanfte Licht, das durch die bunten Glasfenster strömte, die leise, unwirkliche Orgelmusik bewirkten ehrfürchtige Feierlichkeit. Dies war das Gotteshaus, und seine Heiligkeit glaubte ich zu spüren.

Ich weiß nicht, wann ich anfing, zum »lieben Gott« zu beten. Mutter hatte mich einen Vers gelehrt, den ich vor dem Einschlafen sprach und dem ich flüsternd noch kindliche Wünsche, die mein Herz bewegten, folgen ließ. In der Gewißheit, daß seine »Allmächtigkeit« sie mir erfüllte.

Ich mag sechs Jahre alt gewesen sein, als man mich in die »Sonntagsschule« schickte. Dort aber wurde meine Bereitschaft zur Frömmigkeit auf eine harte Probe gestellt. Wir sangen zu Beginn der Andacht jedesmal ein Lied, immer das gleiche:

> »Die Sonntagsschul', der sel'ge Platz,
> Oh, lieber wollt ich sein
> In ihrem Raum ein Kind der Gnad'
> Als draußen lustig sein!«

Sehr rasch erkannte ich: Was wir da singen, stimmt ja nicht! Für mich stand fest, daß jedes der versammelten Kinder (sie mochten sechs bis zehn Jahre alt sein) viel lieber »draußen« und »lustig« sein wollte als in diesem düsteren Raum, der immer schlecht gelüftet roch und so gar nichts von der Festlichkeit der großen Kirche hatte. Was für eine Heuchelei! Vor der Tür lockte die künstliche Eisbahn mit Musik und Würstchenbuden. Und Schlittschuhlaufen war wahrlich lustiger als die Sonntagsschule, die mich anödete. Ich spürte dunkel, daß ich mich mit solchen Gedanken nicht gottgefällig benahm. Doch wem hätte ich mich anvertrauen können? Mein Groll gegen diesen Unterricht wuchs.

Da kam die Katastrophe. Ich brachte Läuse nach Hause! Mutter brach zusammen, bevor sie tatkräftig mit Sabadyll-Essig und Tüchern, die sie fest um meinen verseuchten Kopf wickelte, diesem Unheil auf den Leib rückte.

Während solcher Prozedur wurde wiederholt die Frage erörtert, wo ich die Tierchen wohl gefangen haben mochte. Ich zögerte nicht eine Sekunde, die Sonntagschule verdächtig zu machen, und es gelang mir, Mutter zu überzeugen. Sie entschied, daß ich besser dem Unterricht ein Weilchen fernblieb. Mir war bei dieser Wendung, so sehr sie meinen Wünschen entsprach, nicht ganz geheuer: der liebe Gott sieht alles! Was ich getan, war nicht gottesfürchtig. Und ich bat bei meinem abendlichen Gebet um seine Gnade.

Ich war doch wohl im Grunde meines Herzens fromm. – Und bin es noch.

Nun aber zu freundlicheren Visionen! Ich frage mich, wann ich anfing, Musik zu lieben und sie zu suchen, wo ich nur konnte. Ich glaube, das war auf dem Hof unserer Wohnung. Ein schöner Hof mit alten Bäumen, mit Kopfsteinpflaster und einer bewachsenen Laube. Manchmal kamen dorthin zwei Schwestern, wenn es Abend wurde, und sangen zweistimmig zur Zither. Es hieß, die eine wäre Choristin am Stadttheater. Die andere war hüft-lahm, aber eine perfekte Musikantin.

Als ich die beiden zum ersten Mal vom Fenster aus hörte, stürzte ich ohne zu fragen die Treppe runter und war nicht mehr fortzukriegen. Ich bettelte und flehte, bleiben zu dürfen. Mutter gab nach, und die Schwestern amüsierte es. Für mich war dieses Zitherspiel herrlich. Nie hatte ich so etwas Wundervolles gehört! Ich schnappte vieles auf und trällerte Melodien vor mich hin. So überraschte ich Großmutter eines Tages mit dem Vortrag von Adeles Lied aus der *Fledermaus*: »Mein Herr Marquis, ein Mann wie Sie...« Großmutter starrte mich durch ihre Brille an. Sie fürchtete wohl das Schlimmste für mich.

Als eines Abends ein kleines Fest im Hof stattfand mit Lampions, Kaffee, Kuchen und Musik, tanzte ich zu einer Polka plötzlich übermütig über das Pflaster. Ich war nicht zu halten, mir war, als ob ich fliege. Man schlug die Hände über den Kopf zusammen und feuerte mich durch Zurufe und Klatschen an. So »produ-zierte« ich mich zum ersten Mal und genoß es.

Die große Verzauberung brachte ein Aufenthalt bei Vater in Posen. Als ich alt genug war, durfte ich ihn dort besuchen. Seine Wohnung lag im unteren Geschoß eines zweistöckigen villenartigen Hauses. Sie erschien mir märchenhaft schön, mit den dicken Teppichen, den tiefen Sesseln, den prächtig gerahmten Bildern an den Wän-den und dem großen Flügel. Abends übte Vater immer darauf. Er musizierte mit einer Polin, einer Meisterschülerin Paderewskis, die ihn auch unterrichtete. Ich lag in der kleinen Bibliothek neben-an auf meinem Lager und lauschte den himmlischen Tönen. Um den Schlaf abzuwehren, starrte ich immer auf ein Bild gegenüber. Es war ein alter holländischer Stich, mit einer großen Wasser-mühle unter Bäumen. Ich starrte in dem matten Licht so lange, bis alles lebte, die Mühle sich drehte – immer im Takt der Melodien. Lange bevor ich wußte, was ich da vor mich hinpfiff, waren mir Im-promptus von Schubert oder ein Walzer von Chopin ganz geläufig. Diese Musik prägte meinen Geschmack ein für alle Mal.

Eine meiner lichtesten Erinnerungen aus diesen Tagen: Ein sonniger Vormittag, es muß Pfingsten gewesen sein. Der warme Wind spielt mit meinem offenen Haar, die Luft riecht nach Blüten. Ich gehe an Vaters Hand beschwingt in meinem schönsten Kleid – heller Musselin mit roten Blümchen. Wir wollen den Zoo besuchen zum Frühkonzert. Alles eitel Wonne. Aber dann sehen wir die Raubtiere an, und zum ersten Mal stehe ich einem gewaltigen Löwen gegenüber, der in drohender Unrast im Käfig hin und her läuft. Das beunruhigt mich und hinterläßt Spuren.

Denn als ich wieder in Stettin bin, muß ich in der Schule ein Gedicht lernen: »Der Löwe von Florenz«. Ich weiß nicht, von wem es ist, nur daß es mit den Worten:

> »Der Löw' ist los, der Löw' ist frei.
> Die ehernen Bande riß er entzwei...«

begann. Es folgte eine dramatische Folge von Strophen bis zum guten Ende. Und wieder hexten die Dunkelheit und das Alleinsein mir Ängste unter die Haut. Ich stellte mir vor, der Posener Löwe zerbricht seinen Käfig und läuft durch die Straßen – immer im Rhythmus meines wild schlagenden Herzens. Und wohin läuft er? Natürlich in die Bitterstraße vor Vaters Haus. Hier riß die bedrängende Bilderfolge jäh ab.

Dafür ist ein Traum aus dieser Zeit messerscharf gegenwärtig geblieben: Ich bin noch sehr klein. In einem weißen Kleidchen und weißen Glacéschuhen verlasse ich unsere Wohnung. Ich will rauf zum Boden. Aber ich komme nicht voran. Die glatten Sohlen der neuen Schuhe rutschen schon auf der ersten Stufe immer wieder zurück. Plötzlich schlägt die schwere Eisentür des Bodens dröhnend zu. Im selben Augenblick springt eine Tür neben mir auf, und ich stehe einer großen Pyramide aus allem möglichen Getier gegenüber. Die Spitze aber ist ein Löwe. Gewaltig, mit aufgerissenem Maul. Laut schreiend wache ich auf.

Was kann dieser Traum bedeutet haben, und warum ist er so gegenwärtig bis heute? Müßig darüber zu grübeln. Neues trug sich zu.

»Die hervorragendsten Gelehrten der Welt sind sich einig: Die Erde hat nur noch wenige Stunden zu leben. Unser Planet wird von einer tödlichen Wolke aus Giftgasen und kosmischem Staub eingehüllt werden, die den Schweif des Halleyschen Kometen bildet.« Und weiter: »Ergebnis dieser Voraussage: Insgesamt 356 Selbstmorde in Deutschland, England, Spanien, USA, Frankreich und Italien. Reiche suchten ihr Heil in Japan, China und Sibirien, konstruierten luftdichte Stahlkammern oder verkrochen sich in alten Bergwerken.«

So beschrieb Mario Zanot die Stimmung im Mai 1910. Zu dieser Zeit besuchte ich meine Geburtsstadt Berlin zum ersten Mal. Eine Freundin Mutters hatte uns eingeladen. Für mich eine Sensation. Schon die große Wohnung in einer breiten, baumbepflanzten Straße überwältigte mich. Dann unsere Fahrten mit der Pferdebahn, am liebsten oben im Freien sitzend. Unsere Spaziergänge Unter den Linden mit all den feinen Damen und schicken Läden. Die Leipziger – die Friedrichstraße und unvergeßlicher Höhepunkt: das Panoptikum! Gruseln und Entzücken! Auch zum ersten Mal Kino, in der Dunkelheit eines Gartenlokals auf irgendeinem Schoß. Und Mutter immer guter Dinge und für unsere Verhältnisse fast verschwenderisch.

War es der zu erwartende Weltuntergang, der die Menschen leichtsinnig machte? Mir war das egal. Und als der 20. Mai da war, begrüßte ich auch diesen Tag mit kindlicher Erwartung wie ein Volksfest mit Riesenfeuerwerk.

An diesem Abend durfte ich mit Kindern aus dem Haus aufbleiben. Wir sollten nicht fortlaufen und hielten uns deshalb im Hof mit dem typisch berlinischen Gartenhaus auf. Wir warteten, daß die Nacht anbrach, und blickten zum Sternenhimmel – in Erwartung des leuchtenden Himmelswunders.

Zwar hieß es: »Es wird niemandem gelingen, sich zu retten – oder höchstens einigen wenigen Glücklichen.« Der Morgen fand mich dennoch wohlbehalten in meinem Bett. Irgendwann hatte man mich da hineingesteckt.

Und das war 4.25 Uhr morgens geschehen: »Einen Augenblick begann die Erde zu erzittern, der Hof um den Mond wird strahlend blau, das seltsame Leuchten des Himmels wird intensiver und Tausende von Meteoriten stürzen wie ein Feuerwerk herab.« Dann endlich Morgengrauen über der besten aller möglichen Welten!

Dieser sollten in den nächsten Jahrzehnten schwere Wunden geschlagen werden. Ich selbst war von Furcht und Schrecken nicht verschont geblieben. Doch im Sommer 1975 stehe ich unversehrt im Garten meines Sohnes Götz im Licht einer strahlenden Sonne, die auf das Wasser des Schwimmbeckens glitzernde Reflexe zaubert. Tanja, meine achtjährige Enkelin, taucht auf. Nackt und pudelnaß läuft sie auf mich zu. Sie ist gewachsen in der letzten Zeit. Schlank, mit schmalen Hüften, eckigen Schultern. Wir umarmen uns. Die Verlegenheit der Begrüßung versteckt sie hinter ein paar Grimassen. Sie »afft« ein bißchen herum, und ich fühle ein amüsiertes Erkennen meiner eigenen kindlichen Reaktionen und Unarten, wenn es ein Gefühl zu verbergen galt. Sie spricht sehr schnell, um alle Sensationen ihrer Ferien mit den Eltern loszuwerden. Dann rast sie davon. Ihr kleiner gebräunter Körper federt über den Rasen. Sie kommt mit ein paar Amphorenscherben zurück und zeigt mir, welche sie selbst aus dem Meeresgrund bei Sardinien geholt hat. Ich lobe ihre Tapferkeit und darf mir einen hübschen Scherben aussuchen. Dann läßt sie micht stehen, und mit koketter Grazie tänzelt sie davon.

Ich muß an die Gene denken, die wiederum eine Generation überschlugen: Ich sehe mein Kindergesicht mit dem großen Mund, der unerlaubten Stupsnase und der runden Stirn wie in einem Spiegel – und während ich ihr nachschaue, überfällt mich die Erinnerung an den gleichen schmalhüftigen Körper, dessen ich mir eines Tages bewußt wurde.

Das war im Jahr 1913.

Höhepunkte meiner Kinderjahre waren die Sommerferien, die

wir mit Vater in Swinemünde an der Ostsee verlebten. Festliche Wochen des Überflusses, der täglichen Freuden unter einem beständigen blauen Himmel. Gab es verregnete Sommer damals? Aber nein! – höchstens kleine Schauer nach einem Gewitter.

Swinemünde war in diesen Jahren ein mondäner Badeort. An der großzügigen Promenade standen Villen, erbaut im schwelgerischen Stil der Jahrhundertwende. Hotels und Pensionen mit Aussicht auf das Meer und einen breiten, makellosen Strand. Man sah viele Ausländer, Frauen mit extravaganter Eleganz gekleidet, die mich faszinierten, und oft mußte ich ermahnt werden, sie nicht zu unmanierlich anzustarren. Mit ihren großen Hüten, Phantasiegebilden aus Stroh und Tüll, mit langen Schleiern und Blumen dekoriert, mit ihren Musselin- und Spitzenkleidern erschienen sie mir stolz und unnahbar. Alles atmete Reichtum und Sicherheit.

Ich durfte mit Vater die Kurkonzerte besuchen. Eine besondere Gunst, die ich mit musterhafter Aufmerksamkeit belohnte. Wir aßen in hübschen Strandlokalen, machten Segelfahrten, und einmal sahen wir Kaiser Wilhelms Yacht »Hohenzollern« im Hafen vor Anker liegen. Mit ehrfürchtigem Erschrecken entdeckte ich an Deck Majestät höchstpersönlich mit seinen beiden Dackeln.

Das schönste aber war die See, der Strand mit den Muscheln, die ich sammelte, die Stichlinge, die ich mit meinem Kescher fing und im Eimer nach Hause schleppte, wo sie kläglich eingingen. Und Vater und Mutter beisammen, hübsch gekleidet und fröhlich. Dazu die Strandbekanntschaften: Ein Kaufmann aus Breslau, stets mit Seemannsmütze und einem blauen Jackett korrekt gekleidet, mit seiner Tochter, einem molligen Backfisch. Sie brachte mir den Schlager »Puppchen, du bist mein Augenstern« bei, der ganz groß in Mode war. Dann ein ungarisches Ehepaar. Er ein drahtiger, eher kleiner Mann. Sie eine üppige Schönheit, ganz im Geschmack jener Jahre vollbusig, mit schmaler Taille, duftend, in bezaubernden Roben. Es war mir nicht unangenehm, wenn er zuweilen seinen Arm um meine Schultern legte, mich wohl auch auf seinen Schoß zog und mit mir sprach. So zutraulich war ich sonst nicht, eher scheu und kratzbürstig Fremden gegenüber. Nun, eines Tages hörte ich, wie er zu Vater, mit dem er sich oft unterhielt, sagte: »Ihre Tochter ist ein besonders anmutiges Kind. Wie geschmeidig sie sich bewegt. Reizend.« Man sollte annehmen, so ein Kompliment macht auf eine Göre von zwölf Jahren wenig Eindruck. Im Gegenteil, nun war kein Halten mehr. Wieder »produzierte« ich mich und lief und tänzelte wo es nur anging an ihm vorbei!

Am Tag vor seiner Abreise lud er uns am Nachmittag zu einem kleinen Imbiß in eine der Prunkvillen. Auf dem riesigen Balkon war ein langer Tisch mit Leckerbissen und allen möglichen Getränken für einige Gäste gedeckt. Strandbekanntschaften, vielleicht auch Freunde. Man saß und stand rum im Anblick des Meeres und der belebten Promenade, im Schein der untergehenden Sonne und ließ es sich schmecken. Geblendet von soviel Luxus, gehemmt wohl auch durch fremde Gesichter, die so heiter und sicher miteinander plauderten, stand ich abseits und kaute an einer Süßigkeit. Wieder legte sich sein Arm um meine Schulter, mit leichtem Druck zog er mich an sich und führte mich in den angrenzenden Raum. Wir setzten uns auf ein Sofa. Er brachte mir etwas Köstliches zu trinken und sprach lieb und ernst mit mir. Ich hing an seinen Lippen und verlor alle Scheu. Plötzlich stand er auf, drückte mich fest an sich und küßte mich ins Haar. Ich blieb verwirrt zurück, als er schnell fortging, und war froh, daß die Eltern zum Aufbruch mahnten.

Was war mit mir los? Eine Ahnung von etwas, das eine Erfüllung erwartete, war in meinem Körper erwacht. Ich hätte es nicht erklären können, ja konnte ich es überhaupt begreifen? Aber ich war auf eine beseligte Art stolz.

Sehr rauh sollte ich aus dem Himmel dieses ersten kindlichen Stolzes gerissen werden! Gegen Ende der Ferien fand in jedem Jahr ein großer Blumenkorso statt, an dem alle Kinder aufgefordert wurden, mitzumachen. Einige Wagen waren »lebenden Bildern« bekannter Märchen vorbehalten. Die hübschesten Knaben und Mädchen durften sie darstellen. Die übrigen bekamen Girlanden und bunte Laternen, um beim Umzug mitzumarschieren. Natürlich wollte ich dabeisein.

Mein glattes Haar wurde am Abend vorher feucht, mit etwas Zusatz von Zuckerwasser, in zehn stramme Zöpfe geflochten, um mir einen veritablen Lockenkopf zu zaubern. Ich zog das beste Stickereikleid an mit einer bonbonrosa Schärpe aus Moiré und Atlas – starr und festlich, das Kostbarste, was ich besaß. (Von ihr wird noch die Rede sein.) Dazu eine neue Korallenkette, die Vater mir geschenkt hatte. Ich fand mich wunderschön, als ich mit den anderen auf die Ausgabe der Laternen wartete.

Plötzlich hieß es »Wir brauchen noch ein Mädchen für den Wagen der Bernsteinhexe.« Eine Chance vom Fußvolk zur Solopartie zu avancieren! Jemand berührte meinen Arm von hinten und sagte: »Wie wär's mit dieser Kleinen?« Sicher hatte mein Rücken mit der schönen Schärpe Eindruck gemacht. Doch als ich mein Gesicht erwartungsvoll dem Sprecher zuwandte, drehte er sich fort und sprach für mich schmerzhaft deutlich: »Ach nein, lieber nicht!«

Peng! Das Porzellan war kaputt. Ich stand vor dem Scherbenberg meines kleinen Selbstbewußtseins. Für Jahre machte dieser kurze, unüberlegte, grausame Satz dieses Selbstbewußtsein, das eben erst so zart erweckt worden war, zuschanden.

Szenenwechsel: Kaiser-Geburtstagsfeier am 27. Januar 1914. Zum ersten Mal durfte ich als Jüngste vor der mit Blumen und Kränzen geschmückten Marmorbüste Wilhelms II. in der Aula ein kleines Gedicht aufsagen. Ich war aufgeregt und bewegt, legte all meine Bewunderung in die kurzen Verse. Obwohl es Januar war und kalt, trug ich zu diesem festlichen Anlaß mein Stickereikleid mit der bewußten rosa Schärpe. Wir sangen

»Heil Dir im Siegerkranz« und waren entlassen. Schulfrei und noch viel Zeit bis zum Mittagessen.

Wir stoben davon, meine beiden besten Schulfreundinnen und ich, hielten Ausschau nach einer Droschke oder einem Milchwagen, jedenfalls nach einem Gefährt, auf das man hinten aufspringen und ein Stück mitfahren konnte: der neueste, von uns bevorzugte Sport. Zwar pfiff manchmal die lange Peitsche des Kutschers um unsere Ohren, wenn er die unerwünschte Fracht bemerkte. Aber das focht uns nicht an. Es war ein Mordsvergnügen und ein bißchen gefährlich noch dazu.

Als ich erhitzt und fidel zu Hause ankam, merkte ich beim Ausziehen, daß ich meine herrliche Schärpe verloren hatte. Sie war hinten nur mit zwei großen Druckknöpfen befestigt gewesen und mußte bei unseren akrobatischen Aufsprungmanövern abgerissen sein.

Wie kann ich mein Entsetzen schildern? In großen Sprüngen lief ich die Treppe hinunter vor das Haustor. Aber nichts weit und breit. Mutter war mit dem Mittagessen beschäftigt, so konnte ich mich unbemerkt umziehen. Das Stickereikleid verschwand in die dunkelste Ecke des Kleiderschranks. Bis zum Sommer war es lang hin. Im Augenblick war das drohende Strafgericht hinausgeschoben.

Um diese Zeit begann etwas Neues, das mich quälte und verunsicherte: Mutter kränkelte. Sie legte sich oft nieder und ging auch zum Arzt. Dann kam eines Tages eine Tante vom Lande, eine ältere, mißmutige Frau. Es hieß, sie würde für mich sorgen, solange Mutter im Krankenhaus bleiben müßte.

Ich hatte mich, bis auf die kurzen Besuche bei Vater, nie von ihr getrennt. Wir schliefen in einem Zimmer. Und wenn sie auch wortkarg war, mich mit Zärtlichkeiten nicht verwöhnte und mich viel mir selbst und meinen Träumen überließ, war mir doch die animalische Wärme ihrer Gegenwart unentbehrlich. Ich war vereinsamt und hilflos.

Das Krankenhaus lag weit draußen. Nur zweimal durfte ich sie besuchen. Blaß und apathisch lag sie in den Kissen. Ihre Bemühung, freundlich zu mir zu sein, war rührend, aber ohne Trost für mein Elend.

Wieder schnappte ich einiges von dem auf, was man sich flüsternd mitteilte. Von einer Operation war die Rede, und einmal glaubte ich das Wort »Krebs« zu hören. Ich konnte mir kaum etwas darunter vorstellen, wagte auch nicht zu fragen, bekam es mit der Angst. Mir sagte man, Mutter habe Lungenentzündung, und sie könne noch nicht nach Hause kommen; doch ich witterte Unheil.

Am 11. März kam ich aus der Schule. Im Wohnzimmer stand die Tante mit ein paar Nachbarinnen. Sie schienen mich zu erwarten, und eine sah die andere ratlos an. Ehe noch eine von ihnen den Arm um mich legen und das tödliche Wort sagen konnte, rannte ich in unser Schlafzimmer, riß den Schulranzen zu Boden und warf mich laut schluchzend auf mein Bett. Ich weiß nicht, wieviel Zeit verstrich. Dann ging ich zum Schrank, umfaßte Mutters Kleider, verkroch mich ganz darin. Etwas von ihr hoffte ich zu finden, diese qualvolle Einsamkeit ersticken in der Berührung der Stoffe, in dem vertrauten Geruch, der mir ihre Gegenwart vorgaukelte. Und mitten in dieser echten kindlichen Verzweiflung machte sich ein verflixter Gedanke in meinem Kopf breit und wollte nicht verschwinden: Jetzt wird sie nie erfahren, daß die Schärpe verlorenging! – Eine Beruhigung, beinahe Freude, ging von diesem schmählichen Gedanken aus. Ich schämte mich grenzenlos, fand mich herzlos und böse.

Vater kam sehr schnell angereist. Er löste den kleinen Haushalt auf. Wir behielten nur ein paar Erinnerungsstücke, so die Gipsbüste, die Andor Imre von mir gemacht hatte mit einem geschmeichelten, verfeinerten Näschen. Ich ging noch ein paar Tage zur Schule, wo alle behutsam und liebevoll mit mir umgingen und meinen Weggang bedauerten.

Vater hatte jede Art Trauerverkleidung für mich verboten. So stand ich am 15. März in meinem Matrosenmäntelchen fröstelnd in der Halle des Stettiner Centralfriedhofes und sah eine schmale, bleiche, fremde Frau im Sarg liegen. Ich faßte Vaters Hand ganz fest.

Damals konnte ich nicht ahnen, wie sehr das Leben meine Mutter betrogen hatte, in welche existentielle Ratlosigkeit und Verzweiflung das Ende ihrer kurzen Ehe mit einem Träumer und Sonderling sie geworfen hatte. Ein tüchtiger Mensch, dazu geschaffen, neben einem rechtschaffenen Mann Kinder großzuziehen, einem lebendigen Haushalt vorzustehen, war durch die Trennung und die darauf folgende Einengung des Raums, der Geldmittel, der Liebesmöglichkeit langsam verkümmert. Die äußerste Sparsamkeit, die sie sich und mir auferlegte, galt dem Wunsch, einen kleinen Bauernhof zu erwerben, wohl um die verschüttete Kreativität wieder zu wecken. Ihrem Leben einen neuen Inhalt zu geben. Denn irgendwann in der nächsten Zeit hätte sie sich mit dem Gedanken vertraut machen müssen, mich nach Vaters Wunsch an ein Schweizer Pensionat zu verlieren. Bevor diese Entscheidung schmerzhaft unser Leben veränderte, hatte sie sich davongemacht.

Die Psychologen wissen heute, »daß ein Mensch, der seelischen Verletzungen, fehlender Anregung von Gefühlen und Konflikten in der Ehe ausgesetzt ist, ein Mensch also, dessen Bedürfnisse nicht die Chance einer Befriedigung finden, mit anderen auslösenden Faktoren bedroht ist von einer bösartigen Veränderung des Gewebes, von Krebs«. Es wäre möglich, daß diese Theorie durch den viel zu frühen tragischen Tod meiner Mutter eine traurige Bestätigung gefunden hätte. Sie war 36 Jahre, als sie starb.

Charles Dickens
David Copperfield

Im INSELverlag

Leipzig

Vater regte mich zum Lesen an. Das erste Buch, das er mir gab, war »David Copperfield«
von Charles Dickens. Die schönen alten Illustrationen von Phiz beflügelten meine
Phantasie ungemein.

Mein Tristan

Unsere Abreise nach Posen war undramatisch, ohne winkende Verwandte und Freunde vonstatten gegangen. Man überließ mir den Fensterplatz des komfortablen Coupés, und ich hatte nun Muße, zurückzudenken. Wenn Vater nicht mit mir sprach und sich seinen Zeitungen zuwandte, sah ich hinaus. Wie in Wellen überkam mich die Trauer um den Verlust meiner Freunde Béla Imre und Elfi Albrecht und das heulende Elend meines mutterlosen Schicksals. Ich konnte die Tränen nicht zurückhalten und preßte mein Gesicht an die Scheiben, damit niemand sie bemerkte. Erst auf dieser Fahrt wurde mir der tiefe Schnitt in mein junges Leben bewußt.

Ich blieb eine Woche in Vaters Wohnung. Das tat mir gut. Er erübrigte viel Zeit für mich, und ich vergesse nicht, wie er mit mir loszog, um mich auf eine besondere Weise abzulenken. Ich war an die strenge Uniformierung der soliden, unverwüstlichen »Kieler Kleider« gewöhnt; dazu »Dr. Diehl's Gesundheitsschuhe« und das unvermeidliche Lodencape. Wie beneidete ich hübsch gekleidete Mädchen!

Nun also, wir betraten einen eleganten Spezialladen für Kinderkleidung, und ich durfte mir aussuchen, was und soviel ich wollte. Ich war so aufgeregt, daß ich zu stottern anfing und mich nicht entscheiden konnte.

Es wurden schließlich zwei Kleider, die mir besonders schön vorkamen und auch Vaters Beifall fanden – ein weißes Voilekleid mit drei bestickten Volants, dann ein Pepitawollkleid, schwarz-weiß mit rotem Lackgürtel und weißem Piquékragen. Ich war so überwältigt, als mir das Paket überreicht wurde, daß ich einen tiefen Knicks vor der Verkäuferin machte. Die passenden Schuhe verstanden sich von selbst, und ein rotes Lackhütchen war das Tüpfelchen auf dem i. So ausgestattet, machten wir am nächsten Tag einen Besuch bei Frau Rechnungsrat Krause. Ich sollte bei ihr leben als ihre kleine Ziehtochter. Sie war eine stattliche Dame von fünfzig Jahren, die mit ihrer Airdale-Hündin Hexe und dem Mädchen Maria eine viel zu große Wohnung hatte.

Ich wurde sehr freundlich aufgenommen. Wir tranken Kaffee in dem imponierenden Eßzimmer, und Vater besprach alles Notwendige. Er war von dem Gedanken, mich in die Schweiz zu schicken, erst einmal abgekommen. Er wollte meine möglichen Fähigkeiten und deren Entwicklung aus der Nähe beobachten. Ich war über diese Lösung ganz zufrieden und zog mit Sack und Pack in das neue Heim.

Alles war hier vortrefflich. Die Schokolade am Morgen vor der Schule bekam ich auf einem Silbertablett in hübschem Porzellan von Maria serviert. Es machte ihr und mir Spaß, wenn ich auf polnisch dankte.

Maria war Polin. Sie trug auch die Kleidung der Bamberkas: eine lose Jacke über einem weiten Rock. Sie hatte zwei fest geflochtene Zöpfe um den Kopf gelegt und eine doppelreihige Korallenkette um den Hals. Von ihr lernte ich polnisch schimpfen und nach den Mahlzeiten zu fragen.

Im übrigen war mein Tag streng eingeteilt: Vormittags die Schule, die nicht weit entfernt war, dann Mittagessen mit Tante Krause und nach einer Spielpause Abmarsch zu Vaters Wohnung. Er kontrollierte meine Schulaufgaben, half mir wohl auch, wo es nötig war. Dann öffnete er den Flügel, legte ein Kissen auf die Bank davor und die »Damm'sche Klavierschule« auf den Ständer vor meiner Nase. So heiß ich das Klavierspiel liebte, so mühselig und langweilig fand ich die ersten Übungen. Eine halbe Stunde dauerte die Tortur gewöhnlich, dann war ich erlöst. Es gab Kaffee mit köstlichem Gebäck, und unsere Plauderstunde begann. Sie wurde um fünf Uhr fortgesetzt, wenn wir zu einem ausgiebigen Spaziergang aufbrachen. Das war die schönste Stunde des Tages! Wir gingen am Fluß entlang, fuhren nach Eichwald oder Solatsch, und jemand sprach mit mir, beantwortete geduldig meine vielen Fragen. Schließlich hatte ich Nachholbedarf!

An Vaters Hand gewann ich ein unverbrüchliches Vertrauen, das bis in meine ersten Berufsjahre reichte, als ich ihm in ehrlichster Ausführlichkeit alle Erlebnisse, Erfolge und Niederlagen, berufliche und ganz private, in langen Briefen mitteilte – immer seines Verständnisses gewiß. Zwischen uns gab es so etwas wie einen geheimnisvollen Radar. Ich war ganz und gar Vaters Tochter. Lag es daran, daß ich seiner Mutter glich? Er hatte ja eigentlich in den verflossenen Jahren nur selten mit mir Kontakt gehabt. Doch ich stellte ihn von Anbeginn auf ein Piedestal. Nie hatte ich ein hartes Wort von ihm gehört, geschweige denn Ohrfeigen bekommen.

Er begann auch mich zum Lesen anzuregen. Das erste Buch, das er mir gab, war »David Copperfield« von Dickens in der Inselbuch-Ausgabe mit den hübschen Bildern von Phiz aus der Zeit des ersten Druckes um 1850. Diese Bilder beflügelten meine Phantasie ungemein und erhöhten meine Leselust erheblich.

In diese Zeit fällt auch mein erster Opernbesuch. Ach, wie ich mich erinnere! Schon nach dem Mittagessen legte ich mein schönes Kleid zurecht, putzte meine Schuhe und meine Zähne. Bürstete mein Haar und machte Maria mit meiner Aufregung ganz konfus.

Endlich war es soweit. Ich holte Vater ab, und wir fuhren zum Stadttheater. Es gab den *Freischütz*. Als Agathe gastierte Claire Dux. Sie sang wie ein Engel, und mein Herz flog ihr mit aller Inbrunst zu. (Viel später, es war im Jahr 1931, machte es mich ganz glücklich, wenn in *Liliom* mein Partner Hans Albers, der mit dieser großen Sängerin verheiratet gewesen war, in der Kulisse meinen Kopf in seine Hand nahm und flüsterte: »Laß mich – du hast denselben Hinterkopf wie meine Claire!«)

Wir besuchten auch Konzerte, und ich erinnere mich an einen schmalen Jüngling im Samtanzug, der einen Klavierabend gab. Es war Claudio Arrau.

Als die Schüsse von Sarajevo fallen, sind Vater und ich auf dem Weg nach Bayern. Ich soll die Berge kennenlernen, und wir erlebten von Partenkirchen aus auf herrlichen Wanderungen und Klettertouren eine neue, grandiose Welt.

Kurz vor Kriegsanfang kehren wir heim. Zunächst verändert sich mein Leben kaum. Erst als es Herbst wird, kommen die ersten Beunruhigungen. Vater wird als Ingenieur nach Belgien beordert. (Es war wohl eine Art Kriegseinsatz – er war Spezialist für »Elektrotechnik im modernen Hebezeugbau.«)

Vater machte den Vorschlag, mich für die Dauer seiner Abwesenheit, die ganz unbestimmt war, nach Stettin zu bringen. Großmutter war gestorben, Tante Berta bei Freunden. So hatte er mit der Mutter meiner Freundin Elfi, die er bei Mutters Beerdigung kennengelernt hatte, Kontakt aufgenommen. Sie war bereit, mich als Pensionärin und sozusagen viertes Kind für eine Weile aufzunehmen. Außer uns Mädchen gab es noch zwei kleinere Jungen. Es ging einfach und streng zu in dem Vier-Zimmer-Haushalt, wo es für Elfi und mich nur eine schmale Kammer mit zwei hintereinanderstehenden Betten gab. Der Jubel war groß. Schließlich war ich ja im herrschaftlichen Haushalt Krause, bei aller Zuneigung, wieder ein Einzelkind gewesen.

Aber wieviel Lachen und kindliche Schwärmerei hörte die Dunkelheit, die nun nicht mehr geheimnisvoll und schrecklich war.

Frau Albrecht war eine gestrenge Dame. Sie gab Klavierstunden und führte daneben, zusammen mit ihrer alten Mutter, diesen lauten, fröhlichen Haushalt. Sie hatte ein markantes Gesicht, und ihre Augen konnten Feuer sprühen. Ich hatte Angst vor ihr. Aber um der Wahrheit die Ehre zu geben, leicht hatte sie es nicht. Ich hielt mich an Vater Albrecht. Er war Geschäftsführer eines großes Textilladens, gemütlich und allzeit zu Späßen aufgelegt.

Wenn ich zurückdenke, ist das Nachhaltigste dieser Stettiner Zeit, die sich hinzuziehen begann, die Begegnung mit dem »Wandervogel«. Ich weiß noch, wie es begann. Jemand nahm uns eines Tages zu einem Singeabend mit. In einem Maleratelier, mit riesigen Ölschinken an den Wänden, saßen auf Bänken und hockten auf Kissen am Fußboden Mädchen und Jungen. Sie begrüßen Elfi und mich mit einem schmerzhaften Händedruck und sagten: »Heil, Mädel, wer bist du?« Das fand ich toll – aber auch ein bißchen komisch.

Sie stimmten ihre Gitarren, riefen sich einen Titel zu, und dann ging's los. Ich staunte über den Zusammenklang, über die herzliche Übereinkunft und bekam den Mund nicht zu.

Ein Mädchen nannte man Martha. Sie war schon älter und eine Art Führerin. Sie fragte uns, ob wir am Sonntag die Fahrt zum »Nest« mitmachen wollten. Wir stimmten begeistert zu. Abmarsch fünf Uhr in der Früh'!

Zu Hause gab es harte Auseinandersetzungen. Tante Albrecht fand die ganze Unternehmung anrüchig, und Großmutter streikte überraschend energisch, zu nachtschlafender Zeit, noch dazu am Sonntag, Proviant und Frühstück vorzubereiten. »Euer Vogel flieg aus« nannte sie den Verein. Nun, es ging auch ohne Frühstück.

»Das Nest« lag am Dammschen See, ein paar Bahnstationen entfernt. Ein kleines, romantisches Bauernhaus, strohgedeckt, mit einem hübschen Hof und ein paar Obstbäumen.

Schon auf dem Bahnhof war mir ein kräftiges, großes Mädchen aufgefallen. Sie hatte volles, honigfarbenes Haar und ein kühnes, hochmütiges Gesicht. Sie faszinierte mich vom ersten Augenblick an: die unbefangene Art, mit den Jungs, die ja zum Teil schon Männer waren, zu reden, sie um die Schultern zu fassen und aus vollem Halse zu lachen. Ich beobachtete sie heimlich. Sie hieß

Hilde L., war älter als wir, Halbjüdin und aus sehr gutem Hause. Später am See war sie die erste, die, durch das Schilf geschützt, ihre Kleider abwarf und nackt ins Wasser ging.

Ich war behext von diesem Geschöpf. Ich sah sie noch ein paarmal wieder, hatte aber als »Küken«, wie man uns Kleine nannte, keinen Mut, sie anzusprechen. Dafür strapazierte ich meine Phantasie, dachte mir Situationen aus, die an Dramatik nichts zu wünschen übrigließen. Ich wollte sie in Gefahr wissen, sie retten aus Wasser und Feuer. Ein wilder Aufopferungsfanatismus ergriff mich.

Was ging in meinem armen, kleinen Kopf vor? War es pubertäre, exaltierte Hingabelust oder Idol-Wunsch? Jahre später, als mich die große Wagnerwoge erfaßte, sahen für mich Isolde, Sieglinde und Elsa von Brabant immer noch wie diese dreiste Hilde aus.

Die treue Gefolgschaft, die wir unseren Wanderfreunden beim Sonnwendfeuer geschworen hatten, wurde ein Jahr später vom Theaterfimmel unterhöhlt. Es war schick, auf Schauspieler zu warten, sie zu verfolgen, sie anzusprechen und um ein Bild zu bitten. Wir waren eine wahre Plage. Wenn wir eine Nachmittagsvorstellung, zumeist Klassiker für Schüler, gesehen hatten, brandete die Schwärmerei hoch, und wir umlagerten das Stadttheater.

Der Krieg nahm kein Ende. Die Lebensmittel wurden knapp. Wir strickten Pulswärmer und Schals für die tapferen Soldaten, zupften Watte, backten zur Weihnachtszeit aus Sirup steinharte Pfefferkuchen und waren stolz, wenn wir Feldpost von den Beschenkten bekamen.

Das war unsere patriotische Phase.

Vater kehrte heim, und Ostern 1916 holte er mich wieder nach Posen. Diesmal in eine Schülerpension mit etwa sechs Mädchen. Frau Stefan, eine Pfarrerswitwe, leitete diesen schwierigen Haushalt und versuchte die hungrigen Mäuler der Heranwachsenden zu stopfen. Morgens gab es Roggenmehlsuppe, an die man sich gewöhnte. Mittags half das sogenannte Volksküchenessen. Das war fürchterlich.

Ich fing an, in der Klasse während der letzten Stunde eine Sammelaktion nicht gegessener Schulbrote zu organisieren. Es gab gerade im Warthegau herrliche Güter, deren höhere Töchter besuchten natürlich das städtische Lyzeum. Sie waren reichlich versorgt mit Lebensmitteln, von denen wir blassen Stadtpflanzen nur träumen konnten. Diese Mädchen waren satt und hatten gewöhnlich etwas übrig. Unter den Bänken gingen die köstlichen Reste von Hand zu Hand. Ich für meinen Teil hatte dann beim Mittagsmahl keinen Appetit und stocherte in dem Schlangenfraß nur herum.

Nein, sie hatte kein leichtes Leben in dieser harten Zeit, unsere gute Mutter Stefan. Sie war nicht gesund, und eines Mittags, als wir alle um den langen Eßtisch versammelt waren, riß ein Schrei uns von den Stühlen. Unsere Teller kippten um, und entsetzt starrten wir auf die steif auf ihrem Stuhl zurückgefallene Frau, Schaum vor dem Mund. Es folgte ein Röcheln, so unmenschlich und mächtig, wie ich es nie gehört hatte. Ihre Tochter veranlaßte alles Notwendige und schickte uns auf unsere Zimmer. Nachts fing ich nun an, auf diesen Schrei der Epileptikerin zu warten, der sich ja irgendwann wiederholen mußte.

Eine überraschende Reise lenkte mich von so deprimierenden Ereignissen ab. Regine Meyen, die Hauptlieferantin unserer Stullenaktion, war meine Freundin. Sie war zu schnell gewachsen, war blond und mager und hatte Schwierigkeiten in der Schule. Ich half ihr oft beim deutschen Aufsatz. Sie revanchierte sich kulinarisch. Ihr Vater war Güterdirektor auf dem großen Magnatenbesitz Wierzbiczany nordöstlich von Posen, in der Nähe von Hohensalza. Bei einem Besuch der Mutter überraschte sie mich mit der Aufforderung, die Ferien doch immer bei ihnen zu verleben.

Wie kann ich den Zauber dieser Wochen schildern? Das fing mit der Fahrt im Landauer an, der uns von der Station über Land fuhr, bis die lange, baumbestandene Allee auftauchte. Das Gutshaus war großzügig und behaglich, die Mutter Regines eine warmherzige Dame, die mich liebevoll aufnahm und uns zwei Zimmer in der Mansarde überließ, in denen wir uns breitmachen konnten.

Ich hatte es immer geliebt, draußen, in der Natur zu sein! Schon ein kümmerliches, verunkrautetes Stück Wiese oder ein langweiliger Kartoffelacker zogen mich an. Und jetzt dieser Überfluß! Leuchtende Rapsfelder unter einem blauen Pfingsthimmel. Gelbe Sommertage mit den unübersehbaren Kornfeldern in der Hitze des Mittags. Nur Insektengesumm in der Luft und der Schrei eines Vogels. Wilde Wolken über dem Moor und das Krächzen der Krähen auf den herbstlichen Stoppelfeldern.

Welche Abenteuer gab es zu bestehen! Die ersten Reitversuche, das Stromern durch die Wälder, um Pilze und Beeren zu suchen. Die Sonne brannte auf die gefällten Bäume. Ihr Harz verströmte einen herben Duft. Und wo immer ich diesem Geruch in späteren Jahren begegnete, trat Wierzbiczany sehnsüchtig greifbar vor meine Augen! »Le nez c'est la memoire.« Wir unternahmen gefährliche Wanderungen über das Moor, um große Enteneier zu suchen, die der Köchin Bewunderungsschreie entlockten. Dann der Park mit seinen riesigen Bäumen. Hier lag »das Schloß«. Es erschien mir stets unbewohnt und darum ein bißchen unheimlich. Eine uralte Eiche war dort. Wir näherten uns ihr nur zaghaft, denn ein Eisengitter umschloß sie und eine große Pfütze davor. Ich sage Pfütze, aber es hieß, es sei ein tiefes, tiefes Loch, in das man hätte stürzen können.

Was gab es für galante, phantastische Erinnerungen! Sie reichten zurück bis ins 18. Jahrhundert. So weilte August der Starke in diesem Schloß und übertrug der Herrin Wyctorja Mycielska dankbar das Holzungsrecht der Wälder um Wierzbiczany. Ein Jahrhundert später war der berühmte Pianist und Komponist Anton Rubinstein hier zu Gast. Man musizierte. Als die Dame des Hauses das Zimmer verließ, folgte er ihr in schlimmer Absicht und mußte für seine Zudringlichkeit eine schallende Abfuhr hinnehmen. Ehe er sich davon erholte, hatte ein Nachbar den Verdutzten in seinen Wagen befördert.

Im Winter brachte uns ein Schlitten mit Glöckchen am Geschirr der Pferde warm verpackt nach Hohensalza. Das war das Aller-hübscheste! Wir machten Einkäufe. Tranken in einer gemütli-chen kleinen Gaststube ein heißes Ersatzgetränk, das sich Punsch nannte, und kehrten glücklich mit hochroten Backen wieder heim. Wie die Wölfe stürzten wir uns auf die Würste, auf Käse und Kuchen. Auf alle Köstlichkeiten, die die dicke Köchin für uns bereithielt. Ich war so ausgehungert und verfressen, daß ich jedesmal ein paar Kilo zunahm.

Zur Freude meines Vaters. Zwischen uns hatte sich alles wieder wie zuvor eingespielt. Nur daß ich jetzt ein Konservatorium besuchte und er sich hin und wieder etwas vorspielen ließ. Dafür begann er, kleine Lieder von Schubert und Robert Franz mit mir einzustudieren. Ich hatte einen hellen Sopran und faßte schnell auf. Ihm gefiel meine Lust am Singen. Meine Lektüre versuchte er nur noch am Rande zu beeinflussen, vielmehr beschränkte ich mich darauf, mir Unverständliches von ihm erklären zu lassen. Ich legte mir ein Diarium an und trug dort Fremdwörter ein. Die obskursten waren mir gerade recht. Ich lernte sie auswendig und versuchte, sie im Aufsatz für meinen verehrten Deutschlehrer anzubringen. Auch im Gespräch, vor allem bei den Jungs, die ich kannte. Ob es paßte oder nicht – ich spielte mich auf.

Eines Tages hatte ich wohl das falsche Buch erwischt. Es war »Der Sohn einer Magd« von Strindberg. Wir machten eine Dampferfahrt, und über ein paar Passagiere hinweg fragte ich plötzlich laut: »Was ist ein Päderast?« Gelächter. Mein Gott, was hatte ich angerichtet! Vater bekam einen roten Kopf und nahm mir das Buch aus der Hand. Er verbot mir, in Zukunft ohne sein Einverständnis Bücher aus seinem Schrank zu nehmen.

Das Schicksalsjahr 1918 begann. Für mich schicksalhaft in vieler Beziehung.

Die Tochter des Posener Bürgermeisters hieß Carola Wilms. In der Klasse saß sie neben mir, und in den Pausen versuchte sie immer öfter Kontakt, mit mir zu bekommen. Ich war zurückhaltend. Ich mochte ihre Ernsthaftigkeit nicht, die etwas Fanatisches hatte. Sie lachte fast nie und war eine fromme Katholikin.

Sie beobachtete natürlich unsere Stullenaktion, und da sie am Tische der Bevorzugten saß, wollte sie ihr Scherflein beisteuern. Sie ließ an der großen Familientafel (es gab eine Menge Kinder dort!) ein Ei, eine Scheibe Schinken oder Wurst heimlich auf ihre Serviette fallen, um es mir am nächsten Morgen zu bringen. Das rührte mich, und wir kamen uns näher. (Wie verführbar ist der Mensch, wenn er Hunger hat!) Wir sprachen nun öfter miteinander, und ich besuchte sie auch.

Im Stadttheater stand der Familie eine Loge zur Verfügung, und eines Tages fragte sie mich, ob ich mit ihr in die Oper gehen würde. Ich war Feuer und Flamme. Das Problem war nur, was ziehe ich an in so noblem Rahmen? Die Not der Zeit hatte meine Kleider sehr strapaziert und durch wiederholte Änderungen nicht gerade eleganter gemacht. Blieb ein einfaches, weißes Mullkleid, das wir zu meiner Konfirmation organisiert hatten.

Es gab *Tristan und Isolde*. Ich ahnte nicht, was auf mich zukam. Auch heute noch, wenn ich mir *Tristan* zuweilen vorspiele, bedarf es nur einer kurzen Versenkung in der Stille meines abgedunkelten Zimmers, um bei den ersten Cellotönen des

Vorspiels den Zustand meiner verzückten Erwartung heraufzu-beschwören, der mich an jenem Abend ergriff. Ich glaube dann meinen jungen, gespannten Körper unter dem leichten Kleid zu spüren. Ich genieße das Wohlgefühl der Abgeschlossenheit einer Loge, in der ich zum ersten Mal diese Musik der Unendlichkeit höre.

Eine Verzauberung ohnegleichen betäubte mich. Ich wollte in der Pause meinen Platz nicht verlassen, dies Glücksgefühl nicht unterbrechen, das sich bei den jagenden Rhythmen der Liebeser-wartung und den hymnischen Melodien des Zwiegesangs im zweiten Akt selig steigerte.

Als die Qualen und Wonnen Tristans im letzten Akt und Isoldes ekstatischer Liebestod verklangen, war ich wie gelähmt. Ich konnte mich nicht unterhalten. Lehnte auch Carolas Begleitung ab. Ich umarmte sie dankbar und rannte in die Nacht.

Die Straßen, die ich sonst zu später Stunde ängstlich durcheilte, schreckten mich nicht. Ich ging wie auf Wolken. Schwerelos, voller Mut und jugendlicher Kraft. Unbekannte Impulse wurden frei. Gesang, bis dahin nur spielerische Lust, erschien mir nun der Sinn meines Lebens. Sein Leitstern: Wagner! Ich war in diese Zauberfalle gegangen. Sie machte schnapp, und alles, was folgte, mußte ich hinnehmen. Dieser «erhabene Lärm», wie Thomas Mann sagt, deckte meine Götter Mozart und Schubert für Jahre zu.

Der Tag danach war der 11. Mai. (Zahlenmystikern sei verraten, daß dieses Datum ein paarmal Schicksal einleitete!) Ich war sogleich bemüht, soviel wie möglich zusammenzutragen, was mir helfen konnte, ein erweitertes Verständnis für Wagners Musik zu bekommen. Da waren erst einmal die Leitmotive, die ich »durchaus« studieren wollte »mit heißem Bemühn«.

In der Musikalienhandlung war man sehr liebenswürdig um meine speziellen Wünsche bemüht. In meinem Eifer bemerkte ich den Herrn nicht, der in einem Musikjournal blätternd in meiner Nähe stand. Plötzlich mischte er sich in unsere Unterhaltung, gab einen Hinweis. Ich wandte mich ihm zu und – der Schreck lähmte alle meine Glieder, wie vor einer Erscheinung. Mein Tristan! Sein amüsiertes Gesicht war der Spiegel meines total vedutzten Gesichts.

Was dann gestottert, gehaucht, gesprochen wurde, weiß ich nicht mehr. Ich wählte, was er vorschlug, dankte vielmals und merkte gar nicht, daß er mit mir den Laden verließ. Plötzlich war er neben mir, ganz selbstverständlich, fragte, ob wir den gleichen Weg hätten. Natürlich: »Ja!!«, und wenn's in die Hölle gegangen wäre! Er wollte ins Theater. Ich stammelte einiges über den Abend. Er schien sich zu freuen und sprach über seine eigene Wagnerverfallenheit. Wollte auch wissen, ob ich singe. Ich brachte es fertig, zu fragen, wann er wieder aufträte. »Übermorgen, im *Evangelimann*.« Dann: »Adieu«, und »lassen Sie sich mal sehen!«

Mein Gott, wie sollte ich es schaffen, schon wieder ins Theater zu kommen? Vater anzusprechen war zwecklos. Er dosierte die Besuche sehr bedacht. Einmal im Monat war in jedem Fall genug.

In unserer Klasse gab es eine Theaterverrückte, die mußte her! Geld konnte ich beschaffen. Sie ging heimlich mit mir und war auch bereit, nach der Vorstellung auf meinen Tenor zu warten. Wir hatten Postkarten von ihm besorgt und wollten um seine Unterschrift bitten.

Natürlich fand ich ihn wieder »himmlisch«, aber eigentlich fieberte ich nur dem Wiedersehen entgegen. Ich fröstelte vor Aufregung, als wir am Bühnenausgang auf ihn warteten. Als er dann da war, gab's kein langes Gerede. Er nahm meinen Arm, und wir gingen durch die Anlagen, die hinter dem Stadttheater lagen. Diesmal hatten wir wirklich den gleichen Weg.

Ich wußte nun, wo er wohnte. Wir gaben unsere Bilder ab. Und er rief uns nach: »Holen Sie sie morgen ab! Zweiter Stock. Und die Noten nicht vergessen!«

Jubel, Jubel. Wir rannten durch die Straßen, völlig überdreht. Ich glaube nicht, daß ich in dieser Nacht ein Auge zutat.

Am nächsten Nachmittag wollten wir um fünf Uhr den aufregenden Besuch machen. Wir hielten diese Zeit für passend. Außerdem mußte ich mich vorher bei Vater abmelden. Es war nicht leicht, zum ersten Mal faule Ausreden bei ihm zu gebrauchen.

Ich nahm ein kleines Album mit Liedern von Franz mit und flog mehr als ich ging zur Verabredung. Die Treppen hinauf! Mit klopfendem Herzen vor der Tür. Würde er auch wirklich dasein? Und war er allein?

Nun, er war es nicht. Ein Freund war bei ihm, ein Musikkritiker von auswärts. Man begrüßte uns freundlich, und meine Scheu verflog sehr bald. Er erzählte, daß er Volksschullehrer war, bevor er wagnerbesessen nach Dresden ging, um Gesang zu studieren. Der Freund war ein Spaßvogel, er zog uns ein bißchen auf, und wir lachten viel.

Ich solle etwas vorsingen, hieß es dann, und zieren kommt nicht in Frage! Er nahm mich bei der Hand, stellte die Noten, die ich mitgebracht hatte, aufs Klavier. Ich schlug das kleine Lied auf, das beginnt:

> »Aus meinen großen Schmerzen
> Mach ich die kleinen Lieder...«

Ich begann etws unsicher, aber dann ging's ganz gut. Er fand die Stimme »bezaubernd«, ja, das sagte er. Noch etwas zart, und wie alt ich eigentlich wäre. Sechzehn Jahre! »Mein Gott, dann haben Sie noch viel Zeit, und nur nicht zu früh mit der Ausbildung beginnen!«

Und das war's dann? Wir standen noch ein bißchen verlegen im Raum. Wollten auch nicht weiter stören. Der Freund ging mit dem Mädchen voran. Ich steckte meine Noten ein. Er nahm mich um die Schulter, und bevor wir die Tür des Zimmers erreichten, riß er mich herum und küßte mich.

Das kam so überraschend, überumpelte mich mit solcher Gewalt, daß ich in ein tiefes Loch zu fallen glaubte. »Ich seh dich doch wieder?« hörte ich durch Nebel, und in grenzenloser Verwirrung folgte ich den anderen. Der erste Kuß! Mir war, als ob jeder es mir ansehen müßte, daß ein Siegel meinen Mund gezeichnet hätte.

Das Mädchen neckte mich später. Sie schien etwas gemerkt zu haben. Ich schüttelte den Kopf, außerstande zu antworten. Es war mein Geheimnis. Rückblickend glaube ich, daß diese Stunde meinen Entschluß, Sängerin zu werden um jeden Preis, die Wut, mit der ich alles weitere betrieb, bewirkte.

Vater war mit meinem Wagnerstudium gar nicht einverstanden. Er liebte ihn nicht sonderlich und fühlte sich belästigt durch meine »Motivklimperei«, wie er es nannte. Immerhin konnte ich in ein paar Wochen, aus einem geliehenen Klavierauszug, große Teile des ersten Aktes *Tristan* Ton für Ton. Mit wem, für wen wollte ich dies singen? Mein verwirrter Sinn hoffte wohl, eine Art geistiger Kommunikation mit meinem Tristan zu finden.

Ich möchte jetzt etwas erzählen, das mir begegnete und mein Leben lang ein Rätsel und eine Qual blieb.

Wir bereiteten in der Schule eine Abschiedsfeier vor. Dieses Lyzeum hatte einen rein deutschen Charakter. In unserer Klasse gab es nur zwei Polinnen. Zwillingsschwestern, groß, stolz, sehr apart. Sie isolierten sich in letzter Zeit auffallend. Aber nicht davon will ich sprechen.

Wir hatten ein Stück verfaßt. Eine Art Zukunftspersiflage: einige von uns zwanzig Jahre später als Chemikerin, Ärztin, Naturwissenschaftlerin. Hellseherisch hatten wir künstliche Ernährung, Raumflug, Geburtenkontrolle als Themen gewählt und komisch verwurstet. Der Erfolg war groß. Die Stimmung ausgelassen. Es gab Musik, man tanzte. In der Turnstunde hatte man uns den Krakowiak beigebracht. Ich hatte ihn immer mit großem Elan vorgeführt. Es lag nahe, daß ich aufgefordert wurde, den Lehrern meine Künste zu zeigen. Kein langes Geziere, ich legte los.

Närrisch vor Tanzlust drehte ich mich, sprang in die Luft. Schwerelos erfand ich immer neue Schritte quer durch den Saal. Und immer wieder peitschte der Rhythmus mich in wilde da capos. Bravos, als ich endete, atemlos und selig. »Drews geht zum Theater!« hieß es rundum. Carola umarmte mich mit einer Heftigkeit, die mich erschreckte. Einen Hermelinkragen, den sie trug, wollte sie mir schenken. Ich wies das zurück, wieder betroffen von dem Fanatismus ihrer dunklen Augen.

Sie hatte sich etwas in den Kopf gesetzt. Sie wollte einen Nachmittag mit Gästen veranstalten. Und ich sollte tanzen. Warum nicht? Ich war inzwischen schon ein paarmal so herzlich in ihrem Haus aufgenommen worden und wollte gern etwas zur Unterhaltung beitragen.

Eine Probe?

»Wozu, improvisieren ist doch ein Kinderspiel.«

Also: erst einmal Kaffee und Kuchen. Im Musikzimmer war alles vorbereitet. Die jüngere Schwester Carolas sollte mich begleiten, ein spanischer Schal lag bereit.

Alles versammelt sich, ein paar temperamentvolle Takte. Ich fange an zu trippeln, vor und zurück. Ich drehe mich im Kreis. Aber wo ist mein Elan, der Schwung, der mich hoch und vorwärts trieb, sicher und schwerelos? Ich klebe am Boden. Ich wünschte, er täte sich auf! Ich versuche es von neuem, aber irgend etwas hemmt mich. Es ist unerträglich. Je mehr ich mit meinem Willen dies Versagen überspielen will, um so trostloser wird meine Darbietung. Und es nimmt kein Ende!

Ich gebe auf. Werfe den Schal fort und laufe davon.

Fatale Verlegenheit ringsum. Carola kommt mir nach, fragt, was mit mir los ist.

»Ich weiß es nicht! Ich weiß es nicht!«

Ich wußte es wirklich nicht. Was hatte mich bei der Feier so beflügelt? Ich war todunglücklich. Damals wurde mir zum ersten Mal klar, daß Kräfte in uns wirken, die uns aber im entscheidenden Augenblick auch im Stich lassen können.

Ich greife jetzt vor. Wie oft habe ich bei der Arbeit an einer Rolle, die ich lebendig vor mir sah, meinem Regisseur eine klägliche Probe sprachlichen und körperlichen Versagens angeboten. Ich stotterte herum, bekam den Arm vielleicht hoch – aber wie, um Himmels willen, wieder herunter? Dabei waren meine sprachlichen und körperlichen Mittel einwandfrei und oft erprobt. Welche lähmende Schüchternheit verkrampfte mich auf einmal so qualvoll? Manchmal hielt dieser Zustand an und verlangte viel Vertrauen und Geduld von meinem Regisseur und den Partnern. Dann war es plötzlich, als durchstoße ich eine Wand. Gefühl und Phantasie waren frei, und ich ging über Stock und Stein.

Woher diese irritierende Gespaltenheit? Ich war immer begierig, von berufener Seite etwas darüber zu erfahren. Es ist mit den Jahren besser geworden, aber immer noch ein mühsamer Weg zur letzten, überzeugenden Souveränität. Und immer noch die Furcht vor Rückfällen.

Die Weltgeschichte holte zu einem vernichtenden Schlag aus. Ich merkte nichts. War total vernagelt. Sangeseifer und Liebesnot beherrschten meine Sinne.

Wir sahen uns natürlich wieder. Liefen miteinander spazieren, redeten und schäkerten rum. Es gab neue Küsse und Umarmungen, die ich ersehnte, ohne mir klar zu sein, wohin das alles führen konnte. Ich fürchtete mich vor dem Unbekannten, obschon ich wußte, daß dies unvermeidlich würde. Meine Gedanken kreisten ständig um Erotik, und doch war ich ahnungslos und keusch, und er spürte das. Ich wußte inzwischen, daß er mit einer schwedischen Pianistin verheiratet war und ein dreijähriges Töchterchen hatte, die vorübergehend an einem See in Schweden lebten. Schließlich war Krieg und unser Leben hier im Osten unsicher.

Er gewann großen Einfluß auf meine Denkweise. Er brachte es auch fertig, mir Vertrauen zu meinem Aussehen einzureden. Er fand mein Gesicht amüsant, meine Nase lustig und den großen

Mund sogar reizvoll! Wie wohl mir das tat nach den Tiefschlägen meiner Kinderjahre. Ich war glückich.

Spätsommer 1918. Meine letzten Wochen in Wierzbiczany. Es lag etwas wie Abschied in der Luft, oder bildete ich mir das später, mit der Kenntnis aller Ereignisse, nur ein? Nein, nein. Regine kränkelte, unsere Freuden waren gedämpft. Die Großen waren ernster als sonst. Mein Tristan sprach von dem schwedischen Sommer, von den weißen Nächten. Es kam mir vor, als wäre er schon weit fort. Am Mälarsee.

Unaufhaltsam nahte der November. Das schmähliche Ende des Krieges. Die Revolution. Posen wurde polnisch. Standrecht über der Stadt. Um sieben Uhr abends mußten wir im Haus sein. Bewaffnete Männer ritten schreiend durch die Straßen. Schossen in die Luft. Freudensalute.

Ein paar Tage vergingen, da kam jemand, der mich bat, sofort auf einen Schulhof in der Nähe zu kommen. Dort fand ich Vater in seinem Sportanzug, einen Rucksack umgeschnallt. Er stand zwischen vielen Männern. Sie sollten fortgebracht werden.

Wohin? Ich war verwirrt, begriff nur, daß ich die Schlüssel seiner Wohnung bekam, mit der Bitte, mich um alles zu kümmern. Wir küßten uns. Vater erschien mir bewegt. Standhaftes, junges Herz, das tapfer, weil ahnungslos besteht! Ich denke an drei Verhaftungen meines Mannes 1945, die mich jedesmal in besinnungslose Verzweiflung stürzten!

Nichts davon. Ich machte mich sogar wichtig vor meinen Freunden. Als Hüterin der Wohnung konnten wir sie betreten, wann immer wir wollten, und nach Herzenslust musizieren.

Dann erreichten uns Gerüchte. Man hörte von langen Haftstrafen und Erschießungen. An welch dünnem Faden hing mein Schicksal in diesen Tagen! Was würde mit mir geschehen, wenn Vater nicht zurückkam? Keine nahen Verwandten, nur einen verschollenen Onkel in Amerika! Ich fing an nachzudenken, herauszutreten aus meinem benebelnden Traum.

Da kam Vater. Man brauchte ihn bei der Übernahme der Maschinenbauschule, bat ihn sogar, nach der Neuordnung einen verantwortungsvollen Posten zu übernehmen. Er hätte optieren müssen. Er dankte und nahm Verbindung mit Stettin auf.

Über Nacht gab es viele langentbehrte Dinge. Vor allem Lebensmittel: Schmalz, Würste, Kuchen jede Menge. Eine teuflische Verführung für die Unentschlossenen nach den Hungerjahren, zu bleiben. Ich zog zu Vater, und wir bereiteten unsern Umzug vor. Natürlich verzögerte er sich durch unzählige Formalitäten um Monate.

Abschied von Carola. Der Bürgermeister zog mit seiner Familie an den Rhein.

Abschied von meiner ersten Liebe. Er hatte längst mit dem Deutschen Opernhaus in Berlin Kontakt aufgenommen.

Regine ging irgendwo in der Niederlausitz ihrem frühen Tod entgegen. Wir waren die letzten. Herbst 1919 war es soweit.

Aufbruch Richtung Stettin.

Auf Flügeln des Gesanges?

Mein Operntraum
und die Folgen

Mein brennendes Problem war die Gesangsausbildung. Davon war ich nicht abzubringen. Ich strebte leidenschaftlich danach, etwas Besonderes, Eigenes aus meinem Leben zu machen. Doch Vater hatte seine Einwilligung durch die Unsicherheit des letzten Jahres immer hinausgeschoben. Er stellte auch jetzt Bedingungen. Die Umstände forderten sogar dazu heraus.

Er bekam auf dem Gelände der Schule eine Behelfswohnung von zwei Zimmern und nahm seine Tätigkeit als Professor auf.

Wo blieb ich? Mit aller Kraft zog es mich nach Berlin. Dagegen war nichts einzuwenden. Nur bevor ich ein ernsthaftes Gesangsstudium begann, sollte ich dort ein »Töchterpensionat« besuchen: ein bißchen Haushalt, ein bißchen Literatur und feine Lebensart. Ich fand das haarsträubend überflüssig und einen sträflichen Zeitverlust. Immerhin konnte ich durchsetzen, wenigstens einmal in der Woche Gesangsunterricht bei der Konzertsängerin Elisabeth Ohloff zu nehmen.

Der Umgang mit den höheren Töchtern langweilte mich. Ich isolierte mich vom ersten Augenblick an. Ein amüsantes, kleines Ding war dabei, ein reiches Mädchen vom Kurfürstendamm. Etwas lasziv, arrogant und neugierig auf das Leben. Wir steckten die Köpfe zusammen und machten uns über alles lustig.

Wir sind heute noch befreundet. Nach einer gescheiterten Ehe in

Südafrika, führte sie dort ein bewegtes gesellschaftliches Leben. Konvertierte zum Katholizismus und lebt jetzt abseits mit ihren Pferden und Hunden auf einer kleinen Farm.

Ich traf die Tochter eines Posener Organisten wieder, den es auch nach Berlin verschlagen hatte. Sie erzählte mir, daß sie sich für die Gesangsprüfung an der Hochschule für Musik vorbereitete, die in der nächsten Zeit stattfinden sollte. Ich wurde grün vor Neid. Für ein Jahr an mein komfortables Gefängnis gebunden, sah ich keine Möglichkeit, an so einer Prüfung teilzunehmen.

Da geschah etwas, grotesk und schier unglaublich, das mir eine Chance gab.

Es verschwanden Dinge aus unseren Zimmern. Kleinigkeiten, auch Schmuck und Garderobe. Zunächst maß man dem wenig Bedeutung bei, riet abzuwarten, daß alles wieder auftauchte. Es hörte nicht auf, und eines Tages mußte der Sache auf den Grund gegangen werden. Wer klaute? Und warum? Vermutungen, Geflüster, und ehe ich wußte, wie mir geschah, war ich von Verdächtigungen eingekreist.

Ich gebe zu, mein Verhalten war etwas provozierend. Wenn unten am Nachmittag »geselliges Beisammensein« war, ging ich auf mein Zimmer, um Gesangsübungen zu machen. Ich hatte wenig genug Gelegenheit, ernsthaft zu üben.

Ich weiß nicht, welcher Trotzteufel in mir mich zu allem schweigen ließ. Man durchsuchte meinen Schrank, meine Koffer. Ich stand stumm dabei. Erst als man meine verschließbare Kassette öffnete, schickte ich Vater eine Nachricht, daß ich in Schwierigkeiten wäre.

Er kam sofort angereist, wies empört alle Verdächtigungen zurück, die mich tief verletzt haben mußten, und befal, meine Koffer zu packen.

Triumph! Welcher Engel stand mir bei?

Übrigens war die »Schuldige« das reichste Mädchen des Instituts, ein schüchternes Ding und Kleptomanin! Aber als das entdeckt wurde, war ich schon über alle Berge.

Es war nun eine Kleinigkeit, die Teilnahme an der Hochschulprüfung durchzusetzen. Unsere Abmachung war: Bestehe ich, kann ich in Berlin bleiben. Wir ließen uns die Bedingungen kommen und arbeiteten fleißig.

Wie gut ich mich an diesen bedeutungsvollen Tag erinnere! Im Gang vor dem Prüfungsraum fand sich eine Unmenge junger Leute ein. Man sprach von 72. Ich setzte mich auf eine Bank, in höchster Spannung alles beobachtend.

Einer nach dem andern ging durch die hohe Tür, die ich nicht aus den Augen ließ. Was spielte sich dahinter ab? Es waren zum Teil sehr attraktive junge Damen und kraftvolle Burschen, die hinter ihr verschwanden. Ich hörte virtuose Klavierstücke, bravouröse Arien in allen Tonlagen.

Mein Mut sank vor soviel Perfektion. Ich bekam es mit der Angst. War meine Vorbereitung unvollkommen? Die Hälfte hatte es überstanden, als mein Name aufgerufen wurde. Gott steh mir bei! Die Tür öffnete sich. Ich betrat den großen Raum. An einem langen Tisch vor riesigen Fensterscheiben saß das erlesene Gremium. Allen voran Franz Schreker, Komponist und Direktor. Stets offiziell im grauen Gehrock. Dann der Konzertsänger Albert Fischer, die Sängerin Lula Mysz-Gmeiner, Kammersänger Leo Schützendorf, Professor Ludwig Hörth, Oberspielleiter der Staatsoper Unter den Linden, Professor Hermann Weißenborn und andere mehr.

Ich sagte einiges zu meiner Person und wurde dann aufgefordert, etwas auf dem Klavier zu spielen. Als ich »Für Elise« von Beethoven sagte, glaubte ich ein Lächeln auf den Gesichtern zu bemerken.

Täuschte ich mich? Ich spielte recht und schlecht.

»Welche Vorzeichen hat B-dur?«

Kinderspiel!

»– und was singen Sie uns?«

»Den ›Frühlingstraum‹ von Schubert.«

Diesmal täuschte ich mich nicht, sie grinsten. Ich hatte dies Lied gewählt, weil es für mein Gefühl aufs glücklichste Lyrisches und Dramatik vereinigt.

Da hörte ich schon die einleitenden Takte. Ich mußte es schaffen! Ich hob den Blick zu den hellen Scheiben hinter den Köpfen. Sie verschwammen zu Schemen. Ein Gefühl vollkommener Unwirklichkeit trug mich fort.

Stille, als ich endete. Dann ein kurzer, geflüsterter Dialog und: »Bitte, warten Sie draußen.«

Wie im Traum hörte ich später wieder meinen Namen. Drinnen stand man jetzt in kleinen Gruppen beisammen. Schreker rief mich heran, neben sich ein mittelgroßer, stämmiger Herr mit Brille. Dann folgende Himmelsworte: »Genaugenommen ist das, was Sie anbieten, zur Aufnahme nicht ausreichend. Jeder Schüler kostet den Staat 15000 Mark jährlich. Wir sind verpflichtet, nur Fortgeschrittene aufzunehmen und höchstens zwei Semester bis zur Opernschule zu bewilligen. Aber wir nehmen Sie. (Wir nehmen Sie – wir nehmen Sie!) Professor Weißenborn ist beeindruckt von Ihrem Vortrag. Er möchte Sie ein Jahr probeweise in seiner Klasse haben. Für Liedgesang.«

Ich hätte den lieben Professor gerne umarmt für sein Vertrauen. Er lächelte mich aufmunternd an und reichte mir die Hand.

Von all den Prüflingen, die in Haufen beisammenstanden, waren nur zwölf genommen, und ich war dabei.

Glücks genug! Ich flog in Vaters Arme, und der bewilligte alles.

Die Hauptsache war nun ein Quartier. Wir fanden eins in einem alten Berliner Mietshaus in der Nähe der Hardenbergstraße. Es war eine Empfehlung. Die Wohnungsinhaberin war eine kleine, etwas mollige Dame mit listigem Spitzmausgesicht. Sie war eine geschiedene Frau Regierungsrat und vermietete ihre großen, überladenen Räume. Die Vorderzimmer mit Erker und Balkon bewohnte ein frisch verheiratetes elegantes Paar.

Ich bekam den sogenannten Salon. Ein langer, schmaler

Schlauch, der abstrus eingerichtet war. Ein Feldbett mußte mit Plüschdecke am Tag auch als Sofa dienen. Davor ein ungemütlicher ovaler Tisch. Ein Vertiko, ein Schrank und als Krönung eine Waschtoilette mit bunter Porzellan-Garnitur. Dazu ein paar Jugendstillampen mit Seidenschirm und Perlfransen. In der Ecke ein Kachelofen. Und wohin mit dem Klavier? Auch dafür fand sich Platz. Bewegen konnte ich mich dann allerdings kaum noch. Aber was spielte das für eine Rolle! Ich war im brodelnden, aufregenden Berlin.

Wir wurden übrigens eine nette, kameradschaftliche Gemeinschaft, die Mieter und ich. Mit unserer Wirtin hatten wir viel Spaß. Sie war eine Plaudertasche, und wir wußten bald, daß sie verdammt schuldig geschieden war. Sie hielt nicht hinterm Berg. Erzählte von ihren Eroberungen in der höheren Beamtenschaft. »Schwarz und hundemager« war ihr Typ. Wir hatten sie im Verdacht, daß sie einen jungen Neffen zuweilen übers Wochenende inzestuös vereinnahmte. Ihr Berliner Zimmer blieb an solchen Tagen verschlossen und verdunkelt. Sie huschte nur manchmal leise in die Küche, ein Mahl zu bereiten.

Wir übernahmen auch einen Spitznamen aus ihrer glorreichen Vergangenheit. Sie war leichtsinnig genug, ihn, als sie wieder einmal im Schatzkästlein ihrer Erinnerungen kramte, preiszugeben: »Goldpopo!« Wir konnten es uns nicht verkneifen, sie zuweilen so zu nennen, und sie hörte es für ihr Leben gern.

Nun, das alles berührte mich nur am Rande. Ich hatte mich auf etwas eingelassen, das den ganzen Menschen forderte. Und ich nahm es ernst. Der Unterricht begann. Ich war fast den ganzen Tag in der Hochschule. Klavierstunde, Harmonielehre, dramatischer Unterricht und Gesang, Gesang! Aus jeder Türe drang Musik.

Professor Weißenborn war ein großartiger Pädagoge – er hat Jahre später den unvergleichlichen Fischer-Dieskau ausgebildet. Er machte mir Mut, und ich konnte nach Stettin Fortschritte melden: »Die Stimme wird« und »Heute mühelos das hohe C gesungen«.

Zur Belohnung schlug Vater zusätzliche Privatstunden vor. Er war wirklich großzügig, und ich dankte ihm.

Noch bevor das Probejahr zu Ende ging, begannen wir mit dem Rollenstudium. Susanna aus *Figaros Hochzeit* zum Beispiel. Nichts stand im Wege, mich mit dem wachsenden Volumen der Stimme an die heißgeliebte Agathe im *Freischütz* zu machen.

Nach dem zweiten Jahr war der Eintritt in die Opernklasse möglich. Darauf steuerte ich los, denn meine große Passion war immer noch die Oper, nicht das Konzertpodium. Weißenborn heizte mir tüchtig ein, dieses Ziel zu erreichen.

Es gab erfüllte Tage, da war ich diesem Ziel sehr nahe. Das Singen gab mir ein gelöstes, befreites Glücksgefühl. Es gelang mir dann fast alles und übertrug sich auf meinen Lehrer. Wir umarmten uns musikberauscht.

Ich ernährte mich in dieser Zeit aus Sparsamkeits- und Bequemlichkeitsgründen hauptsächlich von Leberwurstschrippen und Kaffee. Selten mal eine Bockwurst in der Mensa oder Gekochtes zu Hause.

Dort war unsere Küche immer von den verschiedenen Parteien belagert, und zuweilen fiel für die dünne Kleine etwas ab. Ich konnte mich über Mangel an Verständnis (man bedenke allein meine täglichen Übungen!), sogar Freundschaft nicht beklagen. Etwas in mir sperrte sich allerdings gegen Verbrüderungen, und ich wies manchen Vorteil zurück. Auch die Kleine vom Kurfürstendamm wollte mich enger an sich und den Luxus ihrer Zehn-Zimmerwohnung mit gleich zwei Konzertflügeln fesseln.

Größtenteils dankte ich, weil ich glaubte, keine Zeit zu haben. Mal eine musikalische Soiree, mal ein Essen. Ich blödsinnige Närrin hätschelte einen Gedanken, man kann es getrost einen Spleen nennen: Ich bildete mir ein, daß in nicht zu ferner Zeit mir all diese Vorzüge des Lebens aus eigener Kraft zufallen würden! Dabei wurde alles von Tag zu Tag schwieriger. Langsam, aber

beständig waren wir in die Inflation gerutscht. Chaotische Geld-
verhältnisse machten die Menschen kopflos. (»Die Mark war
leicht verderblich geworden.«) Wenn ich Geld aus Stettin bekam,
mußte ich es schleunigst anlegen. Am nächsten Tag bekam ich
nur noch die Hälfte dafür. Ein guter Bekannter jonglierte an der
Börse meinen Zuschuß wenigstens immer so, daß ich innerhalb
einer Woche keine Verluste hatte.

Aber was half's? Es reichte nicht hinten und nicht vorn. Ein paar
Briketts und die notwendigsten Lebensmittel, mehr ließ sich
nicht ergattern.

Mir machte das nicht viel aus. Entbehrungen waren mir gleich-
gültig, aber der Körper verlangte sein Recht. In diesem Fall der
Kehlkopf und die Stimmbänder. Jetzt rächte sich der Raubbau,
den ich so lange getrieben hatte, die falsche und unregelmäßige
Ernährung, seit ich für mich selbst sorgen mußte. Bücher und
Noten waren mir wichtiger gewesen als Fett und Obst. »Singen ist
Energie«, hatte ich meinen Professor oft sagen hören. Wo war sie
hin? Meine Stimme verlor an Festigkeit. Sie »schepperte« in der
Höhe, beim Forte. Die Geschmeidigkeit war zum Teufel.

Zunächst glaubten wir an eine Indisposition, eine vorüberge-
hende Schwäche. Man riet mir, in die Charité zu Professor
Katzenstein, dem Halsspezialisten, zu gehen. Er stellte eine Ano-
malie an den Stimmbändern fest. Interessant genug, um im
Hörsaal einer Gruppe Studenten vorgeführt zu werden, die alle
mit ihren Spiegeln in meinen Hals fuhren. Hinterher bekam ich
den Mund nicht mehr zu und die Zunge schmerzte. Besser wurde
es davon nicht. Es war wohl doch Unterernährung und eine
daraus resultierende Schwäche.

Wir gaben nicht auf. Aber als die Eignungsprüfung für Oper
immer näher rückte, äußerte Weißenborn doch Bedenken. Die
große Arie der *Freischütz*-Agathe hatte keinen Glanz. Sie hatte ich
für diese Prüfung gewählt, und wie mühelos war sie mir oft
gelungen. Mein Lehrer war verärgert über den Rückschlag, der all
unsere Mühe zunichte machte.

Professor Hörth, der bei der Eignungsprüfung eine wichtige Rolle spielte, wußte von meinem Pech. Er sprach mich an und beschwor mich, nicht den Mut zu verlieren: »Eine Pause, Ruhe und Erholung! Warum werden Sie nicht Schauspielerin? Sie sind doch begabt. Die Musik läuft Ihnen nicht fort.«

Wußte er nicht, was auf dem Spiel stand? – Es ging um meinen Traum. Ich stand da, unfähig aufzugeben, und brauchte meine ganze Kraft, um nicht loszuheulen. Ich glaube fast, ich lächelte. Ein klägliches Lächeln der Verzweiflung!

Es half nichts. Ich war in einer Sackgasse. Weitermachen war im Augenblick sinnlos.

Aus einem Brief an Vater vom 5. März 1923:

»Vater, wenn ich doch nur nicht so unglücklich wäre. Ich halte mich kaum aufrecht. Durch die schlechten Verhältnisse bin ich sehr runtergekommen. Hab's jedoch nie empfunden, bis zu dieser kolossalen Erregung. Jetzt bin ich vollkommen am Ende. – Der Mantel tut mir auf den Schultern weh. Und Klavierspielen kann ich nicht hören. Oft habe ich auch Schmerzen in der Brust! Jedenfalls brauche ich zunächst Ruhe, Ruhe, Ruhe! Vielleicht ist es ganz gut, daß der Hochschulbetrieb unterbrochen wird. – Verzeih, Lieber, aber ich suche aus reiner Verzweiflung nach Entschuldigungsgründen für diese Blamage. Ich darf nicht dran denken, dann beginnt dieser gräßliche Zustand.

Ich komme mir so gedemütigt und verlassen vor. Schreib, was Du willst – aber ruhig, sachlich –, sonst wird's noch schlimmer mit mir.

Frau K. (meine Wirtin) kümmert sich sehr lieb um mich. Um 8 Uhr muß ich ins Bett. Komisch, daß ich gar nicht weinen kann. Ich komme sehr bald. Bis dahin schreibe mir bitte. Ich bin nicht imstand zu entscheiden. B.«

Ich packte dann meine Koffer Hals über Kopf und fuhr nach Stettin. Gescheitert nach so harter Arbeit. Meine Lebenspläne vergangen wie Zunder. Wozu alle finanziellen Opfer? Ich fühlte mich leer, verloren und betrogen.

Vater war sehr verständnisvoll. Wir nahmen unser gemeinsames Leben wieder auf. Nun hätte es nahegelegen, daß ich seinen kleinen Haushalt übernahm, aber daran dachte ich nicht einen Augenblick. Ich wollte einen Beruf haben, und da ich an der Quelle saß, erklärte ich eines Tages, ich will Maschinenzeichnerin werden, und nicht lange gefackelt! Ein paar Tage später stand ich am Reißbrett mit Zirkel und Stiften.

In diesen Wochen hatte ich einen hellsichtigen Traum. (Vater machte sich als Schlaftrunk kurz vor Mitternacht immer eine große Tasse Kaffee. Man hätte die Uhr danach stellen können.) Eines Abends schlief ich fest. Auf einmal ging mein Tristan vor mir auf der Sraße. Ich folgte ihm. Er hielt einen Brief in der Hand, den er in einen großen Briefkasten steckte. Ich griff, als er verschwunden war, in den Schlitz und holte mir den Brief. Der Inhalt war eine liebevolle Beschwörung, die Flinte nicht ins Korn zu werfen. Ich wachte auf und hörte das vertraute Geräusch aus der Küche.

Ein paar Tage später wurde mir ein Brief nachgeschickt. Bevor ich ihn öffnete, kannte ich den Inhalt. Als ich auf den Stempel sah, stellte ich fest, daß er zwischen elf und zwölf Uhr abends an eben demselben Tag, als ich träumte, eingesteckt worden war.

Ich muß jetzt zurückgreifen. Wir hatten in Berlin sehr bald wieder zueinander gefunden. Mein Leben war aber nun so erfüllt von neuen Menschen und Eindrücken, ich war so zugedeckt mit Arbeit, daß es nicht wieder zu der selbstquälerischen Schwärmerei kam. Die exaltierte Neigung hatte sich etwas abgekühlt. Ich lernte seine Frau kennen und durfte zuweilen Gast in ihrer Blockhütte sein, die sie neben der Stadtwohnung in der Mark Brandenburg bei Trebbin gemietet hatten. Sie mochte ihnen ihre Hütte in Schweden ersetzen. Dort studierten sie seine Rollen miteinander. Ich hörte zu und lernte viel dabei.

Durch ihn sah ich oft Vorstellungen im Deutschen Opernhaus. Er war es auch, der mich zur Generalprobe des »Russisch-Romantischen Balletts« mitnahm. Mit dem großartigen Romanow, der

Smyrnowa und Elsa Krüger. Ich war völlig aus dem Häuschen über diese Russen. Die *Nußknackersuite* und *Giselle* – besuchte ich viermal. Er nahm mich auch ins »Schauspielertheater« mit. Dort sah ich Heinrich George zum ersten Mal als liebeskranken Starschenski in *Elga* von Hauptmann. Neben einer betörenden Frau, deren Name sich mir tief einprägte: Elisabeth Bergner, »die naive Verderberin in hinreißender Gestalt«. Den großen Werner Krauß sah ich in Shaws *Cäsar und Cleopatra*. Und das Naturereignis Lucie Höflich. – Es war eine echte Freundschaft geworden, und wir freuten uns über jede Begegnung.

Nun also, sein Brief kam in dem Augenblick, als Vater mir klarzumachen versuchte, daß ich als technische Zeichnerin gänzlich ungeeignet sei. Er sagte etwas von »schmieren« und daß viel Präzision nötig sei und auch Geduld. Er spürte wohl meine innere Unrast und fand Worte, die meinem Lebensweg eine so entscheidende Richtung gaben: »Warum wirst du nicht Schauspielerin, wenn man dir von kompetenter Seite dazu rät? Fahr wieder zurück nach Berlin und versuche, auf die Reinhardt-Schule zu kommen, wo deine Freundin Elfi ausgebildet wird.«

Der Kontakt zwischen meiner Gefährtin des Stettiner Intermezzos und mir war in der Berliner Zeit nicht unterbrochen, und was mir aus der klassischen Literatur vertraut war, von der Schulbildung abgesehen, kannte ich durch sie. Ihr Paradestück war die Kerkerszene Gretchens aus *Faust*. Wer auch immer sie aufforderte etwas vorzutragen, konnte sicher sein, daß sie sich auf die Knie warf und loslegte. Ich war nur zu oft Zeuge dieser Darbietung und konnte jedes Wort.

Damit ausgerüstet fuhr ich nach Berlin.

Das Semester hatte schon begonnen, aber ich konnte ein Einzelvorsprechen ausmachen.

Es war heiß, als ich von Charlottenburg aufbrach. Max Reinhardts Schauspielschule des Deutschen Theaters war in der Schumannstraße im Haus der Kammerspiele. Direktor Berthold Held emp-

fing mich. Ein soignierter, grauhaariger Herr. Nach der Begrüßung sagte er: »Sie sehen aus wie eine junge Roma Bahn.« Ich
konnte mir darunter nichts vorstellen. Hätte er gesagt: »Sie sehen
aus wie eine junge Mafalda Salvatini« – eine von mir verehrte
Sängerin des Deutschen Opernhauses –, wäre ich im Bilde
gewesen. Jedenfalls nahm ich es für ein Kompliment.

Das Büro war ein kleiner Raum. Es war mir peinlich, mich in
solcher Enge dramatisch zu produzieren.

Was half's? Kopfüber hinein! Schon lag ich auf den Knien, wiegte
mich hin und her:

> »Meine Mutter, die Hur',
> Die mich umgebracht hat,
> Mein Vater, der Schelm,
> Der mich gessen hat!«

Gretchens Wahnsinn, ihren Schmerz und Jubel schrie und wim-
merte ich dramatisch heraus. Es gibt eine Stelle, wo sie Fausten
bedrängt. Ich war längst aufgesprungen. Ich näherte mich Held
und packte ihn an den Revers seines leichten, eleganten Sommer-
sakkos. Als ich ihn wieder freigab, sah ich, daß die Aufschläge
total zerknittert waren. Die Aufregung, die Hitze, meine feuchten
Hände!

»Entschuldigung«, stammelte ich. Und er: »Mein Gott, haben Sie
ein Temperament!«

Damit war das Vorsprechen beendet.

»Können Sie gleich anfangen?«

»In zwei bis drei Tagen und vielen Dank!«

Mein »Salon« war noch zu haben, und ich zog, nach einigen
Veränderungen, die ich durchsetzen konnte, wieder ein.

Diesmal war der Weg weit. Ich legte ihn Tag für Tag, Sommer und
Winter, mit dem Fahrrad zurück. Durch den Tiergarten, vorbei an
den »Zelten« zur Probebühne der Kammerspiele.

Ich fand dort eine Gruppe netter Schüler vor, die die Nachzügle-
rin herzlich begrüßten. Hier wurde diskutiert, bewundert und
verworfen! Besonders ein Stück erregte die Gemüter: *Der arme*

Vetter von Barlach, es war im Staatstheater am Gendarmenmarkt herausgekommen. Ich hörte den Namen Jürgen Fehling zum ersten Mal in diesem Zusammenhang. Erfuhr von Heinrich Georges großer Leistung, und alle Mädchen wollten das Fräulein Isenbarn studieren. Für mich war das eine neue Welt. Was mußte ich alles lernen!

Einer half mir dabei entscheidend: unser Lehrer Ernst Legal. Ein bekannter Charakterspieler am Staatstheater, skurril, voll satanischem Humor und leidenschaftlichem Temperament. Er warf sofort sein kritisches Auge auf mich, gab mir am Anfang kurze Szenen, die er händeringend unterbrach. Meine opernhafte Attitüde verhöhnte er mit hämischem Witz. Nannte mich »Boa constrictor« wegen meiner schlängelnden Bewegungen.

Mit Geduld gelang es ihm, langsam Übertreibungen und Unarten abzubauen. Da ich ein gutes Ohr hatte, wußte ich bald, wo es langging. Er gab mir schwierige Aufgaben, so die Adelheid in *Götz von Berlichingen* (von ihr wird noch die Rede sein). Dann Judith und Elektra. Manchmal behielt er mich länger in der Schule und arbeitete allein mit mir weiter.

Ich muß gestehen, daß mein Operntraum vor so großer Anforderung überraschend schnell verblaßte. Ein wesentlicher Grund dafür war die Atmosphäre großen Berliner Theaters.

Die Kammerspiele lagen neben dem berühmten Deutschen Theater Max Reinhardts. Wir durften Proben besuchen und sahen die Großen bei der Arbeit. Trafen sie auch auf dem Hof oder bei »Salbach«, einer Kneipe nebenan. Das alles war aufregend und zog mich in seinen Bann.

Mein Interesse für die Schauspielerei wuchs mit jedem Tag. Ich war überwältigt von Leistungen, die die zwanziger Jahre in überreicher Fülle anboten. Ich sah Rudolf Forster, Agnes Straub, Werner Krauß, Gerda Müller und Max Pallenberg. In der berühmten Erich-Engel-Inszenierung von *Dantons Tod* im Februar 1924 durften einige von uns Statisterie mitmachen. Wir erlebten in nächster Nähe den dynamischen Fritz Kortner. Ich höre noch die Fanfare seiner Stimme im Konvent. Hier lernte ich auch Carl Zuckmayer kennen. Er mußte uns »dressieren«, war eine Art Regieassistent. Unermüdlich, vor Vitalität strotzend und noch sehr jung. Er hatte seine ersten Stücke geschrieben und versprach uns Rollen darin.

Wir bereiteten gegen Ende des erten Semesters einen Szenen-abend vor, bei dem wir uns den Agenten und einigen wichtigen Theaterleitern vorstellen konnten. Ich hatte meine mit Legal erarbeitete Judith gewählt und schnitt nicht schlecht ab. Das zweite Semester konnte beginnen.

Es kam etwas dazwischen. Der künftige Oberspielleiter des Württembergischen Landestheaters Stuttgart, Wolfgang Hoff-mann-Harnisch, wollte sich einige junge, begabte Damen anse-hen. Eine davon als Anfängerin eventuell engagieren. Es kamen natürlich nur welche mit demnächst beendetem Studium in Frage.

Berthold Held schlug eine hübsche Blondine vor, für das Fach der jugendlichen Liebhaberin wie geschaffen. Sie wählte die Chrysothemis aus *Elektra*. Ich wurde gebeten, die nötigen Stich-worte zu geben. Ich hatte die Elektra studiert. Es lag also nahe.

Vorsprechen ist die Hölle! Allein auf der Bühne, bei stimmungs-loser Beleuchtung, ohne »Anlauf« einen tragischen oder – was beinahe noch schwerer ist – komischen Vorgang eindrucksvoll darzustellen.

Fürchterlich!

In diesem Fall berührte es mich nicht. Also stieg ich auf die Bühne und schrie aus Leibeskräften: »Orest, Orest ist tot!« Da es nicht um mich ging, war ich ohne Hemmungen und ganz bei der Sache. Als die Szene beendet war, ging ich auf meinen Platz zurück.

Nach einer Unterhaltung der Herren wurde ich ins Büro gebeten. Harnisch machte mir ein Angebot.

Ich fiel aus allen Wolken! Held meinte, daß mein zweijähriges

Gesangsstudium gewissermaßen als Vorbereitung angerechnet werden könnte. Er würde zum Beginn der Saison die Erlaubnis geben.

Mein Gott, so einfach war das! 250 Mark Anfangsgehalt. Harnisch versprach , mich zu fördern.

Silberstreifen am Horizont! Das Leben war wieder lebenswert. Und alles im wunderschönen Monat Mai!

Alexander Moissi. Zeichnung von Emil Orlik

Atemlos und lichterloh

Alexander Moissi – Stuttgart:
das erste Engagement

> »Das hast Du getan, sagt mein Gedächtnis.
> Das kannst Du nicht getan haben! –
> sagt mein Stolz.
> Endlich gibt mein Gedächtnis nach.«

Nietzsche

Appell unseres Direktors an seine ihm anvertrauten Schüler: »Alexander Moissi ante portas!« Er wird zu einem mehrwöchigen Gastspiel am Deutschen Theater erwartet.

Den jungen Männern empfiehlt er, nicht sogleich der verführerischen Melodie dieses Rattenfängers zu erliegen und ihn zu kopieren. Den jungen Damen aber rät er, sich seinem Zauber, der wachnervig allem Weiblichen auflauert, gar nicht erst auszusetzen.

Er erreichte nichts anderes damit, als daß wir mit höchster Spannung den ersten Abend erwarteten.

Moissi spielte ein Drama von Richard Beer-Hofmann: *Der Graf von Charolais*. Er fesselte mich sogleich, nicht nur durch die Stimme, von der Arthur Rubinstein in seinem prächtigen Erinnerungsbuch schreibt: »Moissi besaß die schönste Stimme, die mir je vorgekommen ist. Sie klang wie Musik.« Es war seine Zartheit, die Anmut seiner Bewegungen, die eher bescheiden als virtuos waren.

Der Mann war für die Rolle ein absoluter Glücksfall. Er siegte mühelos durch ein unbeschreibliches Fluidum. Das Publikum feierte ihn entsprechend. Sollte ich mich ausnehmen? Ich war fasziniert und bewegt. Gleichzeitig war mir klar, daß Helds

Mahnung berechtigt war und daß man sich seiner Aufmerksamkeit um jeden Preis entziehen mußte.

Keine acht Tage vergingen, und unsere Jungmänner sprachen wie Moissi. Die Mädchen hingegen flüsterten sich ihre kurzen Begegnungen mit ihm ins Ohr, und eine Blonde, Zarte sonnte sich, viel beneidet, in einer Favoritinnenrolle.

Ich saß auf hohem Rosse. Mied den Hof in den Pausen und versuchte mich so vor diesem gewitterhaften Einbruch zu schützen.

Dann kam ein Vormittag. Unruhe trieb mich aus dem künstlichen Licht der Probebühne raus in die herrliche Sonne. Ich hätte es wissen müssen! Er stand da, umringt von Kollegen und Schülern.

Ich gebe mir jetzt Mühe, mich an Einzelheiten zu erinnern. Hilfe und Zeuge soll mein Tagebuch sein, dem ich in Abständen die wichtigsten Ereignisse anvertraute. Schwarz auf weiß, voll jugendlichen Überschwangs, kann ich also zitieren.

Tagebuch 11. Mai (– ein ominöses Datum in meinem Leben, ich sagte es schon):

»So fing es an: Ich lachte und war vergnügt. Er sah mit fragenden, ernsten Augen zu mir hin. Wir sprachen zu anderen und schließlich miteinander. Ich vergaß, daß er berühmt und umworben war. Eine Spielerei; ich hänge meine Jacke als lästigen Ballast an einen Nagel. Er nimmt sie fort und jagt über den Hof. Albern, denke ich, das alte Spiel! und will nicht mitmachen. Ich bleibe ernst und schweigsam. Er hat wunderschöne Augen. Jetzt denke ich, daß er umworben ist und versuche, seinem Blick standzuhalten. Er gibt mir die Jacke zurück. Die Forderung dafür wird er formulieren. Ich bekomme seine Hand. Warm und weich.

Dann sagt einer, daß ich fesch wäre. Das macht mich verlegen. Ich fühle, wie ich rot werde. Ich wage nicht, ihn anzusehen und weiß doch, daß sein fordernder Blick unverwandt auf mich gerichtet ist.«

Er hatte sich nach meinem Namen erkundigt. Am nächsten Vormittag gab man mir in der Schule einen Umschlag vom Hotel Adlon. Ein läppischer kleiner Zettel darin. »Süßes Herz«, schreibt er, »bitte denk an mich lieb und gut.« Nicht mehr. Warum ergriff mich Beunruhigung?

Tagebuch 12. Mai:

»Ich kam atemlos und erhitzt von der Bühne. Er stand da. Ich erschrak. Sicherheit verging mir. Ich sprach schnell und viel. Er sagt etwas von der Forderung, ruhig, selbstverständlich, so daß es nicht verletzt. Dann fragt er etwas Sachliches, will Auskunft. Wir stehen im Treppenhaus. Seine Nähe lähmt meinen Willen. Ich lehne am Geländer. Dann seine gewalttätige Berührung. Ich kann mich wehren, Zeit gewinnen, bis er mit kraftvollen, gierigen Händen die Forderung einlöst. Zorn über meine Ohnmacht, die nur noch scheinbar aufbegehrt.«

Tagebuch am selben Abend:

»Ich tue ihm Unrecht. Viel Zärtlichkeit und wunderlicher Reiz war in dieser unverfrorenen Forderung. Und doch – ich schämte mich meiner Schwäche. Eine von unzähligen!«

Der nächste Brief ließ nicht auf sich warten. Heiße, beschwörende Worte. Wie konnte ich annehmen, daß er es bei Küssen im Treppenhaus bewenden lassen würde? »Komm, komm! Ich werde dich so, so liebhaben.«

Tagebuch 14. Mai:

»Vormittags Probe. Matt und lichthungrig such ich das Freie. Stoße auf ihn. Falsch gelaufen! – Nein, recht! Läßt die andern, dann sind wir allein. Der Gang ist dunkel. Wir sitzen auf weichen Polstern. Er spricht zu mir. Verzaubert höre ich den Schwur bei seinen Augen und meinem Mund, daß er mich lieb hat wie seit langem keine. Zartheit verklärt seine wilden Wünsche. Er spricht von mir, daß ich leuchtend sei und jung und stark. Daß er mich mitnehmen will, wenn er das schlimme Berlin verläßt, um in anderen Städten zu spielen.«

Die ganze Zeit wußte ich, daß dies alles nur einem Zweck diente, allzuoft erprobt. Das verminderte nicht den ungeheuren Reiz des Augenblicks, und ich brauchte viel Kraft, die Widerspenstige zu spielen.

Er hatte veranlaßt, daß ich abends die Wiederaufnahme des *Lebenden Leichnam* von Tolstoi ansehen konnte. Es war ein großer Eindruck. Reinhardts Geist und Phantasie hatten eine schauspielerische Nachdichtung vollzogen, die an Schönheit nicht zu überbieten war. Natürlich fehlte mir noch Erfahrung, Einzelleistungen beurteilen zu können. Aber selbst Verminderung durch Neubesetzungen konnten die bannende Kraft dieses Abends nicht schmälern. Neben Moissis Fedja, dem »gegeben war, tiefste Schwermut und herzzerreißende Trauer« zu vermitteln, verblaßte alles. Wie sehr mußte mein getroffenes Herz berührt sein.

Es war Zeit, mich in Sicherheit zu bringen. Mein Stolz ließ es einfach nicht zu, der Schule das Schauspiel meiner Niederlage zu bieten. Seine Affären waren hinreichend bekannt. Ich wollte nicht die nächste sein.

Ich blieb ein paar Tage dem Unterricht fern. Ohne Telefon glaubte ich mich unerreichbar. Irrtum! Ein Tag Ruhe. Ich fuhr zum Schlachtensee, lief stundenlang. Ruderte, bis ich todmüde war. Zu Hause erwarteten mich Rohrpostbriefe. Später kamen Blumen und Telegramme. Er glaubte, ich sei krank. Überredende, anflehende Worte. Ich sollte ihn treffen, mit ihm essen und eine Reise besprechen.

Für meine lüsterne Wirtin war das alles Wasser auf ihre Mühle. Sie bekam durch die postalen Grüße das meiste mit und roch den Braten. Sie rang die Hände über meinen Starrsinn, mahnte an die Vergänglichkeit der Jugend.

Nach zwei Tagen fiel mir die Decke auf den Kopf. Ein makabrer Zwischenfall tat ein übriges. Eine junge Frau aus der Nachbarschaft hatte sich vergiftet. Ich kannte sie flüchtig. Sie erschien mir stets heiter und unbeschwert. Niemand kannte die Gründe für diese Tragödie. Ich wurde den Gedanken an sie nicht los.

Diese plötzliche Begegnung mit der Unwiderruflichkeit des Todes löste erschrockene Betroffenheit bei mir aus. Ich entschied mich von einer Minute zur anderen. Wem war ich Rechenschaft schuldig? Ich wollte etwas von dem lockenden, bunten Leben, das auf mich wartete, gewinnen. Ich rief ihn im »Adlon« an und versprach, nach der Vorstellung mit ihm zu essen.

Es blieb noch Zeit bis zu seiner Abreise nach Hamburg. Ich sollte etwas später nachkommen. Leicht muß ich ihm die letzten Tage nicht gemacht haben. Überall witterte ich Rivalinnen. Um ihn bauschte sich jede Geste zu Einverständnissen auf. Sein letzter Brief vor meiner Abreise, die ich wohl immer wieder in Frage stellte, endet dann auch mit einem Stoßseufzer:

»Deinen heutigen Expreßbrief will ich gar nicht gelesen haben, aber so viel habe ich gelesen: Du kämpfst einen wütenden Kampf gegen Windmühlen!« Und dann am Schluß: »Ich buche somit den zweiten Krach und bin bereits auf den dritten gefaßt – aber in Hamburg, wo ich Dich morgen am Hauptbahnhof um fünf erwarte.«

Es gab keinen Krach! Er stand auf dem Bahnsteig, lächelnd streckte er mir die Hand entgegen. Ich ergriff sie, und er führte mich in ein Abenteuer – unwirklich und unvereinbar mit meinen bescheidenen Lebenserfahrungen. Dieser Anfang verkörpert für mich den »Einritt in die große Welt.« Meinen romantischen Bedürfnissen wurde volles Maß.

Am ersten Abend stieg ein Riesenfeuerwerk über der Alster vor unseren Fenstern in den Himmel. Lichterloh! Noch heute – alt geworden –, wenn ich Hamburg besuche, verweile ich gern ein Stündchen in den »Vier Jahreszeiten«, und eine kleine Wehmut mischt sich in die Erinnerung an die Zeit, da das Feuer noch munter im Blut brannte.

Im Juni trennten wir uns. Er fuhr nach Mexiko. Ich zurück nach Berlin, um die letzten Tage meiner Ausbildung unter den vorwurfsvollen Blicken meines Direktors zu absolvieren. Es dauert ein Jahr, bis wir uns wiedersahen. Erst im Mai 25 konnte ich es einrichten, von Stuttgart aus nach Zürich zu kommen.

Ich traf abends ein. Nach seiner Vorstellung standen wir uns im Nobel-Hotel Baur au Lac gegenüber. In einem Raum mit brennendem Kaminfeuer hatte er ein kleines Essen vorbereiten lassen. Es benahm mir den Atem, als er eintrat. Ich hatte ihn wieder! Ein paar Tage in dieser herrlichen Stadt. Vormittags nahm Moissi Fahrstunden für seinen neuen Wagen. Ich bummelte durch die Straßen, setzte mich den modischen Versuchungen der Bahnhofstraße aus oder lief am See entlang. Dann fuhren wir weiter nach Lugano. Eine Woche Ferien! Unvergeßlich der Morgen, als ich den See mit dem grandiosen Panorama von meinem Balkon aus zum erstenmal sah. Ich kannte den Süden nicht.

Es gab keine Abmachungen zwischen uns. Es war ganz selbstverständlich, daß ich kam, wenn er mich rief. Ich ließ jeden stehen. Wir schworen uns nicht ewige Liebe. Er spielte nicht mit falschen Karten. Das Naturhafte seines Begehrens lockte mich immer wieder in dieses unwiderstehliche Abenteuer. Dafür beschenkte er mich mit einer neuen weiblichen Sicherheit, und ich bereute nichts, denn er war einer der liebenswertesten Menschen, die mir begegnet sind.

Aber zurück zum Sommer 1924. Ich verabschiedete mich von allen Getreuen mit einem ausgelassenen Fest, das meine Wirtin und ihre Mieter für mich arrangierten. Ich besuchte Vater in seiner Sommerfrische und machte mich dann auf den Weg, aus meinem Leben etwas zu machen.

Stuttgart gefiel mir. Ich zog auf die Höhe. Dort war es luftig und landschaftlich reizvoll. Das Landestheater lag unten in einer gepflegten Parkanlage. Ich betrat es mit Neugier und respektvoller Erwartung.

Harnisch hatte Wort gehalten. Ich bekam in seiner Antrittsinszenierung von *Heinrich IV.* eine hübsche Rolle, Lady Mortimer. Sie war eher pantomimisch als textlich ergiebig. Shakespeare führt die Nöte eines Liebespaares vor, das nicht die gleiche Sprache spricht und sich nur mühsam verständigen kann. So heißt es im Buch immer nur: »Lady M. spricht«, »Lady M. singt«. Und zwar walisisch. Wir begnügten uns nun beileibe nicht mit irgendeinem Phantasiegeplapper. Ein Tübinger Professor wurde bemüht, einen der Situation adäquaten Text in original-walisischer Sprache für mich zu erfinden. Ich lernte diese Sätze phonetisch und konnte nun Verliebtheit, Ungeduld und Zorn nach Bedarf variieren, auch ad libitum erweitern. Das war sehr lustig.

Man wickelte mich in silbergrünen Brokat, setzte mir eine dunkle, kurzgelockte Perücke auf, und die welsche Wilde war fertig.

So begann's, und ich gefiel. Man lobte auch meine Singstimme. Den Kopf meines blondgelockten Mortimer – der damals noch gertenschlanke Will Dohm – in meinem Schoß gebettet, sang ich ein schmachtendes Abschiedslied. Natürlich walisisch.

In Schillers *Maria Stuart* spielte ich die Lady Kurl. Das ist die Kammerfrau Marias, die im letzten Akt den Richtblock mit dem mörderischen Beil sieht und schaudert. Ich hatte mir vorgenommen, diesen Bericht so untheatralisch wie nur möglich zu bringen. Realistisch, atemlos und leise.

Auf den Proben konnte ich damit überzeugen. Am Tag der Premiere aber hatte ich die Szene zu Hause so oft durchgesprochen, daß sie immer mehr nach innen rutschte, und als es endlich soweit war, kam vor lauter Innerlichkeit und sprachlosen Entsetzen nur noch heiße Luft. Das »blankgeschliffene Beil« – der Höhepunkt – bestand nur aus Konsonanten.

Die Kritik stellte lapidar fest: »Fräulein Drews spricht scheinbar immer noch walisisch!«

Mit mir zur gleichen Zeit war eine junge, hochbegabte Schauspielerin gekommen, Mila Kopp. Sie hattte schon Erfolge vorzuweisen, und man erwartete viel von ihr. Sie starb vor einigen Jahren, viel zu früh, und ich möchte an dieser Stelle ihrer gedenken.

Mila Kopp hatte die Gabe, ihre Rollen in schlichter Eindringlichkeit, wahrhaftig und erschütternd zum Leuchten zu bringen. Ich habe nie eine bessere, ergreifendere Luise in *Kabale und Liebe* gesehen. Ich spielte die Sophie, Lady Milfords Kammerzofe. Jedesmal, wenn Mila die Sätze ihres Verzichtes sprach, mußte ich mich zusammennehmen, um nicht loszuheulen. Wir spielten beide dann im *Fröhlichen Weinberg*. Carl Zuckmayer hatte mit diesem Stück seinen phänomenalen Durchbruch.

Vor der Premiere war er nach Stuttgart gekommen, um zusammen mit dem Dramaturgen Dr. Curt Elvenspoek eine Matinee zu veranstalten. Thema: Zirkusleute. Wir erneuerten unsere Berliner Theaterhof-Bekanntschaft, und ich bekam ein Gedicht. Ein bedauernwertes Kind, mit nackten Beinen und kurzem Sackleinenhemdchen klagt sein Leid. Am Ende jeden Verses hieß es da:

> »... als ich noch so klein,
> So wunderwinzig bin gesein«.

Das beeindruckte die Leute. Vor allem zwei junge Männer, die neu ans Landestheater gekommen waren. Einer von ihnen war Christian Kayßler, Sohn des berühmten Friedrich. Der andere hieß Ludwig Donath. Sie nahmen mich in ihre Mitte und redeten auf mich ein: »Was machen Sie an diesem klassischen Theater? Sie haben hier nichts verloren. Sie gehören an eine moderne Bühne, nach München an die Kammerspiele. Man wird Ihnen Möglichkeiten bieten, die Ihrem Typ und Ihrer Begabung entsprechen.«

Sie kamen beide von dort, und ich hörte ihnen aufmerksam zu. Sie waren auch sofort bereit, mich ihrem Fußballfreund Julius Gellner – Regisseur und Direktionsstellvertreter – zu empfehlen. Das ließ sich hören. Ich hatte nicht die Absicht, lange in Stuttgart zu bleiben. So machte ich mich am ersten freien Tag auf den Weg. Etwas übereilt, wie man sehen wird.

Ich habe diese erste, schicksalhafte Begegnung mit dem Direktor später für eine Festschrift zu Otto Falckenbergs 25jährigem Bühnenjubiläum beschrieben:

»Das war noch in der Augustenstraße, in diesem alten, baufälligen Theater, wo es ganz kleine, winklige Büros gab und windschiefe Dielen. Ich gestehe, ich war sehr mißtrauisch, als ich es betrat, und begriff nicht alles Rühmenswerte, was zwei verständnisvolle Kollegen jenes außerordentlich komfortablen Landestheaters – dem anzugehören ich seit Monaten die Ehre hatte – von diesem winzigen Theaterchen zu sagen wußten. Man hatte mich mit guten Wünschen und den besten Empfehlungen hierher in die Augustenstraße geschickt, an die ›Münchner Kammerspiele‹, die für alle jungen Begabungen ein offenes Herz und eine kleine Gage hatten. Die Sache war so: Ich war an einen Namen empfohlen, der alles nach Meinung der Kollegen veranlassen konnte. Dieser Name war mir fremd.

In München angekommen, stracks in die Augustenstraße. Das freundliche, humorvolle Fräulein im Büro teilte mir mit, daß der gewünschte Herr an Angina erkrankt sei und nicht im Theater wäre. Vielleicht am Nachmittag. Wie ärgerlich! Man riet wiederzukommen. Ich schlenderte durch die Straßen. München war schön an diesem Tag. Strahlend blauer Himmel mit weißen Lämmerwölkchen. Die Stadt lockte mich gewaltig, und mit jedem Schritt verstärkte sich der Zauber. Hier ließ es sich leben! – Am Englischen Garten ruhte ich mich aus. Ein Mokka, um frisch zu bleiben. Dann ein neuer Versuch. Ich wurde auf den Abend vertröstet.

Meine Hochstimmung begann zu schwinden. Im Café nebenan überprüfte ich bei neuem Mokka mein Vorsprechmaterial noch einmal. Es würde mir diesmal nicht erspart bleiben! Es dunkelte schon, als ich mit einem Stoßgebet die knarrenden Treppen zum drittenmal hochstieg. ›Herr Gellner hat erhöhte Temperatur, er darf das Haus nicht verlassen.‹ Mein Mißmut darüber war nicht sprachlos. Laut genug jedenfalls, daß sich eine Tür öffnete und ein Herr mich fragte, ob er irgend etwas für mich tun könne. Hemmungslos klagte ich, daß nun alles vergeblich sei! ›Wollen Sie mir nicht erzählen, was Sie möchten. Vielleicht kann ich

Ihnen einen Rat geben.‹ – ›Nein danke‹, er wäre wohl nicht der Rechte! Ritt mich der Teufel? (Lange wurde ich ein leichtes Unbehagen bei der Erinnerung an die ersten Worte dieser Unterhaltung nicht los!) Doch jetzt kam ein entscheidender Augenblick. Er schickte mich nicht schleunigst an mein Landestheater zurück, sondern forderte mich sehr liebenswürdig auf, in sein Zimmer zu kommen. ›Falckenberg‹, stellte er sich vor, ›und nun erzählen Sie mal, was Sie herführt.‹

Wohl zwei Stunden redeten wir miteinander. Ich erinnere mich, daß er lange vom russischen Theater sprach. Von Taïroffs ›Entfesseltem Theater‹ und von Stanislawskis herrlichem Ensemble. Er gefiel mir. Ein gutaussehender Mann. Distinguiert, mit einem gewinnenden Lächeln. Ich amüsierte ihn wohl, und als es immer später wurde, meinte er: ›Nun sprechen Sie mir nur nichts vor, Sie könnten mich enttäuschen. Ich engagiere Sie und verrate Ihnen auch warum. Sie erinnern mich an die Mädchen von Stanislawskis Künstlertheater. Und ich habe auch schon eine Rolle für Sie.‹«

Mit gesteigertem Lebensgefühl kehrte ich nach Stuttgart zurück. Meinen Intendanten Kehm bat ich von einer Verlängerung des Vertrages abzusehen. Er war überrascht, schalt mich undankbar. Und er hatte recht. Als blutige Anfängerin war ich in ein erstklassiges Ensemble aufgenommen worden. Nun gut, ich mußte die sanfte Bianca in *Der Widerspenstigen Zähmung*, nicht die erträumte rabiate Katharina spielen. Den stummen, tragischen Jungen in *Sechs Personen suchen einen Autor* von Pirandello, und nicht die leidenschaftliche, hysterische Stieftochter. Beides spielte eine andere, eine brillante Schauspielerin. Ich bewunderte sie. Aber war sie nicht viel zu alt? (So ein vorschnelles Urteil revidiert sich natürlich mit den Jahren ganz von selbst!) Zunächst besänftigte meine Spielwut das Babettchen Eismayer im *Fröhlichen Weinberg*, Zuckmayers frechem, lustigem, gesellschaftskritischem Volksstück. Vorzüglich besetzt, erspielten wir den gleichen überwältigenden Erfolg wie überall in Deutschland. Es war ein Mordsspaß.

Mila Kopp war Klärchen Gunderloch. Christian Kayßler Jochen Most, der Rheinschiffer. Und inmitten dieser übermütigen Turbulenz begann die Liebe dieser beiden prächtigen Menschen. Ihre Szenen bekamen plötzlich einen bestürzenden Doppelsinn, den wir liebevoll beobachteten.

Oft nach der Vorstellung, wenn wir nichts anderes vorhatten, lief ich mit Mila auf die Höhe, wo wir beide wohnten. Sie brachte mich zu meiner Haustür, ich sie zu ihrer. Und immer wieder hin und zurück. Unsere übervollen Herzen fanden kein Ende. Bis uns irgendeine Turmuhr mahnte, daß der neue Tag begann. Es gab Hindernisse zu überwinden, aber sie hat ihren Christian bekommen.

Ich sah beide in Berlin wieder.

Verließ ich Stuttgart leichten Herzens? Keineswegs: Es blieben Freunde zurück. Im Theatercafé verkehrten nicht nur Sänger und Schauspieler. Oft traf man dort eine Gruppe Maler, die die Akademie in der Nähe besuchten.

Junge, verdrehte Kerle.

Eines Tages sprachen sie mich an und fragten, ob ich bei dem Stiftungsfest ihres »Künstlerbundes« eine Rolle übernehmen würde. In einem selbstverfaßten Stück, einer Art Schöpfungsgeschichte sollte ich die Eva sein. Sie bekamen eine halbe Zusage. Ich wollte mir die Unternehmung erst einmal ansehen.

Es war vom ersten Tag an eine gutgelaunte, niveauvolle Improvisation. Alle waren mit Lust bei der Sache. Text, Musik, Ausstattung (die vor allem!) konnten sich sehen lassen.

Der Initiator unserer »Festvorstellung« war der Karikaturist Peter-Anton Geckle. Er war auch mein Adam. Ein vitaler Bursche mit einer echten Vis comica und verblüffender Phantasie. Er überrollte alle und spielte den »Gast vom Württembergichen Landestheater« glatt an die Wand.

Der Erfolg war enorm und der Beginn einer herzlichen Freundschaft mit allen Beteiligten. Ich gehörte ganz einfach dazu. Ich nahm teil an ihren hitzigen Debatten, die in den verschiedenen Ateliers bei Gallonen Kaffees ausgefochten wurden. Zumeist ging es um Versuche, einen verborgenen Geist der Natur, eine innere Realität zu finden. Es galt Franz Marcs Wort: »Den Spiegel des Lebens zerbrechen«. In Phantasien und Abstraktionen suchten sie den ihnen adäquaten Ausdruck.

In ihrer Mitte traf ich auch den Konstruktivisten Willi Baumeister. Seine Abwendung von dem Realismus der äußeren Welt war wohl die radikalste. Ich gestehe, ich hatte Schwierigkeiten, aus meiner konventionellen Vorstellungswelt heraus Zugang zu ihren Arbeiten zu finden. Doch unter den wachsamen Blicken der Maler lernte ich bald das Schlechte vom Besseren zu unterscheiden.

Was mich aber vor allem anzog, war ihre Lebendigkeit. Mit wenig Geld wußten sie jederzeit eine kameradschaftliche Geselligkeit herzustellen. Es wurde auch beileibe nicht nur gefachsimpelt. Ob sie Opernszenen improvisierten, Gedichte vortrugen oder Wanderungen in der herrlichen Umgebung unternahmen, alles war durchpulst von mitreißender Lebenskraft. Der Abschied von ihnen fiel mir schwer und ich bin von München aus noch ein paarmal zu ihren berühmten Faschingsbällen, die von der Akademie ausgestattet wurden, gekommen.

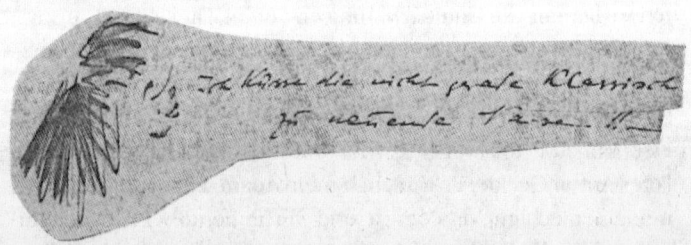

Skizze meines Profils und Widmung des Stuttgarter Karikaturisten Peter-Anton Geckle: »Ich küsse die nicht gerade klassisch zu nennende Nase!! –«

»Mit großen Leuten wird man was!«

Münchner Erfahrungen –
In den »Goldenen Zwanzigern«
an den Kammerspielen

>»Was wir sind ist nichts,
>was wir suchen ist alles.«
>
>*Hölderlin*

August 1926 war es dann soweit. Ich traf nach einer Urlaubsreise an die Adria über Triest und Venedig braungebrannt und unternehmungslustig in München ein. Ich kam im richtigen Augenblick.

Die Kammerspiele waren von der Augustenstraße in die Maximilianstraße ins Schauspielhaus gezogen und bereiteten ihre festliche Eröffnungsvorstellung *Dantons Tod* von Büchner vor.

Ich hatte nun Gelegenheit, zum ersten Mal Falckenberg bei der Probenarbeit zu beobachten. Seine Hingabe, seine leise Beharrlichkeit. Seinen Eifer, wenn sich etwas zu seiner Zufriedenheit formte, aber auch seine Ungeduld über einen falsch gesprochenen Satz, den er mit einem Zischen durch die Zähne erlitt.

Ich traf hier bemerkenswerte Schauspieler. Den schmalen Hans Schweikart als idealen Camille Desmoulins, die grazile, elegante Maria Bard als Marion. Weiblich und warmherzig Lina Carstens als Julie, Dantons Frau. Dann der ganz junge Heinz Rühmann in einer kleinen Rolle, doch schon unverwechselbar in Diktion und Gestus.

Überhaupt zeichnete sich dieses Ensemble durch Jugend und »Personality« aus. Therese Giehse war gerade 28 Jahre und spielte alle alten Frauen. Kurt Horwitz, knapp dreißigjährig, war der Erste Charakterspieler. Es wurde hart gearbeitet. Ich bekam gleich drei Rollenbücher in die Hand gedrückt. Im *Danton* war ich eine Grisette des Palais Royal, in *Macht der Finsternis* von Tolstoi spielte ich neben Lina Carstens und Therese Giehse die Akulina und als ersten Auftritt in München ein Stubenmädchen neben der bedeutenden Hermine Körner. Damit sollte Goethes Wort »Mit großen Leuten wird man was« gleich Wirkung an mir tun!

Dieser kleine Auftritt wurde vom Chefkritiker bemerkt. Er schrieb von einem neuen, einprägsamen Gesicht »voll staunenden Lebens«. Dies war aber nun keineswegs das Ergebnis einer beabsichtigten Gestaltung, sondern nur die Spiegelung der Ausdruckskraft meiner großen Partnerin. Sie gastierte in einer dramatischen Kolportage: *Die fremde Frau* von Alexandre Bisson.

Unsere Szene spielte in einer miesen Marseiller Absteige. Sie legte mir die Karten. Ich stand neben ihr, und alles was sie sagte, wie sie mich von unten herauf betrachtete – wie sie lachte, dazwischen ernst und verstört stockte, ihr herrliches Gesicht, ihre Stimme –, ließen mich fassungslos und staunend alles um mich her vergessen.

Es sollte mir jetzt oft widerfahren, daß mir durch prominente Gäste, neben denen ich auf der Bühne stand, die Augen für dies schwere Handwerk dankbar aufgingen.

Wie ich schon sagte, es gab viel Arbeit, und so kam ich gar nicht dazu, meine hübsche Wohnung zu genießen. Das Theater hatte sie mir empfohlen. Sie gehörte Herrn Alfred Meyer, einem Sammler und Kunstmäzen. Ein älterer, liebenswürdiger Herr, der mit seiner neunjährigen Tochter Eva hier lebte. Seine Frau war ihm mit dem Verleger Gustav Kiepenheuer auf und davon gegangen, und nun sorgte er allein liebevoll für das kleine Mädchen. Er stammte aus einer reichen jüdischen Kaufmannsfamilie, hatte selbst jahrelang in der Branche gearbeitet, bis er glaubte, so viel Geld erspart zu haben, um sich ein Leben für die Kunst, vor allem für das Theater, leisten zu können.

Seine Passion reichte noch zurück auf die glorreiche Zeit Otto

Brahms. Später hatte er freundschaftliche Verbindung zu Max Reinhardt und war einer der Bevorzugten, die ihm bei der Regiearbeit zusehen durften. Mit seinem Spürsinn für Qualität gewann er dabei eine immense Fachkenntnis, und seine Kritik galt viel bei meinen Kollegen. Man nannte ihn den »weichen Meyer«, weil sein gutes Herz für junge Menschen, die er protegierte, sprichwörtlich war.

Einmal in der Woche war »open house« bei ihm, und die Berühmten Schwabings und solche, die es zu werden hofften, gingen ein und aus. Von den vielen Gesichtern, die dort auftauchten, ist mir der imponierende Karl Wolfskehl aus dem Kreis um Stefan George noch ganz gegenwärtig. Dann der Maler Max Unold von der »Neuen Sezession«, die übermütigen Mann-Kinder Klaus und Erika, die schöne Lissy Steinrück und Tilly Wedekind. Irgendwann begegnete ich ihnen an seiner gastlichen Tafel.

Diese stand in einem langgestreckten Raum, den er für seine außerordentliche Sammlung schönster Unterglasmalereien brauchte. Die Bibliothek beherrschte ein gewaltiges abstraktes Bild Wassily Kandinskys. Viel bewundert, ebenso wie Tuschzeichnungen des Magiers Paul Klee, die er besaß: auf dem heutigen Kunstmarkt unschätzbare Werte! Damals aber mußte Alfred Meyer ein Zimmer vermieten, um den Preis für diese weiträumige Wohnung, die er für seine Schätze brauchte, aufbringen zu können.

Ich profitierte davon. Er überließ mir einen Raum mit schönen, alten Möbeln und Blick auf den Englischen Garten. Zwei starkfarbige Frauenköpfe Alexej Jawlenskys, von fast bedrückender Eindringlichkeit, schmückten die Wände.

Die künstlerische Anerkennung meines Wirtes gewann ich mit der Akulina in *Macht der Finsternis*, Tolstois düsterem Drama von Mord und Hörigkeit.

Man erinnert sich, daß Falckenberg schon bei unserer ersten Begegnung an diese Rolle für mich dachte: ein etwas zurückge-

Aus Paris, wo er Tolstois
»Macht der Finsternis« inszenierte,
schrieb mir der russische Regisseur
Peter Scharoff, der das Stück kurz
zuvor, im September 1926, an den
Münchner Kammerspielen mit
mir als Akulina herausgebracht
hatte:

»Liebe ›Akulina‹!
Ich werde glücklich,
wenn ich werde haben
solche Akulina in unsere
Ensemble wie
Sie.
    Mein Gruß
    Peter Scharoff«

bliebenes, berechnendes, sinnliches Frauenzimmer, dessen Zerknirschung und Reue zu spät kommen. Eine vorzügliche Rolle. Peter Scharoff vom Moskauer Künstlertheater inszenierte genau nach dem Regiekonzept Stanislawskis und verhalf uns zu einer Annäherung an das russische Wesen, an alles, was die dunklen Seiten des Lebens betraf – aber auch an das Naiv-Prahlerische dieser Menschen.

Neben kleineren Aufgaben, die nicht ausblieben, lag man auf der Lauer, die großen schauspielerischen Leckerbissen bei den Abstechern zu ergattern. München hatte ein Abkommen mit Augsburg, die dortige Bühne ein paarmal im Monat zu bespielen. War ein Stück in München für einen Gast vorbereitet, wurde es nach dessen Weggang umbesetzt, und man machte Abstecher.

Es begann damit, daß ich in *Dantons Tod* sehr bald die Marion bekam. Mein Husarenstück aber war die Übernahme der Eliza in Shaws *Pygmalion* in 24 Stunden. Es folgten, neben anderen, die Titelrolle in Hauptmanns *Dorothea Angermann* und die Orsina in Lessings *Emilia Galotti*. Das war möglich, weil ich immer neugierig im Parkett saß und zuhörte.

Trotzdem wäre es nicht gegangen, wenn nicht... Kurz: Eines Tages kreuzte ein junges Mädchen auf, das, theaterbesessen, mir diese großen Brocken abhörte. Sie war zierlich und blaß. Immer etwas abgehetzt, denn sie arbeitete nebenbei in einem Laboratorium. Ihr Name: Edith Schultze-Westrum. Ich war ihr vom ersten Augenblick an freundschaftlich zugetan, und schon bald sollte sie sich höchst aufopfernd bewähren.

Ein neuengagierter Kollege wünschte sich als Antrittsrolle den *Fuhrmann Henschel* von Gerhart Hauptmann. Lucie Höflich wurde dazu als Hanne Schäl für sechs Vorstellungen verpflichtet. Sie sagte kurzfristig ab, und Julius Gellner bestimmte, daß ich einspringen sollte. Eine Woche Zeit. Mein Gott, wie sollte ich das schaffen? Für jeden Akt einen Tag, dann Haupt- und Generalprobe.

Und jetzt erschien Edith als guter Engel auf dem Plan. Sie ging nicht von meiner Seite. Tag und Nacht arbeiteten wir. Es ging diesmal ja nicht um das Nachspielen eines Vorbildes, sondern um eine echte Premiere. Der Regisseur war behutsam und geduldig, machte mir Mut.

Als es soweit war und der Vorhang sich hob, schlotterte ich vor Angst. Dann spielte ich wie in Trance, und als ich am Schluß mit einem Schrei abstürzte, muß er wohl die ganze aufgestaute Spannung der vergangenen Woche freigesetzt haben. Erlöst lief ich in die Arme meines Regisseurs und durfte mich dann mit dem Hauptdarsteller verneigen.

Als wir einzeln an die Rampe traten, empfingen mich Bravo-Rufe. Ich war so geschockt, daß mir Tränen aus den Augen schossen. Ich stand da wie vom Donner gerührt. Schwer, diesen Zustand zu beschreiben! Immer wenn die vierte Wand, wo die Zuschauer sitzen, durchbrochen wird und zustimmende oder Mißfallensäußerungen von dort kommen, wird mir taumelig. Ich habe mich nie daran gewöhnen können.

Falckenberg erwartete mich in der Garderobe. Er gratulierte mir und lud mich in den lukullischen Keller von »Walterspiel« ein.

Als wir dort eintrafen, warteten Gellner und der geschäftliche Direktor Adolf Kaufmann schon auf uns. Kein Kollege weit und breit. Wir ließen es uns schmecken, tranken auch auf meinen Erfolg, und langsam rückten sie mit dem Wunsch heraus, mich für drei weitere Jahre zu engagieren.

Warum diese Eile? Etwas hätte mich warnen müssen. Aber ich war so euphorisiert durch die allseitige Bewunderung, fühlte mich auch eingekreist von den gewichtigen Männern, daß ich zu allem »ja« sagte. In jeder neuen Saison sollte ich 100,– Mark mehr im Monat bekommen. Das war nicht fürstlich, doch ich wollte ja nur eins: spielen. Und als sie mir eine neue große Rolle in Aussicht stellten, war der Handel perfekt.

Als ich spät heimkam, lag ein Zettel auf meinem Bett. Alfred Meyers Glückwünsche und die Aufforderung, nichts ohne seinen Rat bei einem zu erwartenden neuen Vertragsabschluß zu unternehmen. Zu spät! Als er erfuhr, worauf ich mich eingelassen hatte, raufte er seine spärlichen Haare und schalt mich das größte Schaf unter der Sonne. Am nächsten Tag, bei der Unterschrift der Verträge, versuchte ich dem gerissenen Kaufmann ein Jahr abzuhandeln. Biß aber auf Granit.

Nun, die Jahre waren keine verlorenen. Zwar ließ die große Rolle zunächst auf sich warten, aber unserem Dramaturgen Heinrich Fischer (treuester Gefolgsmann und »Verkünder« von Karl Kraus) war es gelungen, mit Unterstützung des aktiven Gellner ein Nachtstudio, »Junge Bühne« genannt, zu gründen.

Sie hatten im April 1927 mit *Krankheit der Jugend* begonnen. Das Stück war erfolgreich in Berlin uraufgeführt worden. Ferdinand

Bruckner hatte es geschrieben. Niemand wußte, wer das war. Ein Pseudonym? Wo lebte er? Alles war geheimnisvoll und erhöhte den spannenden Reiz.

Krankheit der Jugend spielte unter Studenten, und die Jüngsten bekamen ihre Chance: die schöne Gina Falckenberg (seine Tochter aus erster Ehe), die blutjunge Maria Byk (Gellners Frau) Wolfgang Keppler, ein hübscher Junge, von den Frauen zärtlich »Kaki« genannt. Kurt Horwitz und ich waren dabei mit dankbaren Rollen. Es war ein sexual-psychologisches Drama, Liebe in allen Spielarten, kreuz und quer. Brutalität und zum schlimmen Ende: Lustmord.

Die geistige Prominenz Münchens wohnte der nächtlichen Premiere bei. Sie verschaffte uns einen Erfolg, wenn auch nicht ohne Proteste. Es gelang trotzdem nicht, die Aufführung für das Abendrepertoire zu retten. Wir spielten sie nur viermal.

Mehr Glück hatte ein späterer Import aus Berlin: *Revolte im Erziehungshaus* von Peter Martin Lampel. Der fanatische Arbeiter Gellner nahm sich diesmal rasant und sehr eigenwillig dieser heiklen Sache an. Unser Weizen blühte. Es spielte wieder unter Jugendlichen! Ich war eine liederliche Person, die alle Zöglinge der Anstalt verrückt macht. Diese Verwahrlosten waren sehr brave Jungs. Die meisten kamen vom Theaterseminar Professor Kutschers. Der hochbegabte Helmut Käutner, Wolfgang Liebeneiner, Peter Elsholtz und andere. Wir spielten, daß die Fetzen flogen, und landeten nicht nur erfolgreich im Abendspielplan, sondern erreichten einen nie dagewesenen Rekord. Die Direktion setzte das Stück eines Tages vormittags, nachmittags, abends und nachts an. Man schonte uns nicht. Meine zerrissenen Blusen und das demolierte Mobiliar, das der »Revolte« zum Opfer fällt, konnten gar nicht so schnell erneuert werden.

Interessanterweise blieben diesmal die lästigen Polizeischikanen, mit denen wir immer rechnen mußten, aus, obwohl wir viel wagten. Meine zerrissene Bluse beispielsweise hätte absolut als Corpus delicti gereicht: Gellner befand auf einer Probe, bei der Verführungsszene zwischen Keppler und mir sollte er – gereizt durch meine Unverschämtheit – in meinen Ausschnitt greifen und den Verschluß der Bluse bis zur Taille aufreißen. Darunter hätte ich nackt zu sein. Ei verflucht! Das war damals nicht üblich. Ich zierte mich, besorgt um meinen Ruf, aber für die Kunst jedes Opfer! Wir riskierten es und erreichten mit diesem Überraschungseffekt große Wirkung. Keppler trug mich dann ab. Zwei, drei Minuten blieb die Bühne leer, und ich kam mit einer neuen heilen Bluse, die ich zuknöpfte, zurück.

Das Amüsante dabei war, daß Zuschauer mich ansprachen und mir augenzwinkernd verrieten: »Denken Sie, ich war zufällig in *der* Vorstellung, als das mit Ihrer Bluse passierte!« Sie konnten sich einfach nicht vorstellen, daß dies Malheur programmäßig stattfand.

Vor ein paar Jahren feierte man das 50jährige Jubiläum der Eröffnung der »Kammerspiele im Schauspielhaus«. Lina Carstens, Heinz Rühmann und ich gehören zu den wenigen noch Lebenden, die diese Eröffnung mitgemacht haben. Ich bekam aus diesem festlichen Anlaß ein großartiges Buch »Theater – Die Münchner Kammerspiele« von Wolfgang Petzet, einem der damaligen Dramaturgen. Es hilft mir, die Jahre 1926 bis 1930 heraufzubeschwören, die so fruchtbar für alles Künftige geworden sind. Ich will beileibe nicht aufzählen, was über meine Person dort vermerkt ist. Ich bin dankbar, daß ich diese hilfreichen Hinweise im richtigen Augenblick bekam. Viel Theaterpolitisches, das mir unbekannt war, viel Vergessenes wird gegenwärtig.

Wir lebten intensiv in diesen Jahren. Es waren die »Roaring Twenties«. Wir schmissen die Beine in unseren kurzen befransten Kleidern im Viervierteltakt des Charleston, und es kam vor, daß uns nach einer durchtanzten Nacht gerade noch Zeit blieb, sich beim »Donisl« mit ein paar Weißwürsten zu stärken oder im

»Café Luitpold« ein eiliges Frühstück zu nehmen, um rechtzeitig auf der Probe zu sein.

Es gab Freundschaften und Verliebtheiten neben der Arbeit, die nicht abrissen. Auch dunkle Tage. Zweifel, die hochgemuten Träume könnten sich nicht erfüllen. Schließlich war ich ein gebranntes Kind mit meinem gescheiterten Gesangsstudium. Mich überfiel diese Unsicherheit immer dann am stärksten, wenn ich Meisterhaftes bei Gastspielen in Hautnähe erlebte. Ich beobachtete, ich lernte. Erkannte wohl mein vorläufiges Unvermögen, und doch weiteten diese Begegnungen meinen schauspielerischen Horizont. Davon möchte ich reden.

Käthe Dorsch kam eines Tages. Sie spielte das Stück *Die Flamme* von Hans Müller. Die rührselige Geschichte eines Freudenmädchens, das geheiratet wird und an der Enge der bürgerlichen Welt und ihren Gesetzen zerbricht. (So ist es mir in Erinnerung.) Man sprach von ihrem phänomenalen Erfolg in Berlin mit dieser Rolle. Was Wunder! Es begab sich Erstaunliches. Sie betrat die Bühne und ein Zauber »holder« Weiblichkeit nahm uns sofort alle miteinander gefangen: ihre appetitliche Fülle, die sich mit anmutiger Natürlichkeit darbot, ihre schönen blonden Haare, die sie löste, dabei beiläufig einen Trivialdialog führte. Sehnsüchtig lauschte sie einem kleinen Lied, das ich ihr auf einer Gitarre vorklimperte und dann, angeregt durch die Melodie, begann sie von der Enttäuschung ihrer Liebe zu sprechen. Sie steigerte sich dabei in eine so rasende Auflehnung, riß ihre Röcke hoch, schmiß die Beine in die Luft, kreischte wild die Kläglichkeit ihres Lebens heraus. Blieb aber – und das war das Wunder – immer ein liebenswertes Geschöpf, dessen Menschenherz bloßlag.

Da, wo eine andere ordinär gewirkt hätte, unerträglich schrill, schwang in ihrer Stimme immer noch melodische Süße. Ich habe sie später in vielen ihrer großen Rollen gesehen, nie wieder ist mir ihre mitreißende Kreatürlichkeit so unter die Haut gegangen wie in dieser Szene, die ich mit ihr spielen durfte.

Weiter: Es ist gar nicht denkbar, daß ich die schwierige Gräfin

Geschwitz in Falckenbergs grandioser Vision *Lulu* von Wedekind geschafft hätte ohne das Erlebnis Helene Thimig.

Sie gastierte zu Gerhart Hauptmanns 65. Geburtstag als Dorothea Angermann. Ich war mit einer Belanglosigkeit dabei, und die Erinnerung an ihre scheuen Gesten, ihre verhaltene Empfindsamkeit, ihre Qual, Gefühle preiszugeben, konnten mir helfen, als ich mit meiner Geschwitz in einer trostlosen Sackgasse war. Das hat, wohlverstanden, nichts mit »kopieren« zu tun. Es war ein seelischer Umwandlungsprozeß, den ich dieser besonderen Frau verdanke. Ich drosselte meine lebhafte Direktheit zugunsten einer beherrschten Zurückhaltung. So gelang es, den verwundeten Menschen glaubhaft zu machen, der Falckenberg vorschwebte.

Es war eine Auszeichnung, ihm bei der Realisierung eines Regietraumes zu helfen. Er unternahm das Wagnis einer »Uminterpretierung« des von Wedekind verlangten kalt und hart Demonstrierten ins schicksalhaft Unheimliche.

Was er beabsichtigte, hat er später so skizziert:

»Selbst in meinen Inszenierungen ausgesprochener Lehrstücke bin ich immer wieder auf eine vom Autor geflissentlich gemiedene andere Ebene abgebogen. Vor allem auch bei meiner vielbesprochenen Inszenierung *Lulu*, die ich zu meinen besten zählen darf. Ich glaube nicht, daß Wedekind mit ihr einverstanden gewesen wäre, wenn er sie noch gesehen hätte. Schon er hatte *Erdgeist* und *Die Büchse der Pandora* zur Darstellung an einem Abend unter dem Titel *Lulu* zusammengezogen. Seine Bearbeitung erschien mir jedoch zu breit und dramaturgisch nicht ganz richtig. Es ist ja begreiflich, daß sich Dichter nur selten entschließen, eigene Werke mit der nötigen Erbarmungslosigkeit zu kürzen. Nach Wedekinds Tode habe ich mir die beiden Stücke wieder vorgenommen und versucht, einen Faden zu finden von der Lulu, dem Erdgeist, der den Mann vernichtet, über die verschiedenen Stationen ihres Liebeslebens bis zur Lulu, die dann schließlich selbst von einem Mann vernichtet wird. Die dramaturgische Arbeit, streng im Geiste von Wilhelm von Scholz und Paul Ernst geübt, war das erste. Dem Gehalt des Stückes aber näherte ich mich unter zwei Gesichtswinkeln, die alle beide gänzlich unwedekindisch waren. Zunächst wollte ich nichts anderes zeigen, wie hier die Schicksalslinie eines jungen Weibes – gleichsam im großen, leuchtenden Bogen einer Rakete – emporsteigt und wieder von der Nacht verschlungen wird, so wie es der große französische Sittenroman immer wieder geschildert hat. Erinnerungen an Marseille, an Paris wachten auf und spielten mit. Vor allem aber kam es mir hier – wie einstmals in der *Gespenstersonate* – auf die Vision *Lulu* an. Während daher auf einem Ausschnitt der Vorderbühne ziemlich realistisch gespielt wurde, war der Gesamtaufbau durchaus unrealistischer Art; mit Bildern von Masereel (den ich als den adäquaten Künstler empfand) auf den Horizont projiziert und dem öden, mechanischen Gestänge einer eisernen, das ganze Bild umspannenden Vorder- und Hintergrund verbindenden Treppe und Brücke. In solchem Rahmen ließ ich, als eine Art verbindender Zwischenspiele, Wedekindsche Balladen zur Handlung singen oder pantomimisch darstellen.«

Bevor dies alles Gestalt annahm, hatten wir am 13. März 1928 an Wedekinds 10. Todestag seiner mit dem selten gespielten Einakter *Die Zensur* gedacht. Horwitz und ich quasi im Alleingang. Ich lernte in Ballettschuhen und weißem Tutu auf einer großen Kugel balancieren. Tilly Wedekind applaudierte mir nach dieser zirsensischen Leistung bei der Generalprobe, und als sie sagte: »Sie erinnern mich an die Orska«, fühlte ich mich auf der Stufenleiter des Ruhms wieder ein Stückchen emporgehoben.

Die Proben zu *Lulu* beginnen sehr bald danach. Die Rollen werden verteilt. Horwitz ist Dr. Schön und der Höllenhund Jack the Ripper, Schweikart Alwa Schön, Will Dohm Rodrigo Quast und – zu meiner größten Überraschung – soll ich Gräfin Geschwitz sein. Ich sehe die Schwierigkeiten, die ich schon andeutete, voraus.

Wer aber ist Lulu? Ich glaube, kaum eine Rolle ist so sehr einer subjektiven Deutung preisgegeben wie diese. Man erwartete, daß Falckenberg einen fragilen Typ wählen würde. Und eines Tages ist sie da: Margarethe Koeppke, aus Wien angereist. Sie entspricht in keiner Weise dem sinnlichen Weib, das »genießt« und zum »Genuß reizt«, und das Wedekind vorgeschwebt haben mag. Sie ist eher körperlos. Zart, mit lichtem, blondem Haar. Der große volle Mund steht immer etwas offen. Ihre Füße scheinen den Boden nicht zu berühren. Nervig, geschmeidig, wie auf der Lauer. Ein flirrender, lasziver Zauber ist in ihrer kühlen Sprache voller subtiler Nuancen. In der letzten tödlichen Auseinandersetzung mit Dr. Schön schneidet einem das vibrierende Stakkato ihres Protestes ins Blut.

Sie ist ein gefährdetes Geschöpf, diese Margarethe Koeppke. Man erzählt von Selbstmordversuchen, die sich in Abständen wiederholten. Nur der Wachsamkeit ihrer Freunde verdankt sie immer wieder ihre Rettung in letzter Minute.

So gelingt ihr denn auch der Weg in den Abgrund im zweiten Teil des Abends vollendet.

Ich erinnere mich besonders an den »Pariser Akt«: Den Übergang zu dieser Szene leitete unheimlich der »Danse macabre« von Saint-Saëns ein. Auf dem Horizont in der Tiefe der Bühne erschien der riesige Kopf Lulus. Verwüstet, grell geschminkt. Bei den jagenden Rhythmen der Musik verschwammen langsam die Konturen der Projektion, übrig blieb ein Totenkopf, der über dem aufleuchtenden, üppigen Gesellschaftsbild grinste. Sie erschien dann selbst mit roten, hektischen Flecken auf den Wangen. Rot wie das Traumgebilde aus Tüll und Federn, das sie noch zerbrechlicher erscheinen ließ.

Der letzte, der Londoner Akt, war szenisch von drohender Bedrückung: Ein verkommenes Kellergewölbe ließ den Blick durch blinde Scheiben auf eine Straße von East End frei. Schwach durch eine flackernde Gaslaterne erleuchtet. Die »Freier« und das Verhängnis Jack the Ripper sah man in diffusem Licht sich zögernd nähern. Man glaubte Blutgeruch bei dem letzten Gemetzel zu spüren. Auflösung und Vernichtung.

Man feierte Falckenberg und seine Mitstreiter – an der Spitze Lulu – für Münchner Verhältnisse tumultuarisch. Tim Klein, der Kritiker, bekannte sich bekehrt. Er schrieb:

»Wer wie der Berichterstatter Frank Wedekind bisher ziemlich fremd gegenübergestanden und daraus keinen Hehl gemacht hat, darf bekennen, daß die Tragödie, in ein Werk zusammengezogen und so interpretiert, einen ungeheuren Eindruck auf ihn gemacht hat. Diese Lulu war nicht ein tierisch sinnliches Weib, sondern in Wahrheit ein Dämon, der unentrinnbare Dämon, der das Weib und durch sie den Mann besessen macht...Gehäufte Schrecken als Folgen der dämonischen Natur, als Auswirkungen der Welt, aus der sie stammen, bis zum entsetzlichen Ende, bezeichnen den Weg dieses Dämons...Es ist ein hohes Verdienst Otto Falckenbergs, daß er diese ›Rettung‹ Wedekinds im Sinne Lessings vollzogen hat, kein Spaßmacher, kein Jongleur mit billig gekauften Gegensätzen – pour épater le bourgeois –, sondern ein höchst ernst zu nehmender, an sich und als Dichter für andere leidender Mensch allein kann diese, allerdings furchtbare Tragödie geschrieben haben.«

Die Arbeitslosigkeit macht sich schmerzhaft bemerkbar. Engagementslose Kollegen geraten in Not. Versammlungen überall. Ich höre den Namen Hitler zum erstenmal.

»Komm mit in den Bürgerbräukeller, dort spricht ein verrückter Agitator. Wir werden viel Spaß haben.« Es ist eine Jüdin, die mir dieses Vergnügen verspricht.

Eine bildhübsche junge Kollegin lädt mich zu sich ein. Sie lebt allein mit ihrer aparten Mutter, der Witwe eines bekannten Arztes. Er ist bei einem Jagdunfall umgekommen. Er hatte eine der ersten Parteinummern der NSDAP und die allerschönsten Aussichten. Wieder der Name Hitler!

Die Mutter – immer in Schwarz – klagt um den Verlust ihres

Mannes, lebt zurückgezogen, ganz reinem Andenken. Sie verändert nichts an der viel zu großen kostbaren Wohnung im elegantesten Viertel Münchens, die einen musealen, fast unheimlichen Eindruck macht. Sie besucht Séancen des Zirkels um Schrenck-Notzing, dem Parapsychologen. Dort sucht man Kontakte zu Verstorbenen durch Medien. Man spricht von Erscheinungen, die sich durch den Mund materialisieren. Für mein Leben gern möchte ich dabeisein. Meine Hinneigung zum Okkulten meldet sich. Es interessiert mich mehr als das Spektakel im Bürgerbräukeller. Die schwarze Dame aber meint, ich sei zu »weltlich« und nimmt mich nicht mit. Ich würde die Kreise stören.

Im gleichen Haus wohnt der große Sammler Baron Nemeć. Er hat eine Vorliebe für meine schöne Kollegin, und ich lerne ihn kennen. Er erzählt uns, daß er als Kind barfuß, notdürftig bekleidet auf den ungarischen Trödelmärkten herumstrolchte. Ein kleiner Judenjunge mit dem sicheren Gespür, Wertvolles wie mit einer Wünschelrute zu finden. Er macht damit Geschäfte und legt den Grundstein zu einem gewaltigen Vermögen. Man adelt ihn. Es heißt, El Grecos Entdeckung sei sein Verdienst.

Die Haushilfe meines Wirtes hat nekrophile Neigungen. Sonntags macht sie sich regelmäßig auf den Weg zu einem entfernten Friedhof. Wie eine angesehene Bürgerin in besten Jahren, sorgfältig gekleidet, betrachtet sie dort die öffentlich zur Schau gestellten Leichen. Für sie fremde Menschen, ohne Namen, ohne Herkunft. Männer, Frauen, Kinder – wie es sich trifft. Ein fürchterliches Panoptikum!

Kein Kino, kein Theater kann ihr diese Sensation ersetzen. Ein Stündchen irgendwo bei Kaffee und Kuchen. Abends ist sie wieder in ihrem Stübchen. Versieht gewissenhaft ihren Dienst.

Auch das gibt es. Menschen, Schicksale in einer unsicheren Zeit! Ich flüchte in die Zauberwelt des Theaters. Sie bedeutet mir – einstweilen – noch alles.

Ich lese bei Paul Fechter im Zusammenhang mit einer Analyse

des Falstaff von Heinrich George Jahre später, was mir in München durch Gespräche und Erfahrung ahnungsvoll bewußt wird. Er schreibt:

»Welches sind die Mittel des Schauspiels? Worte, Gesten, Bewegungen, Spiel der Züge des Gesichts, des Körpers – deren erlernte Beherrschung Voraussetzung jeder Wirkung auf der Bühne ist. Aus Worten, Gesten, Bewegungen, Spiel der Züge und des Körpers baut der Schauspieler die Gestalt auf, die er darstellt: – mit diesen Mitteln gibt er dem Umriß der dichterischen Vorstellung Farben des Lebens und den Schein des Wirklichen, in dem der Zuschauer beglückt den Widerschein auch seiner Wirklichkeit zu sehen vermeint. Ist es tatsächlich so? Fehlt unter diesen erlernbaren Mitteln nicht das entscheidende, nämlich die nicht erlernbare Voraussetzung jeder schauspielerischen Wirkung, die schauspielerische Substanz, das, was den Schauspieler jenseits von Worten, Gesten, Spiel überhaupt erst zum Schauspieler macht? Es hat nichts mit Temperament, nichts mit Bildung oder Ausbildung, nicht einmal mit menschlichem Wesen zu tun: – es ist das, was hinter allem liegt, die undefinierbare gestaltende Kraft, die den Dichter zum Dichter, den Maler zum Maler, jeden Künstler, sofern er einer ist, zum Künstler macht. Sie ist im Schauspiel wie überall das Entscheidende und das Erregende.«

Im November 1927 wird mir ein Wunsch erfüllt. Alexander Moissi gastiert als Oswald in Ibsens *Gespenster*, und ich darf die Regine spielen. Ich bin in heller Aufregung. Werde ich es schaffen? Ich weiß aus Gesprächen von der denkwürdigen Berliner Aufführung zur Eröffnung der Kammerspiele 1906, mit ihm und einer Traumbesetzung (Sorma, Höflich, Kayßler). Einer Regie, die von der Presse als »ein genialer Wurf Max Reinhardts bejubelt wurde, der seine wertvollsten Leistungen in den Schatten stellt«. Das ist lange her, aber das Unvergleichliche haftet, und wir hören es ein Leben lang! Therese Giehse ist Frau Alving. Wir arrangieren das Stück notdürftig vor seiner Ankunft. Wir lernen unseren Text.

Das ist aber auch alles. Als er dann da ist, höre ich nicht auf, mich über ihn zu wundern. Mit präzisen Angaben verändert er unser Arrangement, vertieft den dramatischen Ablauf, ohne ihn mit Gewichten zu behängen. Er deutet Reaktionen an, die bedeutsam sind: die Kunst des stummen Spiels und der subtilen Stimmungen, wie sie Reinhardt herzustellen vermochte. Etwas davon versuchte er uns zu vermitteln, und diese Hinweise helfen uns in einer entspannten, anregenden Atmosphäre.

Moissi selbst überrascht als Oswald durch eine heitere Selbstverständlichkeit im Anfang. Nichts verrät vorzeitig die Tragödie. Im Streitgespräch mit Pastor Manders läßt er sich keine Möglichkeit entgehen, Humor aufblitzen zu lassen.

Er muß damals Ende vierzig gewesen sein, vermittelte aber einen jungenhaften Charme, der keinen Augenblick aufgesetzt wirkte. Es war auch sein besonderer Stolz, daß ihm die Theatergarderobe der frühen Berliner Zeit (und das war immerhin zwanzig Jahre her!) noch paßte.

Wenn die Verdüsterung im Laufe des zweiten Aktes beginnt, gibt es einen erregenden Höhepunkt: die Szene, in der er sich entschließt, der Mutter seine Krankheit (Gehirnerweichung) und deren fürchterliche Entwicklung zu gestehen. (»Mutter, darf ich mich zu dir aufs Sofa setzen?« – »Ja, komm, mein lieber Junge.« – »Jetzt muß ich dir was sagen, Mutter.«) Ein großer, runder Tisch stand in der Mitte der Bühne. Moissi begann ihn langsam zu umkreisen. Einmal – zweimal – es fiel kein Wort. Ein drittes Mal! Die Spannung, in die wir oben und das Publikum im Parkett gerieten, war atemlos, herzzerreißend. – Dann kam das Geständnis. Das hört sich einfach an, aber welche Präsenz, welche Strahlkraft der Persönlichkeit, die mitgeboren und nicht erlernbar ist! Nicht seine Wunderstimme, nicht sein melancholischer Charme – allein seine Persönlichkeit hielt uns in Bann.

Von Moissi stammt ein Ausspruch, den er nach dem ersten Berliner Gastspiel Fedor Schaljapins als Boris Godunow Anfang der zwanziger Jahre in der Oper Unter den Linden emphatisch

äußerte: »Das ist ein Genie, das zufällig singen kann!« Und Asta Nielsen sagte von ihm: »Seine Genialität lag wie ein Heiligenschein um sein Haupt. Er glich einem vergoldeten Götterbild!«
Ich hörte diesen Giganten Jahre später in der alten Philharmonie. Er sang Balladen. Nicht mehr mit der berühmten Gewalt seines Basses. Eher mit halber Kraft und gelgentlich gesprochenem Wort. Ein herrlich aussehender alter Mann lehnte am Flügel, und ein hypnotischer Zauber ging von seiner beispiellosen Souveränität aus. Heinrich George – von dem später die Rede sein wird – erzählt, daß er sich in Berlin, als er sein Abitur bauen sollte, abends als Claqueur verdingte, um den Großen der Bühne nahe zu sein. Und nicht Adalbert Matkowsky, sein Vorbild, nicht Josef Kainz, der Göttersohn, vermittelten ihm den stärksten dramatischen Eindruck, sondern der Sänger Enrico Caruso im letzten Akt *Carmen*. Das war gewaltig!
Die Bestätigung dieser Behauptung bekam ich kürzlich aus den Erinnerungen des hochverehrten Dirigenten Karl Böhm. Da heißt es: »Wenn er (Caruso) mit einem Schrei gleich einem wilden Tier Carmen zu Boden riß, hatte das eine Ausdruckskraft, die bis dahin ohne Beispiel war.« Und weiter: »Er erstach die Carmen nicht, sondern zog an der Stelle, wo sie dem José den Ring hinwirft ein Klappmesser und sagte eiskalt: ›Nun denn, so stirb‹, während er sie immer nur verfolgte. Bevor sie zur Arena rennt, ließ er die Klinge aufspringen, hielt das Messer vor seinen Leib und sie stürzte hinein.«
Neben »der großen Gesangskultur, seiner einmaligen Stimme, die wie Samt war«, geht es hier wieder um die Faszination einer genialen Persönlichkeit, die auch den Kritiker Siegfried Jacobsohn hinreißt, der über den Richard im *Maskenball* schreibt: »Caruso war ein einziger Glanz und eine einzige Grazie, dabei ein Mann und ein Ritter, ein Kind und ein König. Hier die Superlative zu scheuen, wäre Fälschung. Ich scheue sie nicht: ich habe keine mehr.«
Es ist auffallend, daß vom vokalen Glanz dieser beiden Sänger oft

weniger die Rede ist als von der einmaligen Magie dieser Auserwählten, die im gleichen Jahr, 1873, geboren sind.

Dem Nicht-Erlernbaren spüre ich begierig nach. Begreife nun auch, was man sich auf der Schauspielschule von Max Reinhardt erzählte. Er soll gesagt haben, wenn er zehn Schüler stumm auf die Bühne stellt, wird er auf den schauen, der der begabteste ist!

Ich ahnte noch nicht, daß ich bald einem Energie- und Strahlungsträger von ganz besonderen Gnaden begegnen würde.

Wetterleuchten von Norden! Berlin – dazumal Mekka der Künstler, Ziel und Erfüllung aller Schauspielerträume – schickt erste Zeichen. Mein Wirt hatte recht behalten: Der übereilte Vertrag band mich zu lange.

Maria Bard und Heinz Rühmann waren die ersten, die abwanderten. Beide setzten sich schnell erfolgreich durch, ohne ihre künstlerische Verbindung mit München ganz aufzugeben.

Ich hatte es immer einrichten können, wenigstens einmal im Jahr ein paar Tage nach Berlin zu reisen, um »auf dem laufenden« zu bleiben. Wir verfolgten die wichtigsten Premieren. Das Angebot war enorm, und man war besorgt, die richtige Wahl zu treffen. Unvergeßliches der legendären Zwanziger konnte ich ergattern. 1928 war es mir mit Hilfe Ernst Josef Aufrichts, des Direktors des Theaters am Schiffbauerdamm, den ich in München kennengelernt hatte und der mit mir verhandeln wollte, gelungen, die *Dreigroschenoper* von Brecht/Weill auf einem kleinen Hocker von seiner Loge aus zu sehen. Bis zur Generalprobe soll Chaos geherrscht haben, und niemand glaubte ernstlich an einen Erfolg. Die Premiere war dann sensationell, und man spielte seit Monaten vor ausverkauften Häusern.

Am meisten verblüffte mich in dieser brillanten Aufführung die Verwandlung der reizvollen Carola Neher. Ich hatte 1927 bei einem ihrer Münchner Gastspiele in der belanglosen Komödie

Kukuli mit ihr gespielt: eine Negerdienerin. Dabei kam es zu einer amüsanten, echt weiblichen Begegnung. Als sie mich bei der Generalprobe nur notdürftig bekleidet, mit viel braun bemaltem Fleisch, sah, verlangte sie augenblicklich, mich in ein langes Kattunhemd zu stecken. Wohlgebildetes Fleisch zu zeigen sei ihr Vorrecht und ein Teil ihres Erfolges!

Um so überraschter sah und hörte ich sie nun als Polly Peachum. Sie verstand es, den Vortrag ihrer Songs und die Dialoge im Sinn der Brechtschen »Verfremdung« – ich hörte diesen Begriff hier zum erstenmal – vollendet zur Wirkung zu bringen. Zauber durch Distanz, ohne falsche Emotion. Es gefiel mir außerordentlich. Nichts erinnerte mehr an die kokette, komödiantische Sexkanone Kukuli.

Ich konnte nicht wissen, daß ich ein Jahr später in dieser gleichen *Dreigroschenoper* als Spelunkenjenny im schwarzen Hemd der Lotte Lenja (vorbildliche hinreißende Interpretin der Songs ihres Mannes Kurt Weill!) und ihrem zerschlissenen Seidenkleid in München auf der Bühne stehen würde. Falckenberg hatte in bewundernswerter Einsicht, ohne jeden persönlichen Regieehrgeiz, die Berliner Aufführung mit allem Drum und Dran – das heißt Caspar Nehers Bühnenbild sowie die Kostüme und das musikalische Arrangement – einfach übernommen. Die Lösung war so einleuchtend wie originell seiner Meinung nach, daß er keine Veränderung wünschte. Hans Schweikart, der sich in diesen Jahren seine ersten Regiesporen verdiente, arrangierte die Übertragung.

Brecht kam zu den letzten Proben. In einer Unterhaltung von vielleicht zehn Minuten machte er mir klar, daß die erotische Wirkung einer Rolle (und um die geht es ja hauptsächlich bei der Hure Jenny) nicht durch brünstige Töne und Hüftenschlenkern erreicht wird, sondern nur durch eine extreme Nüchternheit und Selbstverständlichkeit. Er zwang mich zu klarem, kühlem Sprechen. Das leuchtete mir ein. Ich wandte es an und konnte meine Erfahrung später an jüngere Kolleginnen weitergeben. Ich habe ein paarmal erlebt, daß solch eine kurze Verständigung im richtigen Augenblick bessere Früchte trägt als unermüdliches Diskutieren.

Wie gerne wäre ich dem Regisseur Brecht wieder begegnet, aber ich hatte Pech mit ihm. (Man wird sehen!)

Meine letzte Münchener Saison begann.

Ferdinand Bruckner hatte seit *Krankheit der Jugend* erstaunliche Erfolge mit neuen Stücken gehabt. Man wußte inzwischen, daß es sich bei ihm um den Direktor des Berliner Renaissance-Theaters Theodor Tagger handelte. Die Uraufführung seines neuesten Stückes *Die Kreatur* überließ er den Kammerspielen. Als Trostpflaster sozusagen für die künstlerische und geschäftliche Schädigung, die unser Theater durch ein Verbot der hervorragenden Aufführung seiner *Verbrecher* empfindlich getroffen hatte: Eine Verfügung der Polizeidirektion stoppte kurz vor der Premiere, völlig unerwartet, die Vorstellung. Sie verstoße gegen die öffentliche Ordnung und erschüttere das Vertrauen des Publikums zur Rechtspflege. Vergeblich protestierte Dr. Max Alsberg, der Anwalt der Kammerspiele und einer der berühmtesten Strafverteidiger, gegen diese Gesinnungskontrolle der Polizei. Er setzte lediglich eine geschlossene »Probe-Aufführung vor den maßgebenden Stellen« durch. Es blieb bei dem Verbot der *Verbrecher*, die in Berlin und in Wien unbeanstandet seit Monaten erfolgreich gespielt wurden. Ein Aufgebot guter Schauspieler, zum Teil Gäste, eine kostspielige Ausstattung war vertan. Ein finanzieller Schaden, den dieses Privattheater nur schwer verkraften konnte. Von einer Reihe störender Skandale war dies der böseste!

Die Kreatur sollte uns entschädigen. Falckenberg holte die schöne, damenhafte Eleonora von Mendelssohn für eine Hauptrolle. (Ihre Mutter war Italienerin und eine Freundin der großen Duse, Eleonora deren Patenkind.) Ewald Balser, ein neuer Kollege, männlich, mit bestechenden Mitteln, spielte ihren

Mann. Ich war seine wurmstichige Schwester. Ein sprödes, ein schwieriges Stück. Wir rätselten rum, und die Sache kam nicht vom Fleck.

Eleonora war eine bezaubernde, sensible Schauspielerin. Ihre Augen schwammen bei der kleinsten Emotion in Tränen. Da es in ihrer Rolle nichts zu lachen gab, mußten wir den Dialog oft unterbrechen, weil sie die Flut kaum bändigen konnte.

Ein verwehter, schwermütiger Zauber war um sie. Privat hielt man sie für eine glückliche, stürmisch geliebte Frau. Nach einer kurzen Ehe mit einem Pianisten hatte sie einen ungarischen Aristokraten geheiratet. Sie bewohnten während der Proben ihren Besitz im Salzkammergut. Er kam oft überraschend ins Theater. Dann quoll ihre Garderobe von kostbaren Blumen mit Beteuerungen seiner Liebe über. Man munkelte, daß er stets einen Revolver bei sich trug, um jeden in Schach zu halten, der seiner angebeteten Frau zu nahe kam.

Es tat sich was in diesen Wochen, nur unsere Aufführung ging nicht voran. Aus Berlin, wo Max Reinhardt das gleiche Stück probte, hörte man von ähnlichen Schwierigkeiten. Und eines Tages hieß es: Er wird mit seinen drei Hauptdarstellern, Helene Thimig, Rudolf Forster und Lucie Höflich, anreisen. (Wohl ein bißchen »kiebitzen« beim Kollegen und aus unseren Schwierigkeiten und Fehlern neue Einsichten gewinnen?)

Jetzt war der Teufel los! Eleonora, die eine ekstatische Bewunderung für Reinhardt hegte, verlor völlig die Balance. Sie zitterte wie Espenlaub bei der Vorstellung, die noch unfertige Leistung vorführen zu sollen. Mir ging es ähnlich. Nur Balser bewahrte seine Gelassenheit.

Es kam nicht zu dem angekündigten Besuch, und wir machten unverdrossen weiter. Bei der Hauptprobe kam es dann zu einem neuen Zwischenfall. Wir hatten uns mit dem ersten Teil sträflich vertrödelt. Der letzte Akt – für mich besonders schwierig – war so gut wie gar nicht gearbeitet. Diese Hauptprobe sollte sich vordringlich mit Balser und mir beschäftigen.

In der Pause erfahren wir, daß die Bergner im Parkett sitzt. Als Gast Eleonoras war sie gekommen, um der Freundin in letzter Stunde mit Rat und Zuspruch zur Seite zu stehen.

Elisabeth, die Göttin, die Angebetete meiner frühen Jahre! Nun bin ich es, die verrückt spielt. Eine quälende Sperre, die mich zuweilen immer noch überfällt, lähmt meine Nerven. Ich werde sie nicht überwinden und kein Wort herausbringen! Ich beschwöre Falckenberg, den Akt bei geschlossenem Vorhang zu probieren. Er glaubt nicht richtig zu hören, schilt mich hysterisch. Ich weiß, es ist unglaublich, was ich verlange. Eine Herausforderung und Kränkung des berühmten Gastes. Aber ich bin stur wie ein Esel. Ich brauche diese Probe. Der Vorhang bleibt unten.

Am nächsten Tag läßt mir die Bergner durch ihre Freundin einiges Liebenswürdige über meine Person sagen. Wie weise! Ich bin zerknirscht und schäme mich meiner Allüren. Mein Herz liegt ihr zu Füßen. Am Abend der Premiere steckt in Falckenbergs Blumengruß ein Kärtchen: »Ich überwinde alle Hemmungen, ich bin eine Kreatur!«

Die Uraufführung geht nicht ohne Proteste über die Bühne. Sie schmeckt dem Publikum und der Presse nicht sonderlich. Herbert Ihering schreibt: »Menschen werden gezeichnet, die sich nur mit sich selbst beschäftigen, mit Krankheiten und Süchten und Verlegenheiten und Peinlichkeiten. *Die Kreatur* von Ferdinand Bruckner bringt keine Entdeckung, keine neue Wahrheit.«

Eine Woche später spricht mich ein Kollege auf der Maximilianstraße an: »Hast du dein Bild auf der Titelseite der ›Berliner Illustrirten‹ gesehen?«

Ich lasse ihn stehen, laufe los und kaufe auf, was greifbar ist. Ich weiß nicht, ob man sich das heute, wo eine Schwemme von bebilderten Zeitschriften Tag für Tag angeboten wird, vorstellen kann, was damals ein Bild in dieser berühmten Zeitschrift bedeutete! Alle Getreuen sollten teilhaben an meinem »unaufhaltsamen Aufstieg«.

So sah mich der Zeichner Peter Tamm als Hete in
»Cyankali«, dem Tendenzstück gegen den Paragraphen 218, Münchner Kammerspiele, April 1930.

Das Bild ist nicht übel – und eine ganze Seite! Die Unterschrift:
»Berta Drews als Florence und Ewald Balser als Troik. Bruckners
neues Stück *Die Kreatur* fand bei der Uraufführung in den
Münchener Kammerspielen wenig Anerkennung!«
Ach je! Da stehe ich mit dem Arm voll »Berliner Illustrirten«.
»Ja, mach nur einen Plan!«

Falckenberg läßt mich kommen. Man weiß, es ist sein freundliches Vorrecht, Angenehmes mitzuteilen. (Die ärgerlichen Bot-
schaften übernimmt Gellner!) Ich freue mich also. Er gibt mir ein
Buch: *Cyankali* von Friedrich Wolf. Ich soll es lesen und ihm
dann sagen, welche Rolle ich spielen möchte. Das ist wie ein
Ritterschlag. Ich danke für sein Vertrauen und ziehe ab.
Ein Tendenzstück gegen den Paragraphen 218! Der tragische Fall
der Arbeiterin Hete. Diese und keine andere will ich spielen.
Falckenberg ist einverstanden. Es beginnen Wochen aufrütteln-
der Probenarbeit. Vor Projektionen des Berliner Milieus unseres
Bühnenbildners Otto Reigbert (ähnlich wie sie in Berlin Erwin
Piscator seit Jahren verwendet), Teilen aus Walter Ruttmanns
Dokumentarfilm *Berlin – Die Sinfonie der Großstadt* und graphi-
schen Studien der Käthe Kollwitz erfüllt sich das Schicksal des
gepeinigten Mädchens.
Für mich wird diese Rolle eine einschneidende Station. Es hatte
mir Freude gemacht, mich von Rolle zu Rolle zu verwandeln.
Zwielichtige, leidenschaftliche, auch komische, immer aber

lebendige, aktive Menschen waren mir gerade recht. Das Komödiantische reizte mich dabei. Hier zum ersten Mal »geschieht« mit mir Grausames, und wehrlos treibe ich dem Ende zu.

Falckenberg gelingt es, mich zu einer dumpfen, anrührenden Leidensfähigkeit zu führen, die sich ohne schauspielerischen Aufwand überträgt. So wird dies in meinen Augen der erste legitime Erfolg. Er wird sich bald in Molnárs *Liliom* als Julie, in der *Ehe* von Döblin und in Ibsens *Peer Gynt* bei Jessner als Solveig in Berlin wiederholen.

Es schien sich eine neue Entwicklung meiner Möglichkeiten anzuzeigen, die mir dann auch eine erfolgreiche Position in der Berliner Theaterszene sicherte. Ich aber ließ mich immer wieder auf das Glatteis der virtuosen, der erotischen, der infamen Ausdrucksmittel locken. Das war – in Kenntnis der Summe meines Schauspielerlebens – bestimmt ein Fehler.

1929/30: erste Tonfilmversuche. Aus Amerika kommt *The Singing Fool*. Staunend hört man die Leinwand sprechen und singen, »Sonnyboy« wird das Lied der Saison. Auch in Deutschland beginnt man, mit dem Tonfilm zu experimentieren. Bald hat man sich ganz auf den neuen Trend eingespielt.

Auf einem Probenvormittag zu *Cyankali* unterbricht Falckenberg die Szene. Er legt uns dringend ans Herz, den Tonfilm *Die Affäre Dreyfus* anzusehen. Er erklärt: »Wenn es möglich ist, mit diesem neuen Medium eine Leistung wie Heinrich Georges Zola der breiten Masse nahezubringen, so ist der Tonfilm dankbar zu begrüßen.«

Ich sehe George tief beeindruckt und lasse hier Berufenere als mich sprechen, um seine Wirkung zu analysieren. Herbert Ihering sagt:

»Ich habe eine solche Leistung im Tonfilm noch nicht gesehen und gehört. Hier entfaltet Heinrich George sein unerhörtes Gestaltungstalent. Es offenbart sich einer der wertvollsten Aktivposten der deutschen Sprechfilmerei…wundervoll eindringlich, einfach mit einer Reinheit des Herzens den unbeholfenen, kurzsichtigen Mann von innen her nachschaffend, mit schüchternen Worten und Gesten.«

Und für Franz Servaes »lebt jedes Wort Georges, weil er sich spürbar im Moment aus ihm herauslöst – gleichviel ob er scherzt, ob er fleht, ob er droht. Dies alles ist da, weil es gleichsam vor unseren Augen und Ohren geboren wird. Und es fügt sich zur Einheit, weil jede Bewegung natürlich und ein Produkt der Situation ist.«

Im Spätsommer 1930 nehme ich Abschied von München. Ich hatte mich für Karl Heinz Martin und sein schönes Haus, die Volksbühne am Bülowplatz, entschieden. Zunächst binden mich zwei Jahre. Freunde bringen mich und meine Siebensachen in ihrem neuen Wagen nordwärts. Wir sind in bester Stimmung. Bei einer Rast am Wege lese ich in einer Zeitung: »Margarethe Koeppke ist tot.«

Diesmal ist ihr die Flucht geglückt. Dreißig Jahre jung!

Ein Schatten legt sich auf meinen Einzug in Berlin.

In meiner ersten Berliner Rolle als Adelheid in
Goethes »Götz von Berlichingen« mit Bernhard
Minetti als Weislingen, Staatstheater am Gendar-
menmarkt, 17. Oktober 1930 (Zeitungskarikatur)

»Die Kleene hat was!«

Berliner Entree –
Schicksalhafte erste Begegnung
mit Heinrich George

> »Eine glückliche Erinnerung ist vielleicht
> auf Erden wahrer als das Glück.«
>
> Alfred de Musset

Berlin!

Wenn ich meine Wohnung verlasse – diesmal nun zwei möblierte Zimmer mit allem Komfort, bitte sehr –, sind es vielleicht hundert Schritte bis zum Kurfürstendamm. Zwar rattert die Stadtbahn in der Höhe meiner Fenster alle zehn Minuten vorbei und die Erde bebt. Aber das merke ich nach drei Tagen nicht mehr.

Ich stelle mich meinem neuen Direktor vor, der mich in München bei der ersten Begegnung durch seine Sensibilität beeindruckte und ihn zum Favoriten der Berliner »Werber« machte. Sein Einfühlungsvermögen, seine Witterung, zumal für Frauen, waren erstaunlich. Er ließ sich nicht von meiner so oft überschätzten Vitalität, die mir schon als Markenzeichen anhing, bluffen. Er spürte Scheu und verhaltenes Gefühl, das er einsetzen will. Er bietet mir die Julie in der Vorstadtlegende *Liliom* von Molnár an. Ich stimme begeistert zu. Max Pallenberg wird mein Partner sein.

Doch Geduld! Noch ist es nicht soweit.

Ich laufe ihm direkt in die Arme, Ernst Legal, meinem Lehrmeister. Er drückt mich an seine Brust und will wissen, was ich mache.

»Ich warte auf meine erste Rolle.«

»Haben Sie denn Zeit?« Er nimmt meinen Arm, führt mich in eine kleine Weinstube und fällt über mich her. »Wir brauchen eine Adelheid. Ein halbes Dutzend haben wir ausprobiert, in Kürze ist Premiere!«

Und dann erfahre ich, daß er, der seit Januar 1930 Intendant des Staatstheaters am Gendarmenmarkt ist, den *Urgötz* inszeniert. Er will keine heldische Dame für die Verführerin Adelheid von Walldorf. Er will sie modern, beweglich, angepaßt dem neuen Typ »Vamp«, den der Film in vielen Varianten anbietet. Er erklärt mir, daß der einundzwanzigjährige Goethe in diesem ersten *Götz*-Entwurf im Überschwang ein Wesen schuf, dem alle verfallen, die ihren Weg kreuzen: Weislingen und sein Knappe Franz. Auch Götzens wackerer Schwager Sikkingen geht ihr ins Netz, sogar ihr Mörder wünscht sich »in ihren Armen ein Gott zu sein«. (Ein bißchen happig!) »Sie haben doch so dolle Mädchen gespielt! Wir werden Martin fragen, wann er Sie frühestens braucht. Kommen Sie morgen, sich George vorstellen – er ist der Götz.« Ich bekomme ein Reklamheft. »Lernen Sie einen Monolog.« – Weg ist er.

Martin braucht mich nicht vor Januar. Er würde mich bis dahin beurlauben. Mir ist unbehaglich. Schön, ich hatte die Adelheid auf der Reinhardt-Schule mit Legal gearbeitet, aber das ist schon nicht mehr wahr, und außerdem wollte ich »klassisch« in Berlin auf keinen Fall anfangen. Was fällt diesem Legal ein!

Vormittags im dunklen Zuschauerraum. George auf der Bühne. Er ist viel jünger, als er mir als Zola erschien. Leicht schwäbelnd, mit erwärmendem Stimmklang spricht er Goethes Worte so ursprünglich und humorvoll, daß ich verzaubert zuhöre.

»Heinrich, einen Moment mal! Ich möchte dir eine neue Adelheid vorführen: meine Schülerin Berta Drews.«

George schmunzelt, er traut dem Frieden wohl nicht. Er geht ins Parkett. Ich auf die Bühne. (»Daß es Morgen wäre! Mein Blut wird von seltsamen Ahnungen herumgetrieben...«)

Nach Georges stupender Direktheit komme ich mir schrecklich theatralisch vor, zappele auch viel zu viel herum. Ich höre sie im Parkett reden. George kommt mit elastischen Schritten auf die Bühne, er drückt meine Hand, und zu Legal: »In Ordnung, die Kleine hat was!« (Er sagt »Kleene«.) Ich sehe in blaue, eigentümlich transparente Augen und möchte gerne noch ein Weilchen mit ihm sprechen. Legal aber scheucht mich ins Büro zur Grauen Eminenz Albert Patry. Er soll Vertrag machen.

Mir geht das alles zu schnell. Ich will ja im Grunde gar nicht. Also pokere ich hoch. 1200 verlange ich. (Die Volksbühne zahlt 1000.) Patry brummelt was von »viel Geld«. Das ist es, weiß der Himmel. Die Mark ist kostbar geworden. (»Laß es, alter Fuchs!«) Doch der sagt: »Na, schön.«

Dann schickt man mich in die Schneiderei. Meister Palm will wissen, wie die neue Adelheid aussieht. Er mustert mich und meine Maße fachmännisch. Zeigt mir dann Skizzen. Raffinierte enge Kleider, fließende Umhänge mit zauberhaften Hauben dazu. Dann geht's in den Fundus. Man schleppt Ballen kostbarer Stoffe in allen Farben und Material herbei. Mir gehen die Augen über. Ich denke an München und wie wir mit einfachen Mitteln oder eigenen Sachen oft wahre Hexen-Schneider-Künste vollbrachten.

Feuerrot, schwarz und mattes Gelb schlägt der Meister vor. Ich bin in höchstem Maße überfordert und sage zu allem ja. Endlich bin ich entlassen und kann an die Arbeit gehen. Viel Zeit bleibt mir nicht!

Der Götz ist für George nicht einfach eine gute Rolle – sie ist die Erfüllung einer Knabensehnsucht. Er sah Adalbert Matkowsky noch als Berlichingen und machte ihn zu seinem Vorbild. Die Szenen mit der prächtigen Maria Koppenhöfer als Elisabeth sind ein menschlicher Zusammenklang von höchsten Graden. Granach ist der standhafte Selbitz. Arthur Kraußneck, hoheitsvoll, in äußerster Schlichtheit, Kaiser Maximilian. Weislingen ist der junge Bernhard Minetti: eine Hoffnung, eigenwillig, selbstbewußt.

Meine anderen Liebhaber sind der stürmische Veit Harlan als liebestoller Franz. Fritz Genschow ist mein aufrechter Sickingen, der große Verwandler Paul Bildt schließlich der Mörder. Meine Courage, mich dem Wogenprall dieser Persönlichkeiten auszusetzen, mich der unbarmherzigen Presse zu stellen, verschlug mir den Atem. Noch dazu in einer Rolle, die nicht nach mir schrie. In zu kurzer Vorbereitung!

George führt mit traumwandlerischer Sicherheit den Premierenabend am 17. Oktober zum Erfolg. Durch eine geheimnisvolle Übereinstimmung mit dem Mann Berlichingen hebt er die Aufführung auf ein höheres Niveau, als sie durch ihre Zubereitung allein erreichen könnte.

Ich halte mich wacker. Vampe mich von einem Liebhaber zum anderen. Die märchenhaften Kostüme geben mir Sicherheit. Ich stelle gewissermaßen »schöne Bilder« vor einem riesigen Gobelin, der die Spielfläche teilt. Vorne spielen die Szenen in Bamberg: ein relativ schmaler Raum. Die Tiefe der Bühne ist – mit gigantischen Prospekten im Stil der Vor-Dürerzeit, gespenstischen Baumriesen und abenteuerlich-geisterhaften Landschaften – Jagsthausen, Heilbronn und, vor blutrotem Himmel, dem Bauernkrieg vorbehalten. Teo Ottos geschickte Lösung für einen schnellen Ablauf der etwa 35 Bilder.

Schwierig wurde es, als ich die Serie der Verführungen, die mir der Dichter auferlegt, in unmittelbarer Nähe der Rampe abwickeln mußte. Man hatte mein Prunk- und Luderbett in ein holzgeschnitztes Gestell gebaut, das wiederholt mit den verschiedenen Opfern, ähnlich einem Badekarren, auf die Bühne gerollt wurde. Als das zum drittenmal geschah, war leises Gekicher im Parkett zu hören. (Nur gemach, es gibt noch eine unvorhergesehene Steigerung!)

Im vorletzten Bild soll mir und meinem Treiben durch die Feme

ein Ende gemacht werden. Ich liege hochgestützt in spitzenum-
säumten Kissen, von bösen Träumen geplagt, auf meinem Lager.
Das ist mit weißem, spiegelglattem Atlas bespannt. Man hat mir
aus zitronengelbem Chiffon ein Nachtgewand gezaubert, das
mich in meterweiter Fülle umschließt. Gehalten von einem
winzigen Mieder.

Paul Bildt ist ein scharfer Spieler. Nach unserem kurzen, hitzigen
Dialog stürzt er aus seiner Nische, die ihn verbarg, mir an die
Kehle. Durch die Wucht seines Angriffs gerate ich gefährlich an
den Rand des Lagers. Ich beginne zu rutschen, versuche Halt zu
finden. Doch der spiegelglatte Atlas spottet meinen Bemühungen. Nur ein paar Stufen trennen mich von der Rampe. Bildt
erkennt die Gefahr eines Saltos ins Publikum. Er greift in meine
Chiffonfülle, mich zu halten. Aber »rratsch« – die ganze Herrlichkeit reißt ab, das Spitzenmieder fällt über mein Gesicht. Brust
und Bauch nackt, hänge ich nach unten im schönsten Scheinwer-
ferlicht.

Bildt macht mir schleunigst den Garaus. Gnädige Dunkelheit
blendet diese realistische Szene aus. Gott sei Dank lacht niemand! (George hat aus der Kulisse diesen Zwischenfall beobachtet. Er wartet auf den letzten, großen Auftritt, seine Sterbeszene.
Granach neben ihm bekommt etwas sehr Unparlamentarisches
zu hören. Ich habe nie den Wortlaut erfahren!)

Kopflos stürze ich in die Garderobe. Dort wartet man mit einem
heilen Gewand auf mich, das ich in Eile überwerfe. Atemlos stehe
ich in der Kulisse zum Schlußapplaus. Der braust hoch, George
wird gefeiert. Wir verneigen uns neben ihm, nehmen teil an den
dankbaren Ovationen.

Ich könnte aufatmen. Doch ich sitze vor meinem Schminktisch,
eingerahmt von den Blumengrüßen aller Freunde zu diesem
denkwürdigen Debüt, und heule wie ein Schloßhund. Aus! Beerdigung erster Klasse!

Die Tür geht auf, eine Hand legt sich auf meine Schulter: George.
»Na, na, das war doch sehr hübsch!« (Ich weiß nicht, meint er

meine Schauspielerei oder den fatalen Striptease?) »Wir feiern bei ›Habel‹ Unter den Linden. Beeilen Sie sich.«

Am nächsten Tag kann ich es nicht abwarten die Zeitungen zu lesen. Alle Superlative für Georges Leistung. Ich komme gnädig weg. Man behält sich vor, später Endgültiges zu sagen. Die Presse, deren Hohn ich fürchtete, entmutigt mich wenigstens nicht. Hier einige Proben.

Paul Fechter schreibt in der Deutschen Allgemeinen Zeitung: »Die Adelheid des neuen Fräulein Berta Drews ist mehr reizvoll als schön, schlank-schmal, mehr kleine Bestie als zupackende Frau. Sie interessiert da und dort doch so weit, daß man weiteres abzuwarten beschloß.«

Hingegen Jacobi im »Tempo«: »Berta Drews war eine unbegreifliche Fehlbesetzung. Die Adelheid, strahlend königlich, licht mit Engeln und Frühlingssonne verglichen, kann nicht von einem betont modernen jungen Mädchen gespielt werden.«

Und Monty Jacobs in der Vossischen Zeitung: »Berta Drews von den Münchner Kammerspielen. Eine schmale, zarte, zerbrechliche Figur, ein Orska-Profil und vorläufig noch viel Manier im Schlängeln des Körpers, im Hochrecken des Arms, im Grimm der Sprache. Das Theatertemperament, das hinter dieser Kruste zu spüren ist, interessiert indessen schon heute für die nächste Aufgabe des neuen Mitglieds.«

Fritz Engel meint im Berliner Tageblatt: »Berta Drews kommt aus München. Sehr fähig als Schlangendame für Männerherzen. Adelheid als Lulu vergangener Jahrhunderte, mit einem Gesicht, das Haßliebe erzeugen darf, gestern allzu stark auf Dekoratives gestellt.«

Das Hohelied der Anerkennung, der rückhaltlosen Bewunderung, sieht so aus:

»Alles Licht der Vorstellung ging von dem Gottfried Heinrich Georges aus, von der Schlichtheit des Gemüts, der Festigkeit eines lauteren Charakters, der Treuherzigkeit und Wärme, die der prachtvoll gerundeten Gestalt entströmten.« (Max Osborn)

»Heinrich George hat seinen großen Tag. Die Versöhnungsszene mit Weislingen gehört zu dem Stärksten und menschlich durchleuchtetsten, was man je auf der Bühne gesehen hat. Herrlich, herrlich die Szene mit den Ratsherren zu Heilbronn: furchtlos und treu. George ist der Deutsche an sich, unverwechselbar.« (von Jacobi)

Oder Monty Jacobs: »Wenn ein Schauspieler zusammenhalten könnte, was zerflattert, so würde sich Heinrich George in die Bresche werfen. ... mit einer Männlichkeit, die nicht prahlt. Es leuchtet etwas aus dieser Figur, etwas von dem Glanze, der Goethes Dichtung umschimmert, heute wie einst. Er gleicht den Figuren von Cranach oder, wenn er niederkniet, einem Ritter auf einer grobbehauenen Steinplatte.«

Und Rolf Nürnberg: »Ein gezeichneter Götz, aber ein erhabener Götz. Durch seine Stimme klingt die Hoffnung nach Freiheit hell und scharf, dunkel und verdämmernd. – Wie er das Wort ›glücklich‹ spricht, ungläubig und doch sehnsuchtsvoll, wie er das Wort ›Tod‹ spricht, gläubig und doch gefaßt, das haftet. Ein kraftvoller Götz, ein bescheidener Götz, ein lebendiger Götz, ein herrlicher Götz.«

Mit dem eigentümlichen Gefühl der Leere, das jeder Schauspieler nach einer erregenden Premiere kennt, gehe ich in meiner Wohnung umher. Die Spannung ist vorbei, jetzt will keiner mehr was von mir – ich bin wieder ganz mein eigener Herr. Da klingelt das Telefon.

»Bitte?«

»Hier ist George. Hören Sie, Kleine, man will mich heute feiern. Ein guter Freund von mir, der Geheimrat Schütte-Lanz, gibt ein Fest. Ich soll zwanzig Leute einladen, die ich dabeihaben möchte. Ich dachte an Sie. Haben Sie Lust?«

»Ja, natürlich ...«

»Also dann um acht in Lichterfelde. Mein Fahrer holt Sie ab.«

Die großen Kristall-Lüster klirren leise über der langen Tafel. Wir

sind zu Tisch gegangen ohne den Ehrengast. Er hat vom Filmatelier anrufen lassen, daß er sich verspätet.

Ich sitze Asta Nielsen gegenüber und kann mich nicht sattsehen
an ihrem schönen, dunkel umrahmten Gesicht, dem ausdrucks-
vollen, großen Mund. Mit brüchiger Stimme, im trockenen Tonfall der Dänin, sagt sie die amüsantesten Sachen, daß Ringelnatz
neben ihr vor Vergnügen kräht. An meiner Seite sitzt Grigori
Chmara, Astas Lebensgefährte. Russe, Schauspieler vom Moskauer Künstlertheater. Verteufelt reizvoll und von der bestricken-
den Liebenswürdigkeit seiner Rasse. Alexander Granach
bedrängt mich von rechts. Ich bin in einem schwerelosen
Zustand höchsten Entzückens und gespannter Erwartung.

Plötzlich erheben sich alle, man klatscht. George ist da am Arm
Conrad Veidts. Beide im ordengeschmückten Frack, wie sie sich
eben noch als Rivalen im Film *Der Mann, der den Mord beging*
vor der Kamera gegenüber standen. Sie irren sich nicht, wenn sie
annehmen, daß dieser Abend wohl bis zum Morgen dauern wird,
und sind gleich in Maske und Kostüm geblieben, um weiterzuar-
beiten.

»Darauf müssen wir anstoßen!« Wir haben eben festgestellt, daß
wir in derselben Gegend zu Hause sind, aus Ostpreußen unsere
Väter, aus Pommern die Mütter. Das gefällt George ausnehmend.
Es kommt mir vor, als sehe er mich mit neuen Augen.

Der weißhaarige Hausherr füllt die Gläser, George hebt seines,
trinkt es mit einem Zug leer. Er legt den Arm um meine Schulter
und küßt mich mitten auf den Mund.

War das der Anfang? Die Schicksalsminute, die ein Leben von
Grund auf ändert? Schwer zu sagen. Nur wie es endete, ist mir in
quälender Deutlichkeit bewußt.

Der 7. November 1946. Das feuchte Holz will in dem Kanonen-
öfchen nicht anbrennen. Es qualmt und stinkt in dem ungemütli-
chen Raum. Von den Wänden blättern die Tapeten, es tropft
durch die Decke. Ein trostloses Quartier. Unser Haus am Wann-

see war eines der ersten, das von den Amerikanern beschlagnahmt wurde. Mein Mann ist im Lager Sachsenhausen als russischer Gefangener. Die letzte Nachricht von ihm kam im Februar, ein winziger Kassiber. Nur Sorge um uns.

Ich bin allein mit meinen beiden Jungen, die letzte Haushaltshilfe mußte ich ziehen lassen. Hin und wieder kommt ein Freund mit dem Fahrrad hier raus. Georges Schicksal liegt manchem am Herzen. Wir trinken Tee, um uns aufzuwärmen. Sprechen von Vergangenem, machen Pläne für Künftiges.

Erste Filmprojekte, nach dem Zusammenbruch vorsichtig geplant, rechnen mit George und bemühen sich beim russischen Kulturoffizier um seine Entlassung.

Es wird früh dunkel. Jemand tastet sich die steile Treppe hoch. Mein Kollege Ernst Schröder, noch nicht lange aus amerikanischer Gefangenschaft entlassen. Er stellt eine Flasche Cognac auf den Tisch, in diesen Tagen eine Kostbarkeit. Er gießt ein, wir stoßen an: »Auf seine glückliche Wiederkehr!«

»Ihm ist wohl.«

Stockend dann die schlimme Botschaft. Ich schreie nicht, kann auch nicht weinen, es ist, als hätte ich dies erwartet, ja als ob ich es längst weiß. Alles Hirngespinste. Seine Heimkehr, die Zuwendung seiner starken Seele behütend und beschützend. Die Geborgenheit an seiner Seite!

Eine furchtbare Lähmung befällt mich. Ich sitze steif auf meinem Stuhl. Von hinten packen mich zwei Kinderhände mit großer Kraft an den Schultern und reißen sie nach hinten. Mein Sohn Götz. Und wie eine Beschwörung, laut und klar: »Vater steht immer hinter dir!« – und noch einmal: »Vater steht immer hinter dir!«

Minutenlange Stille, nur Jan, meinen Älteren, höre ich im Nebenzimmer weinen. Seltsam, die Worte eines Siebenjährigen geben mir Trost. Ich glaube diesem kleinen Propheten.

Viel später lösen Tränen meine Starre, vergossen um den sinnlosen Untergang meines Mannes.

Der Schmerz um seinen Verlust wird mich ein Leben lang nicht verlassen.

War es Liebe auf den ersten Blick? Der *coup de foudre*, der einen einander in die Arme treibt? Bestimmt nicht. Ich versuche, mich zu erinnern.

In den Vorstellungen bleibe ich oft in der Kulisse stehen, um ihm zuzuschauen, seine Stimme zu hören. Ich denke dann nicht, welch herrlicher Schauspieler – ich denke: welch wundervoller Mensch! Es beglückt mich auch, wenn er mich auffordert, mit ihm zu essen. Das ist jedesmal ein großes Vergnügen.

Der Fensterplatz in der Bar von Peltzer in der Neuen Wilhelmstraße – eine der kulinarischen Kultstätten des damaligen Berlin – ist stets für ihn reserviert. Wenn er sich niederläßt, umständlich und liebevoll das Essen und die Getränke wählt, breitet sich ein großartiges Gefühl der Behaglichkeit aus, ein glückliches Ausruhen.

Er hatte sich wohl in mich verliebt. Ich darf das behaupten, denn er bringt mir (sicher zähneknirschend) ein großes Opfer. Kaum sitzen wir, ziehe ich ein Zigarettenpäckchen aus der Tasche, bitte ihn um Feuer und fange an loszupaffen. Beim nächsten Mal liegt auf meinem Platz eine ganz entzückende Zigarettendose, Schildpatt mit Silber. Ein aufmerksames Geschenk. Danke! Es dauert Wochen, bis ich kapiere, daß er nichts so verabscheut wie Zigarettenqualm an seinem Tisch. Eine unüberwindliche Idiosynkrasie, die ihm Übelkeit bereitet und die gute Laune stiehlt. Er muß gelitten haben!

Davon abgesehen waren es genußvolle Abende. Er brachte mich anschließend mit seinem Wagen heim, das heißt, Herbert, sein Fahrer, machte den kleinen Umweg über die Kantstraße, wo ich wohnte.

Eines späten Abends aber merke ich, daß wir schon eine Weile auf einer breiten Allee fahren. Das muß die Avus sein. Eine Entführung! Er merkt mein Befremden, grinst mich an und zieht mich sanft in seinen Arm. Nur eine Sekunde denke ich an Protest. Dann aber: Sei nicht zimperlich, Mädchen, das mußte doch kommen. Du bewunderst ihn, hast mit dem Feuer gespielt und dich nur zu gern seiner männlichen Fürsorge anvertraut!

Obwohl er gerade erst 37 Jahre alt ist, war er für mich eine Vaterfigur, deren Wesensreichtum mein Leben auf eine neue, köstliche Art verwandelte. Und: – es ruht sich gut an seiner breiten Brust!

Der nächste Vormittag findet mich in Kohlhasenbrück, einem kleinen Villenvorort in der Nähe der Ufa-Stadt Babelsberg. Ich lerne das romantische Häuschen in der Bäkestraße kennen. In verblichenem Terrakotte steht es etwas erhöht und hat mit seinem flachen Dach und den Steinfiguren am First fast italienischen Charakter. In einem Zwinger begrüßt Fellow, eine schwarze Dogge, stürmisch ihren Herrn. Umschwänzelt von zwei nicht ganz erstklassigen Ablegern. Rosa, das langjährige Faktotum, hat einen üppigen Frühstückstisch gedeckt und bekommt Anweisung einen Korb fürs »Boot« vorzubereiten. Das liegt am Griebnitzsee, Ostseeklasse, seetüchtig und heißt »Steinrück up Feuerland«. Erinnerung an den im Vorjahr gestorbenen Freund.

Wir haben Glück. Ein strahlender, warmer Tag, wie ihn uns manchmal der späte Herbst schenkt. Die Ufer in leuchtenden Farben. Ein blauer, wolkenloser Himmel spiegelt sich im See, der sich etwas »kabbelig« gibt. Wir kreuzen, die leichte Brise erfrischt. Wir reden, trinken einen guten Tropfen. Ich lerne, daß Champagner (vornehmlich seine Lieblingsmarke »Irroy«) am Vormittag am besten schmeckt.

Er will viel über mich wissen und versteht es, mit galantem Charme eine freundschaftliche, entspannte Atmosphäre herzustellen, die jede Befangenheit von vornherein ausschließt. Für das, was sich dann ereignet, war ich allerdings unvorbereitet!

Georges Freundin, Mara Wend, ist eingetroffen. Groß, blond, sehr damenhaft, erwartet sie uns im Wohnzimmer. Und an mich gewandt: »Was machen Sie denn hier?«

Ja, was mache ich hier!? Das frage ich mich auch. Zorn packt mich über diesen Eklat.

George meistert mit bemerkenswerter Souveränität die Konfrontation. Er bittet mich, einen Augenblick in die kleine Bibliothek nebenan zu gehen, und ich glaube nicht richtig zu hören: »Wir essen dann zusammen.«

Ein zweiter Ausgang befreit mich aus dieser unerträglichen Zwangslage. Ich erwische Rosa und lasse mir sagen, wo ich hier draußen ein Taxi finde. Ich fliehe unbemerkt.

Zu Hause beruhige ich mich nur langsam. Was war denn geschehn? Eine Panne in unserem Programm. Aber in welchem? Ich wollte mich ja keineswegs einquartieren. Ich weiß, daß Mara seit Jahren Georges Freundin ist. Ihr Auftritt kam überraschend, aber schließlich: Sie hat Hausrecht. Ich war der Eindringling.

Die Affäre muß erledigt sein, so schnell und so radikal wie möglich. Den kleinen Makel, daß man mich für leichtfertig hält, werde ich verkraften!

Rote Rosen und ein kleiner, goldener Christophorus kommen am nächsten Tag. Abends spielen wir den *Götz*. Bevor der Vorhang hochgeht, kommt er in meine Garderobe. Er nimmt mich stumm in die Arme, und eine Welle männlicher Kraft und Güte fegt jeden Groll aus meinem Herzen. Ich hatte immer an Männern geliebt, was ihre Überlegenheit ausmacht, – und hier finde ich meinen Meister. Wohin das mühsam erworbene Selbstgefühl? Jeder Widerstand schmilzt hin. Ich finde hier etwas Unerschütterliches, dieselbe Geborgenheit, mit der nur mein Vater das Kinderherz zu besänftigen vermochte.

Die Proben zum *Blauen Boll* von Barlach haben am Staatstheater begonnen. Jürgen Fehling hat die Regie. Der Mann, mit dem George durch innere Verwandtschaft inszenatorische Berge zu versetzen vermag. Er kommt beschwingt von den Proben, spricht wie ein Verliebter von seiner Partnerin Helene Fehdmer, des großen Friedrich Kayßlers Frau. Er ist in seinem Element: das

Abstrakte sichtbar, hörbar, greifbar zu machen. Barlachs Mystik liegt ihm wie kaum einem anderen. Die kontrastreiche Mischung von Trieb und Geist, trotz seiner stabilen Körperlichkeit »transparent bis dahinaus«! Die Premiere ist am 6. Dezember. Den hohen Wert dieser Inszenierung bestätigt die diesmal einhellige Presse. Man spricht vom Schönsten, das man seit langem sah!

Auch für mich beginnt Arbeit. Eines Abends ruft Martin an: »Berta, können Sie berlinern?«

Und ob! Er weiß nicht, daß Berlin längst meine Wahlheimat ist, daß ich oft und mit viel Pläsier mich dieses schnoddrigen, liebenswerten Jargons bediene. Neuigkeit: Max Pallenberg ist durch Krankheit verhindert. Martin will den Liliom mit Hans Albers besetzen und aus dem Stadtwald in Wien einen Berliner Rummelplatz machen.

Albers war nach seinem überwältigenden Erfolg in Bruckners *Verbrechern* – durch den Mut und die künstlerische Führung Heinz Hilperts – von der leichten Muse ins seriöse Fach katapultiert worden. Über Nacht war er einer der beliebtesten Schauspieler Berlins. Er bringt alles für diesen Hallodri der Luftschaukel mit. Ich kann Martin zu dieser Entscheidung nur gratulieren. Albers ist unschlagbar in seinem raumverdrängenden Hochwertigkeitsgefühl. »Hoppla, jetzt komm ich!« im wahrsten Sinne des Wortes. Das schüchtert mich zunächst ein. Andererseits kommt es meiner dumpfen, verstörten Julie, dem liebegeschlagenen Dienstmädchen, zugute. Seine Ruppigkeit hat liebenswürdige Züge, und wenn er an mir rumzerrt, mich schubst oder gar tritt, wird mehr Zärtlichkeit spürbar, als es mancher sanfte Schwerenöter glaubhaft machen könnte.

Die Proben machen Spaß. Martin gehört zu den leisen Regisseuren. Er lauscht förmlich in uns hinein, erfindet phantasievolle Spielmöglichkeiten und lockt so den Text wie von selbst aus uns heraus. Und immer spielt der Rummelplatz stimulierend mit. Auf der riesigen Drehbühne beleben seine Geräusche, die bengalische Beleuchtung, seine Leierkastenseligkeit alle anderen Szenen. Ein Meisterwerk des Bühnenbildners Caspar Neher.

Franz Molnár nimmt an den letzten Proben teil. Vieles gefällt ihm. Lediglich der Berliner Dialekt geht ihm gegen den Strich. Martin bittet abzuwarten. Er denkt gar nicht daran, eine Änderung vorzunehmen. »Das goldene Wiener Herz« hat in seinem spröden, unsentimentalen Konzept nichts zu suchen.

Langsam schmilzt Molnárs Widerstand. Die Mienen des immer dunkel gekleideten perfekten Kavaliers mit dem schwarzumrandeten Monokel hellen sich auf. Er nennt mich galant einen »succès« für Berlin. Ich höre das gern und bekomme jeden Morgen ein Glas Sekt zum »Mutmachen«.

Es war Winter geworden. George macht es Spaß, mir ein unbekanntes Berlin zu zeigen. Er führt mich in obskure Kneipen, in Bars und Schlemmerlokale. Er ist ein leidenschaftlicher Austernesser und versteht es, mich zu allerlei Spezialitäten zu überreden. Bekannt wie ein bunter Hund, begrüßt man ihn allenthalben. Manchmal allerdings braucht er Humor und Schlagfertigkeit, die schulterklopfende Anbiederung abzuwehren. (»Ist Ihnen Ihre Korpulenz nicht lästig«? – »Längst nicht so lästig wie Ihre Aufdringlichkeit!« Oder: »Heinrich, der Wagen bricht!« – »Junge, das ist nicht von dir!«) Man läßt sich besser nicht mit ihm ein.

Ich lerne durch ihn interessante Menschen kennen: Schriftsteller, Maler, Kollegen. Durchschaue aber auch bald die Nutznießer seiner Freigebigkeit. Wer an seinem Tisch sitzt, ist sein Gast. Das spricht sich rum. Und wenn er keine Lust hat, Schluß zu machen, ist er nicht wählerisch. Das Geld sitzt ihm locker in der Tasche, er gibt es mit vollen Händen aus.

An einem Abend, es mag im November gewesen sein, kommen wir bei der Heimfahrt auf ein Abschiedspilsener zu »Cassel« in der Kantstraße. Dort sitzt ein einsamer Zecher, der Bildhauer Martin Müller. Sein zerknautschtes Gesicht strahlt auf: »Heinrich, Gott sei Dank, daß du da bist. Ich brauche jemanden zum Feiern!«

VOLKSBÜHNE

THEATER AM BÜLOWPLATZ

Dienstag, den 27. Januar 1931, abends 8 Uhr

LILIOM

Vorstadtlegende in 7 Bildern und 1 Vorspiel von Franz Molnar.
Für die deutsche Bühne bearbeitet von Alfred Polgar

Musik: Theo Mackeben
Regie: Karl Heinz Martin
Bühnenbilder: Caspar Neher.

Liliom	Hans Albers
Ficsur	Leonhard Steckel
Julie	Bertha Drews
Marie	Erika Helmke
Frau Muskat	Grete Bäck
Luise	Gina Falckenberg
Frau Hollunder	Emilia Kurtz
Der junge Hollunder	Herbert Berghof
Wolf Beifeld	Josef Almas
Linzmann	Sigurd Lohde
Der Kriminalkommissar	Erich Tormann
Kriminalwachtmeister	Sigmund Nunberg
Der Polizeikommissar	Wolfgang v. Schwind
Ein alter Schutzmann	Paul Kaufmann
Dr. Reich	Bruno Ziener
Der Aermlichgekleidete	Alexander Engel
1. Polizist	Hans Böhm
2. Polizist	Erwin Kleist
1. Detektiv	Josef Dahmen
2. Detektiv	Fritz Staudte
Arzt	Arthur Mainzer
Zwei Dienstmädchen	Helene Körner, Angelica Arndts

Technische Leitung: Hans Sachs

Projektionsbilder ausgeführt von: Nina Tokumbet

Pause nach dem 4. Bild

DIE KUNST DEM VOLKE

DER ZETTEL WIRD UNENTGELTLICH VERABFOLGT. ZUSPÄTKOMMENDE DÜRFEN
VON DEM SCHLIESSER ERST NACH DEM ERSTEN AKT EINGELASSEN WERDEN.
DAS EIGENMÄCHTIGE BESETZEN LEERSTEHENDER PLÄTZE IST UNTERSAGT.

Besetzungszettel »Liliom«. Mit der Julie neben Hans Albers in der Titelrolle trat ich mein
Engagement an der Volksbühne an. Premiere unserer Berliner Fassung war am 7. Januar 1931.

»Was gibt's denn?«

»Sie haben heute meinen Chodowiecki aufgestellt. In den Kolonnaden des Alten Museums.«

George hat die Entstehung der lebensgroßen Statue miterlebt und liebt diese Arbeit. Er freut sich und läßt Sekt kommen.

»Übrigens, warum weiß ich nichts davon? Ich wäre doch zur Einweihung gekommen?«

»Es gab keine Feier. Man hat ihn mittags einfach aufgestellt.«

»Das ist ja allerhand. Ohne Sang und Klang?«

Die Tür geht auf, Marek Weber kommt mit seiner Geige unterm Arm aus dem Hotel Adlon. George geht ihm entgegen. »Setz dich gar nicht erst hin, Marek. Wir fahren in den Lustgarten, meinen Freund Martin feiern!« Ein Korb mit Sekt und Gläsern wird ins Auto geschafft, und die kleine Gesellschaft fährt los.

Ein großer, klarer Mond wirft harte Schatten der entlaubten Bäume über den vereinsamten Platz vor dem Museum. Auf der Plattform vor dem Chodowiecki steht George, mit ernster Feierlichkeit spricht er Worte der Bewunderung für den Bildhauer-Freund. Ich stehe abseits und bin betroffen von dieser gespenstischen, seltsamen Szene, die wohl ihresgleichen suchen kann. Man umarmt sich, der Sekt wird eingeschenkt, und Marek Weber beginnt in die nächtliche Stille hinein die Chaconne von Bach zu spielen.

Plötzlich schnelle, hallende Schritte – die Polizei. Wir müssen alle auf die Wache, kurzes Protokoll, viel Schmunzeln, und wir sind entlassen. Eine Hühnerbrühe im alten »Künstler-Eck« wärmt uns auf. Die B. Z. bringt tags darauf eine kleine, liebenswürdige Geschichte der »nächtlichen Serenade«.

Auf unseren Streifzügen begleitet uns jetzt öfters Mister Strenghold. Ein einflußreicher Herr des amerikanischen Films, beauftragt, George für ein Vierteljahr nach Culver City/Kalifornien zu locken. Er soll dort die deutsche Version in dem Metro-Goldwyn-Mayer-Film *The Big House* übernehmen.

George war einige Male zuvor in London, wo er mit Dupont zwei Filme gemacht hat. Jedesmal war der grandiose französische Schauspieler Harry Baur dabei. Sie spielten die gleichen Rollen, deutsch und französisch, und schließen Freundschaft.

Doch Amerika ist weit. George winkt ab, schlägt andere Kollegen vor. Mit jeder Absage steigt das Angebot. Strenghold will George und keinen andern, und schließlich erreicht er sein Ziel. Im Januar ist Aufbruch.

Weihnachten, das gefräßige Fest, steht vor der Tür. Doch je näher es kommt, um so mehr läßt meine Lust am Essen und Trinken nach. Ich weiß, was das bedeutet und hadere mit dieser biologischen Falle. Ich wünsche mir Kinder, doch jetzt habe ich mich auf etwas eingelassen, das sich nicht entfernt als »elterliche Gemeinschaft« empfiehlt!

Erstaunlicherweise aber finde ich gerade bei diesem ungebärdigen Mann, als ich ihm das »Mißgeschick« beiläufig andeute, eine sehnsüchtige Entsprechung meiner Wünsche. Er überrascht mich durch aufrichtige Freude. Ja, er beschwört mich, zu überdenken, ob dies nicht ein Glück für uns beide sein könnte. Er preist meine Gesundheit und Frische, und daß ich aus derselben Landschaft wie er komme, erhöht in seinen Augen die Garantie für den guten Ausgang dieses Wagnisses.

Leicht gesagt. Es war für mich keine Frage der Moral! Nur, dieses eine »Ja« würde viele andere nach sich ziehen. Manches sprach dagegen. Ich stand am Anfang einer Karriere, die sich gut anließ. Der Mann aber, auf dessen Zuspruch ich in der künftigen Zeit Anspruch zu haben glaubte, war im Aufbruch begriffen. In eine Welt, die ihn verändern konnte, vielleicht ganz und gar fressen. Unsere Freundschaft war noch zu jung, um einer langen Trennung standzuhalten. – Und da war immer noch Mara. Die Entscheidung lag ganz allein bei mir.

Er ist fort, und ich merke, wie sehr mein Leben verändert ist, in dessen Mitte er sich mit unverschämtem Behagen breitgemacht hatte. Er hinterläßt eine schmerzhafte Lücke.

Glücklicherweise bin ich beschäftigt, *Liliom* wächst sich zu einem Sensationserfolg aus. Wir spielen fast täglich. Jedesmal mit höchstem Einsatz, denn immer müssen wir mit erlesenen Besuchern rechnen. Marlene Dietrich steht plötzlich, atemberaubend schön, in meiner Garderobe. Charlie Chaplin bittet Albers und mich zu einem Glas Sekt in der Pause. Jessner engagiert mich vom Fleck weg als Solveig in seiner geplanten *Peer Gynt*-Inszenierung. Hilpert umarmt mich und macht gleich mehrere Vorschläge. Das war es doch, was ich mir gewünscht habe!

Warum zögere ich, alles wieder ins rechte, bequeme Lot zu bringen? George hatte mich nicht verlassen, ohne in generöser Weise vorzusorgen, falls ich andern Sinnes werde, als er von Herzen hofft. Er sieht ein, daß unsere Trennung im falschesten Augenblick kommt. Er hat aber nicht versäumt, über mein Bett ein anmutiges Aquarell Oskar Kokoschkas zu hängen. Eine junge Frau mit einem Kind im Arm!

Beeinflußt mich dies, oder ist es die allabendliche Szene, in der Liliom seine Freude herausjubelt: »Die Julie kriegt ein Kind! Die Julie kriegt ein Kind!« (eine der schönsten Szenen dieses poetischen Stückes), die ein Identitätsverlangen in mir auslöst? Ich bin ausgeglichen wie nie zuvor und unternehme nichts.

Fröhlicher Tumult vor meiner Garderobe. Was ist los? Ich öffne die Tür, und das ansteckende Lachen Maria Bards klärt mich auf. Sie ist in der Vorstellung und hat eben »Thesi« Giehse, die als Frau Muskat gastiert, begrüßt. Wir umarmen uns und verabreden einen Münchner Erinnerungsabend.

Maria hatte den genialen Werner Krauß geheiratet. Sie begegnete ihm in Shaws *Kaiser von Amerika* bei Max Reinhardt. Nur er und sein erwachsener Sohn leisten uns Gesellschaft. Wir tafeln hochherrschaftlich und haben viel zu erzählen. Nach dem Hauptgang zieht sich Krauß zurück. Nicht daß ihn unser Theaterklatsch langweilt – er selbst ist bekannt dafür, lustige Unruhe auf der Bühne anzurichten; die niederträchtigen Pannen unseres Berufes amüsieren ihn –, nein, er muß ein Stück lesen. Man erwartet am nächsten Morgen seine Entscheidung, ob er die Hauptrolle übernehmen wird. Wir sind neugierig: Ein neuer Zuckmayer, *Der Hauptmann von Köpenick*. Es geht um den Streich, den der Schuster Voigt dem Militär gespielt hat und über den die ganze Welt lachte. Er nennt es »Ein deutsches Märchen«.

Der Abend zieht sich in die Länge. In Abständen läßt Krauß sich bei uns blicken. Seine Begeisterung steigert sich von Mal zu Mal. Er kann nicht genug preisen, was Zuckmayer da mit Meisterhand geglückt ist und welch vorzügliche Rolle dieser Schuster ist. Er hält es für sein bestes Stück. Keine Frage: Krauß wird spielen. Das muß gefeiert weden!

Wochen später sehe ich die Generalprobe. Heinz Hilpert hat das Stück mit seiner besonderen Eignung für Milieu und Atmosphäre, mit seiner liebevollen Behandlung der vielen köstlichen Nebenrollen meisterhaft inszeniert. Krauß ist unvergleichlich. Eine Aufführungsserie von 150 Abenden folgt.

Zwanzig Jahre später. Probebühne des Schiller-Theaters. Martin Held und ich sind mitten in der aufgeregten Schlafzimmerszene des Ehepaars Obermüller. Da öffnet sich vorsichtig die Tür. Werner Krauß guckt um die Ecke. Er legt den Finger an den Mund, – wir sollen uns nicht stören lassen. Wir unterbrechen natürlich, um den großen Gast zu begrüßen, der einige Monate für den *Hauptmann von Köpenick* gewonnen wurde. Unser Intendant Boleslaw Barlog inszeniert mit Laune und Phantasie. Das Stück hat in den Jahren nichts von seiner Wirkung eingebüßt. Es ist so etwas wie ein Klassiker geworden.

Barlog will dem Gast seinen exzellenten Schauspieler Held vorführen, und wir spielen das Bild noch einmal für ihn. Dann geht Krauß auf die Bühne. Er rückt einen Stuhl zurecht zur Szene mit dem Schwager. Er setzt sich. Seine Füße stellt er leicht nach innen, er läßt die Schultern nach vorn hängen, den Kopf etwas zur Seite. Vergessen ist der elegante blaue Anzug, das tadellos sitzende weiße Hemd. Ein armseliges Menschenkind, verstört und schäbig, sitzt vor uns. Es ist, als ob er zusammenschrumpft.

Ein Augenblick fast magischer Verwandlung und höchster Präsenz. Bedeutend durch den simplen, ganz undramatischen Anlaß im nüchternen Licht des Probenvormittags. Nicht die Visionen Wallensteins, nicht der Wahnsinn König Lears – nur die Ratlosigkeit eines Schusters!

Aus solchen kurzen, optischen Momenten wird eine große schauspielerische Leistung erkennbar und prägt sich unvergeßlich ein.

Nur flüchtige Grüße aus Hollywood. Dann melden die Zeitungen Georges Ankunft in Cherbourg. Er fährt über Paris, wo er seinen Kollegen Harry Baur besucht, an die Riviera nach Zoagli, um eine Woche Gast Fritz von Unruhs zu sein. Die Frankfurter Jahre (1918–1921) begründeten die Freundschaft des Dichters mit dem Schauspieler. Es war Werdezeit, welche die guten Bürger erschreckte und die künstlerisch gebannte Jugend begeisterte. Der damals erst Fünfundzwanzigjährige kreiert Unruhs seltsame, übersteigerte Zeitdramen, die einen mysterienhaften Zug auf die Bühne brachten. So *Platz, Bonaparte, Louis Ferdinand – Prinz von Preußen*. Seine skurrile Phantasie, die immer über die Realität hinausschoß, entzückte den Dichter, dessen letzte Schöpfung, *Phaea*, im vergangenen Jahr erst von George bei Reinhardt gespielt wurde.

Ich bin ungeduldig. Welch Irrsinnsumweg nach Berlin! Als er endlich mit »großem Bahnhof« eintrifft, gerate ich in einen Zustand nervöser Spannung. Ich spiele abends und darf nicht erwarten, daß er nach der Vorstellung aus Kohlhasenbrück, wo der ganze Clan – extra aus Stettin angereist – seine Heimkehr feiert, noch in die Stadt kommt.

Sein Chauffeur steht am Bühneneingang. Ich frage: »Wohin?« – und als ob wir uns gestern getrennt hätten: »Zu ›Peltzer‹.«

An derselben Stelle, wo wir Abschied nahmen, stehen wir uns gegenüber. Und jetzt zittere ich doch tatsächlich. Als wir in unserer alten Nische sitzen, beginne ich ein törichtes Versteck-spiel. George bekommt seine Austern, er trinkt mir zu. Er fixiert mich, erwartet ein Wort. (Er hat mich zappeln lassen, jetzt bin ich am Zug!) Rank und schlank in Schwarz sieht man mir noch nichts an. Das Wort, das wirklich brennende, bleibt unausgesprochen.

Dann geschieht etwas Unglaubliches! Er nimmt den Silberteller mit den Austern und schmeißt ihn klirrend an die Wand. Ich weiß von seinen jähen Wutausbrüchen, aber nie war ich der Anlaß.

Wir starren uns an. Minuten äußerster Erwartung. Als der Scha-den schnell und diskret behoben ist und ich endlich des Wortes mächtig bin, verbitte ich mir in Zukunft solche Auftritte, sie könnten mir unter den besonderen »Umständen« schaden.

Was nun im einzelnen geredet wurde, ist mir entfallen. Ich erlebe jedenfalls einen neuen elementaren Ausbruch, dem ich wieder kaum gewachsen bin. Eine Welle der Freude erfüllt den Raum.

Man liest neuerdings so oft, daß die Menschen verlernt haben, starken Gefühlen Ausdruck zu geben. Daß die Genuß- und Leidensfähigkeit mehr und mehr verkümmert. – Davon kann hier nicht die Rede sein. Ich begegne einer freien Gefühlsentfaltung, die überwältigt. Sie ist das Hervorstechende der Georgeschen Natur. Sie ist angeboren und wohl auch ein Teil seiner schockie-renden Begabung. Das hat einen Zug großer Wahrhaftigkeit. Bequem ist es nicht! Er ist durchaus nicht immer sanft.

Um es kurz zu sagen: Die Dinge waren entschieden, nicht mehr rückgängig zu machen. Und da er mir einen Strom von Selbstver-trauen vermitteln konnte, gingen wir zur Tagesordnung über. Jeder an seine Arbeit.

Meine zweite Rolle an der Berliner Volksbühne war die
Amalie Weidig in Franz Theodor Csokors Büchner-Stück
»Gesellschaft der Menschenrechte«, Februar 1931.

Turbulenzen

An der Seite eines genialen Feuerkopfs –
Unser erster Sohn Jan

George sucht ein Haus. Groß soll es sein, am Wasser soll es liegen, und ein riesiger Garten ist auch erwünscht. Nicht, daß er dies im Hinblick auf eine mögliche Vaterschaft unternimmt, vielmehr will er sich einen alten Wunsch mit den harten Dollars der MGM erfüllen, ehe sie ihm wieder durch die Finger laufen. Daneben probiert er mit Fehling ein Stück von Georg Kaiser, *König Hahnrei*: die alte Geschichte von Tristan und Isolde in modernem Gewand. Wurden beide für ihre Leistung im *Blauen Boll* gefeiert, so teilen sie hier eine Niederlage. Als bei einer Szene das Publikum anfängt zu johlen, blickt George mit ernstem, strafendem Blick auf die Randalierenden, nähert sich langsam der Rampe und sagt: »Uns ist das aber verdammt ernst hier oben.« Kehrt den Rücken und geht auf seinen Platz zurück. Schweigen! Die Vorstellung kann weitergehen.

Ich bekomme – wieder unter Martins Regie – eine Rolle, die der zu erwartenden Veränderung meiner Taille entgegenkommt. Alfred Döblin, der mit dem weltweiten Erfolg seines Romans »Berlin Alexanderplatz« von sich reden machte, hat ein Stück geschrieben: *Die Ehe*. An drei Beispielen will er die alte Form dieser Institution in Frage stellen.

Döblin war Armenarzt im Norden Berlins. Daneben schrieb er Kritiken und satirische Zeitglossen. Er hatte etwas Kauziges und

Alfred Döblin, »Die Ehe«, mit Hermann Speelmans und Ernst Busch, Volksbühne Berlin, April 1931. Der Karikaturist deutete zart meine »anderen Umstände« an.

war nicht gesprächig. Ich gewann ihn mit einem kleinen, einfältigen Lied, das Karol Rathaus vertont hatte.

»Uf'n Tanzboden, Karl,
Hab' ich dich kennengelernt.
Ich war mit meiner Freundin da.
Det war fein.
Du hast mir Jimmy gelernt,
Walzer und Blues.
Ich trat dir immerzu uf'n Fuß.«

Er hörte es sich widerholt an und zeichnete mich mit einigen netten Gesprächen aus. Eines Tages bot er mir die Rolle der Mieze in der Verfilmung seines »Alexanderplatz« an. Das rührende Mädchen, das auf Höfen singt und später ermordet wird. George war längst als Franz Biberkopf engagiert. Karl Heinz Martin sollte die Dialog-Regie übernehmen. Verlockend! Ich hätte zum ersten Mal filmen können. Statt dessen war der Augenblick gekommen, die Karten auf den Tisch zu legen. In einigen Monaten war ich für die Kamera nicht mehr tragbar.

Als mein wohlgehütetes Geheimnis bekannt wird, fehlt es nicht an kollegialen Warnrufen, an freundschaftlichen Beschwörungen, das Abenteuer mit dem wilden George abzubrechen. Das Skandalblatt »Der Herold« hat seine Klatschspalte. Ich schlage alle Warnungen in den Wind, und langsam legt sich die beflissene Redseligkeit und Besserwisserei.

Die Ehe wird für mich ein Erfolg (»Unheimlich echt im Aufschrei und im Vergehen. Eine herrliche Leistung.«) – und ich kann die Rolle bis zum siebten Monat spielen.

Inzwischen hat George längst ein Haus gefunden und ist mit dem Umbau beschäftigt. Ein alter Kasten am Ufer des Kleinen Wannsees. Baujahr 1913. Ein Jahr der architektonischen Üppigkeit, der Raumverschwendung und gediegenen Verarbeitung. Breite Treppen, dicke Mauern. Alles muß modernisiert werden. George ist ein passionierter, phantasievoller Bauherr.

Obwohl er keine Zukunftspläne entwickelte, gab es eine schweigende Übereinstimmung zwischen uns. Ich hatte seine Hand in einer Art somnambulem, wahnwitzigem Vertrauen ergriffen, mit der Hoffnung auf unveränderliche Treue. Natürlich war alles schwieriger, als es hier steht, doch er schirmte mich ab, und seine ruhige Sicherheit nahm alle Verwirrtheit aus meinem Leben. Er beschenkte mich (und hier sei mir erlaubt, es poetisch zu sagen:) mit einem neuen, gefestigten und schlichten Daseinsgefühl.

Ganz am Rande erfahre ich, daß beim Justizministerium ein Antrag läuft, der aus Georg Schulz (so heißt der gebürtige Stettiner) nun ein für allemal Heinrich George machen soll.

Das Projekt, den zyklopischen Roman »Berlin Alexanderplatz« ins Bild zu übersetzen, nimmt George in den Sommermonaten mit Haut und Haaren in Anspruch. »Die Abgründe einer Stadt sollen aufgerissen werden – und zwar dort, wo sie am abgründigsten sind. Wo Himmel und Hölle sich ineinander verschlingen.« Das Schicksal und das Mißgeschick des Franz Biberkopf soll bebildert werden. Auf Plätzen, Straßen, an Ufern, im Tumult des Verkehrs und um den »Alex« soll etwas vom heißen Atem und der Gefährlichkeit jener Jahre eingefangen werden. Die geglückten Passagen dieser Außenaufnahmen sind heute, über fünfzig Jahre später, nach Zerstörung und Verlust, von faszinierender Wirkung für die alten Berliner.

Tag und Nacht wird gearbeitet. George hat kaum noch Zeit für mich, und der Umbau stockt. Er verlangt zu seiner Beruhigung, daß ich ins Grunewald-Sanatorium ziehe. Ein komfortables, elegantes Haus, das mir alle Nichtigkeiten des täglichen Lebens vom Halse halten soll. Ich lasse mich verwöhnen, lebe in glücklicher Erwartung und schiebe alle Spekulationen, die sich ringsum mit meiner Zukunft beschäftigen, weit von mir.

Ich will das Risiko, selbständig zu leben, ja gar nicht aufgeben. Ich fürchte, in den stürmischen Ablauf seiner Tage hineingerissen zu werden. Mich schrecken die konventionellen Hausfrauenpflichten. Personal schüchtert mich ein. Warum soll ich meiner Unabhängigkeit solche Fesseln anlegen? Klingt nach Emanzipation! Doch eine unerwartete Entscheidung soll meinen Glauben: Wir allein sind es, die über bedeutsame Wendepunkte unseres Lebens bestimmen –, erschüttern.

George überrumpelt mich förmlich mit der vorzeitigen Fertigstellung und idealen Einrichtung eines Schlaf- und eines Kinderzimmers am Kleinen Wannsee. Und eine Kinderpflegerin hat er auch besorgt. Solche Überraschungen machen ihm einen Heidenspaß, und er wendet viel Mühe und Zeit daran. (Wo nimmt er sie nur her?)

Dann verabschiedet er sich auf Anraten meines Arztes, der sich mit der Geburtsstunde nicht festlegen lassen kann und ihn deshalb beschwört, nicht kostbare Tage seines Urlaubs in Berlin zu vertrödeln. Er ist Jessner im Wort, zwanzig, besser noch dreißig Pfund bis zur *Peer Gynt*-Premiere im Herbst am Staatstheater abzunehmen.

Also fährt er mißgestimmt los. Ins Prießnitz-Sanatorium in Gräfenberg-Freiwaldau. Bei saurem Wein und trockenen Brötchen zu darben.

Ich bekomme mein Kind allein. Es ist ein Junge. Sechseinhalb Pfund schwer. Jan-Albert Drews.

Man träumt vom Glück, erwartet es stündlich, und plötzlich ist es da, allen Widerständen zum Trotz.

Ich schreibe in mein Tagebuch: »Ich glaube, ich erlebe jetzt, in diesen Tagen, die schönste, ruhigste Zeit meines Lebens.«

Ich sonne mich in Georges väterlichem Stolz und seiner Freude. Begeisterte Zärtlichkeit für meinen Sohn. Früh wache ich auf, und dieses ungekannte Glücksgefühl stellt sich unverbraucht täglich von neuem ein.

Herrliche Sonnentage! Vor meinem Fenster ein Stückchen romantischer Havellandschaft. Detta bringt mir mein frisch gewickeltes Bündel, und verliebte Zwiesprache beginnt.

Der Umbau ist fertig. Aus drei großen Räumen im Parterre ist eine Halle geworden. Sie wird der Arbeitsraum dieses immer tätigen Menschen. Hier werden Feste gefeiert und leidenschaftliche Kämpfe ausgetragen. Ein Platz schwelgerischer Verbrüderungen und gesuchter Einsamkeiten.

George hat im letzten Jahr nicht nur die großen Hausväter der Literatur (Götz und Richter von Zalamea) für sich entdeckt, er möchte selbst einer werden. Also macht er sich daran, bedächtig, wie alles was er tut, nach geduldigem und genießerischem Stöbern in den Kellern der Antiquitätenhändler um den Lützow-platz, die Räume zu füllen.

Über eine Steintreppe erreicht man aus dem Vorgarten die weite Diele, die mit Fliesen belegt den Blick auf das hohe Treppenhaus freigibt. Gemälde und Radierungen, dicke Teppiche und alte Leuchter vermitteln eine anheimelnde Behaglichkeit. Zwei Türen führen von hier in die Halle, die Wohnraum, Eßzimmer und Bar durch eine gewachsene Unregelmäßigkeit der Mauern auf das glücklichste vereinigt. Mittelalterliche Skulpturen aus

Holz und aus Stein, riesige Kirchenlampen, die nur schwer zu finden waren, ein langer Refektoriumstisch, der vor der Längsseite mit der hohen Bücherwand seinen Platz findet und bedeckt ist mit kostbaren Mappen und Erinnerungsstücken: Preisen und Plaketten, Zeugen des Aufstiegs des noch nicht 40jährigen Mannes. Dahiner ein hoher Chorstuhl, der einstmals in einer ländlichen Patronatskirche gestanden haben mag. Der große Schreibtisch – ein prachtvolles Renaissance-Stück, überladen mit allerlei Schriften und Büchern – wird von einer vierteiligen Schusterkugellampe erhellt. Ein Lutherstuhl mit rissigem, fast schwarzem Leder gehört dazu. In einer hölzernen Schale liegen hier, neben Bleistift und Feder, zwei zarte Stäbe, genau gesagt: Taktstöcke. Georges unerfüllter Traum, ein großer Dirigent zu sein! Nachts, wenn ihn keiner sieht, dirigiert er wohl zuweilen ein Schallplattenkonzert.

In einer Nische dieses die ganze Breitseite des Hauses fassenden Raumes läßt er eine Bar zimmern. Alte, bleigefaßte Scheiben erhellen nur schwach dies dunkelgetäfelte Kabinett. Hohe Hokker um einen halbrunden Tisch mit allen Requisiten für andächtigen Genuß. An den Wänden viele persönliche Andenken, Kuriositäten, die der Vater noch aus seiner Seefahrerzeit bewahrte: Flaschenschiffe, ein meterlanges Krokodil, Sägefisch und anderer Ramsch. Eine Wand ist hier Bild an Bild mit den gerahmten Fotografien all der Menschen, die Georges Leben entscheidend begleiteten, bedeckt. Mit ihren sehr persönlichen und amüsanten Widmungen sind sie wie ein aufgeschlagenes, bebildertes Gästebuch. Besonderer Anziehungspunkt für neue Besucher!

Der Wintergarten mit hohen Fenstern zum Garten, der Halle vorgebaut, ist intimen Mahlzeiten in kleinem Kreise vorbehalten. Unter hängenden, exotischen Pflanzen mit dem massiven Rundtisch aus dem 15. Jahrhundert wird dies einer der behaglichsten Plätze des Hauses. Der Blick fällt auf den zum Ufer abfallenden Rasen mit seinem alten Baumbestand und dem üppigen Obstbaumstreifen zur Rechten. Dieser reicht bis zu einem hölzernen

Pavillon. Daneben ein kleiner Zierteich. Dann Birken und tief-
hängende Weiden, die das Ufer säumen.

Jessner beginnt mit seinen Proben zu *Peer Gynt*. Diesmal ist
George mein Partner. Anders als im *Götz* (dem ich als Adelheid
auf der Bühne nie begegne!), steht er mir nun gegenüber, und ich
erfahre, daß er – nach Fehlings Worten – »wie ein riesiger
Christophorus junge Partner, zumal Frauen und weniger Große,
durch den Probennebel auf die hohe See seiner eigenen Üppigkeit lockt«. Und da seine Kunst, so heißt es weiter, »wie alle große
Schauspielkunst auf einer mächtigen Ruhe basiert«, spüre ich im
Dialog mit ihm die Sicherheit, mir Zeit zu lassen. Ruhiger, tiefer
zu atmen. Unter seinem starken Blick »breitet die Seele weit ihre
Flügel aus« (Georges Lieblingsmelodie »Die Mondnacht«:
himmlischer Schumann, großer Eichendorff!).
Und so bringt mir dieses Zusammenspiel ein Lob Alfred Mührs
ein, das eigentlich meinem Partner gebührt: »Berta Drews als
Solveig entstammte dem Reich strahlender, alles empfangender
Mütterlichkeit. Sie sprach mit prophetischer Gläubigkeit aus dem
Leiden und der Verzückung einer Seele. Ihre Stimme klang wie
der Choral einer großen Verzeihung.«
Bernhard Diebold von der Frankfurter Zeitung hat viel Auf-
schlußreiches in dieser Richtung zu sagen gewußt. So spricht er
auch von Georges Fähigkeit, zuzuhören. Seine ungeheure Präsenz erreichte allerdings, daß das Interesse für den gerade
Sprechenden oft erlahmt: »Seine Wucht und Breite kommen von
weiter und tiefer her als von seinem Körper.«
Einen anderen Hinweis auf diese Mischung von Bewußtem und
Unbewußtem gibt George selbst in einem Interview – es gehört,
scheint mir, auch hierher. Er sagt, daß er manche Rolle nur
ungern mit mir gemeinsam spielt: »Es ist, ich möchte beinahe
sagen, eine Scheu, die Frau, der meine Liebe gehört, mit der
Rolle, die sie spielt, zu identifizieren. Ich entsinne mich jedenfalls, als wir Solveig und Peer Gynt zusammen spielten, viel

GEORGE

DREWS

GOLTZ

Zeitungskarikatur zu Leopold Jessners Staatstheater-Insze-nierung von Ibsens »Peer Gynt«, Berlin, Oktober 1931. »Solveig in bezwingendster Einfachheit – Berta Drews ganz Formel eines einzigen Ge-fühls«: So formulierte ein Kriti-ker seinen Eindruck.

weniger davon empfunden zu haben als etwa im *Richter von Zalamea*, in dem sie eine Lagerdirne war, die ich abzuurteilen hatte.«

Ich bin nicht einmal sicher, ob ihm überhaupt viel daran liegt, daß ich spiele. Am liebsten sähe er mich in meiner »Mutter und Kind«-Rolle in seinem behaglichen Heim. Solveig am häusli-chen Herd – den Weltenwanderer von seiner Höllenfahrt erwar-tend.

War ich mit solcher Idylle einverstanden? Ich hatte mir geschwo-ren, bei ihm auszuhalten durch dick und dünn. Dabei mußte ich mir klar sein, daß es eine Täuschung war, an einen Wechsel seiner Lebensgewohnheiten zu glauben. Alles war doch schwieri-ger, als wir dachten. Ich bewunderte seine Autorität, wollte beherrscht werden. Doch als ich mich ihm ausgeliefert hatte, ihm, der stärker fühlt, gibt und fordert als alle, die mir vorher begegnet sind, fand ich es gar nicht angenehm.

Nur zögernd mache ich mich daran, die ersten Anzeichen einer Trübung unseres Zusammenlebens zu schildern. Er war oft rücksichtslos. Seine überempfindlichen Nerven konnten durch Nichtigkeiten gereizt werden: ein unbedachtes Wort, ein falscher, verlogener Ton, eine unangebrachte Albernheit – was weiß ich!? Spannungen entluden sich unerwartet. Ich fühlte mich nach solchen jähen Ausbrüchen erschreckt und gedemütigt. Sicher sage ich nichts Neues über die Schwierigkeiten, sich einem so dynamischen Feuerkopf anzupassen. Doch vollends in unwürdige Hände fühlte ich mich gegeben, wenn er mit den Schmarotzern, die sich an ihn hängten – alles ekelhafte Suffköppe in meinen Augen –, die Nächte lärmend durchzechte. Dann kochte ich über vor Zorn, und feindselige Gefühle beherrschten mich.

Es folgen Wochen, da ist dieser Spuk zerstoben. Doch dann wieder: Wenn er von seinen Vorstellungen nach Hause kommt und ich ihn, wie er es liebt, am brennenden Kaminfeuer erwarte, er gegessen hat und sich mit den Worten: »Was willst du trinken, geliebtes Herz?« an die Hexenküche seiner köstlichen Elixiere macht, kommt es mir zuweilen vor, als ob mit fortschreitender Stunde die Pausen in unseren Gesprächen länger werden, daß eine lähmende Fremdheit zwischen uns aufkommt. Die Schultern nach vorn geneigt, den Daumen leicht an die Unterlippe gedrückt, ruht sein forschender Blick wie fragend auf mir. Schwer, solchem gesammelten Schweigen standzuhalten. Er ist mir in diesen Stunden nur begrenzt faßbar. Ich weiß längst, daß seine Sehnsucht nach einem echten Menschen an seiner Seite mich umkreist. Das macht mir hart zu schaffen.

Trotz allem zieht es mich immer wieder zu dem wandlungsreichen Erlebnis, das seine Natur bietet. Ich vertraue auch seinen sehr männlichen Tugenden: Einfachheit und Güte – und nicht zuletzt der »kostbarsten Gabe des Herzens«, seinem Humor. Der entschärft alles und verblüfft und versöhnt mich immer von neuem!

Wieder einmal ist es der Fensterplatz der Bar in der Wilhelmstraße. Der alte Herr Peltzer steht vor George, der aus vollem Halse lacht: »So wahr ich hier sitze, sein erstes Wort ist ›Irrrroy‹. Er spielt mit seinen kleinen Händen und sagt ›Irrrroy‹ – was könnte auch mein Sohn anderes sagen?« Er spricht von Jan, unserem Erstgeborenem, er ist voll überströmender, mitteilsamer Freude und sieht und hört Dinge, die kein anderer an dem kleinen Wesen wahrnimmt.

Zehn Tage später, am Ostersonntag, wird ein Paket für Jan abgegeben. Es ist eine Flasche Irroy. Bei näherer Betrachtung allerdings aus Schokolade, gefüllt mit Pralinen. Eine kleine Marzipantafel liegt dabei, darauf steht: »...ich trinke nur Irroy«. Am Nebentisch hatte der Vertreter der französischen Weinkellerei gesessen und die Geschichte mit angehört.

Das erste Frühjahr in Wannsee. Blühende Obstbäume, junges Buchengrün und silberne Birken. Am Ufer locken Nachtigallen in den Büschen zu Picknick und Umtrunk. Viele Gäste stellen sich ein, und George wird nicht müde, sie aufs beste zu bewirten. Wenn es die »Richtigen« sind, ist das jedesmal ein Fest der Heiterkeit und beschwingten Improvisation.

Zwei waren immer hochwillkommen: Asta Nielsen und Grigori Chmara. Er war vor Jahren durch den russischen Stummfilm *Raskolnikoff* in Deutschland bekannt geworden. Ich erinnere mich an lange Schlangen vor der Kasse des Nollendorfkinos, die Einlaß begehrten. Er kam später nach Deutschland, und die Begegnung mit Asta schlug ein wie der Blitz.

Er hätte ein Hirte aus der Steppe sein können, der sich mit der saloppen Eleganz eines perfekten Gentleman kleidete. In jedem Fall hatte er das, was George »Fisselmissel« nannte. Einen Vorzug, den er allerdings vornehmlich als Rüstzeug des weiblichen Geschlechts schätzte. (Heute sagt man Sex!) – In einer dieser warmen Nächte voll Jasmin- und Akazienduft hatten die beiden Männer in seligster Laune einen Sängerwettstreit begonnen.

Ich muß dazu sagen, daß George in seiner Anfängerzeit am Sommertheater Kolberg – mit 35 Mark Monatsgage! – diesen schmalen Sold mit Lautenabenden aufbesserte und es dabei zu einer gewissen Meisterschaft brachte. Er sang gern alte, plattdeutsche Lieder. Seine besondere Liebe gehörte Klaus Groth, und ich schreibe ein Lied auf, das er an diesem Abend sang, weil es schön ist und eine Bekanntschaft mit ihm lohnt.

Min Johann

1.

Ik wull, wie weern noch kleen, Johann,
Do woor de Welt so grot!
Wi seten op den Steen, Johann,
Weest noch? Bi Nawers (Nachbar) Sot (Brunnen),
An Heven seil (segelte) de stille Maan (Mond),
Wi segen (sahen), wa he leep (lief),
Nu snacken (plauderten), wa de Himmel hoch,
Nu wa de Sot wul deep (tief).

2.

Weest noch, wa still dat weer, Johann?
Da rör (rührte) keen Blatt an Bom.
So is dat nu ni mehr, Johann,
As höchstens noch in Drom.
Och ne, wenn do de Scheper (Schäfer) sung,
Alleen int wide Feld;
Ni wahr, Johann? Dat weer en Ton!
De eenzige op de Welt.

3.

Mitümmer inne Schummertid (Dämmerung)
Denn ward mi so to Mot,
Denn löppt (läuft) mi't langs den Rügg so hitt,
As damals bi den Sot.

Denn dreik ik mi so hasti üm,
As weer ik nich alleen:
Doch allens, war ik finn, Johann,
Dat is – ik sta un ween.

(Dithmarsisch)

In schwermütigem Zwiegesang machten sie sich dann an die
»Wolgaschiffer« und die »Schwarzen Augen«.

Grischa war ein Virtuose auf seinem Instrument, einer alten
Zigeunergitarre, und einmal in Fahrt, ließ er die Saiten bis zum
Zerreißen schwirren, streichelte sie in zartestem Glissando.
Volksweisen, aufregend und fremd, von aufpeitschender Origi-
nalität, wild, mit lockenden Schnalzlauten. Es war ein singendes
Werben, das uns vom Stuhl riß und zwei junge Kolleginnen völlig
»crazy« taumeln machte. Sie umkreisten ihn schluchzend und
rissen ihm mänadisch das Hemd vom Leibe. Ich sah ihrem
Treiben zwischen Abscheu und Faszination zu und wunderte
mich nur, wie gelassen, ja belustigt Asta in ihrem Liegestuhl
dieses Treiben beobachtete. Sie mag an den Abend gedacht
haben im Hause ihres Freundes Georg Brandes, als sie diesem
Troubadour begegnete und ihm bedenkenlos ins Netz ging.
(Eine ihrer amüsanten, selbstironischen Geschichten.)

George tauchte die beiden Verrückten kurz in den Wannsee, und
das musische Gleichgewicht war wiederhergestellt. Müßig zu
sagen, wer Sieger im Wettstreit der Männer war!

Mir war ähnliches schon einmal begegnet. In München nach
einer Vorstellung von *Gespenster*. Eine kleine Gruppe Kollegen
war in die Wohnung Heinrich Manns zu einem Essen geladen,
das seine Frau Mimi für uns angerichtet hatte. Es war ein überaus
gelungener Abend. Harmonisch und gut gelaunt. Zu später
Stunde wurde auch hier gesungen. Alexander Moissi, zurückge-
lehnt in seinem Sessel, stimmte plötzlich das Wiener Fiakerlied
an. Er sang es selbstverloren und ganz bezaubernd. Da geschah
es, daß eine nicht mehr junge Frau total »ausflippte«. Sie rutschte

auf den Knien zu dem erstaunten Orpheus, wiegte sich schluchzend, tränenüberströmt und offensichtlich angetrunken vor ihm hin und her. Keinen von uns reizte diese ekstatische Szene zum Lachen. Vielmehr versuchten wir die Ärmste zu beruhigen. Gerechterweise durfte man der Frau diese Hingabe an eine Stimme, die sich ihr ins Herz gesungen hat, nicht vorwerfen. Doch die resolute Mimi Mann hatte für die hilflos Preisgegebene wenig Verständnis. Die gute Laune war zum Teufel.

Wir verabschiedeten uns und beendeten diese angebrochene Nacht alle miteinander in der Bar des Regina-Hotels, wo uns das Thema »unkontrollierte Begeisterung« lange nicht losließ. (Heute erinnern Szenen bei den Veranstaltungen der Popstars an solchen Taumel; und man hat sich daran gewöhnt.)

Ich bin überrascht. Der zierliche, gutaussehende Mann, mit dem mich George eben bekannt gemacht hat, ist Erwin Piscator. Ich weiß nicht, warum ich ihn mir ganz anders vorgestellt habe!

Die beiden Freunde haben lange nichts voneinander gehört. Sie haben ihren großen künstlerischen Kontakt verloren. Ihre Wege haben sich getrennt. Diesmal geht es um meine Person. Piscator möchte, daß ich eine Rolle bei ihm spiele, ein kleines Chinesen-Mädchen in *Tai Yang erwacht* von Friedrich Wolf.

Wir essen zusammen. Ich bekomme das Rollenbuch. Dann geht Piscator. Und nun will ich alles über diesen Mann wissen, dessen vielgepriesene, auch umstrittenen Inszenierungen uns Junge schon in München die Köpfe heiß machten.

Und George erzählt mir von ihrer verschworenen, experimentierfreudigen Zusammenarbeit, von ihrem Glauben, die hergebrachte Form des Theaters erneuern zu können. Es ging um großes Demonstrationentheater, Versuche, sich mit der politischen und sozialen Gegenwart auseinanderzusetzen. Es galt Gefühlsqualm abzubauen. – Neue Formen kündigten sich an. Piscator wollte den Film in den Dienst des ernsten Theaters stellen. Er sollte ihm helfen, seelische Brücken zu bauen. Das gesprochene Wort erfuhr seine bildliche Verwirklichung auf der Leinwand und zwang den Zuschauer, jeden ausgesprochenen Gedanken lebendig mit dem Auge zu erfassen. Tage und Nächte kamen sie nicht aus dem Theater, und der Lohn blieb nicht aus, man erreichte grandiose, verblüffende Wirkungen. Unmöglich, daß Georges leicht entzündbare Phantasie an dieser Entwicklung der Regie vorbeiging. – Zum erstenmal spricht er auch zu mir von seiner eigenen politischen Bereitschaft – und von seiner Abkehr. Idee und Leistung Piscators wurden nach seiner Abwanderung ins Theater am Nollendorfplatz von der Volksbühne nur noch nachgeahmt, so blieb auch George nicht mehr lange. Er stand längst woanders. Die primitive Aussage vieler politischer Stücke genügte seinem Anspruch an das Wort nicht mehr. »Es war einfach zu wenig. Ich brauchte die Dichtung, nicht die Reportage.« Und nach einer Pause: »Ich bin auch gegen die Kollektive. Nichts als Verlegenheitsgebilde. Was das Theater braucht, ist die Persönlichkeit. Sie trägt die Verantwortung, sie allein ist schöpferisch.«

George hat diese Gedanken später in einem Buch von Herbert Ihering ausführlicher niedergelegt und damit den Haß und den Angriff des kommunistischen Blattes »Welt am Abend« herausgefordert. Zwar gehörte er niemals mitgliedmäßig zur Partei, doch die Linke rechnete stillschweigend eine Zeitlang mit ihm. An der Volksbühne war er ihr bester Mann. Er wird aus einem humanen Gefühl heraus auch weiter der Sprecher der Armen und Zukurzgekommenen bleiben, daran ändert sich nichts. Er handelt, wie er fühlt, er prüft nicht lange.

Entscheidend für seine Abkehr und seinen künstlerischen Schritt nach vorn war in diesen Jahren die Begegnung mit dem Regisseur des Staatstheaters, Jürgen Fehling. Wie George von der Waterkant kommend, Sohn eines Lübecker Senators, ein Enkel Emanuel Geibels und wie Ihering sagt: »...ein protestantischer Spielleiter. ...doch nicht karg, nicht puritanisch, sondern ausgreifend und begehrend. Der Geist des Protestantismus erhält seine ursprüngliche Bedeutung zurück, – er ist Auflehnung, Empörung, ›Protestieren‹. Fehling verstand es, eine übernatürliche Wirklichkeit aufzurichten, – real und phantastisch zugleich. – Was das deutsche Theater für Ausländer schwer verständlich macht: das Dunkle, Unmäßige, nicht immer Übersichtliche, das Verhängte, Neblige, Fragmentarische konnte er bewältigen. Er hatte den Mut zum Überdimensionalen. Bei Ernst Barlach wagte er alles. Die Menschen standen da und gingen, wie niemals Menschen über die deutsche Bühne gegangen waren.«

Sein stärkster, kompetentester Mittler wird Heinrich George. Fehling berichtet: »Als ich ihn das erste Mal im Deutschen Theater in *Simson* sprechen hörte, da war ich hingerissen von dem Klang, der aus den Tiefen dieser kräftigen Seele aufstieg und mich bezauberte. Deshalb habe ich George sofort geholt.«

Im Frühjahr 1923 meldet sich das Staatstheater bei George. Fehling will seinen ersten Barlach inszenieren: *Der arme Vetter*. Er ruft den vitalen Schauspieler und niederdeutschen Menschen. Er findet einen Bruder.

Hier begegnen sich zwei überströmende Existenzen aus derselben Landschaft, auf derselben Phantasieebene angesiedelt. Unerschrocken, herausfordernd, gewitternd. Gläubig und blasphemisch in einem. Sie verschmelzen in einem gigantischen Arbeitsprozeß. Weiß der eine noch, wo des andern Führung beginnt? Sie werden in den kommenden Jahren ein »Theater der Leidenschaft entfesseln, wie es Berlin bis dahin nicht sah«. Nicht bequem, nicht immer ästhetisch – aber zwingend, mit mystischem Wissen, alle metaphysischen Geheimnisse angehend in frecher Spielart und ohne Furcht vor Niederlagen.

Herr Siebenmark heißt Georges Rolle. Ein dickfelliger Bürger, der in den Staub muß, zum armen Hund wird. Fehling erreicht, was bei allen Versuchen an der Barlachschen Dichtung bisher mißlang, daß mit überraschender Kraft und Transparenz die wirkliche Lebenssubstanz dieser besonderen Wortkunst zutage gefördert wird. Seine Sprache, eine der plastischsten Sprachen, aus der Mundart und der Anschauungsart des Niederdeutschen schöpfend, blüht plötzlich auf. »– und wenn sie ein Mann wie George spricht, so füllt sich Vergangenheit und Zukunft mit Bildern, Geräuschen und Gerüchen, die man leibhaftig zu spüren glaubt. In diesem sprachlichen Fleisch steckt eine Mischung von Ernst und Humor, von Ekstase und (gewollter) Banalität, von Realistik und Phantastik, von Handgreiflichkeit und Spuk, die – kurz gesagt – ebenso niederdeutsch ist«, schrieb ein Kritiker.

Die weltweite Rezession wurde zu Anfang der dreißiger Jahre am schwindenden Besuch der Theater spürbar. Erstklassige Aufführungen waren nur knapp zur Hälfte besucht, Freikarten gleich im Dutzend zu haben. Besonders hart traf dies die Privattheater. Erste Signale auch einer neuen Zeit. Ein Brief Legals kommt. Er bittet seinen großen Schauspielerfreund um Unterstützung im Kampf um seine Stellung als Intendant des Preußischen Staatstheaters bei einer zu erwartenden politischen Veränderung. Impulsiv schreibt George unter seinen Vertrag 1932/33, der ihm monatlich 8000 Mark sichert, die Klausel: »Herr George behält sich vor, im Falle einer Entlassung Herrn Legals diesen Vertrag vorzeitig zu lösen.«
Eine große Geste, nicht mehr! Denn für ihn heißt das Staatstheater: Fehling. Nur an ihm liegt ihm wirklich. Er hat nicht ernstlich die Absicht, sich von diesem zu trennen. Er hofft aber, daß sein Wort etwas ausrichten wird. Er ist eine der Stützen des Theaters. Seine großen Rollen beherrschen den Spielplan.
Doch mit dieser Klausel hat er Stellung genommen. Man wird es ihn spüren lassen!
Uns ging es in diesen Jahren immer noch verdammt gut. Ich hatte mein Engagement an der Volksbühne. George filmte, wann immer das Staatstheater ihn beurlaubte. Seine Honorare waren mit den Tonfilmen enorm gestiegen. Man zahlte ihm bis zu dreitausend Mark am Tag. (In einer Zeit, als ein »Frankfurter

Wellenschrank« nicht einmal 300 Mark kostete, war das ein ganz schöner Batzen!)

Wir schreiben 1932. Es ist Herbst, und George macht sich auf den Weg nach Bornholm. Ibsens Seemannslos »Terje Wiggen« soll – unter dem Titel *Das Meer ruft* – verfilmt werden. »Um Gottes willen«, rief Asta Nielsen, als er sie aufforderte, ihn in ihre dänische Heimat zu begleiten, »um diese Jahreszeit regnet es auf der Insel fast immer, das ist nur was für Hochzeitsreisende!«

Es dauerte dann auch nicht lange – nach Ferngesprächen hin und her –, und ich ließ mich überreden, den Zug nach Kopenhagen zu besteigen. Es fing so lustig an. George erwartete mich auf dem Bahnsteig mit einer kompletten Seemannsausrüstung. Gummi- stiefel, langer Regenmantel und Südwester. Dazu einen übergro- ßen Island-Sweater aus unentfetteter Wolle, wie ihn Seeleute tragen, der die Feuchtigkeit abstößt und wie ein Ofen wärmt. Man konnte glauben, wir würden zu einer Expedition ans Nordkap aufbrechen.

Erst einmal aber führte er mich zu einem opulenten Essen in den »Fiskerkrok«, wo er ein bekannter Gast war und die »jertelik Welkomes« kein Ende nahmen. Ich sehe uns noch gutgelaunt durch das mitternächtliche Kopenhagen wandern! Ich hatte mich umgezogen und stapfte in einem viel zu langen Mantel neben meinem ollen Seebären zu den »Holger-Drachmann-Stuben«, denen wir unbedingt einen Besuch schuldig waren. Mit knapper Not erreichten wir in letzter Minute das Schiff, das uns nach Bornholm übersetzen sollte.

Ich stand an der Reling, und wir hatten gerade abgelegt, da hörte ich jemand sagen: »Es kommt Sturm auf!« Am liebsten wäre ich geflohen. Ich bin feige. Der Kahn war nicht groß. So eine Art »Seelenverkäufer«. Er knarrte und ächzte fürchterlich, und noch vertäut hatte er schon bedrohlich geschlingert. Ich sah mein klägliches Los voraus.

George, seefest und bester Laune – die mir jetzt schrecklich auf die Nerven ging –, versuchte alles zu verharmlosen und mir Geschmack an der christlichen Seefahrt und ihren Abenteuern einzureden. Ohne Erfolg. Ich kroch in meine Koje, starrte schweigend an die Decke über mir und erwartete die schlimmste Nacht meines Lebens.

Sie war am Ende halb so wild. Erst im Morgengrauen, als wir in Rönne eintrafen, setzte der Sturm mit ganzer Stärke ein. Freudig begrüßt von der Filmcrew, die seit Tagen darauf gewartet hatte, um endlich ihr Schiff in Seenot und seinen Untergang »in den Kasten« zu kriegen und damit den Aufenthalt auf diesem trostlosen Posten zu beenden. Keine zehn Pferde hätten mich zum Mitfahren bringen können. Ernstlich erwartete das auch niemand.

So blieb ich mir selbst überlassen und vertrieb mir tagsüber an Land bei Regen, Sturm und Dreck die Zeit so gut es ging. Nur begleitet vom Geschrei der Möwen und dem Lärm der aufgewühlten See, wanderte ich in meiner wetterfesten Ausrüstung am Strand entlang. Ich kletterte über angeschwemmte Balken, über Granitblöcke. Ich sah riesige Fischkadaver (Schweinsfische, sagte man mir), die mich erschreckten. Die Gischt sprühte mir ins Gesicht. Nebelschwaden und dunkle Wolken hasteten an einer blassen Sonne vorbei. Selten begegnete mir jemand. Ein Mann mit seinem Hund oder Jungen, die Strandgut sammelten.

Ich liebe das Meer, das Auf und Ab der Dünung, den herben, salzigen Geruch, und ich meinte, nie genug davon bekommen zu können. Hier aber, auf diesem wilden Eiland, schwand meine Naturliebe von Stunde zu Stunde. Ich flüchtete in das gemütliche, altmodische Hotel, wo man bemüht war, mich durch Essen und Trinken aufzuheitern. Fröstelnd und überfüttert wartete ich auf die tapferen Männer. Viele von ihnen in beklagenswertem Zustand. Verstauchungen, Brüche und die leidige Seekrankheit. Diese tagelangen Strapazen auf dem ständig von hohen Wellen überspülten Deck zermürbten auch die Stabilsten unter ihnen. Abends ging es dann bei steifem Grog und Schwedenpunsch wieder recht lustig zu. Zu lustig für meinen Geschmack als einzige Frau unter all den Männern!

Ich machte mich nach einigen Tagen schleunigst aus dem Staub, früher als geplant. Um eine Erfahrung reicher: Courage und körperlichen Einsatz fordert das so begehrte Filmen. Wer sich darauf einläßt, ist dran! Da hilft kein Jammern.

So kann man ermessen, wie groß die Enttäuschung der Beteiligten war, als bei der Rückkehr nach Berlin und dem Prüfen des Filmmaterials, das man für sensationell hielt, festgestellt werden mußte, daß die Seenot bei weitem nicht so gefährlich auf der Leinwand wirkte, wie sie tatsächlich gewesen war. Lange Gesichter! Was tun? Den Technikern mußte etwas einfallen.

Im Wellenbad des Lunaparks wurde eine nachgezimmerte Kommandobrücke an Stricken ins Wasser gehängt. Ein Flugzeugpropeller sorgte für Sturm, die angestellte Wellenanlage, unterstützt vom Druck einiger Feuerwehrschläuche, für Seegang. George stand am Steuer, diesem künstlichen Sturm und den wilden Brechern preisgegeben. Die Stricke wurden langsam gelockert, die Illusion eines Untergangs war perfekt. Das Steuer barst und Mann und Maus versanken. Das sah nun wirklich lebensgefährlich aus. Was hier künstlich hergestellt war, übertraf bei weitem die echten Aufnahmen. Niemand konnte, mit den Einblendungen der aufgewühlten »echten« Ostsee in der Totalen, diese Täuschung bemerken.

Eine Gruppe Schaulustiger hatte sich eingefunden, die am Rand des Bassins dieses feuchte Spektakel beobachtete. Auch ich war mit dem Maler Otto Dix, der in diesen Tagen unser Gast war, gekommen. Ihn faszinierte der Vorgang, und er verfolgte mit wacher Aufmerksamkeit jede Einstellung. Er war nicht gesprächig, beileibe nicht das, was man einen amüsanten Gesellschafter nennt. Vielmehr »sparsam an Worten, reich an Visionen«. Seine Zurückhaltung gefiel mir. Sein bäuerlicher Schädel mit den in die Stirn gekämmten Haaren, seine hellen Augen, in denen zuweilen der Schelm saß.

Jetzt allerdings sprangen sie stahlhart sein Objekt an. Er war nach Berlin gekommen, um George zu malen. Man hatte an den Götz von Berlichingen gedacht. Seine Phantasie schien sich hingegen an dem Seemann Terje Wiggen zu entzünden. Er war in höchstem Maße inspiriert. Möglich, daß seinem realistischen, entlarvenden Charakterisierungsbedürfnis ein Porträt ohne Rücksicht auf irgendeine historische Maske mehr zusagte.

Kaum waren wir zu Hause, entwarf er mit phänomenalem zeichnerischen Elan eine große Kohleskizze der Gestalt, die ihm vorschwebte. George war hell begeistert, und so entstand in drei Wochen, mit der Technik der alten Meister auf Holz gemalt, ein suggestives, dunkel brennendes Gemälde. Ein Moment visueller Kraft, breit und mächtig.

Dix' Biograph Fritz Löffler schreibt darüber: »So wirkten sich auch die Wochen, in denen das Bildnis Heinrich George 1932 entstand, befruchtend für die Temperamente beider Akteure aus. Dix setzt George im dunklen Lederanzug einer Filmrolle frontal in die Mittelachse. Das Berserkerhafte der Erscheinung wird durch die Übermodellierung des Gesichts, durch die klein gehaltenen Pupillen im Weiß des Augapfels gesteigert. Der neutrale Grund, die summarische Behandlung der Kleidung aber konzentrieren die Aussagekraft ganz auf die Person Georges.«

Dieses Porträt gilt, neben dem 1927 entstandenen Theodor Däublers, als bestes des genialen Malers. Dieses Ergebnis war alle Strapazen auf Bornholm wert!

Bald nach seinem Besuch heiraten wir. Dix ist verhindert, mit uns zu feiern. Statt seiner kommt eine colorierte Federzeichnung: An unserem großen Eßtisch sitzt George, selig an seiner Brust die Braut in Kranz und Schleier. Zwischen unzähligen Weinflaschen krabbelt unser nacktes, fröhliches Kind herum. »Ich war ja nicht dabei, aber so stell ich mir's vor!« schreibt er darunter.

Er hatte ins Schwarze getroffen! Nach langer Wartezeit war die Bestätigung des Justizministers, daß er nun ein für allemal Heinrich George heißt, eingetroffen. Der Staat läßt sich das gut bezahlen und: »– ein neuer Name, ein neuer Anfang!« Aus Jan Drews muß schleunigst Jan George werden!

Die Hochzeit wird wie eine bäuerliche Kirmes drei Tage und drei Nächte lang gefeiert.

Zuvor war alles noch einmal in Frage gestellt gewesen.

Kaum glaubhaft, aber ich war Mara Wend nach unserem fatalen Zusammenstoß in Kohlhasenbrück nie wieder begegnet. Ich erfuhr, daß sie vorübergehend bei Georges gutem Freund Max Mohr im Tegernseer Land Gast war. Aber auch nach ihrer Rückkehr sah ich sie kein einziges Mal. Natürlich war mein Einzug in Wannsee eine Entscheidung, die Konsequenzen für uns alle haben mußte. Mara ging nach Südfrankreich in die Nähe von Marseille. Sehr bald aber wurde klar, daß die Verbindung keineswegs abgerissen war.

Ich hatte mich in den Monaten unseres Zusammenlebens immer nur als Gast in dem großen Haus am Wannsee gefühlt und spielte mich nicht als Hausfrau auf. So wie die Dinge nun einmal lagen, glaubte ich auch jederzeit eine räumliche Trennung akzeptieren zu können, falls diese »großangelegte Existenz« mir den Atem nahm und ich fürchten mußte, von meinem Wüterich gefressen zu werden.

Als ich jedoch zu einem dreiwöchentlichen *Liliom*-Gastspiel mit Albers in Wien rüstete (von George nur ungern gesehen), erklärte er mir, er habe Mara für diese Zeit in sein Haus geladen. Auf solche Eröffnung war ich nicht gefaßt. Sie verwundete mich im Innersten, ich fühlte mich verstoßen. Die Zeit drängte, ich war Martin und Albers im Wort, ich mußte reisen.

Die Wochen in Wien waren ein Martyrium. Zum erstenmal von meinem Kind getrennt (ich hatte Detta mit dem neun Monate alten Jan noch vor meiner Abreise an die Ostsee geschickt), erschien mir mein Leben in grauer Trostlosigkeit. Ich sah nichts von der Herrlichkeit Wiens, und obwohl ich in Schönbrunn wohnte, war ich blind für die Pracht der Anlagen. Ich verließ mein Zimmer nur, um die spielenden kleinen Kinder zu beobachten und von Kinderwagen zu Kinderwagen zu gehen.

Albers bewährte sich in diesen Wochen als echter Freund. Er wußte von meinem Kummer mit dem »Kollegen von der Sommerbühne«, wie er George nannte (beide waren 1913 in Neustrelitz engagiert gewesen), und er bestand darauf, daß ich nach den Vorstellungen mit ihm aß. Die vorzügliche Küche der Frau Schöner, deren Lokal er allen andern vorzog, rettete mir kostbare Pfunde. Tagsüber rührte ich kaum einen Bissen an und magerte zusehends ab.

Machte Albers aber den Fehler, nach dem Essen mit mir noch zu einer Zigeunerkapelle zu gehen, riskierte er, daß ich, überwältigt von den Melodien der schmachtenden Geigen, mich laut schluchzend über den Tisch warf. Er hatte Humor genug, mich nach so peinlichen Auftritten mit Konflikten aus seinem reichen Liebesleben, die er alle heil überstanden hatte, zu beruhigen, ja aufzuheitern. Aus Berlin kamen inzwischen Briefe mit Vorschlägen für eine Lösung, die in meinen Augen unannehmbar waren. Ich fuhr deshalb von Wien aus, mit der Umgehung Berlins, direkt an die Ostsee. Ich brauchte Abgeschiedenheit und Stille, um Kraft zu finden, mein Leben neu einzurichten. Ich hatte Detta in einer hübschen Pension in der dörflichen Umgebung des Ostseebades Misdroy untergebracht – und dort blieben wir.

Es vergingen ein paar Tage, da sah ich, vom Strand kommend, Georges chromblitzenden, amerikanischen Wagen von der Dorfjugend umlagert. Ich wollte fliehen. Er trat mir in den Weg und überzeugte mich, daß eine Aussprache unumgänglich wäre. Natürlich ging es darum, daß er mich und das Kind nicht verlieren wollte, versuchte aber auch, mir klarzumachen, daß er sich für Mara, die verlassen und unglücklich war, verantwortlich fühlte. Erst viel später begriff ich, daß er das Beste im Sinn hatte. Keine pikante »Ménage à trois«, sondern ein einsichtsvolles Zusammenleben.

Doch wie heißt es irgendwo bei Shakespeare? »Liebe eignet sich nicht zur Genossenschaft.« Ich erklärte hartnäckig, daß ich mir mit Detta eine Wohnung suchen würde. Er könne mich und das Kind sehen, wann immer er Lust hätte. Im übrigen würde ich mich in keiner Weise gebunden fühlen.

Ich war damals zu jung, um ihn zu verstehen. Die Situation erschien mir hoffnungslos verwickelt. Es konnte nur Schlimmes dabei herauskommen, wenn ich nachgab. Er erbat eine Frist von acht Tagen. Er würde wiederkommen.

Eigentlich hätten sich wegen all dieser Schwierigkeiten meine Gefühle abkühlen müssen. Dies war aber überhaupt nicht der Fall. Ich konnte mir ein Leben ohne den Schutz seiner starken Seele nicht mehr vorstellen und fühlte mich miserabel.

Er kam früher als verabredet. Er gestand mir in knappen Worten, daß er bei seiner Heimkehr eine Leere empfunden hätte. Das Wiedersehen mit seinem Kind hatte ihm klargemacht, zu wem er gehörte. Die Liebe zu Mara war zu Ende gelebt.

Nun war es entschieden! Aber was in aller Welt bedrückte mich, als ich mit unserm Kind auf dem Schoß neben George bei strömendem Regen »nach Hause« fuhr? Es war nicht nur Geborgenheit, die ich gewann, es war auch die Preisgabe des letzten Restes Freiheit.

All diese Ereignisse spielten sich vor einem brisanten politischen Hintergrund ab, der in höchstem Maße beunruhigend war. Der »schwarze Freitag« in New York hatte 1929 die Weltwirtschaftskrise ausgelöst, die sich auf Deutschland verheerend auswirkte. Über sechs Millionen Arbeitslose! Hitlers Stunde war gekommen. Seine Partei wuchs.

Überfordert durch meine persönlichen Probleme, interessierte mich diese Entwicklung kaum. Auch hatten die wechselvollen Forderungen »meines Jahrhunderts« mich unsicher gemacht. Als Kind hatte ich Kaiser Wilhelm demütig bewundert. Das gehörte sich so! Das Ende des Krieges zerbrach die Monarchie und damit mein Idol. Mein Herz schlug nun zornig für die gestrandeten

Elendsgestalten, die mir in den wirren Tagen der Inflation begegneten. Ich selbst hatte Mühe, mich von dem Tiefschlag, den diese Zeit mir durch das Ende meines Gesangstraums versetzt hatte, zu erholen. Man verlangte nach normalen Verhältnissen durch eine stabile Währung und erwartete viel von der neuen Republik.

Als ich wieder Boden unter den Füßen hatte und Schauspielerin geworden war, blieb es nicht aus, daß ich mich durch Zeitstücke und politisch interessierte Kollegen beeinflussen ließ. Ich identifizierte mich mit meinen Rollen, und wenn wir uns in der *Dreigroschenoper* Hand in Hand an der Rampe bei unserem Schlußgesang zusammenfanden – »Bedenkt das Dunkel und die große Kälte in diesem Tale, das von Jammer schallt!« –, erglühte ich in brüderlicher Liebe für die Zukurzgekommenen und Verfolgten. Später an der Volksbühne in Berlin hatten wir hin und wieder Gelegenheit, in Fabriken zu spielen, und es erwärmte mein Herz, wenn die Arbeiter mir die Hand drückten, um dankend etwas Freundliches zu sagen. Ich fühlte mich ihnen durch meine Herkunft nahe, mein politisches Engagement aber blieb gering. Wohl weil ich wenig Talent dafür besitze.

Zu Hause gab es nur selten Gespräche über die neueste Entwicklung. Ich erinnere mich allerdings an einen stürmischen Disput zwischen der streitbaren Gerda Müller (Georges leidenschaftliche und geliebteste Partnerin der Frankfurter Jahre) und einem Kollegen des Staatstheaters, Otto Laubinger. Er machte sich als Anhänger Adolf Hitlers für dessen Partei stark und beging den Fehler, bei Gerda für diese zu werben. Er war an die Falsche geraten. Plötzlich war der Streit in vollem Gange. Sie verbissen sich wild ineinander und gingen aufeinander los. George, der sich bis dahin nicht in das Gespräch eingemischt hatte, sah das Schlimmste kommen und versuchte, seine alte Freundin zu beruhigen. Er schlug zur »Läuterung« eine Wallfahrt von fünfhundert Metern zu Kleists Grab in unserer Straße vor.

Der Vorschlag war für die beiden Kampfhähne so ungewöhnlich wie phantastisch, daß sie sich bändigen ließen und still hinter uns hertrotteten.

Die hohen Bäume rauschten über der schlichten Grabstätte am Kleinen Wannsee. Ein klarer Sternenhimmel spannte sich darüber, und wieder einmal erlebte ich, wie mein Mann im Bereich der Gefühle der Überlegene war. Wie seine ernste Autorität eine Feierlichkeit herzustellen vermochte, der sich niemand entzog. Mit fanatischer Inbrunst sprach er Verse des genialen Dichters, den er vor allen anderen liebte, und forderte dann Gerda auf, etwas aus dem mächtigsten Drama der Penthesilia zu sprechen. Sie schloß die Augen, reckte ihre schlanke Gestalt, den Kopf im Nacken, himmelwärts und schleuderte – angeheizt durch den vorangegangenen Zorn und Protest – etwas von der Maßlosigkeit dieser überdimensionalen Gefühle in die Nacht. Ihre Stimme (von der Oskar Kokoschka in Frankfurt einst sagte, sie sei wie eine Geige) formte bebend die Raserei der Kleistschen Sprache. Eine seltsame Totenfeier fürwahr. Laubinger und ich standen stumm beiseite. Diese poetische Verzauberung, dieser Enthusiasmus ging um andere Phänomene als die bitterböse Politik! – Wieder zu Hause tranken wir versöhnt dem Morgen zu.

Noch eine Frist bis zum 30. Januar 1933 und Hitlers Machtübernahme. Ich benutze sie, um zu erzählen, wie es kam, daß der gefürchtetste Kritiker Berlins, Alfred Kerr, meine Nase rettete.

Diese ärgerte mich mehr denn je, und ich führte etwas im Schilde. Entschlossen, dem genetischen Vermächtnis meiner Großmutter ins Handwerk zu pfuschen, plante ich eine leichte Korrektur.

Kosmetische Operationen waren große Mode. Ob es der zu üppige Busen war, der Speck an Hüften und Bauch oder Tränensäcke unter den Augen – kein Problem! Alles wurde fachmännisch und gefahrlos beseitigt.

Der Professor, dem ich mich anvertraute, bagatellisierte erfreulicherweise meinen Fall: »Nur eine winzige Entfernung des

Knorpelfleisches an Ihrer Nasenspitze, und Sie haben sie wie gewünscht: klein, elegant und fotogen.«

Fotogen! Darum ging es hauptsächlich. Erste Filmangebote lockten und keine Schminkkunst, so meinte ich, könnte den ärgerlichen »Knubbel« unsichtbar machen. Es mußte etwas geschehen! George tat Erwägungen in dieser Richtung, die er keinen Augenblick ernst zu nehmen schien, mit den Worten ab: »Hör auf zu jammern! Mir gefällt sie.« Er glaubte, damit sei mein Vorsatz entkräftet, und verlor kein weiteres Wort. Ich aber ging hin und verabredete halsstarrig einen Termin für den Eingriff. Und zwar nach meiner nächsten Premiere.

Das war Shaws *Androklus und der Löwe*. Ich spielte neben dem liebenswerten, ebenso tiefsinnigen wie drolligen Felix Bressart als Androklus und dem überwältigend komischen, blubbernden Otto Wallburg als Cäsar die Christin Lavinia. Martin hatte Regie. Mein Mann erwischte das Berliner Tageblatt vor mir. Ich fand Alfred Kerrs Kritik bei Tisch auf meinem Platz liegen und beeilte mich, sie zu lesen, wie stets besorgt, ein Opfer seines Spotts zu sein. Er bestätigte dem Theater einen beachtlichen Erfolg: »Geist und Spaß und Ethos. – Ein guter Abend. Ein Stück bester Volksbühne. Ein Stück Weltgelächter.« Und dann unter Ziffer römisch VIII: »Die helle Christin ruht recht wohl bei der Schauspielerin Berta Drews. Die ähnelt (mit zuversichtlichem Geäug und ihrer unverzierten Nase) jenen Weiblein, die man im Dom zu Ulm fünfmal in der Neithardt-Kapelle sieht. Fünf verschiedene sind es, doch immer dasselb' Weiblein: Mit stillem Geäug und unverzierter Nase. (Sprechen tut sie, Berta Drews, zwischen Weigel und Lenja und der Klabundin.)«

Ich grinste geschmeichelt. Was da stand, gefiel mir, und als ich erleichtert Georges Blick suchte, traf mich dieser ernst und prüfend. »Gute Mahlzeit, mein Schatz, iß erst mal, wir reden später!«

Und dann begann er behutsam leise, mit ungewohnter Vorsicht. Er ging aufs Ganze. Sprach von der Harmonie eines Gesichtes, den unverwechselbaren Proportionen und von dem Reiz des Unkonventionellen. Kerrs Worte paßten ihm wunderbar in den Kram, und es wurde mir klar, daß er meine schnöde Absicht vom ersten Augenblick an ernst genommen und alles gewußt hatte (eine Gabe, die ich oft verblüfft an ihm wahrnahm).

Meine Einwände wurden von Minute zu Minute kleinlauter, bis ich schweigend kapitulierte. Er nahm mich in die Arme, küßte den Gegenstand des Ärgernisses und meinte: »Du wirst es Kerr noch einmal danken, daß er dein Gesicht so annahm, wie Gott es geschaffen.« Und wahrhaftig, ich war von Stund an erlöst von jeder Anfechtung, dieses Gesicht durch Korrektur oder Lifting zu verändern.

Das war im März 1932 und sollte das letzte sein, was Kerr über mich schrieb. Er hat nie erfahren, wie hilfreich seine Worte in einer meiner Lebenskrisen gewirkt haben.

Die Glocken läuten über dem See das neue Jahr ein. 1932 geht zu Ende. Weihnachten, das Fest heiteren Friedens und menschlicher Verbundenheit, verlebt George wie stets als guter Sohn ruhig und behaglich mit seinen Eltern und Geschwistern, die er dankbar an seinem Aufstieg teilhaben läßt. Silvester hingegen wendet er sich den Mächten des Lebens wieder zu. Seiner Gabe, Feste zu feiern, war dies Anlaß, mit vollen Zügen das neue Jahr gebührend lärmend zu begrüßen.

Um neun Uhr versammeln sich die Gäste um den großen Eßtisch, der, genau ins Zimmer gebaut, nur gerade so viel Raum läßt, um die Speisen herumreichen zu können. Die vollbesetzte Tafel bekam dadurch eine warme Intimität und Behaglichkeit.

Von draußen sind schon eine Weile Knallerei und Böllerschüsse zu hören. Ich sehe im Treppenhaus nach unserer alten Dogge Fellow. Das tapfere Tier, das so vielen Angst einjagt, hat sich in die äußerste Ecke der Diele hinter einem Sessel verkrochen, und während ich ihr gut zurede und ihren Kopf streichle, höre ich meinen kleinen Jan in seinem Zimmer krähen. Er steht in seinem

Daß ich mein Profil mit der von Großmutter ererbten Nase nicht künstlich veränderen ließ, daran war der große Berliner Kritiker Alfred Kerr »schuld«. Diese Karikatur zeigt besonders treffend, was damals erhalten blieb.

Gitterbett und streckt die Ärmchen nach mir aus. Nicht ängstlich, eher höchst stimuliert durch den Lärm. Ich wickele ihn in seinen Mantel und nehme ihn mit in die Halle. Mag er in Gottes Namen dabei sein, wenn der Vater im Garten seine pyrotechnischen Kunststücke vorführt!

Zwölf Uhr: George läßt sich kaum Zeit, uns zu umarmen und gute Wünsche auszutauschen. Er verschwindet im Dunkeln, und dann geht's los. Die bunten Feuergarben steigen hoch, senken sich zischend. Dazwischen sehen wir seine Gestalt hin und her springen, denn es zischt und knallt oft just da, wo er es nicht erwartet.

Jan verfolgt auf meinem Arm, das Gesicht an die Scheibe des Wintergartens gepreßt, dieses aufregende Spektakel. Plötzlich wendet er seine weit aufgerissenen Augen mir zu, und dann mit einem tiefen Seufzer des Staunens und der rückhaltlosesten Bewunderung: »Papa macht!« Das ging sehr schnell von Mund zu Mund. (Der Kleine hatte etwas Schönes angerichtet! Denn in Zukunft hieß es bei allen möglichen Anlässen, ob George das Fleisch vorschnitt oder den Wein einschenkte, ob er laut lernte oder jemanden zurechtwies: »Papa macht!«)

Ich aber atme, wie jedesmal, erst erleichtert auf, als er, etwas ramponiert und angesengt, wieder ins Haus kommt und sich mit gleichem Eifer, aber ungleich größerer Perfektion an die Zubereitung der Feuerzangenbowle macht. Welch Vergnügen, ihm dabei zuzusehen! (»Papa macht!«) Wir gießen Blei und orakeln verwegen herum. Die phantasievollste Deutung wird prämiert.

Und später in der Nacht, vom Alkohol schon leicht benebelt, beginnen wir mit unserem Maskenspiel. Der Zauberladen in der Passage Unter den Linden hat neues Material geliefert, wir wollen es ausprobieren. In jedem von uns steckt wohl der Trieb, sich zu verkleiden, mit einer Maske sich zu verwandeln. Ja, oft genügen eine falsche Nase, ein Paar runde Backen oder ein Hexenkinn mit Bart, Hemmungen über Bord zu werfen. Mit der ihm eigenen Gründlichkeit ordnet George die Maskerade. Die Schränke werden geplündert. Das Kostüm muß zur Maske passen.

Und dann improvisieren wir Szenen und Blackouts. Es entstehen urkomische Bilder, gespenstische auch. Oft sind es die »Seriöse-sten« unter uns – die schüchterne junge Frau, der zurückhal-tende Gelehrte –, die plötzlich im Schutz der Maske zu übermüti-ger, zu zügelloser, ja dämonischer Veränderung ihrer Person gelangen. Unheimlich in ihrer Naivität, verblüffend in ihrem Einfallsreichtum! Und wenn George dann als orientalische Schöne mit schwarzer Lockenpracht, mit wallendem Schleier und Spitzenmantille uns die Zukunft weissagte, war des Geläch-ters kein Ende.

Dachte einer von uns daran, daß wir am Vorabend eines neuen Zeitalters standen?

Die Zeiten ändern sich

Die neuen Machthaber –
Georges Schachzug

Am 30. Januar 1933 fand der von vielen erwartete Machtwechsel statt. Hitler wurde Kanzler. Man mußte mit Veränderungen rechnen. Ich hatte allerdings nicht angenommen, so schnell von der Unbill überraschender Verbote und Einschränkungen betroffen zu werden.

Karl Heinz Martin hatte 1932 die Leitung der Volksbühne an Heinz Hilpert abgetreten. Er arbeitete wieder als freier Regisseur. Sein enormer *Liliom*-Erfolg war vor Tausenden gespielt worden, hätte aber bei voller Ausnutzung aller Publikumswünsche das Repertoiresystem gesprengt. So lag es nahe, daß man sich nach einem anderen Spielort umsah. Er wagte während der noch immer anhaltenden Theaterflaute das Risiko, mit Direktor Aufricht im Admiralspalast eine Neufassung herauszubringen. Hilpert hatte mich übernommen, und ich wußte seit Herbst 1932, daß ich die Uraufführung von Brechts *Heiliger Johanna der Schlachthöfe* bei ihm spielen sollte. Hocherfreut sah ich meine Berliner Karriere sich aufs Trefflichste entwickeln. Auch hoffte ich, Brecht bei dieser Arbeit wieder zu begegnen. Da die Premiere erst für das Frühjahr 1933 geplant war, hatte ich Zeit und wurde als Partnerin von Albers für *Liliom* ab Dezember ausgeliehen. Wir spielten vor ausverkauften Häusern.

Es muß in der ersten Hälfte des Februar gewesen sein, als

während der Vorstellung zu später Stunde ein Anruf des Volks-
bühnensekretariats mich kurz und eindringlich aufforderte, das
gesamte Rollenmaterial der *Johanna* am nächsten Tag der Volksbühne zurückzugeben und äußerstes Stillschweigen darüber zu
wahren.

Konsterniert und verärgert spielte ich den letzten Akt zu Ende.
Ich brannte darauf, mit George zu sprechen. Ich glaubte nicht an
die »geheimnisvolle« Notwendigkeit dieser Maßnahme, war vielmehr fest überzeugt, daß man sich für eine andere Schauspielerin entschieden hätte.

George hörte sich mein langatmiges Lamento schweigend an und
meinte schließlich, daß er nicht an eine plötzliche Umbesetzung
glaube, vielmehr politische Bedenken, die sich gegen Brecht
richteten, der Grund sein könnten. Das wiederum reizte meinen
Widerspruch: Brecht, der so hochgeschätzte, seit der *Dreigroschenoper* umjubelte Dichter! Welche politische Wende konnte
ihm etwas anhaben? Georges nachdenklicher Ernst hätte mich
stutzig machen müssen.

Es vergingen auch nur ein paar Tage, und ich sollte erneut
spüren, woher der neue Wind wehte. Molnár war Jude, und man
verfügte, daß *Liliom* nicht weitergespielt werden dürfe. Lediglich
vier Vorstellungen wurden noch bewilligt. Nach dieser Bekannt-
machung spielten sich tumultuarische Szenen an der Vorver-
kaufskasse ab. Es gab Geschrei, laute Auseinandersetzungen, und
als es zu Schlägereien kam, griff die Polizei ein.

Nicht genug damit! Hilpert schrieb mir, daß auch die zweite
Rolle, die ich bei ihm spielen sollte – es handelte sich um eine
Paraderolle in dem Schauspiel *Der General und das Gold*,
gemeint ist Johannes August Sutter – verloren sei. Der Verfasser
Bruno Frank war ebenfalls Jude und sein historisches Drama
»nicht erwünscht«. Für mich brach eine Welt zusammen, denn
Hilpert mußte mir gleichzeitig mitteilen, daß er im Augenblick
nichts Gleichwertiges für mich habe und bat um Geduld.

Zu Hause trafen die ersten besorgten Briefe der Freunde Georges ein. Das waren neben den Malern, denen er oft geholfen hatte, der Kunsthistoriker Wilhelm Fraenger, die Dichter Max Mohr, Fritz von Unruh, Alfons Paquet. Man erbat seinen Rat, notfalls seinen Beistand. Aber wie stand es um seine eigenen Aussichten?

Nachdem Legal nun wie befürchtet zum Mittelpunkt politischer und künstlerischer Anfeindungen geworden war und George sich mit dem Eintreten für ihn gegen die neuen Kräfte am Staatstheater engagiert hatte, wackelte seine große Stellung bedenklich. Neid vergiftet das Gemüt. Sein Aufstieg war manchem ein Dorn im Auge. Ungerechtigkeit und Verleumdung waren die Folge. So kam es zu einem entwürdigenden Auftritt.

Albert Patry hatte nach dem Rücktritt Legals, bis zum Eintreffen des neuen nationalsozialistischen Intendanten Franz Ulbrich, die kommissarische Leitung der Direktionsgeschäfte übernommen. Er erzählt, daß bei einer Sitzung, die sich mit dem Schauspieler George und seiner politischen Vergangenheit befaßt, er den Raum empört verlassen hat, als man Gagenkürzung und Rollenbeschränkung erwägt.

Der Drang der Mittelmäßigen, große Persönlichkeiten zu erniedrigen, ist nicht neu. George war durch solche Anfeindungen weder überrascht noch verunsichert. Seine Überlegenheit, aus einer überströmenden Lebensfülle gespeist, war kaum zu erschüttern. Natürlich mußte man ihm die Möglichkeit geben, seine Mittel unter Beweis zu stellen. Er war weder Maler noch Schriftsteller, die ihr Handwerkszeug bei sich tragen und notfalls am Ende der Welt Meisterwerke hätten schaffen können. Er war Schauspieler und brauchte die Bühne. Es mußte nicht das Staatstheater sein. Lediglich die Arbeit mit Jürgen Fehling band ihn an dieses Haus, und da für 1933 noch zwei Inszenierungen (es waren dies *Mensch, aus Erde gemacht* von Friedrich Griese und *Propheten* von Hanns Johst) mit den beiden geplant waren, konnte man gelassen den kommenden Entwicklungen ins Auge sehen. Weder der brutale Urbauer bei Griese noch der Gottsucher Luther wäre durch einen anderen Darsteller gültig zu ersetzen gewesen. Er war der »Schauspieler von Gottes Gnaden«, von dem der großartige Alfred Polgar so treffend sagt: »Wie wurschtig wird sofort alles theoretische Geschwätz, wie gleichgültig, ob neues oder altes Theater, wenn ein Mensch in der lebendigen Fülle seiner Menschlichkeiten auf der Bühne steht und Geist und Gefühl der Zuschauer mühelos in jede Falle lockt, die sein Spiel ihnen legen mag. Wie fegt er, mit einer Handbewegung, einem Blick, einem Lachen ganze Pakete von Prinzipien in den Müll, wo sie hingehören, und schöpft, soweit er Schöpfer ist, alles aus der Tiefe und dem Reichtum seines originalen Wesens. Das sind die Werte, die dem Theater, bis zum letzten Mal der letzte Vorhang gefallen sein wird, mehr bedeuten als Regiekünste, Stil und selbst Weltanschauungen.«

Ich hatte das Glück, an dem Reichtum einer solchen Natur teilzunehmen.

Wie erreichte er das absolut »Originale« in einer täglich neu zu erobernden Welt der Bühne? Er erzählt, wie er nur langsam – Wort für Wort zu lesen vermag, wie aber alles sofort Gestalt annimmt. Es ist auch hier die Ruhe, aus der er schafft, das Entstehenlassen des »Zustandes« einer Rolle, der für ihn das Wichtigste ist. Die Worte kommen dann von selbst.

Er lernt seinen Text mechanisch durch Nachsprechen. Beim Beginn einer neuen Arbeit ist immer jemand bei uns draußen, der morgens von sechs bis acht mit ihm lernt. Er geht auf und ab dabei und spricht den Text, der ihm halblaut soufliert wird, nach. Ohne Charakterisierung, wahrscheinlich nicht einmal mit der Vorstellung, wie er die Szenen später spielen wird. Dann frühstückt er, legt sich noch einmal nieder, und pünktlich um zehn ist er auf der Probe. Was dann allerdings geschieht, wirkt immer wie ein Naturereignis. Er probiert mit einer Konzentration, mit einem darstellerischen Mut, der auch vor dem Absurden und Überzeichneten nicht zurückschreckt. Er wagt alles, und langsam formt er die große mimische Welt, die zwischen den Zeilen verborgen ist. Formt sie aus einer sehr männlichen Vorstellung von den Dingen des Daseins und von der Ordnung, die dem Chaos zu geben sei. Ich denke an die Wochen vor seinem Franz Moor, den er 1934 im Großen Schauspielhaus spielen sollte. Eine Aufgabe, die seinen Geist wohl außerordentlich bedrängte, vielleicht quälen mochte.

Zuweilen betrete ich den Raum, in dem er sich aufhält. Er scheint mich nicht zu bemerken. Eine kalte Abgeschiedenheit weist mich ab. Ich wage nicht ihn anzusprechen, diese Isoliertheit zu durchbrechen und ziehe mich zurück.

Wochen später sitze ich dann im Parkett, und auf der Bühne trägt sich etwas zu, das ich nicht entfernt als das erkenne, was ich zu Hause als Textfetzen beim Abhören oder im beiläufigen Gespräch mitbekommen habe. Wann hatte seine schöpferische Energie solche Bilder produziert, die Abgründe der Seele aufrissen? Waren es die Stunden, in denen er für mich unerreichbar war?

Er zeigt keine Mißgestalt. Trägt ein gutsitzendes, elegantes Kostüm. Über fahlem Teint eine grünliche Perücke. Nach Dietzenschmidts Worten:

»Das Prinzip des Bösen, Hinterhältigen. Eine geballte Ladung Scheusäligkeit. Über alles groß und gewaltig, ein Vulkan, der eine Erde zersprengt und begräbt, Gift und Galle, Haß und Tod speiend. Mit wollüstig geilem Wippen seines feisten Körpers, Wutgedanken und Rachepläne zeugend. Ein Gesicht unvergesslich verzerrt und zerfressen, widerlich, Hände mordtanzend durch die Luft: der Franz Moor Heinrich George.«

Bei einer Darstellung, die sich so beherrschend in den Vordergrund spielt, hätte das Stück nach Meinung der Kritik eigentlich *Franz Moor* heißen müssen!

Das Publikum befreite sich von dieser Studie abgrundtiefer Bosheit wiederholt durch spontanen Szenenapplaus und bedachte diese rücksichtslose, aggressive Kunst durch nicht endenwollende Ovationen.

Mein Kollege Rudi Schmitt, der mit einem wachen Kunstverstand ausgestattet ist, erinnert sich heute noch an das Gastspiel Georges im Frankfurter Schauspielhaus im Jahre 1934:

»Nie vorher und nie nachher habe ich das ›Dämonische‹ von einem Schauspieler so gestaltet gesehen wie von ihm. Da tänzelte eine giftige Qualle, geckenhaft gekleidet in hellgrünem Samt, über die Bühne. Unvergeßlich die Szene, in der Amalie Franz ohrfeigt. Für einen Augenblick blieb da die Welt stehen. Beim Schlußmonolog: ›Verraten, verraten!‹ stand dieser massige Mann auf einer großen Freitreppe, hatte sich in eine rote Steppdecke gewickelt, wirkte dadurch riesenhaft und ließ mit seiner gewaltigen Stimme die Luft erzittern. Die Dämonie, die er in dieser Rolle zeigte, bezog er aus Bezirken, die heutigen Schauspielern verschlossen sind.«

Da saß ich nun mit meinem Talent, das vor diesem Geniestreich zur Bedeutungslosigkeit schrumpfte. In der Nachbarschaft eines Menschen zu leben, der mit einem Urinstinkt ausgerüstet war, der ohne Umwege über intellektuelle Tüftelei solche Alpträume beschwor, versetzte mich in Kleinmut!

Fehling, der für sich in Anspruch nahm, besser über George Bescheid zu wissen als irgendein Lebender, sagte es so:

»Sein Gehirn warf Blasen, er war zum Platzen in jeder Beziehung, aber er ›platzte‹ nie. Eine verblüffende Geistes- und Leibesgegenwart vermochten ihn Finten und Tricks wie ein wüster Zauberer landen zu lassen. Er grunzte und brach wie ein röhrender Hirsch durchs Gestrüpp des Waldes. Aber niemals war er formlos.«

Und was hätte der große Filmregisseur Jean Renoir zu solch ausufernder Gestaltung gesagt?

»Im Verlauf meiner Regieerfahrungen sollte ich entdecken, daß es kein übertriebenes Spiel gibt: – ein Schauspieler spielt ›falsch‹ oder er spielt ›richtig‹! Wenn er richtig spielt, kann er sich jede Übertreibung erlauben. Oft, wenn mich die Begeisterung über das Spiel eines Schauspielers hinriß, habe ich ihn ermutigt, so weit zu gehen wie nur irgend möglich, ohne sich vorm Überziehen zu fürchten!«

Welches Vergnügen hätte der »furchtlose« George diesem Meister bereiten können! Es überrascht darum auch nicht, daß seine späteren Filme von den Franzosen stets mit großem Erfolg bedacht wurden. Die oftmals geäußerte Verwandtschaft seines Typs und seines Wesens mit dem vergötterten Raimu mag wesentlich dazu beigetragen haben.

Er stand im Zenit seines Schaffens, als er durch die Folgen des Umsturzes einen Tiefschlag hinnahm, den ich nie begriffen habe. An das Staatstheater band ihn noch eine mehrmonatige Verpflichtung. Auf Grund dieser Abmachung nahm er auch an einer Schauspielerversammlung teil: Den Vorsitz hat ein Herr Hinkel. Am Schluß singen die anwesenden Kollegen das Horst-Wessel-Lied und heben den Arm zum Hitlergruß. George tut keines von beiden. Es werden Stimmen laut, man fordert von ihm den gehobenen Arm. Er entgegnet ruhig, man soll ihm Zeit lassen. Da kommt es beinahe zur Schlägerei, und nur dem Eingreifen Hinkels verdankt er einen sicheren Abgang. Zu Hause beschäftigt ihn lediglich die Frage: woher alle das Lied so gut kannten?!

> »Es ist das Schicksal der Elefanten,
> daß sie immer kleiner gezeichnet werden,
> als sie in Wirklichkeit sind.«
>
> *Jonathan Swift*

Das Napoleon-Drama *Hundert Tage* von Mussolini und Forzano wird angesetzt. Man bietet George eine mittlere Hofschranze an. Eine unvorstellbare Brüskierung für einen Schauspieler seiner Größe und Erfolge.

Er kommt auf die Probe und legt das Buch auf den Tisch. »Ich spiele diese Rolle nicht.«

Der Regisseur vorsichtig: »Ist sie Ihnen zu klein?«

Die Falte zwischen Georges Augen vertieft sich. »Nein, sie ist mir zu schlecht.«

»Und welche Rolle müßten Sie Ihrer Meinung nach spielen?«
Alles erwartet, er wird »den Napoleon« sagen.
Er aber: »Den Grenadier.«
Ist das ein Witz? Eine Rolle von zwei Sätzen.
»Ich komme zur Hauptprobe. Das genügt wohl.« Er dreht sich um und geht.
Ich begreife ihn nicht. Was hat er vor? Warum schmeißt er ihnen den Vertrag nicht vor die Füße! Ich kenne seine Korrespondenz mit Hollywood. Nicht nur die Metro-Goldwyn-Mayer will ihn für einige Jahre haben. Auch die Konkurrenz Paramount lockt ihn mit einem brillanten Vertrag. Erich von Stroheim läßt ihn wissen, daß er die Tonfilmfassung seines Films *Blind Husbands* mit ihm machen möchte, und der ungarische Regisseur Paul Fejos, der so erfolgreich mit ihm in *The Big House (Menschen hinter Gittern)* gearbeitet hat, möchte ein großes Epos über den Balaton-See mit ihm realisieren.
Er will nicht, sagt zu allen Angeboten (die andere für Gaben aus dem Füllhorn des Glücks halten würden!) nein. Ich wäre mit ihm bis ans Ende der Welt gegangen – wieviel lieber ins Märchenland Kalifornien! Er hört nicht auf mich. Ohnmacht und Zorn erfüllen mich, und ich muß den Dingen ihren Lauf lassen.
Premiere *Hundert Tage* – Gala-Abend der neuen Herren. Georges Szene: Gesammelt, in bärtiger Maske, steht er da. Er bricht vor Napoleon in die Knie und spricht zwei kleine Sätze. Für das Publikum aber ist dies ein Ausbruch, eine Anklage. Es hat begriffen. Beifall und Bravorufe, eine Ovation besonderer Art.
Das war nicht die Absicht des Herrn Ulbrich. Die Rolle wird nach der zweiten Vorstellung umbesetzt. George hat erreicht, was er wollte. Man läßt ihn in Ruhe, und er kann mit Fehling an eine neue Rolle gehen. Es wird die letzte in diesem Hause sein.
Ich muß um Nachsicht bitten! Es ist immer dasselbe: Ob ich von ihm rede oder wie hier von ihm schreibe, ich finde kein Ende. Ich möchte so viel über ihn sagen! Es gab erfüllte Stunden mit ihm, die sich wie Leuchtzeichen aus der Vergangenheit vom täglichen

Gleichmaß unvergeßlich abhoben. Nichts Sensationelles, nichts Dramatisches. Ich denke an die Abende (die wenigen, wo wir alleine zu Hause waren), an denen er mir Einblick gewährte in seine Vorstellungswelt. Er las mir aus seinem reichen Repertoire Gedichte vor, die Bezug hatten auf meine Person – oder vorsichtiger gesagt: auf das Bild, das er sich von mir machte. Auch Prosa (viel von Hamsun): Er las es so, daß ich mich zu erkennen glaubte und in der Folge bemüht war, diesem Bild zu entsprechen.

Es kam auch vor, daß er erklärte, mir ein Fest geben zu wollen, mir allein! Große Abendrobe, fürstlich gedeckte Tafel, Leckerbissen, die ich bevorzugte. Zwei Stunden Zeit, pünktliches Erscheinen Pflicht.

Ich kenne auch seine spontanen Entschlüsse: für ein Bad an die Ostsee zu fahren, für ein Abendessen ins »Atlantic« nach Hamburg oder für eine Kaffeestunde nach Dresden zum alten Malerfreund Otto Dix (ich denke da besonders an die Besichtigung der »Sieben Todsünden«). Für ihn lohnte es sich immer, vierundzwanzig freie Stunden in Paris oder besser in Stockholm zu verleben.

Wieviel Leben er in sich hatte! Oft fehlte mir die Puste, um Schritt zu halten. Mein Umdenken und -fühlen in den ersten Ehejahren war ein kräfteraubender Prozeß!

Gab es Schwierigkeiten, verschwand ich kurzerhand ein paar Tage. Das heißt, ich fuhr mit meinem kleinen Sohn nach Stettin zu Vater.

Der hatte 1926 noch einmal geheiratet. Ich erfuhr von seinem Entschluß gänzlich unvorbereitet in Italien. Zu meiner eigenen Überraschung geriet ich völlig aus dem Häuschen. Ich heulte stundenlang, glaubte ihn, den so Verletzlichen, verloren an eine unbekannte Frau, die sich (das stand für mich fest) berechnend seine ausgezeichnete Pension sichern wollte!

Dabei mußte ich mir doch sagen, daß ich mich durch die Inanspruchnahme in meinem Beruf und einen neuen Freundeskreis schmerzlich von ihm entfernt hatte. Dachte ich daran, daß der fast Fünfundsechzigjährige die Einsamkeit fürchten könnte? Er gehörte mir nicht allein. – Wie beruhigte es mich dann aber, als ich wenig später feststellen konnte, daß die Frau seiner Wahl ein einfacher, warmherziger Mensch war. Nur wenig älter als ich und wert, geliebt zu werden. So hatte ich das Vergnügen, noch ein Brüderchen und ein Schwesterchen begrüßen zu können.

Vater lebte mit dieser kleinen Familie nun in einem Vorort von Stettin. Er hatte dort ein Häuschen mit Garten, und ich fand bei meinen Besuchen das Verständnis und die Teilnahme, die er mir immer gewährt hatte.

Meine kleinen Ausflüge endeten nach zwei Tagen gewöhnlich damit, daß George angereist kam, und nach einer ausgiebigen Familienfeier in der Wohnung seiner Eltern fuhren wir bester Laune am nächsten Morgen wieder heim.

Meine Beschäftigung an der Volksbühne beschränkte sich in der Saison 1933/34 darauf, die Marei in Hauptmanns *Florian Geyer* neben Eugen Klöpfer und Mathias Wieman und die Eve im *Zerbrochenen Krug* zu spielen.

Klöpfer war in dieser Zeit nicht in Höchstform. Mich enttäuschte sein Geyer, dem soviel Rühmenswertes vorangegangen war, ein bißchen. (Unvergessen allerdings seine prächtig orgelnde Stimme.)

Anders Emil Jannings als Dorfrichter Adam. Er entzückte mich in höchstem Maße. Einem Feuerwerk mimischer Reaktionen waren wir als Partner ausgesetzt. Ob es nur seine pfiffigen Schwindeleien und Verdrehungen waren, die ihn vor Angst schwitzend voll Eifer in immer neue Verstrickungen manövrierten – oder die tiefe Trauer seiner berühmten »Plüschaugen«, wenn er vom Gerichtsrat Walter überlistet und der Lüge überführt wurde. Eine souveräne Schauspielkunst offenbarte sich hier (die der Film festgehalten hat und die heute noch zu bewundern ist).

Um so mehr überraschte mich eine Beobachtung: Bevor der Vorhang sich hob, erschien er stets frühzeitig auf der Bühne, um seine Requisiten zu ordnen. Ein paarmal rief er mich heran, und jedesmal bemerkte ich, daß er am ganzen Leibe zitterte. Er beugte sich zu mir: »Hab ich das nötig, mich so aufzuregen«, maulte er, »ich könnte am Wolfgangsee bei Juste sitzen« – Juste, das war die amüsante, elegante, extravagante Diseuse Gussy Holl – »und hätte meine Ruhe, statt hier vor Angst zu schlottern!«

Ich versuchte ihm gut zuzureden, kam mir dabei aber höchst dämlich vor. Welche Ratschläge konnte ich diesem, im harten Dollargeschäft gestählten Mann geben? Er war in Amerika im Sturmschritt ein Star des Stummfilms geworden und war als reicher Mann heimgekehrt. Um so betroffener machte mich sein Respekt vor der Sprachkraft des Dramatikers Kleist, die er nicht meistern zu können glaubte. »Vermessenheit«, sagte er, »wäre es. Vermessenheit!!«

Es war ihm ernst, und diese Unsicherheit machte ihn in meinen Augen sehr liebenswert.

Auf meiner Reise durch die Zeit erreiche ich nun eine trübselige Station. (Ehe wir uns versehen, straucheln wir!)

Es fing mit Erschöpfungszuständen an, die ich nicht ernst nahm. Ich wollte die Hürden nicht sehen. Schon den Gedanken daran wies ich als Unmöglichkeit von mir, ich wollte nichts damit zu tun haben, basta!

Dann belästigte mich ein Schwindelgefühl, das sich wiederholte. Oft rasender Puls. Ich sah fahl und müde aus. Der Arzt, den ich aufsuchen mußte, sprach von Kreislaufstörungen. Eine empfohlene Kur, die alles nur verschlimmerte. An Arbeit war nicht zu denken. Ich hing zu Hause rum und war zu nichts nutze. – War alles zuviel gewesen? Der Ansturm der Ereignisse? Hatte ich die ständige Anpassung nicht verkraftet? (»Flucht in die Krankheit«, sagen die Psychoanalytiker.)

George war ein besorgter Ehemann, und ich wurde mit Erstaunen gewahr, wieviel mehr liebevolle Beachtung dem geschwächten Körper zuteil wurde als dem gesunden. Er versuchte mir Mut und Zuversicht einzureden. Doch ein jämmerliches Gefühl der Unsicherheit setzte mir zu. Ich war in einem Alter, wo ich produktive Jahre und gesteigerte Leistungen erwarten konnte. Mußte ich aufgeben? War das faszinierende Spannungsfeld der Bühne für mich verloren? Mir war das Herz schwer.

Es begann eine Wanderung durch die renommiertesten Sanatorien Deutschlands. Von Weidner auf dem »Weissen Hirsch« bei Dresden zur »Bühler Höhe« im Schwarzwald. Diese Wochen in der herrlichen Landschaft mit guter Luft und ärztlicher Betreuung erfrischten mich. Waren aber à la longue nur Scheinbesserungen. Ich versuchte es mit natürlichen Heilweisen und kasteite mich im »Jungborn« bei grobem Brot und Nüssen.

Genug! Ich mußte drei Jahre Geduld aufbringen, bis ich dem tätigen Leben zurückgegeben war. (Davon später.)

Mein Mann wurde neben seiner Sorge um mich vor neue, unbekannte Existenzprobleme gestellt. Das betraf weniger die Bühne als seine Filmarbeit, die ja die imposanteste Einnahmequelle unseres kostspieligen Haushaltes (mit vier Angestellten und großzügiger Gastfreundschaft) ausmachte. Dabei hatten wir schon 1932 eine Pleite hinnehmen müssen.

Der Film *Schleppzug M 17*, den George in den Gewässern um Berlin drehte und in dem ich meine erste Filmrolle bekam, war noch nicht einmal zur Hälfte fertiggestellt, als die beiden Produzenten plötzlich, es war kurz vor Weihnachten, die Zahlung einstellten. Sie waren Juden und hatten Berlin verlassen.

George gab nicht auf. Er hatte eine Vorliebe für diesen Binnenschiffer und drehte auf eigenes Risiko weiter. Der Verleih sprang schließlich ein. Neue Glücksritter, die bereit waren, sich den kommenden politischen Verhältnissen anzupassen, ja vielleicht längst ihr Hakenkreuz unter den Rockaufschlägen trugen, erschienen in den Filmateliers und suchten an die Krippe zu kommen. Regisseure, die George bevorzugten – ich denke an E. A. Dupont, an Richard Oswald, Richard Eichberg und Ludwig

Berger, an Kurt Bernhardt und Fritz Lang –, waren im Begriff Deutschland zu verlassen. Vor allem der Chef der UFA: Erich Pommer! George wartete ab, wie die Dinge sich entwickeln würden. Seine großen Aufgaben auf der Bühne füllten ihn aus. Und wie im täglichen Leben oft das Gemeine und das Erhabene beieinander wirken, konnte man nach der abgrundtiefen Bosheit seines Franz Moor die Verklärung und die Herrlichkeit eines schöpferischen Menschen durch ihn erleben.

Im Mai 1934 vereinigen sich die beiden niederdeutschen Spökenkieker noch einmal am Staatstheater zu ihrem Schwanengesang. Unberührt vom politischen Aufruhr ringsum, der in diesen Tagen jeden treffen und auslöschen kann, probiert Jürgen Fehling hinter zuweilen festverschlossenen Türen eine schier unspielbare Dichtung, Carl Hauptmanns *Musik*. Ein Komponist, den George in der Maske Max Regers spielt, muß durch alle Höllen, bis er seine Engel hört. Vor einer »riesigen, bis in die Wolken reichenden goldenen Orgel« verdichten sich im letzten Akt seine Visionen und Verzweiflungen in einem fünfzehn Minuten langen Monolog zu einem symphonischen Lobgesang: »Aus allen Martern, aus allen Sehnsüchten meiner Seele steigt jetzt ein neues Werk auf. – Amen, Amen!«
Das Publikum erlebt gestammelt, gesungen, in ekstatischen Wortballungen einen Schöpfungsvorgang, der uns die großartige Kraft der beiden Männer und ihre private, geniale Besessenheit noch einmal vorführt.

George, frei von kleinlicher Eitelkeit, aber gesegnet mit einem gesunden Hochwertigkeitsgefühl, ein Mann, der mit patriarchalischer Verantwortung die Seinen umfaßt, zweifelt nicht eine Minute, daß wir auch in Zukunft in der gewohnten Form unser Leben führen werden. Zwar versuchen die neuen Konjunkturritter der Filmbranche, ihn aus seiner großen Position zu verdrängen. Er aber meint dazu: »Sachte, sachte! Wenn sie mich *überhaupt* spielen lassen, habe ich in einem Jahr meine alten Gagen!«

Von »draußen« wurde vieles falsch und begreiflicherweise auch mit Bitterkeit beurteilt und verdammt. Sehr bald nach der Machtübernahme war von einem »offenen Brief« Bertolt Brechts die Rede, angeblich an Heinrich George gerichtet, der Rechenschaft verlangte über den tragischen Tod Hans Ottos, eines Mitglieds des Staatstheaters.

Ich habe diesen Brief nie gelesen und auch George nicht davon sprechen hören. Er war in diesen Jahren ja ohne allerhöchste Protektion. Der Günstling der Stunde war Gustaf Gründgens. An ihn wäre der Brief besser adressiert gewesen. Lediglich die Popularität Georges im Ausland machte ihn geeignet für so einen Angriff. Froh, zunächst einmal der stickigen Luft der Anbiederei entfliehen zu können, begrüßt er im Sommer 1934 die Wiedererweckung der »Heidelberger Festspiele«, die ihm die Möglichkeit geben wollen, seinen *Götz von Berlichingen* vor der gigantischen Kulisse des Schlosses neu erstehen zu lassen. Er liebt die Landschaft am Neckar, er will sich frischen Wind um die Nase wehen lassen – er greift zu.

Hier ist ihm alles vertraut. In den zwanziger Jahren hatte er mit seinem bewunderten Kollegen und Freund Albert Steinrück die Gründung dieser Festspiele unter der Leitung des Regisseurs Gustav Hartung entscheidend mitbetrieben.

Heidelberg 1926 – welch ein Sommer! – Unter dem bestirnten Himmel springt Oberon/George wie ein riesiger glitzernder Falter von der Schloßmauer in das Dunkel der Nacht. Mit dem Brunstschrei der Hirsche lockt er seine Titania. Ein Fabelwesen von ungeheurer Naturkraft. Wenn er am Schluß seinen langen Silberschleier über das Gesicht zieht, sich in Dunst aufzulösen scheint, und sein leiser, lockender Ruf »Trefft mich in der Dämmerung!« längst verhallt ist, liegt immer noch ein Bann von Verwunschenheit über dem zerklüfteten Gemäuer des Schlosses und den verzauberten Zuschauern.

166

Und dann schwärmen sie aus, die Rüpel und Waldgeister! Nachts geht's nach Neckarsteinach zum »Schwanenwirt« und Hartung hat am Morgen oft Mühe, seine Schauspieler zur Probe zusammenzusuchen. Besonders George muß an die Kandare gelegt werden. *Munken Vendt* soll entstehen. Dieses achtaktige Epos von Knut Hamsun ist kein alltägliches Schau- oder Theaterstück. Schier Unmögliches wird vom Hauptdarsteller verlangt. Aber wie kaum eine andere Rolle trifft sie den Kern von Heinrichs eigenem Wesen.

Über das rein Artistische seiner Leistung hinaus wird diese geheimnisvolle Übereinstimmung: – die naive Innigkeit, der unbändige Lebensrausch – allen spürbar, die der großen Premiere, die in Anwesenheit des Ministers Stresemann mit sechs Stunden Spieldauer abrollt, beiwohnen. (Neben ihm Gerda Müller als Schön-Iselin und Steinrück als Diderik.)

Das liegt Jahre zurück! In Wannsee erinnert ein Foto von Knut Hamsuns prachtvollem Gesicht mit der Unterschrift »Heinrich George! Ich danke in Verehrung!« an diese denkwürdigen Monate!

Die Zeiten ändern sich! Diesmal, 1934, ist der Initiator der Festspiele Otto Laubinger, ein Kollege vom Staatstheater und alter Parteigenosse (nun Ministerialrat der Theaterkammer). Er regt in langjähriger, treuer Bewunderung für George diesen Plan an. Er sichert ihm Vollmacht als Dramaturg, Regisseur und Hauptdarsteller. Und es gelingt etwas Außerordentliches!

Die Szenenfolge der unzähligen Bilder – auf der Bühne nie ohne illusionsraubende Umbauten zu bewältigen – findet hier durch eine phantasievolle Lichtregie, die sekundenschnell Verwandlungen ermöglicht, endlich ihren fließenden und spannenden Ablauf.

Jahrelang wird diese Aufführung der Anziehungspunkt vieler Reisender des In- und Auslands. Ihering sagt dazu:

»George wurde einer der populärsten deutschen Schauspieler und errang sich internationale Volkstümlichkeit durch die Heidelberger Festspiele. Hier wurde er als Götz nicht nur die Attraktion des Freilichttheaters im Schloßhof, sondern auch der Mittelpunkt einer ganzen Stadt. (»Der Schorsche ischt doa, d'Festspiel kennat a'fange!«)

Auch als Privatmann war er eine Sehenswürdigkeit Heidelbergs geworden und verdiente einen Stern im Baedeker wie der Ottheinrichsbau. Er spielte im Leben den Götz weiter, und Anekdoten umzingelten ihn wie jeden echten Volksdarsteller. Hier in Heidelberg, das im Sommer ein Publikum aus vielen Ländern sah, legte George den Grund zu seinem europäischen Ruhm, den der Film dann stützte und erweiterte.«

Jeden Sommer veranstaltet George an einem spielfreien Tag eine Picknickfahrt zu den historischen Stätten des Lebens und Sterbens seines Götz. Jagsthausen, Burg Hornberg und das Kloster Schönthal sind die Stationen, das Ensemble seine Gäste. Einmal, als sein Chauffeur die letzte Strecke zum Kloster, die wohl ehemals Götzens Sarg auf einem Leiterwagen nachts dahingezottelt sein mag, zu schnell fährt, tippt ihm George auf die Schulter und sagt leise: »Langsam fahren – langsam, so wie *er* damals gefahren ist.« – Und nun sitzt der starke Mann trauernd still in der Polsterecke des Wagens. Ergriffen fährt er als Götz seine eigne Leiche spazieren.

Und dann auf Götzens Burg, vor der Rüstung des Berlichingers, will der Mitfahrer, ein Schauspieler von Namen, die Rüstung anrühren. Heftig reißt er ihn zurück: »Du bist nur der Selbitz!« haucht er ihn an, und vorsichtig, behutsam streicht er nun zuerst mit seiner Hand über den blanken Eisenpanzer.

O holder, tiefer Wahn! Ist er nicht zu preisen?

Es muß noch in diesem Jahr gewesen sein, daß wir Adolf Hitler zum ersten Mal begegneten. Der Propagandaminister Joseph Goebbels hatte zu einem Abendessen »im kleinen Kreis« (mit Rücksicht auf seine sichtbar schwangere Frau Magda) gebeten. Ich erinnere mich an Werner Krauß und »Migo« Bard, dann an

Friedrich Kayßler und seine Frau Helene Fehdmer. Wir waren nicht mehr als zwölf Personen bei Tisch, und es ging in den Gesprächen hauptsächlich um Projekte für den Film, der Goebbels besonders am Herzen zu liegen schien und dem er seine ganz spezielle Unterstützung zusichern wollte. Mitternacht war vorbei, als er ans Telefon gerufen wurde. Kurz darauf betrat er den Raum mit den Worten: »Der Führer will vorbeikommen.«
Zunächst verstummte alles, dann fiel mir auf, daß unser Gespräch merklich gedämpft weitergeführt wurde. Es vergingen auch höchstens zehn Minuten, und Hitler erschien. Wir erhoben uns und standen in einer Reihe ihm gegenüber. Goebbels machte bekannt, und außerordentlich liebenswürdig wurde jeder von uns mit Handschlag begrüßt. Ein paar konventionelle Redensarten, und man nahm wieder Platz.
Es ergab sich, daß Hitler zwischen Maria Bard und mir auf einem Sofa zu sitzen kam. Fast übergangslos begann er von »Buna« zu sprechen. (Das ist ein vollwertiger Ersatzstoff für Gummi.) Ich war ahnungslos, aber das spielte keine Rolle, Hitler sprach in pausenlosem Redefluß. Er erwartete nicht, befragt oder überhaupt unterbrochen zu werden. Mit einer leidenschaftlichen Intensität hielt er einen Vortrag, dem wir unvorbereitet mit zum Teil nur gespieltem Interesse lauschten. Dauerte es eine halbe Stunde oder eine ganze? Lebhaft und plötzlich wie er aufgetaucht, verschwand er wieder. Etwas verbiestert blieben wir zurück, und es dauerte ein Weilchen, bis wir unser unterbrochenes Gespräch wieder aufnahmen. (Was hatte eigentlich stattgefunden?)
Hätte ich sagen müssen, was mich an dieser Begegnung beeindruckte, so war es eine konzentrierte Kraft, die dieser Mann ausstrahlte. Daß es diese Kraft war, die unser Leben unheilvoll verändern sollte, stand noch in den Sternen. Wir waren mit Blindheit geschlagen, alle die wir da saßen, fühlten nicht, daß unser Vernichter uns unterhielt. (Kayßler wurde bei Kriegsende erschlagen, George verkam im russischen Konzentrationslager, Werner Krauß lebte eine Weile gedemütigt als Schäfer in Armut.)

Bevor George im Herbst 1934 mit seinen Proben zu *Wallenstein* im Großen Schauspielhaus, das sich nun »Theater des Volkes« nennt, beginnt, hatte er in Heidelberg noch zum ersten Mal den Dorfrichter Adam im *Zerbrochenen Krug* im Bandhaussaal gespielt. Regisseur war der ausgezeichnete Detlev Sierck, mit dem George ein paarmal erfolgreich gearbeitet hatte. Der *Wallenstein* verlangt von ihm neben physischer Kraft eine außerordentliche Konzentrationsfähigkeit; denn man plant die Trilogie an einem Abend zu präsentieren.

Max Beckmann gehört, wie Otto Dix, zu den »Entarteten«. Er malte 1935 ein Familienbild von uns. Keines im üblichen Sinn. Angeregt durch Georges *Wallenstein*, den er als fleischgewordenen Mars in zinnoberrotem Gewand (eine von Beckmanns Lieblingsfarben) spielte, schuf der geniale Maler eine merkwürdige Komposition in schmalem Hochformat. Ich konnte mich lange nicht mit dem Bild anfreunden. Doch beeindruckte mich die Persönlichkeit Beckmanns bei jeder Begegnung aufs stärkste.

Georges Bekanntschaft mit ihm reichte noch in die Frankfurter Jahre zurück, und er war sein großer Bewunderer. Er spürte wohl eine innere Verwandtschaft mit diesem schwerblütigen Ostfalen (wie er sich gerne zu nennen pflegte), und wahrhaftig: Der »transzendentale Realismus«, von dem Beckmann sprach, sollte ja mit zunehmender Reife Georges eigene Ausdrucksform werden – »dunkel und tief, direkt und barbarisch«. Beckmann wiederum schätzte den jungen Schauspieler, besonders seine Sternheim- und Unruhgestalten, die ihn in ihrer explosiven Form stark ansprachen. – Sie sahen sich in Abständen wieder. Der Maler wohnte jetzt mit »Quappi«, seiner jungen, reizvollen Frau, in Berlin.

Eines Abends sitzen wir bei uns nach dem Essen am Kamin. Beckmann ist nachdenklich. Er betrachtet seine Hände: »Ich gehe fort«, tropfengleich fallen die Worte, »zunächst nach Amsterdam, vielleicht später weiter nach Amerika.«

Es ist nicht das erste Gespräch, das hier über Emigration – nötige oder freiwillige – geführt wird. George versteht. Er selbst ist allerdings entschlossen zu bleiben. Und zum erstenmal spricht er lange über seine Situation, auch seinen Zwiespalt: »Sie machen es mir nicht leicht, sie mißtrauen mir. Trotzdem bleibe ich, ich kann draußen nicht arbeiten, wiederholt habe ich es versucht. Es fehlte nicht an verlockenden Angeboten. Ich kann nur aus der deutschen Sprache gestalten. Hier ist der Blutquell meiner Kunst, ich bin auf Gedeih und Verderb auf dieses Land angewiesen.«

Die beiden Männer gehen noch einmal durch die nächtlichen Räume. Andere »Entartete« grüßen von den Wänden. (Sie werden noch dort hängen, wenn die Russen das Haus besetzen.)

Sie reichen sich die Hand: »Wir sehen uns wieder!«

Eine ganze Stadt ist in Bewegung! Ein unüberschaubares Fahnenmeer – farbenprächtig und pompös. Fanfaren aus den Lautsprechern künden von der Olympiade im Jahre 1936. Sie nennt sich »eine Massendemonstration der neuen Machthaber«. Unter ihrem Schutz begegnen sich die Völker freundschaftlich bei Sport und Tanz. Hingerissene Menschen, trunkene Verbrüderungen. Die Wirtschaftskrise ist vergessen. Die Künstler treffen sich auf den Empfängen Hitlers, Görings und Goebbels'. Man hört von überraschenden Karrieren.

Der Verlust einer festen künstlerischen Heimat in Berlin gibt George die Möglichkeit, in Deutschland auf Gastspielreisen zu gehen. Man will ihn in den Rollen seines breitesten Erfolges – Götz und Richter von Zalamea – allenthalben sehen. Und wie er als Anfänger mit der guten, heilsamen »Schmiere« von Dorf zu Dorf zog, so hat er auch heute noch den Wandertrieb des echten Komödianten.

Inzwischen hatte sich der deutsche Film »auf seine zuverlässigen Kräfte besonnen« und lockte George nach Berlin zurück. Es war in erster Linie Carl Froelich, der ihm seriöse literarische Stoffe anbot, auch Frank Wysbar und Hans Steinhoff kamen mit reizvollen Projekten – *Hermine und die sieben Aufrechten* zum Beispiel (nach Gottfried Keller) oder dem *Volksfeind* von Ibsen. So begann Georges europäische Filmkarriere sich zu erweitern. Vor allem Frankreich und die skandinavischen Länder buchten ihn »blind«. Sein Name war Garantie für Niveau und Qualität. Er stand wieder ganz vorn und ergriff mit unverwüstlicher Vitalität Besitz von Bühne und Film. Er machte sich Rollen untertan, die er mit breiter Kraft und fülligem Humor durchschritt. – Seine Zuversicht hatte ihn nicht getrogen!

Eines Tages erschien Veit Harlan, der Kollege vom Staatstheater, bei uns in Wannsee. Er hatte sich mit Erfolg dem Film verschrieben und war gekommen, meinen Mann für eine Rolle in seiner Verfilmung des Dramas *Jugend* von Max Halbe zu gewinnen. Ihn begleitete ein junges Mädchen, und er deutete an, daß er die Idee hätte, mit diesem neuen Gesicht die Hauptrolle zu besetzen. Er erwartete, daß Georges Fachkenntnis ihn darin bestärken würde. Während des langen Abends machte diese blonde Schwedin den denkbar vorteilhaftesten Eindruck. Sie war nicht hübsch im konventionellen Sinn, dafür auf eine sehr persönliche Art reizvoll. Sie bestach durch ihre direkte, sehr liebenswerte Unbefangenheit, und ihre schönen Augen blickten selbstbewußt. Sie war nicht zu übersehen und erschien uns wie geschaffen für die Rolle des Annchen. George mußte wegen anderer Verpflichtungen ablehnen – für Kristina Söderbaum aber begann an der Seite Harlans eine bedeutende Karriere.

»Der Junge heißt Götz!«

Der Zweitgeborene – Privilegien für die
Frau des Intendanten?

Es ist wohl so, daß ein höherer Wille gnadenvoll unser Leben verändert, wenn die Zeit gekommen ist.

Die warme Septembersonne färbte die hohen Kiefernstämme, zwischen denen ich in der Hängematte sacht schaukelte, leuchtend rot. Betaubt von dem Teufelszeug, das mir verordnet war und das mich in eine Art Wohlbehagen versetzte, gab ich mich der Täuschung hin, zufrieden zu sein. Zwei Jahre dokterte ich nun schon herum, hatte Behandlungen und Kuren gewissenhaft, aber ohne sichtbare Besserung durchgestanden und war in dem gefährlichen Zustand einer Erschöpfung, der einem Verlangen nach Selbstaufgabe gleichkam.

Dieser Tag sollte die Wende bringen – und das kam so: »Lolle«, die Schauspielerin Charlotte Habecker, erschien, wie häufig an schönen Tagen, mich zu besuchen. Sie gehörte zu dem reichen Freundesinventar Georges aus den zwanziger Jahren. Sie waren sich bei Max Reinhardt begegnet. Keine große Bühnenbegabung, dafür ein zuverlässiger Freund. Immer gut gelaunt, ohne Allüren und für jedes Abenteuer zu haben. Ihre Lust am Leben war unersättlich. Darüber hinaus war sie die sturmerprobte, bevorzugte »Abhörerin« der Mammuttexte, die George in wochenlanger Tortur pauken mußte. Sie zog in solchen Zeiten der Einfachheit halber zu uns nach Wannsee, und Max Beckmann hat ihr auf unserm Familienbild einen ehrenvollen Platz eingeräumt – mit dem Rollenbuch *Wallenstein* in der Hand. Vor 1933 war sie mit einem Assistenzarzt des berühmten Professor Sauerbruch verlobt gewesen. Er war Jude und rechtzeitig mit Empfehlungen seines Chefs nach Amerika emigriert. Lolle blieb zurück und pflegte weiter freundschaftliche Verbindung mit den übrigen Assistenten des großen Chirurgen.

An diesem strahlenden Septembertag war sie in Begleitung eines dieser jungen Ärzte zu uns gekommen. Er war ein ernsthafter, fast düsterer, allerdings bemerkenswert gut aussehender Mann. Er fesselte mich sofort, und obwohl ich es satt hatte, über meine Krankheiten zu reden, verstand er es mit gezielten Fragen, mich gesprächig zu machen. Ich klagte ihm mein Leid.

Man hatte längst erkannt, daß meine Schilddrüse die Ursache allen Unbehagens war, und er ließ sich die verschiedenen Therapien ausführlich beschreiben. Er hörte mir mit priesterlichem Ernst zu, nahm plötzlich meine Hand, und nach einer Pause sagte er, fast möchte ich sagen inbrünstig beschwörend: »Ich weiß, wer Ihnen helfen kann. Suchen Sie so bald wie möglich Professor von Bergmann in der Charité auf. Er ist zweifellos der wichtigste Mann für die von Ihnen geschilderten Leiden.«

Ich war wie elektrisiert von seinen weiteren Ausführungen; am liebsten wäre ich seinem Rat auf der Stelle gefolgt. Meine Lethargie war weggeblasen, und ich bestürmte George, der inzwischen dazugekommen war, sofort einen Termin für mich auszumachen. Dieser junge Mann hatte es verstanden, mir neuen Lebensmut einzureden. Und es war spät, als Lolle mit ihm abzog.

Ein paar Tage danach wurden wir von Professor von Bergmann empfangen. Er brauchte keine halbe Stunde zu seiner Diagnose. Er erklärte: »Sie haben eine böse Überfunktion der Schilddrüse, die nur noch durch Röntgenstrahlen gebremst werden kann« – und weiter: »Zögern Sie, müßte man operieren, und das ist sehr unangenehm. Überlegen Sie es sich!«

Röntgenbehandlung war zu dieser Zeit noch umstritten. Es meldeten sich auch sogleich »Warner«. Doch ich hatte ja erfahren, daß Eiswickel um den Hals und vegetarische Kost nicht weiterhalfen. So begann eine Bestrahlungsserie, die sich durch Wiederholungen und die damit verbundenen gefürchteten »Röntgen-Kater« quälend in die Länge zog. Ein paarmal war ich nahe daran, aufzugeben. Doch der junge Arzt war stets im rechten Augenblick hartnäckig zur Stelle. Er beschwor mich mit ernster Strenge, durchzuhalten.

Es verging dann auch kein Jahr, und ich trat erfrischt und voller Spannkraft neu ins Leben. Ich konnte mich wieder auf mich verlassen, und – o Wunder! – meine Kondition blieb ausgezeichnet. (Ich habe den jungen Mann, dem ich soviel verdanke, nicht wiedergesehen. Er ging nach Paris, und meine Erinnerung verklärt ihn, je älter ich werde, zu einem dunklen Engel, der segensreich eines Tages in unsern Garten trat.)

Im selben Jahr war Heinrich George Staatsschauspieler geworden. Er spielte gerade am alten Schiller-Theater. Ein Haus, das nur wenig Geschichte hatte. Es fehlte ihm jene geheimnisvolle, nur schwer erklärbare Gastlichkeit des Gebens und Empfangens. Seit das Staatstheater dieses Haus als Dépendance aufgegeben hatte, folgte ein Interregnum dem anderen. Eben leitete es Herr Ingenohl. Man bereitete hier Georges 25jähriges Bühnenjubiläum vor. Sein einziger Gönner in dieser Zeit war der Wirtschaftsminister Walter Funk, Vizepräsident der Reichskulturkammer. Der alte Ostpreuße war früher Korrespondent der Börsenzeitung und Stammgast in Salbachs Keller in der Schumannstraße gewesen. Aus diesen Jahren kannten sich die beiden. Ihm lag daran, Heinrich wieder eine feste Heimat auf einer der Berliner Bühnen zu schaffen. Klöpfer hatte längst die Volksbühne, Gründgens seit 1934 das Staatstheater, Heinz Hilpert das Deutsche Theater. Bei den Proben zu einer Neufassung des *Götz* munkelte man von einem Neubau des Hauses und einem möglichen Intendantenwechsel. Die Gerüchte verdichteten sich, und am

Abend des Jubiläums überreichte Funk George ein breites Lands-
knechtsschwert und die Urkunde der Intendantenberufung für
ein neues, repräsentativ umgebautes Schiller-Theater. Eröffnung
1938.

Bevor es soweit war, schlug das Schicksal zu. Im Herbst 37 brach
George zusammen. Ich war nicht in Berlin. Ein Anruf spätabends
rief mich zurück. Als ich ahnungslos und verstört in Wannsee
eintraf, erfuhr ich, daß mein Mann mit einer schweren, von ihm
selbst kaum beachteten Magenblutung ins Krankenhaus gebracht
werden mußte. Der behandelnde Professor stand vor einem
Rätsel: Dieser blühend aussehende Mensch, der jeden Tag unver-
mindert intensiv gearbeitet hatte, war absolut nicht der Typ, der
zu so einer Komplikation disponiert schien. Kostbare Stunden
wurden mit einer Fehldiagnose vertan. Der Blutverlust über-
schritt das lebensnotwendige Maß. Es gelangten erste Gerüchte
nach draußen, und ein Feuilletonredakteur erhielt den Auftrag,
den Nekrolog zu schreiben. Er war mit George befreundet und
tat es schweren Herzens.

Aber die Bärenkräfte des »Todgeweihten« schlugen der Natur
ein Schnippchen. Heinrich blieb am Leben. Als er nach Wochen
den Verfasser traf, fragte er ihn: »Du hast meinen Nachruf
geschrieben?«

»Allerdings.«

»Gib ihn mir zu lesen.«

Der Redakteur schüttelte den Kopf: »Nicht *vorher*!«

Für mich waren diese Wochen eine Zeit der Bewährung. Zum
erstenmal lag die Verantwortung für Haus und Hof in meinen
Händen. Ich hatte allein Entscheidungen zu treffen, denn es galt,
dem ungeduldigen Patienten Aufregungen fernzuhalten, ihm
vielmehr durch liebevollen Zuspruch die Zeit zu vertreiben und
damit die Rekonvaleszens zu beschleunigen.

Ich hatte bei diesen Bemühungen einen unschätzbaren Kompli-
zen: Ich erwartete mein zweites Kind. Es sollte nicht vaterlos das
Licht der Welt erblicken!

Aus diesen Wochen gibt es auch eine reizende Geschichte, die ich den Freund Heinrichs, Max Geisenheyner, der sie erlebte, selbst erzählen lasse. Die Frankfurter Zeitung druckte sie:

»Der große Schauspieler Heinrich George lag einmal in einem Berliner Krankenhaus, um sich bei strenger Diät von einer Attacke auf seine bärenhafte Gesundheit zu erholen. Ernst Legal und ich besuchten ihn. Wir öffneten behutsam die Tür zu seinem Krankenzimmer und versuchten, auf Zehenspitzen hereinzuschleichen, weil wir einen völlig Ermatteten zu finden dachten. Aber wir standen vor Überraschung still, denn hinter dem quer ins Zimmer gerückten Bett, in dem George lag, sahen wir an einem Tischchen bei abgedämpftem Lampenlicht Albert Florath sitzen, der uns vergnügt zuwinkte. Sein rundes Gesicht erglänzte im Widerschein der Lampe. Er beugte sich über eine lange, silberne Platte, auf der ein mächtiges, braunes Rumpsteak schimmerte. George hatte es für ihn bestellt. Ein Syphon Pilsner stand daneben. Dem geruhsamen Esser sah George, im Bett sitzend, das Nachthemd halb von der Brust gestreift, rosigen Antlitzes, wohlgefällig und ein wenig lüstern zu. Nun drehte er sich, gleich einem gemütlichen Walroß, aus seinen Kissen den Freunden zu. Das also sollte der kranke George sein! Es war, als hätte er auf einer Probe die Rolle eines Kranken zu spielen und habe sich schnell einmal ins Bett gelegt, um die Szene noch einmal durchzuspielen.

Freudestrahlend erzählt er uns, wir kämen gerade zur rechten Zeit. Er erwarte nämlich noch jemand. Geheimnisvoll hob er den Finger an den Mund. Da klopfte es auch schon, und die Schwester meldete Frau Exzellenz Ibsen! – »Geborene Björnson«, raunte George uns schnell noch zu, war mit Henrik Ibsens Sohn, dem Staatsminister, verheiratet…Schnell knöpfte er sich das Nachthemd über der Brust zu. Dann rauschte auch schon eine kleine, weißhaarige Dame, einen Strauß Tulpen in der Hand, herein, beschwingten Schrittes, von sehr gerader Haltung, mit einem heiteren, frischen Gesicht unter dem Witwenhäubchen mit dem schwarzen Schleier. Sie begrüßte jeden Anwesenden mit ihren hellen, nordischen, blitzenden Augen, setzte sich zu George ans Bett und erzählte ihm in fremdländischem Deutsch, aber mit jugendlichem Feuer, daß sie eine Wiederholung des Films *Ein Volksfeind* mit George in der Titelrolle gesehen habe und sei nun gekommen, um ihm mitzuteilen, daß mit der Darstellung der Rolle nicht nur sie außerordentlich zufrieden sei ...sondern auch Henrik Ibsen selbst ...ja, er sei geradezu hingerissen von Georges Spiel. Fragende, verlegene Blicke ringsum. Ibsen? Der war doch schon im Jahre 1906 gestorben!

›Ja, ich bin Spiritistin!‹ erklärte sie fröhlich. ›Ich spreche sehr oft mit Henrik!‹

George hatte sich während dieser Worte immer mehr im Bett aufgerichtet. Seine blauen Augen, die so beseelt, so zornig, so väterlich, so vom Dämon der Schauspielkunst durchglüht blicken konnten, wurden immer größer. Er machte ein Gesicht, als sähe er in der Ferne den verewigten Ibsen, in dessen Dramen er oft bedeutende Rollen gespielt, – sähe ihn mit dem großen weißen Bart, der funkelnden Brille und dem gewaltigen Schädel, wie er ihm, Heinrich George, zunickte. Dann guckte er wieder auf die alte Dame. ›Sie sprechen also mit Henrik Ibsen, Exzellenz?‹ wiederholte er halb ungläubig, kindlich lächelnd, ganz noch im Banne so toller Möglichkeiten.

›Gewiß!‹ lautete die heitere, resolute Antwort. So, als ob es nichts Selbstverständlicheres auf der Welt gäbe.

›Ach, dann grüßen Sie ihn doch bitte sehr von mir!‹ entfuhr es da plötzlich seinem Munde.

›Werde ich tun‹, war die zuversichtliche Antwort.

In der kleinen, seltsamen Stille, die nun entstand, wußten die Besucher für einige Sekunden nicht, ob sie sich noch auf dieser Erde befanden oder mitsamt dem Bett von Heinrich George und der kleinen, trefflichen Exzellenz in ein Zwischenreich abgerutscht seien. Erst als jetzt die reizende alte Dame, die im Handumdrehen die Anwesenden durch ihre frische Natürlich-

keit bezaubert hatte, aufstand, kamen die Männer einigermaßen zur Besinnung. Sie verabschiedete sich mit einem festen Händedruck und war, flink wie sie gekommen war, verschwunden.
Der weißhaarige Albert Florath aber vor seiner silbernen Platte konnte sich gar nicht darüber beruhigen, daß sein Freund Heinrich den alten Ibsen hatte grüßen lassen, und schob halb lächelnd, halb gerührt den letzten Bissen in den Mund«.

George ist genesen. Als er schlank und verjüngt nach zwei Monaten wieder auf der Bühne steht, hat man den Eindruck, daß die gefährliche Krankheit nichts als ein prachtvoller Aderlaß war. Er beginnt auch sofort, ein Ensemble für das umgebaute Schiller-Theater zusammenzustellen. Mit ungewöhnlichem menschlichen Instinkt wählt er seine Mitarbeiter (übrigens ohne jede politische Rücksicht).
Seine rechte Hand und sein ökonomisches Gewissen wurde Dr. Kurt Raeck, die glückliche und zugelnde Ergänzung. Er bot seinem alten Intendanten und Kollegen Ernst Legal die Stelle des Oberregisseurs an und gab dem in der Jugend so bewunderten Paul Wegener eine neue künstlerische Heimat. Er holte sich Walter Felsenstein aus Zürich. Will Quadflieg erwischte er gerade noch in letzter Minute in Potsdam, wo er Rekrut spielen sollte, und nahm ihn in seine harte Schule. – Streng und gerecht! Ein wahrer Vater seines Hauses. Um alles realisieren zu können, was er sich vorgenommen hatte, durfte er keine Scheu vor der Auseinandersetzung haben. Nie und nirgends duldete er Schluderarbeit – aber er schenkte sich selber auch nichts.
Und wer Zweifel anmeldete, daß ein Intendantenposten dem gewitternden, unmäßigen Wesen Georges nicht entspräche, wurde in den kommenden Jahren überrascht von Tugenden, die Herbert Ihering so charakterisierte:
»Heinrich Georges Kunst wird von zwei mächtigen Strömen gespeist: von volkstümlicher Naivität und dem Drang nach Repräsentation. George ist Volksdarsteller und Staatsdarsteller. Er

stand immer *vorne*, ob es sich um kühne literarische Experimente oder um große Gastspielreisen handelte. Auf diesen Reisen zeigte sich – wie es sich in manchen Rollen schon angekündigt hatte –, daß in George auch der Wille zur echten Repräsentation lebte. Was er spielte, wurde wirklich. Seine Rollen griffen in die Realität über. Er wurde Theaterdirektor und übernahm die Intendanz des umgebauten erneuerten Schiller-Theaters. Er ist ein Genießer und Fanatiker zugleich. Ein antiker Faun, gemalt von Rubens, und ein deutscher Handwerker wie Hans Sachs. Er hat Zeit und Kraft, im Filmatelier zu arbeiten, am späten Nachmittag ins Theater zu stürzen und mit Gewissenhaftigkeit seine Direktionsgeschäfte zu erledigen und sich dann noch auf seine Bühnenrolle zu konzentrieren.

Ein Mann der ausschweifenden Eingebung und der zähesten Widerstandskraft, der verschwenderischen Laune und der pedantischen Genauigkeit.

So gehört er in die Reihe der großen deutschen Theatermenschen, die immer etwas vom Narren und vom Magister haben, Komödiant und Reiniger der beleidigten Szene, Spaßmacher und Tragiker, Falstaff und König Lear. Er unterzeichnet Ukasse und springt im nächsten Augenblick mit der Pritsche auf die Bühne. Er hätte mit E. T. A. Hoffmann bei Lutter und Wegner sitzen und doch vom Intendantensessel aus donnernd Disziplin verlangen können.«

> »Und wenn du allein sein wirst,
> wirst du ganz dein sein.«
>
> *Leonardo da Vinci*

Um die Zeit bis zur Eröffnung des umgebauten Hauses sinnvoll auszufüllen, entschloß sich George, mit seinem neuen Ensemble eine Europa-Tournee mit Calderons *Richter von Zalamea* zu unternehmen. Aufforderungen zu gastieren trafen durch die Beliebtheit seiner Filme von überall ein. Es galt lediglich eine vorteilhafte Reiseroute zusammenzustellen; denn es sollte über Finnland, Schweden, Dänemark und Holland bis hinunter nach Österreich und den Balkan gehen. Das waren zehntausend Kilometer!

Ende Februar startete man mit Last- und Privatwagen – eine stattliche Karawane! Ich mußte zurückbleiben, äußerste Schonung war mir wegen der Schwangerschaft empfohlen. Ich begleitete die fidele Gesellschaft bis zu ihrer ersten Station und begab mich dann in die Stille und Schönheit der erwachenden Natur. Den kleinen Jan hatte ich in der Obhut seiner Großeltern in Wannsee gelassen.

Mir war in der Nähe Salzburgs ein Haus empfohlen, wo ich Ruhe und die Pflege, die uns nötig schien, finden sollte. Doch kaum angekommen, geriet ich in einen Strudel von fahnenschwingenden, jubelnden Menschen. Es war der 13. März 1938! Hitler war in Österreich einmarschiert. Ich floh in einen Waldwinkel, wohin der Lärm so aufregender Tagesereignisse nicht reichte.

Bald war ich vertraut mit den schönsten Wegen, konnte mich nicht sattsehen an den mit Narzissen übersäten Wiesen und den klaren Gewässern. Ich blieb für mich allein, hielt Zwiesprache mit dem kleinen Wesen, das anfing, sich sacht bemerkbar zu machen.

Einmal nur wurde ich empfindlich aufgeschreckt aus meinem ruhigen Gleichmaß. Es war Ostern. Die Gäste unseres streng vegetarischen Hauses waren sympathische, betuchte Leute. Der Professor, der dieses Sanatorium leitete, ließ sich unsere vitaminreiche Kost gut honorieren. In abendlichen Vorträgen versuchte er uns klarzumachen, in welchem Maße wir uns an unserm Körper durch falsche Ernährung, vor allem durch zuviel Zucker, weißes Mehl und Schweinefleisch, versündigten. Alle waren brav und erhofften gläubig Besserung ihrer echten und eingebildeten Leiden. Wehe dem, der in einer Kneipe erwischt wurde, wo er sich heimlich ein Schinkenbrot oder gar Alkohol genehmigte. Er mußte das schöne Haus verlassen. Gnadenlos!

Wie ich schon sagte: Es kam Ostern! Zum festlichen Frühstück keinen Osterfladen, kein Stückchen Kuchen, geschweige denn ein Osterei. Statt dessen auf unsern Tellern ein rohes Eigelb mit einem Kranz Vergißmeinnicht geschmückt. Das ging zu weit!

Ich teilte meinen Tisch zu den Mahlzeiten mit einer Dame aus dem Rheinland. Eine wirkliche Dame in mittleren Jahren, zart, gepflegt und mit erlesener Eleganz gekleidet. Beim Anblick dieses frugalen Festmahls planten wir spontan eine Meuterei: »Wir treffen uns am Nachmittag, besuchen eine Konditorei im Ort und essen uns mit Torte voll!«

Gesagt, getan! Wir liefen höchst stimuliert über die Wiesen ins Tal.

Plötzlich erfaßte meine Begleiterin mit überraschend festem Griff meinen Arm, riß mich herum und bellte mir mit einer dunklen, völlig veränderten Stimme ordinäre Grobheiten ins Gesicht. Sie zerrte an mir und wollte wissen, wohin ich sie bringe. Dieser Überfall erschreckte mich so sehr, daß ich zu zittern begann und mich kaum auf den Beinen hielt. Ich versuchte mich freizumachen; aber mit eisernem Griff stieß sie mich vor sich her. Das Unheimlichste war die rauhe, vulgäre Stimme, die wilde Obszönitäten ausspie. Was – um Gottes willen – hatte diese Besessene vor? Und kein Mensch weit und breit! – Mit einer letzten äußersten Anstrengung gelang es mir, mich loszureißen. Ich lief zurück ins Haus.

Der Professor war Gott sei Dank zur Stelle. Er überließ mich der Hausdame und veranlaßte, daß man die Tobende ins Haus schleppte. Besorgt kam er später zu mir. Er fragte mich vorsichtig nach dem Vorgefallenen aus. Ich gab Auskunft, so genau es mein verwirrter Sinn vermochte; denn alles erschien mir wie ein absurder, böser Alptraum, den ich hoffte mit seiner Hilfe abschütteln zu können. Doch er wich einer direkten Antwort auf meine verstörten Fragen aus. Er versicherte mir lediglich, daß die Patientin in die Obhut eines Psychiaters gehöre, und er würde alles Nötige veranlassen. Mir empfahl er, nach diesem Schock liegenzubleiben, man würde mir mein Essen bringen. »Fröhliche Ostern!«

Mich durchfluteten immer noch Wellen heftiger Emotion. Als aber der Abend kam und ich lange durch die geöffneten Fenster auf das weite, waldige Land blickte, auf die smaragdgrünen Hänge und die würzige Luft tief einatmete, stellte sich doch noch österlicher Friede ein. Meine Verärgerung und meine Ängste schwanden dahin, und ich fühlte Erbarmen mit der zarten Frau, die so hart geschlagen war; heimgesucht von unbewußten, geheimnisvollen Kräften. Ich habe sie nicht wiedergesehen (aber auch nicht vergessen können. Darum schreibe ich es hier auf).

Endlich, Mitte Mai, war die Tournee beendet, und ich traf meinen Mann auf halbem Weg nach Berlin in Wiesbaden. Die Freude war unbeschreiblich. Er tätschelte meine roten Backen immer wieder und fand mich herrlich fett.

Er war zu Ehren des schlesischen Dichters Hermann Stehr gekommen. Nach der Lesung erwartete den alten Herrn und mich eine festlich gedeckte Tafel. Ich schmiß alle guten Diätabsichten über Bord und frönte der eben noch verpönten Völlerei! Zu uns gesellte sich der zufällig anwesende Bariton Michael Bohnen, den ich in einigen seiner großen Rollen bewundert hatte, und wir schwelgten in Opernerinnerungen.

Dies war ein glücklicher Tag!

In Berlin ist der Umbau des Schiller-Theaters fast beendet. Pompös, mit hoher Glasfront steht es da.

Goebbels, der bis zu diesem Zeitpunkt nicht in Erscheinung getreten ist, bespricht mit dem neuen Intendanten eventuelle bauliche Ergänzungen. Im Laufe der Unterhaltung macht George darauf aufmerksam, daß man im Keller eine Kantine einbauen könne, die ein Gastronom übernehmen soll.

»Aha, damit Sie trinken können!« (Jetzt aber Vorsicht, Herr Intendant!)

Der blitzt den kleinen Doktor an: »Dazu brauche ich keine

Kantine. In meinem Haus habe ich eine Bar direkt um meinen Bauch zimmern lassen. Dort trinke ich so viel und mit wem es mir Spaß macht. Ich brauche diesen Raum für meine Arbeiter. Ich will sie dort bewirten.«

Goebbels zeigt sein breitestes Grinsen. George bekommt seine Kantine. Das ging noch mal gut.

Aber bald danach erfahre ich von unserm Freund Max Geisenheyner, daß George einen hohen Abgesandten der Partei angefahren hat, als dieser sein Befremden äußert, das Bild Lehmbrucks von Elisabeth Bergner in Heinrichs Arbeitsraum zu finden: »Wer das Bild nicht sehen will, kann ja rausgehen!« (Der Betreffende verschwindet unter dem Eindruck eines heraufziehenden gewaltigen Zorns.)

»Ach, Heinrich! Diese herausfordernde Aufrichtigkeit wird dir früher oder später das Genick brechen!« Ich war mit der Intendantenberufung überhaupt nicht glücklich. Wir würden ihn weniger als bisher für uns haben. Er war auf der Höhe seiner Meisterschaft. Die bürokratischen Pflichten mußten auf die Dauer seine künstlerische Entfaltung schmälern.

Es wird Jahre dauern, bis er dies selbst erkennt. Gegen Ende des Krieges vernimmt er endlich seine inneren Warnsignale: »Wenn dieser Spuk vorbei ist, lege ich den Posten nieder. Ich werde sonst noch ein miserabler Schauspieler!«

Der Juli war heiß. Durch meine Unförmigkeit schwerfällig und träge geworden, verließ ich das Haus nur, um im Schatten der Bäume – am liebsten in der Nähe des Bootsstegs – zu ruhen. Ich hörte auf die fröhlichen Geräusche, die vom Wasser zu mir drangen. Versuchte ich zu lesen, entfiel das Buch sehr bald meinen Händen.

Endlich, im aufdämmernden Morgen des 23. Juli, »war meine Stunde gekommen«. Für diese Stunde hatte ich mich gestählt und gewappnet: Ich wollte keine der modernen Erleichterungen, wie den Dämmerschlaf zum Beispiel, in Anspruch nehmen. Als aber um die Mittagsstunde die Wehen immer noch kein Ende nehmen wollten, war es dann doch eine Erlösung, den Arzt sagen zu hören: »Ich werde Ihnen jetzt helfen!«

Als ich aus der gnädigen Bewußtlosigkeit erwachte, merkte ich an der Bandagierung, daß ein Kaiserschnitt notwendig gewesen war. Dafür lag im Körbchen neben mir ein rosiger Knabe – neuneinhalb Pfund schwer! Man hatte ihn auf die Seite gebettet, und ich sah von dem kleinen Paket nur ein rundes Bäckchen und ein ganz allerliebstes Ohr. Unser zweiter Sohn!

Den Vater hatte man von meinem Schmerzenslager entfernt und ihm empfohlen, zu »Schlichter« um die Ecke essen zu gehen. Auf dem Weg dahin traf er seine Kollegin Lucie Höflich. Er bat sie, ihm Gesellschaft zu leisten, und die große Lucie hatte Erbarmen mit dem aufgeregten Mann. Während der nächsten Stunde stellten die beiden fest: Der 23. Juli ist der Todestag Götz von Berlichingens. So war es entschieden, und keine Widerrede: »Der Junge heißt Götz!«

Rückblickend ein paar friedvolle Tage. Doch dann, eines Abends, befällt mich Unruhe. Die Schwester prüft die Temperatur: 39 Grad! »Ach, du lieber Gott!«

Und nun verwischt sich alles. Als spule sich in meiner Erinnerung eine unwirkliche Geschichte ab: Man pumpt den Inhalt großer Ampullen in meine Adern. An meinem Bett sitzt nicht nur mein Professor Bokelmann. Auch der Internist meines Mannes, Professor Siebert, beugt sich über mich. Ich höre entfernte Leierkastenmusik. – Was macht denn Heinrich am Fußende so ernst und groß? Er muß längst in Heidelberg bei den Festspielen sein! Die Stimmen kommen von weit her. Ich schwebe in der sanften Welt einer unsäglichen Müdigkeit. Mir ist ganz wohl. – Es vergeht Zeit, eine Woche oder zwei?

Ich sitze aufrecht im Bett. Der Arzt ist zur Visite bei mir. Wir unterhalten uns, und ich will von ihm wissen, ob der Tod einer Patientin noch sein Herz berührt.

»Welche Frage!« Und nach einer Pause: »Warum, glauben Sie,

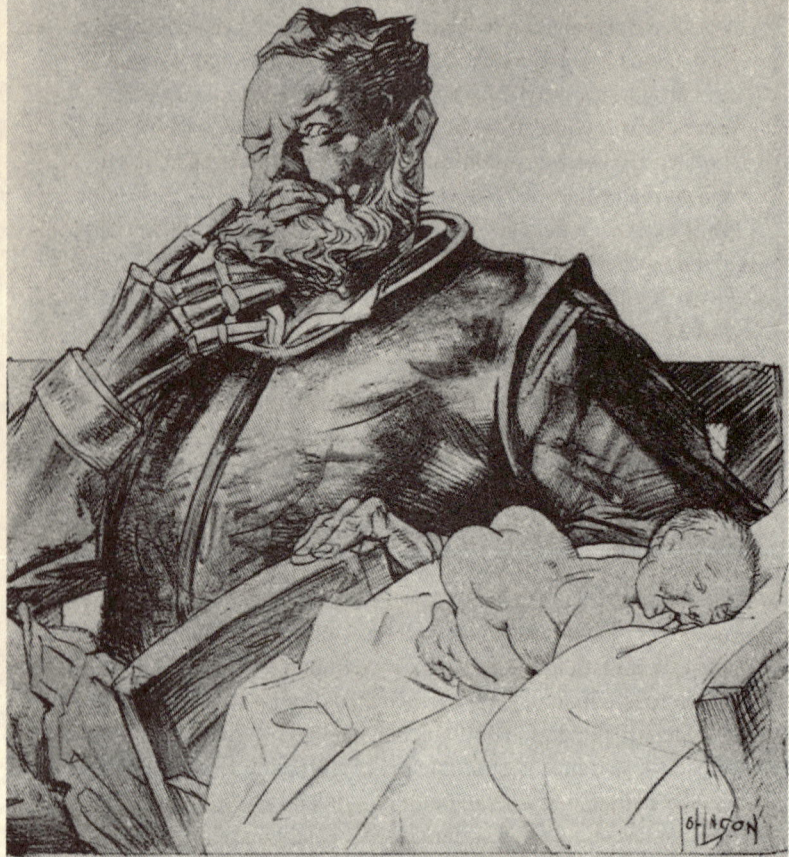

Die beiden Götze

Am Todestage Götz von Berlichingens wurde dem bekannten Götz-Darsteller, Staatsschauspieler Heinrich George, ein Sohn geboren, dem er den Namen Götz gab.

Heinrich George: „Mein kleiner Götz — in dich scheint ja wirklich der Geist des großen Berlichingen gefahren zu sein . . ."

Kommentar der »Berliner Illustrirten« zur Geburt unseres Sohnes Götz, Juli 1938 sind der Kollege Siebert und ich 24 Stunden nicht von Ihrer Seite gewichen?«

»Oh – um Haaresbreite entronnen?«

Er läßt mich sprachlos allein. Kein wildes Erschrecken, nur Staunen, daß es so gnadevoll ohne Qual hätte geschehen können.

> »Bin Freund und komme nicht zu strafen.
> Sei guten Muts, ich bin nicht wild. –
> Sollst sanft in meinen Armen schlafen.«

Schuberts »Der Tod und das Mädchen« will mir nicht aus dem Sinn.

> »Und sieh! – Er hat sich neu verjüngt,
> Ihn hat die Kunst zum heitern Tempel
> ausgeschmückt.«

Worte aus dem Prolog zu *Wallenstein*. Der neue Hausherr spricht sie am 15. November 1938 bei der Wiedereröffnung des Schiller-Theaters, bevor sich der Vorhang zu Schillers *Kabale und Liebe* hebt – in Anwesenheit der gesamten politischen und militärischen Führungsspitze in Gala.

George hat selbst in Bühnenbildern von Josef Fenneker inszeniert. Er spielt auch den Stadtmusikus Miller, Ilse Fürstenberg ist seine Frau, Paul Wegener der Präsident, Ernst Legal Kalb und Karl Meixner Wurm, Else Petersen eine hochgewachsene, sehr noble Lady Milford; Luise mit mädchenhafter Anmut und einem wunderschönen Gesicht die blutjunge Gisela Uhlen, der begabte Raimund Schelcher ist Ferdinand.

Ich saß – très chic – in fliederfarbenem Haute-Couture-Modell im Zuschauerraum, neben mir die glücklichsten Menschen dieses Abends – August und Anna Schulz, meine Schwiegereltern. Sie leuchteten förmlich vor Stolz über ihren Erstgeborenen. Ich mußte viele Glückwünsche entgegennehmen. Auch Fragen, wann ich endlich einmal wieder auf der Bühne zu sehen sein werde? Und jetzt sind wir beim Thema:

Mit Siebenmeilenstiefeln schnell einmal in die siebziger, achtziger Jahre. Ich blicke mich um – und da ist kaum ein Intendant oder einer der erfolgreichen Regisseure, der nicht seine Frau, sofern sie Schauspielerin ist, »aufwertet«, »rausstellt«, sie »hochstylt«, wie man jetzt sagt. Das bedeutet, sie bekommt die dankbarsten Rollen – und keiner wundert sich. Zweifellos hatten sich in meiner Vorstellung ähnliche Ansprüche eingenistet, als ich 1938 die Frau eines Intendanten wurde. Ich hatte eine fast vierjährige Schonzeit mit beinahe vollständiger künstlerischer Abstinenz durchgestanden, hatte ein schwieriges Wochenbett und damit verbunden eine todesnahe Lungenentzündung hinter mir. Ich fühlte mich danach, wie der Phönix aus der Asche, in Höchstform und wartete ungeduldig im Startloch auf den Beginn meiner »zweiten Karriere«. Doch nichts rührte sich. In unserem Haus war ein ständiges Kommen und Gehen: Spielplangestaltung, Dichtertreffen, Rollenbesprechung. Von mir ist nicht die Rede.

Doch eines Abends spricht Ernst Legal, mein alter Lehrer, den ich längst meinen Freund nennen kann, das befreiende Wort: »Was ist mit der Drews? Die brauchen wir doch. Ich will sie als Frau Hurtig in *Heinrich IV.* haben. Ich denke auch an sie als Eboli im *Carlos*.« Von Felsenstein erhält er lebhafte Schützenhilfe.

Mein hoher Herr zuckt nur die Achseln. Er läßt mich nicht gern in die Manege, sähe mich wohl lieber im Parkett. Aber ich bekomme einen Vertrag. Und damit gewann ich eines meiner großartigsten Probenerlebnisse: George als Falstaff.

Siegfried Jacobsohn sagte 1912 anläßlich einer Reinhardt-Inszenierung Grundsätzliches über diese Figur:

»Shakespeares Falstaff ist nicht zu lernen. Falstaff: das ist man oder ist es nicht. Bei Shakespeare ist Falstaff ein majestätischer Fuchs«

– also beileibe kein Komiker! Zwar ist George ein gerissener Gauner, der augenzwinkernd alle reinlegt –,

»aber erst die Kombination von Menschlichkeit und Ursprünglichkeit, von naiver Kindlichkeit und schrankenloser Phantasie und schließlich die aristrokatische Distanz zu den Kleingeistern seiner Umgebung ergibt die großartige Leistung. Eine Gestalt, die zu den größten schauspielerischen Ereignissen der deutschen Bühne gehören wird.«

In der Schenke »Zum Wilden Schweinskopf« in Eastcheap ist der Teufel los. Es war meine erste Szene, und ich geriet sofort in den Sog dieses großen Welttheaters. »Hol die Pest alle feigen Memmen...« (Falstaffs Auftritt) – und was sich nun Tag für Tag aus komödiantischen Köstlichkeiten entwickelte von prallem Leben erfüllt, kraftvoll und doch mit leichter Hand dargeboten, muß jedem unvergeßlich sein, der es miterlebte. Besonders die improvisierte Komödie des Königsverhörs ließ uns erschöpft von Gelächter nach Luft japsen. Unmöglich, diesen Falstaff Zug um Zug nachzuzeichnen. – Prinz Heinz war der junge Ernst Schröder. Als wesentlicher Partner Georges wurde er bei seiner ersten Berliner Probenarbeit sogleich der höchsten Weihen mächtiger Darstellungskunst teilhaftig. Er hielt sich wacker.

Hier möchte ich Paul Fechter noch einmal zu Wort kommen lassen:

»Wenn zu Beginn des zweiten Teiles Falstaff, ein später Heimkehrer aus dem Felde, durch das winterliche London seines ersten Auftritts wandert, wüst, riesig, verwittert, in Schlapphut und beschneitem, uraltem Mantel, das Gesicht verfallen, gedunsen und rot unter dem spärlichen weißen Haar, der zierliche Page trägt ihm den riesigen Schild nach, – und zuletzt sitzen sie beide, stumm, einsam im Schnee auf der steinernen Brüstung vor der grauen Kirche und um den lasterhaften, schweigenden alten Mann ist trotz seines Schweigens alles Bannende des Lebens in seltsamer Sondergestalt: – dann vergißt man Shakespeare und Königsdrama, überläßt sich nur noch dem Erlebnis dieser Wirkung und beginnt, ihren Mitteln, den Strahlungsträgern des Schauspiels nachzuspüren, die hier mit wunderlicher Eindringlichkeit die Geheimnisse ihrer Tiefe zu enthüllen anfangen; – die stumme Substanz der schauspielerischen Energie ist in ihrer Überzeugungskraft so stark, die Erscheinung Georges auf der

Schiller-Theater der Reichshauptstadt
Intendant: Heinrich George

Geschichte Gottfriedens von Berlichingen
mit der eisernen Hand

Geschichte Gottfriedens von Berlichingen

mit der eisernen Hand / Dramatisiert von Joh. Wolfgang Goethe

Bearbeitet und in Szene gesetzt von Heinrich George

Bühnenbilder: Friedrich Prätorius / Bühnenmusik: Leo Spies

Götz von Berlichingen	Heinrich George
Elisabeth, seine Frau	Berta Drews
Marie, seine Schwester	Gerda Maria Terno
Karl, sein Sohn	Kurt Joachim von der Gathen
Georg, sein Knappe	Ernst Schröder
Hans von Selbiz	Eduard von Winterstein
Franz von Sickingen	Wolfgang Lukschy
Franz Lerse	Karl Klüsner
Bruder Martin	Kai Möller
1. Götzknecht (Reuter)	Hans Meyer-Hanno
2. Götzknecht	Fritz Schröder
Kaiser Maximilian	Ernst Stahl-Nachbaur
Adelbert von Weislingen	Claus Clausen
Franz, sein Knappe	Hans Burchard
Bischof von Bamberg	Lothar Koerner
Adelhaid von Walldorf	Else Petersen
Ihr Kammerfräulein	Charlotte Hübeker
Liebetraut	Hans Heßling
Abt von Fulda	Julius E. Herrmann
Dr. Olearius	Karl Meixner
Bischof von Mainz	Lothar Koerner
Kaiserlicher Hauptmann	Ernst Legal
Offiziere	Otto Rubahn, Herwart Grosse
Deserteure	Arthur Reppert, Werner Kepich
Gräfin Helfenstein	Lu Säuberlich
Georg Metzler	Walther Süßenguth
Jakob Kohl	Hans Meyer-Hanno
Hans Sivers	Paul Rehkopf
Ein Unbekannter	Werner Kepich
Ein Bauer	Arthur Reppert
Kaiserlicher Rat	Hans Halden
Ratsherr	Werner Kepich
Schreiber	Georg Hoffmann-Philipp
Gerichtsdiener	Herwart Grosse
Oberrichter der Feme	Lothar Koerner
Kläger	Herwart Grosse
Rufer	Fritz Schröder
Rächer	Werner Kepich
Ein Prior	Georg Hoffmann-Philipp
Ein Haushofmeister	Otto Rubahn
Ein Kaufmann aus Nürnberg	Paul Rehkopf

Pause nach dem zwölften Bild

Programmvorderseite und Besetzungszettel »Götz«, Schiller-Theater Berlin 1939

Bühne so von ihr erfüllt, daß man ihr lautloses, den Raum des Theaters erfüllendes Klingen fast als das Eigentliche der Leistung empfindet. Das SEIN entscheidet mit einer Eindringlichkeit, daß es selbst der dichterischen Worte kaum noch bedarf. Auf Grund dieses SEINS, dieses Geheimnisses, ist George in Falstaff verwandelt, noch bevor er Falstaffs Worte spricht:

Er kann mit diesen Worten sogar spielen wie mit den andern Mitteln des Schauspiels, den Gesten, den Bewegungen und Blicken: sie sind Begleitung, nicht tragende Melodie – flatternde Ranken rings um das wirkliche Sein der Erscheinung. Nicht sie wirken über die Rampe hinweg bis in die letzten Winkel des Theaters, sie werden getragen von etwas viel Stärkerem, vom verwandelten Leben, aus dem sie neu erwachsen, von der erfüllten Wirklichkeit Falstaffs, die da an Stelle des Schauspielers George grinsend, schmatzend, fluchend, wüst und traurig, leer und melancholisch über die Szene wandelt.

Es ist kein Wunder, daß ein Falstaff, der so aus dem Unmittelbaren selber lebt, Mittelpunkt des Ganzen wird. Es geht, wenn George auf der Szene steht, viel weniger um Prinz Heinz und seine rauhe Bekehrung vom wilden Prinzen von Wales zum gerechten weisen König, als um den feisten Don Quichotte der Schänken und Hurenhäuser, dessen Lebenshoffnung an der Bekehrung seines Zöglings zerbricht. Selbst die herrliche Szene mit der Krone, eine der tiefsten Durchleuchtungen des Problems der Macht, tritt in den Hintergrund: – Die Tragödie heißt Falstaff, nicht König Heinrich.«

Nur ein knappes Jahr friedlicher Aufbauarbeit war Heinrich George als Intendant geschenkt, als am 1. September 1939 der Krieg beginnt.

1 Mein Vater war Oberlehrer an der Maschinenbauschule Posen. Er liebte Musik und Bücher über alles.

2 Einen Teil meiner Kinderjahre verbrachte ich in Stettin. Hier die Hansabrücke mit Stadtbild

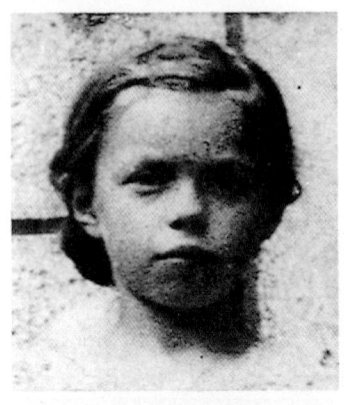

3–5 Mit sechs und fünfzehn Jahren – sowie als Gesangs-
schülerin in Berlin

6 Gut Wierzbiczany bei Posen, wo ich während des Ersten
Weltkriegs herrliche, unbeschwerte Ferienwochen verbrachte.

7 Im Hof des Deutschen Theaters Berlin: Alexander Moissi, von mir fotografiert. Ewige Liebe schworen wir uns nicht, es gab auch keine Abmachungen zwischen uns.

8 An Max Reinhardts Schauspielschule des Deutschen Theaters

9 Höchst expressiv spielten wir Wedekinds »Lulu« unter Otto Falckenberg (Münchner Kammerspiele, November 1929). Ich war, neben Margarethe Koeppke und Kurt Horwitz als Jack the Ripper, die Gräfin Geschwitz (Mitte).

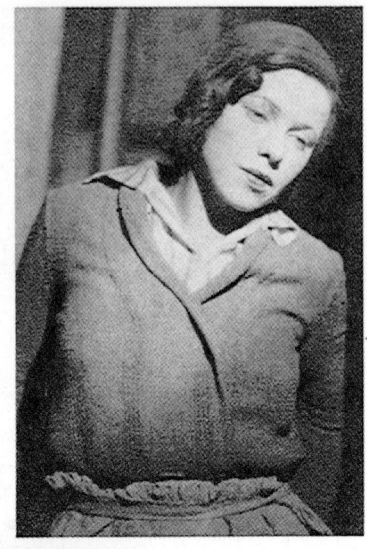

11 Diese Rolle hatte ich mir gewünscht: die Arbeiterin Hete in Friedrichs Wolfs brisantem Zeitstück »Cyankali«, München, April 1930.

10 Oben links: Mit Ewald Balser in der Uraufführung von Ferdinand Bruckners »Die Kreatur«, München, Februar 1930

12 Nur eine Woche hatte ich Zeit, um die Hanne Schäl in Hauptmanns »Fuhrmann Henschel« zu übernehmen (München, September 1927). Heinz Rühmann spielte den Kellner George.

13 Mit Schauspieler-Kollegen auf dem tra-
ditionellen Faschingsball der Münchner
Kammerspiele Ende der zwanziger Jahre.

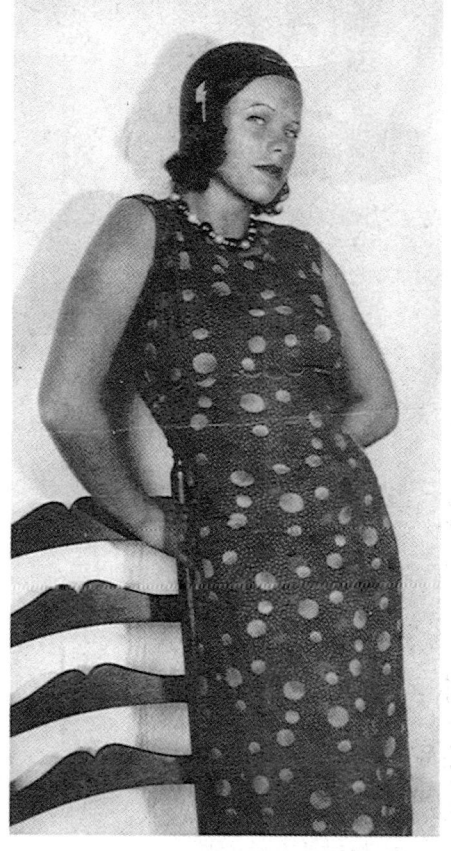

14 Während der »Goldenen Zwanziger«
in München

15 »Eine schmale, zerbrechliche Figur,
ein Orska-Profil und vorläufig noch viel
Manier im Schlängeln des Körpers«,
schrieb Monty Jacobs über meine erste
Berliner Rolle, die Adelheid in Goethes
»Götz von Berlichingen«, Staatstheater,
Oktober 1930. Veit Harlan spielte den
Knappen Franz.

16 Mit Hans Albers und Leonard Steckel in Franz Molnárs Vorstadtlegende »Liliom«, Volksbühne Berlin, Januar 1931

18 So sah ich aus, als ich Heinrich George bei den Proben zu »Götz« im Herbst 1930 kennenlernte. ▷

17 In Shaws »Androklus und der Löwe« spielte ich, mit blonder Perücke, die Christin Lavinia neben Felix Bressart und Harry Hardt (Volksbühne, März 1932).

19 Das gastliche Haus am Kleinen Wannsee

21 Porträt 1932

20 Mit dem Erstgeborenen Jan-Albert und dem Malerfreund Otto Dix vor unserm Haus

22 Zum erstenmal waren George und ich auch Partner auf der Bühne als Solveig und Peer Gynt in Ibsens Drama unter Leopold Jessners Regie (Staatstheater, Oktober 1931).

23 Rollenporträt Solveig, 1931

25 Oben: George nach seiner Rückkehr aus Hollywood mit dem ungarischen Regisseur Paul Fejos vor
dem Packard, den er sich von seiner
MGM-Gage gekauft hatte.

24 Heinrich George und Jürgen
Fehling: Brüder im Geiste

26 Mit George auf Bornholm bei den Filmaufnahmen zu »Das Meer ruft«, 1932

27 Für »Schleppzug M 17«, 1933, standen wir nun gemeinsam auch vor der Filmkamera.

28 Der stolze Vater: George mit seinem Zweiten, Götz

29 Die Brüder Jan und Götz

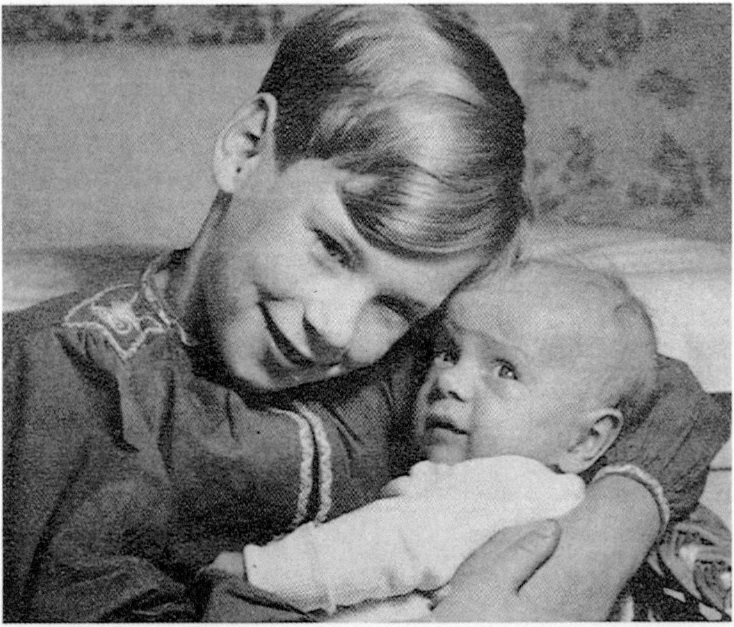

30 Zusammen in Wannsee mit Fellow II

31–36 Rollenporträts Heinrich George: Falstaff in Shakespeares »König Heinrich IV.«, 1938/39 (l.o.), Rasmus Thomsen in Paul Sarauws Komödie »Der kluge Mann«, 1937 (oben), der Große Kurfürst in Kleists »Prinz Friedrich von Homburg«, 1940 (l.u.); Titelrollen in Grabbes »Hannibal«, 1941 (r.o.), und Goethes »Götz von Berlichingen«, 1939 (r.o. außen), und – in der Maske Max Regers – in Carl Hauptmanns »Musik«, 1934

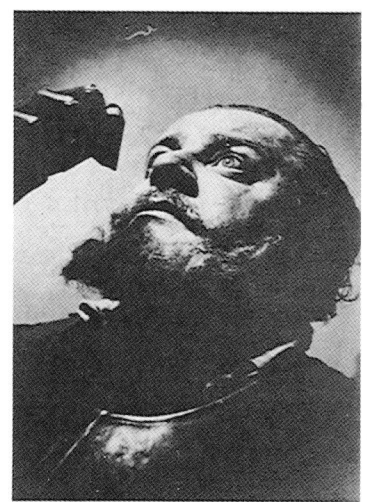

37 George und Asta Nielsen auf Hiddensee

39 Unten: Der Familienvater mit seinen Söhnen

38 Urlaub in Sorenbohm an der Ostsee

41 Am 1. Juni 1940 waren wir Bühnenpartner in der Berliner Erstaufführung von Hjalmar Bergmans Komödie »Die Sweden-hjelms« (Schiller-Theater).

40 Oben: Nach einer Premiere im Schiller-Theater Ende der dreißiger Jahre

42 »Keine Klagen, Berta! Wir sind Königinnen im Exil«, kommentierte Elsa Wagner unsere klägliche Lage bei Dreharbeiten in Chorzele, Winter 1940.

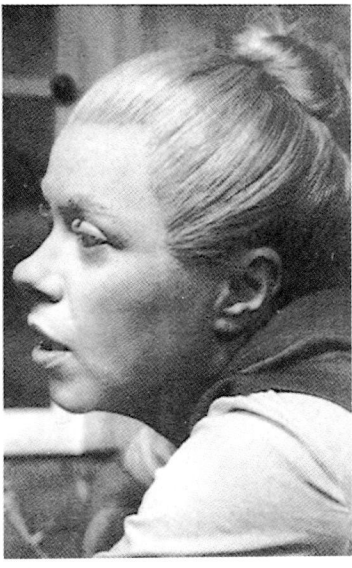

44 Eboli in Schillers »Don Carlos«,
Schiller-Theater, 1939

45 Oben rechts: Magd Ane in
Björnstjerne Björnsons Lustspiel
»Geographie und Liebe«, Schiller-
Theater, 1942

43 ◁ Die Frau Hurtig in beiden
Teilen von Shakespeares »König
Heinrich IV.« spielte ich neben
George als Falstaff 1938/39 am
Schiller-Theater.

46 Gräfin Orsina in Lessings
»Emilia Galotti« unter der Regie
von Walter Felsenstein, Renaissance-Theater Berlin, 1944

47 George mit seinen drama-
turgischen Beratern Wilhelm
Fraenger (rechts) und Heinrich
Koch in seinem Büro im
Schiller-Theater

48 Als das Königliche Theater
Stockholm im Juni 1941 im
Schiller-Theater gastierte, luden
wir zu einem Gartenfest in
Wannsee ein. Lars Hanson, Gre-
ta Garbos Partner in »Gösta Berling«, im Gespräch mit George.

49 Gartenidylle in Sorenbohm

50 Als Karl Heinz Stroux 1949 am Berliner Hebbel-Theater Shakespeares »Othello« inszenierte, vertraute er mir die Emilia an. Er half mir sehr, nach dem Tod Georges, bei meinem Neustart am Theater.

51 Helmut Käutner führte Regie bei der Berliner Erstaufführung von Arthur Millers »Der Tod des Handlungsreisenden«. Ich stand mit dem aus der Emigration heimgekehrten Fritz Kortner auf der Bühne des Hebbel-Theaters (Mai 1950).

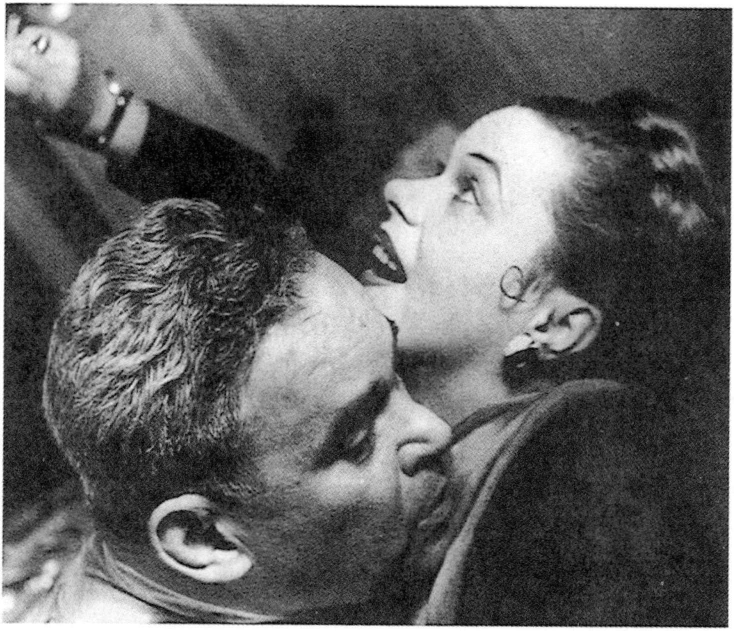

52 Mit dem elfjährigen Götz vor dem Heinrich-George-Porträt von Otto Dix

53 Mit Götz und Jan in unserm Heim

54 Götz, mein »Zauberjunge«, in seiner ersten Bühnenrolle zusammen mit Charles Brauer in William Saroyans »Mein Herz ist im Hochland«, Hebbel-Theater, 1950

55 Als das Schiller-Theater am 6. September 1951 mit Schillers »Wilhelm Tell« wiedereröffnet wurde, stand Götz als Tellknabe neben Paul Esser in der Titelrolle auf der Bühne.

56 Helmut Käutner besetzte mich als Schauspielerin Madame Alexandra in Anouilhs »Colombe« (Schloßpark-
Theater Berlin, Oktober 1951). Elsa Wagner spielte »meine« Garderobiere Madame Georges: Sieht man ihr nicht an,
daß sie meine Rolle, in der ich alle komödiantischen Register ziehen konnte, gern selbst gespielt hätte?

58 Als Haushälterin neben Käthe Braun (in der Titelrolle) in Lorcas »Doña Rosita oder Die Sprache der Blumen«, Schloßpark-Theater, Juni 1955

57 Links oben: Meine erste Rolle unter Hans Lietzaus Regie war die Frau von Luber in Georg Kaisers »Der Silbersee« (Schloßpark-Theater, September 1955). Hier ein Szenenfoto mit Aribert Wäscher.

59 Riesenvergnügen hatten Martin Held als Baron Barrenkrona und ich als Frau Appeblom in Georg Kaisers »Kolportage« (Schloßpark-Theater, Juni 1953).

60 Neben Carl Raddatz als Kellner Tunichtgut spielte ich unter Hans Lietzau am Schiller-Theater die Köchin Ernestine Puschek in Ferdinand Bruckners »Die Verbrecher« (Februar 1958).

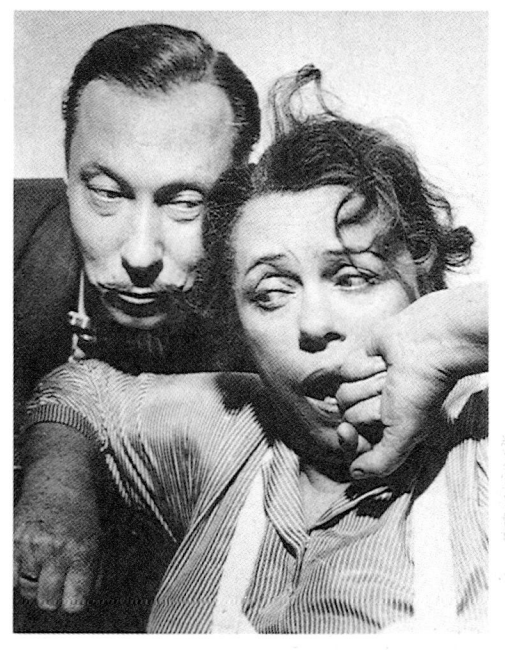

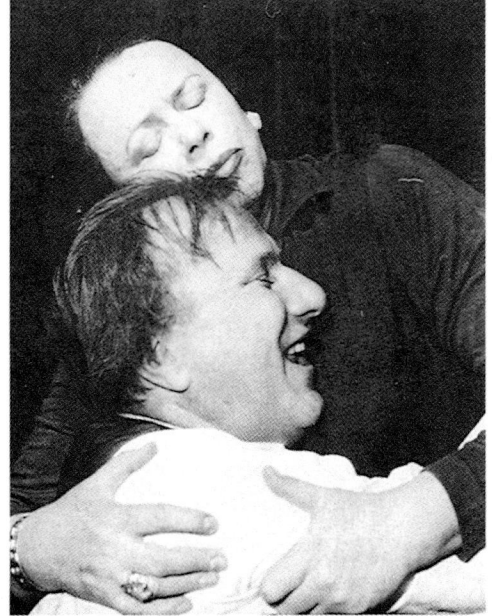

61 Mit Martin Held in John Osbornes »Die Glanznummer« (»The Entertainer«), Schloßpark-Theater, April 1958

62 Die Berliner Posse mit Gesang »33 Minuten in Grüneberg« von Karl von Holtei wurde in der Werkstatt des Schiller-Theaters ein Serienerfolg, so daß wir ins Schloßpark-Theater umziehen mußten. Ich spielte – neben Walter Bluhm – die Witwe Rosaura Klagesanft (Dezember 1960).

64 Als ich am Schluß der Premiere von Samuel Becketts »Glückliche Tage« den Lehár-Walzer »Lippen schweigen, 's flüstern Geigen« anstimmen konnte, war ich selig, daß ich diese Riesenrolle geschafft hatte. Ich war die erste Winnie in Europa (Schiller-Theater-Werkstatt, 30. September 1961). ▷

63 Unter dem hochbegabten, früh verstorbenen Walter Henn spielte ich die Glafira in Alexander Ostrowskis Komödie »Eine Dummheit macht auch der Gescheiteste« (Schloßpark-Theater, September 1960).

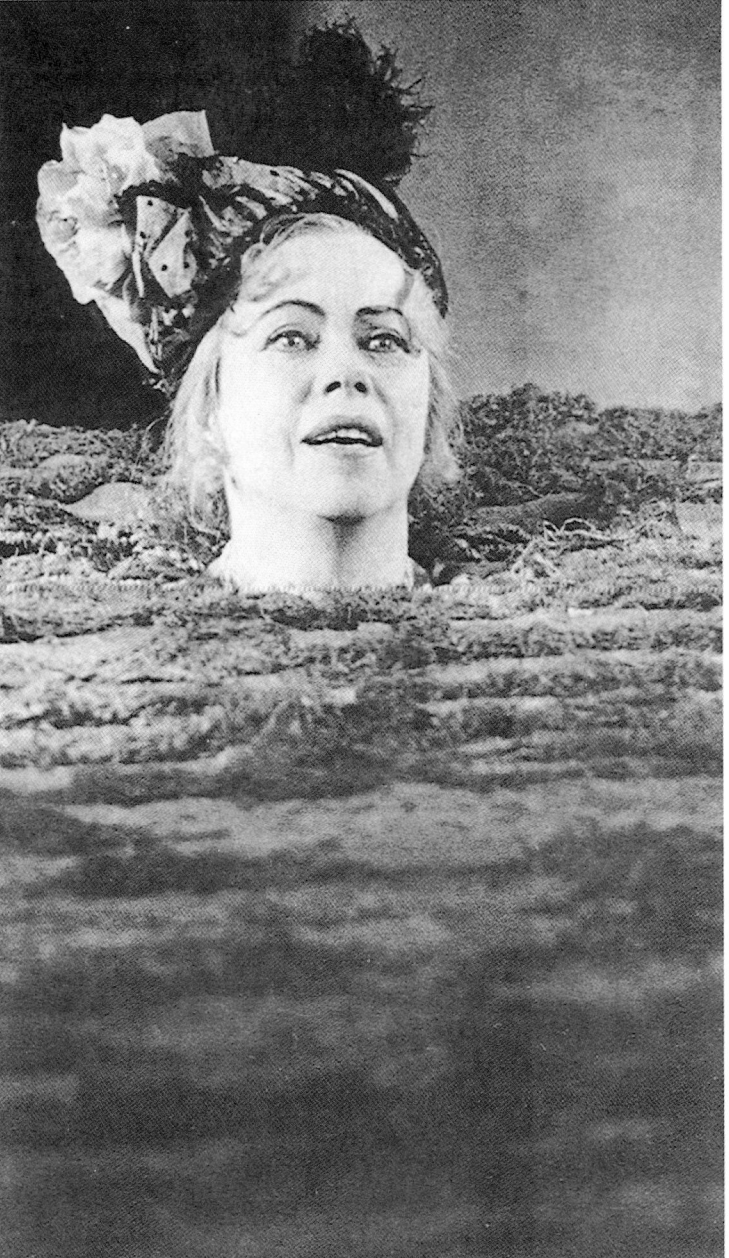

65 Mit Gerd Baltus in der Uraufführung von Jean Genets »Wände«, wieder unter Hans Lietzau (Schloßpark-Theater, 19. Mai 1961)

66 Mit Helmut Wildt in Wladimir Majakowskijs »Die Wanze« (Schiller-Theater, Dezember 1964)

67 Eine »Familienszene«: Mit Zolas »Thérèse Raquin« waren mein Sohn Götz, meine damalige Schwiegertochter Loni von Friedl und ich 1970 auf großer Tournee.

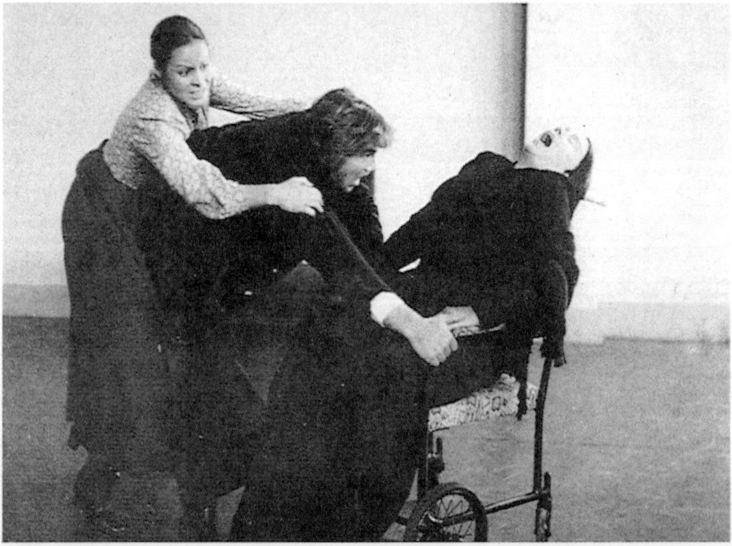

68 1975 gingen Götz und ich wieder auf Tournee, diesmal mit Tolstois »Die Macht der Finsternis«.

69 1979 engagierte mich Volker Schlöndorff als Babka Anna für seinen Film »Die Blechtrommel« nach dem Roman von Günter Grass. Wir drehten in und bei Danzig. Hinter mir auf dem Bild: Angela Winkler ▷

70 Im Jahre 1979 wurde mir die Ehrenmitgliedschaft der Staatlichen Schauspielbühnen Berlin verliehen. Bei der Feier im Büro von Generalintendant Hans Lietzau waren meine Söhne Götz und Jan dabei.

71 Aus Anlaß meines 80. Geburtstages hatte Generalintendant Boy Gobert am 19. November 1981 zu einem Empfang im Schiller-Theater geladen. Hier gratuliert mir Hans Neuenfels ...

72 ... und hier Friedrich Luft.

73 Unter dem jungen Regisseur Günter Krämer spielte ich in Elias Canettis »Hochzeit« 1976 im Schiller-Theater die lüsterne Brautmutter Johanna, die ihrer Tochter den Frischvermählten wegschnappt. Hier ein Szenenfoto mit Georg Corten.

74 Über 175mal haben wir inzwischen Alexander M. Galins Komödie »Einmal Moskau und zurück« gespielt. Die Premiere, mit Martin Held als altem Dachdecker Nikolaj und mir als ehemaliger Ballerina Rosa A. Pessotschinskaja, fand am 17. September 1983 im Schloßpark-Theater statt.

75 Vor Max Beckmanns »Familienbild George« aus dem Jahr 1935 in der Berliner Nationalgalerie

Kompromißlos

Was kann ich von diesem schwarzen 1. September 39 berichten? Ich hatte mich mittags in die Cicerostraße fahren lassen. George drehte dort unter Veit Harlans Regie *Pedro soll hängen*. Man saß in stummer Ratlosigkeit herum. Völlig verstört erschien mir der Junge, ganz außerordentliche Gustav Knuth, der die Hauptrolle spielte.

Wir fuhren eiligst heim. Als wir auf der Avus waren, heulten die Sirenen. Der fürchterliche, saugende Ton war mir von Probealarmen bekannt. Dies aber war keine »Probe«! Wir hielten vorschriftsmäßig am Rande der Bahn. Jäh überkam mich panische Angst. Tränen stürzten aus meinen Augen. Eingesperrt in dem Wagen erkannte ich unsere Ohnmacht gegenüber allen politischen Gewaltstreichen. George nahm mich schützend in seinen Arm. Als wir in Wannsee eintrafen, erschien mir dieses Stückchen Erde im milden Herbstlicht ganz friedlich, und ich beruhigte mich langsam.

Seltsamerweise normalisierte sich alles sehr bald. Die Theater arbeiteten uneingeschränkt weiter. Allerdings mußte George seine geliebten kulturellen Austauschabsichten mit Ländern, die er erfolgreich besucht hatte, zunächst einmal zurückstellen. Dafür hatte er sich mit verstärkter Materialknappheit und den Wehrmeldeämtern zu plagen, um »seine Jungs«, wie er sie liebevoll nannte, vor der Aufopferung an den Fronten zu schützen.

Eines Morgens fährt – da keine Minute zu verlieren ist – der geschminkte Herzog Karl-Eugen aus dem *Schiller*-Film im goldbesetzten Rock, ordengeschmückt, beim General vor. George muß wieder einmal einen seiner Männer freibekommen.

Noch im gleichen Jahr spielt er den traumwandelnden Kaiser von Portugallien. Die große Dame Lagerlöf schreibt aus Mårbacka nach der Premiere ihres Stückes gleichen Titels:

»Ihre Darstellungskunst feiert in dieser Rolle einen großen Triumph, und ich freue mich ganz besonders darüber, daß Sie auf eine glänzende Weise den armen Helden des Buches lebendig gemacht haben.«

Der Maler Emil Nolde schenkt diesem armen Helden »als kleinen Dank für Ihre große Kunst« eines seiner »ungemalten Bilder«.

Viel Ehre! Und ich denke dankbar an die phantastische Geschichte »Gösta Berling«, die der Dichterin Weltruhm einbrachte und die bei mir in ganz jungen Jahren die Liebe zum Nordland sehnsuchtsvoll geweckt hat.

Es muß dann im Jahre 1924 gewesen sein, als ich im kleinen Kino nebenan verzaubert wurde. Hier erschien in Mauritz Stillers Meisterwerk der schwedische Schauspieler Lars Hanson als Gösta Berling, der Unbesiegbare.

> »Stärkster und schwächster unter den Menschen!
> Hast du je von ihm gehört? – O Eros,
> All- herrschender Gott!
> Es war nicht zu vermeiden, daß die Gräfin
> Dohna ihn liebte.«

Und als diese taucht zum erstenmal die silberne Schönheit der Garbo aus dem Dunkel, um die Welt zu erobern. Beide – Garbo und Hanson – verschwanden nach Hollywood. Aber mitten im Krieg steht Gösta Berling in unserem Garten. Ratet, was geschah! George wurde zu seinen großen Filmpremieren regelmäßig in

die Hauptstädte der skandinavischen Länder gebeten. Daran
änderte auch der Ausbruch des Krieges nichts. Er verband diese
Besuche gewöhnlich mit einem Vortragsabend deutscher und
nordischer Prosa und Lyrik. Diese Veranstaltungen fanden stets
eine interessierte Gemeinde, und bei den üblichen Festessen
wurden herzliche Bekanntschaften geschlossen. Die Vorberei-
tungen zu diesen Abstechern fanden beim schwedischen
Gesandten Rickert in Berlin statt. Beide Männer heckten den Plan
aus, das Königliche Theater Stockholm für ein Gastspiel nach
Berlin einzuladen. Sie schafften es, und am 21. und 22. Juni 1941
spielte das Ensemble des königlichen Hauses im Schiller-Theater
König Gustav Wasa von August Strindberg. Und kein anderer als
Lars Hanson war Gustav I.

Am Tag danach lud George zu einem Gartenfest ein. Exzellenz
Rickert sorgte für »schwedische« Bewirtung, und der Hausherr
kredenzte seine besten deutschen Weine, die von den Gütern am
Neckar »dem berühmten Götz von Berlichingen« all die Jahre
geliefert wurden.

Ja – und da stand ich also mit Gösta Berling in unserem Garten!
Und wundergläubig wie ich bin, war mir's, als käme er aus
entfernten Zeiten. Wir verständigten uns radebrechend, und ich
bildete mir ein, wir wären fern von Krieg und Zerstörung in einer
anderen Wirklichkeit, im schönen Wermland! Oh – dies wunder-
same Leben!

Genug phantasiert! Ich nehme den Faden wieder auf, der mich in
unsere Arbeitswelt zurückführt, ans Jahresende 1939.

Wir probierten unter Legals Regie den *Carlos*. Und hier gelang es
dem jungen Will Quadflieg, sich in die erste Reihe der jugendlichen Helden zu spielen. Sein künstlerischer Ernst, seine Besessenheit, dazu die Brillanz seiner Mittel machten ihn zum Liebling
der Berliner, speziell der Damen.

Neben ihm merkte ich beunruhigt, daß mir der schwierige Text
längst nicht so perlend von den Lippen floß, wie es die Verse der
leidenschaftlichen Eboli verlangten. Ich kannte den Grund: Die

lange Pause und die Bequemlichkeit des Lebens hatten meine sprachlichen Qualitäten erheblich rosten lassen. Ich unterhielt mich mit dem viel jüngeren Quadflieg über meine Schwierigkeiten. Er erzählte mir von seiner Lehrerin, und mein Mann riet mir, schleunigst noch einmal in die Schule zu gehen.

Sie hieß Margret Langen; und da sie mich, wie vormals mein verehrter Gesangslehrer Weißenborn, mit dem Atem und der Beweglichkeit des ganzen Sprachapparates arbeiten ließ, war ich mit Begeisterung bei der Sache. (Und hätte sie bei Kriegsende nicht Berlin verlassen, ich wäre heute noch ihre Schülerin!) Sie half mir ganz entscheidend, und ich möchte ihr in diesen Lebensnotizen meinen Dank abstatten.

Eines Tages, im Herbst 1940, erschien der Filmregisseur Gustav Ucicky bei uns. Er hatte mit George vor kurzem den *Postmeister* beendet und war gekommen, um ihn als Götz anzusehen. Ich spielte in dieser neuen Inszenierung die Elisabeth von Berlichingen. Das gefiel Ucicky, und er fragte nach der Vorstellung meinen Mann, ob er mich für einen neuen Film beurlauben würde. Der überließ freundschaftlich und überraschend entgegenkommend mir die Entscheidung. (O je! Auf was ließ ich mich an diesem Abend ein!!) Das Thema des Films *Heimkehr* war der große Treck aus dem Osten. Und als es Winter wurde, brachen wir auf – ostwärts, nach Chorzele.

Wir fuhren mit der Bahn Stunden um Stunden. Manchmal hielten wir an bekannten Städten im Osten. Schließlich hinter Ortelsburg näherten wir uns der polnischen Grenze. Nach einer Weile hielt der Zug auf freiem Feld. Die Schienen endeten hier. Dafür standen Schlitten bereit, die uns weiter über Land bringen sollten. Einsames, waldiges Land, weiß und endlos. In einer abgelegenen, kaum bebauten Ortschaft hielten wir, und man verteilte die große Filmcrew auf die wenigen Steinhäuser und Holzbaracken. Der Stab dieses aufwendigen Projektes und ihre kostbare Ausrüstung, Ucicky und seine wichtigsten Darsteller bekamen Räume in den Steinhäusern. Die übrigen mußten mit den Baracken vorliebnehmen.

Man führte mich in einen Raum, der für zwei Personen möbliert war. (Ach, lieber Himmel! Sagte ich möbliert?!) Zwei schmale Bettgestelle standen im Raum, blauweißkariert bezogene Strohsäcke, und neben diesen Lagern zwei Holzkisten, die wohl als Nachttische dienen sollten. Ein meterhohes Schrankgestell, wie es zur Ausstattung des »Arbeitsdienstes« gehörte, mußte für unsere Garderobe genügen und ein Eisengestell mit einer Blechschüssel für unsere Körperpflege. Tröstlich allein war ein riesiger Kachelofen mit einer breiten Bank drumherum.

Ich sollte den Raum mit meiner Kollegin Elsa Wagner teilen. Wir kannten uns seit der Jessnerschen *Peer Gynt*-Inszenierung: Sie war die alte Aase – ganz wunderbar! Und wir hatten uns gern. Sie traf nach mir ein, und da ihre reiche Natur ungewöhnliche Situationen dramatisch zu verarbeiten pflegte, erwartete ich einen großen Auftritt. Doch sie verharrte lange auf der Schwelle. Stumm musterte sie den Raum. Diese traute Wohngemeinschaft – das merkte man – erschien ihr unzumutbar. Ich zuckte ratlos die Achseln. Mit einer kurzen, herrischen Geste schickte sie den Kofferträger fort und setzte sich dann, ohne Pelz und Kappe abzulegen, auf eines der »Betten«. Ich tat das gleiche. Wir schwiegen, bis ein tiefer Seufzer meine Brust sprengte. Darauf Elsa: »Keine Klagen, Berrrta! Wir sind Königinnen im Exil!«

Nach dieser Feststellung entschlossen wir uns dann doch, das Notwendigste aus den Koffern zu nehmen und die auf den Bretterdielen bereitgelegten Klamotten anzuprobieren. Das waren grob gegerbte Ledermäntel, innen das angewachsene Ziegenfell. Dazu gefütterte Filzstiefel und ein paar wollene Kopftücher. Als wir uns in dieser ruppigen Verkleidung betrachteten, brachen wir in schallendes Gelächter aus. Wir brüllten vor Lachen, bis uns die Seiten schmerzten.

Als wir 1961 zusammen in Jean Genets phantastischem Schauspiel *Wände* zwei Weiber spielten, die im letzten Akt vom

Himmel herunter über das Treiben der Menschen und die Fragwürdigkeiten ihrer »Wahrheiten« in ein großes Gelächter auszubrechen hatten, erinnerten wir uns an unser Chorzeler Abenteuer und legten los. Ihering schrieb: »Es gibt Szenen, die zur Weltliteratur gehören, so das Höllengelächter zweier Araberinnen, einer Mutter und einem Klageweib. Wie Berta Drews und Elsa Wagner dies spielten – ja, das ist Berliner Theater im Range des Welttheaters. Da erhob der Leviathan sein Haupt.« –

Als wir uns beruhigt hatten, setzten wir uns auf die Ofenbank. Die Holzkloben knisterten behaglich, und als eine polnische Magd uns einen Pott Tee brachte, war die Welt wieder in Ordnung.

Wir brauchten zu unseren Aufnahmen Sonne. Doch die Wolken hingen Tag für Tag tief und ließen nicht den kleinsten Strahl durch. Wir waren in unsere Stube verbannt; denn Spaziergänge waren nicht empfehlenswert. Einmal war es bitter kalt, und dann – so erzählte man sich – hausten Wölfe im nahegelegenen Wald. Nachts hörten wir sie heulen. Um zwölf Uhr mittags brachten uns Schlitten durch meterhoch vereiste Schneeschluchten ins Städtchen zu einer Art Kasino. Dort mästete man uns mit Kartoffeln und Sauce zu unzeitgemäßen, riesigen Fleischportionen. Gemüse und Salate waren Mangelware, und von Obst konnte man nur träumen. Aber aus purer Langeweile und Freude am Gespräch mit den Kollegen futterten wir drauflos. Am Nachmittag begann in unseren Baracken das geduldige Warten auf Strom. Der wurde erst bei Anbruch der Dunkelheit für ein paar Stunden aus einem Akkumulator geliefert.

Und hier ist es wohl angebracht, die Umsicht unserer ausgezeichneten Köchin, Fräulein Krause, zu preisen. Sie hatte bei meiner Abreise geraten, eine elektrische Kaffeemaschine in die Einöde mitzunehmen. Diese Kaffeemaschine wurde die Quelle höchsten Vergnügens. »Stoff« in Form von ungebrannten Bohnen konnten wir organisieren, und Schlagsahne aus Ziegenmilch bekamen wir jederzeit.

Kaum leuchtete unsere nackte Glühbirne an der Zimmerdecke

auf, wurde die Maschine in Gang gesetzt, und Elsas große Stunde begann. Sie war Baltin und konnte wunderbar erzählen. Von ihrer Kindheit in Reval, von ihrer Freundschaft mit Olga, Gräfin Gervais, und deren Palais in Petersburg, wo sie noch die unbeschwerten, verschwenderischen Verhältnisse des zaristischen Rußland erlebt hatten. Diese Geschichten waren akustische Bravourstücke. Und wenn sie in Fahrt kam, ließ sie alle Minen springen. Da rollten die baltische Rs – zweifach, dreifach. Da ließ sie die Vokale in vielen Varianten tönen: vom dunklen, umschatteten Moll bis zum höchsten Diskant! Plastisch erstand eine versunkene Welt – es war, als ob unsere triste Umgebung sie furios inspirierte. Von den russischen Sommern war dann die Rede, im Gouvernement Tambów. Bis zu zwanzig Gäste belebten das Gut der Freunde in der heißen Zeit. Jeder hatte eine Zofe zur Verfügung, und an der langen Tafel standen hinter allen Stühlen Diener, um Köstlichkeiten zu servieren. Fuhr man vierelang in die Kreisstadt, versorgte man sich vorher aus einer Eisentruhe mit Goldrubelchen. Und feierte einer der Gäste seinen Geburtstag, lag beim Frühstück unter den Servietten aller übrigen ein Schmuckstück: ein Ring, eine Kette oder ein Armband. – Allmählich war ich im Gouvernement Tambów zu Hause, und Elsa unterhielt sich mit mir, als wäre ich dabeigewesen.

Wir warteten nun schon zwei Wochen auf Sonne. Unsere täglichen Kaffeeplaudereien lockten die Kollegen an, und wir waren jeden Nachmittag »ausverkauft«. Elsas Fabulierlust blieb ungebrochen, und sie ließ ihr Licht leuchten.

Ich verkneife mir, hier ihre großartigen Theatererfahrungen und -anekdoten aufzuzählen. Es wäre ein Buch für sich. Sie war ein Original, liebenswert, voller Geister-Phantasien. – Geliebte Elsa! Eines Morgens – o Wunder! – schien die Sonne an einem wolkenlosen, tiefblauen Himmel. Wir wurden aus unseren Betten getrommelt und eiligst zum Marktplatz von Chorzele gefahren. Dort erwartete uns ein bezauberndes Bild. All die Planwagen mit den kleinen Panjepferdchen davor glitzerten von Rauhreif übersprüht im hellen Licht. Man beeilte sich, etwas von diesem Zauber mit der Kamera festzuhalten. Der »große Treck« konnte beginnen. Die Aufnahmen waren in zwei Tagen erledigt. Endlich ging es heim.

Kurz vor Weihnachten trafen wir in Berlin ein. Welches Glück, auf dem Bahnsteig von Heinrich liebevoll begrüßt zu werden, meine beiden Knaben ans Herz zu drücken. Ich kam vom Ende der Welt!

Nur kurz konnte ich die Behaglichkeit und den langentbehrten Komfort unseres Hauses genießen. Einen Tag vor Silvester mußte ich schon wieder zu den Atelieraufnahmen nach Wien aufbrechen. Das paßte George gar nicht. Er wollte eine Einladung nach Kopenhagen zum Neujahrsfest wahrnehmen und hoffte nach der langen Trennung, mich dabei zu haben.

Meine Abreise hinauszuschieben, war unmöglich. So blieb ihm nur die fernmündliche »Regie« meines einsamen Silvesterabends. Er sorgte dafür, daß mich ein blumengeschmücktes Zimmer mit einem großen Radioapparat erwartete. Er bat Lothar Müthel, den Direktor des Burgtheaters, um einen Logenplatz für mich und schärfte mir ein, vor dem Theaterbesuch sein Stammlokal »Zu den drei Husaren« in der Weihburggasse aufzusuchen. Man würde mich dort verwöhnen.

Als ich dieses legendäre Restaurant betrat, traute ich meinen Augen nicht. Ein riesiges kaltes Buffet stand in der Mitte. Eine kulinarische Vision! Hier schien die Welt stehengeblieben zu sein. Magnetisch angezogen von einer Pyramide aus Berliner Pfannkuchen kam ich ein paar Schritte näher. Ein Herr im Smoking stellte sich mir in den Weg, fragte nach meinen Wünschen. Das Ansinnen, ein Abendbrot einnehmen zu wollen, lehnte er mitleidig lächelnd, kopfschüttelnd ab. Jeder Platz sei bestellt und wie ich wohl bemerkt hätte, gedeckt und geschmückt für das Silvester-Souper. Meine Beteuerung, nur ein halbes Stündchen zu bleiben und mein aufgesetzter Charme vermochten nicht, ihn umzustimmen. Ich ärgerte mich, hielt aber mit meiner Empfehlung hinter dem Berg. Ich tat, als ob ich aufgäbe, machte kehrt; er öffnete mir die Tür. »Schade, mein Mann war der Meinung, Sie würden mich verwöhnen!«

»Ihr Mann?«

»Ja, Heinrich George.« Das wirkte wie ein Code-Wort. Er verbeugte sich (zu tief, junger Mann!), ich lächelte amüsiert, und er führte mich an einen Einzeltisch, der in der folgenden Zeit Elsas und mein reservierter Platz blieb.

Am 1. Januar 1941 schneit es in Wien. Ein ganz feinflockiger Schnee. Er verwischt die Konturen. Alles erscheint wie hinter Schleiern. Ich gehe mittags auf dem Ring spazieren. Vor mir bemerke ich eine Gestalt, die mich an etwas erinnert. Nach einigen Schritten weiß ich, wem sie gleicht: Vater! Derselbe aufrechte Gang, dieselbe Figur, die pelzbesetzte Joppe! Ich bleibe hinter ihm, passe mich den zügigen Schritten an. Ein Spiel: Nicht überholen!! Sicher sieht er ganz anders aus. Das will ich nicht! – Ich folge ihm eine Weile mit zärtlichen Gedanken. An einer Straßenkreuzung spricht mich eine Frau an, fragt nach einem Haus. Als ich sie los bin, ist die Gestalt verschwunden. Ich laufe noch eine Weile auf der Suche, immer in Gedanken bei meinem Vater.

Eine Woche danach erreicht mich am späten Abend ein Anruf meines Mannes. Behutsam, mit warmherziger Teilnahme kommt die Botschaft: »Dein Vater ist tot. Am 1. Januar in der Mittagsstunde, gestorben an einem Herzinfarkt. Alles, was deiner Familie helfen kann, ist sofort geschehen.«

Wie war es nur möglich, daß wir es erst eine Woche später wissen? – Mein Mann war in Dänemark. Zu Hause stapelten sich zum Jahreswechsel Glückwunschbriefe und Telegramme. Als er heimkam, ließ er sich Zeit, alles zu lesen. Die verstörte Frau in Stettin hatte, da es kein Telefon im Haus gab, ein Telegramm geschickt. Es schien ihr wichtig genug.

Ach, Vater! – was für ein prächtiger Mensch er war. Schlicht und wahrhaftig. Im Rückblick dünkt mich, es gab keinen besseren! Ich hatte so viel versäumt. Ich wollte eine Reise mit ihm machen, nur wir beide, wie früher, als ich Kind war. Ich schob es auf, immer wieder, und nun war es zu spät. Seine Seele hatte eine andere Reise angtreten. (Tut, was ihr Gutes vorhabt, gleich!)

Traurig und seltsam vereinsamt lief ich durch Wien. Ich suchte einen guten Musikalienladen. Ein liebenswürdiger Verkäufer half mir bei einem seltsamen Unterfangen. Wir zogen uns in eine Abhörbox zurück, und alles, was mir von Vaters abendlichen Übungen auf dem Flügel in Erinnerung war, sang ich ihm vor. Vieles konnte ich bezeichnen, doch längst nicht alles. Er war mir behilflich, und nach zwei Stunden geduldigen Abhörens hatten wir einen Stapel Platten beisammen. Ich dankte dem jungen Mann und zog – nicht mehr ganz so vereinsamt – vondannen.

Ich stürzte mich in die Arbeit, die hart war und damit meine Trösterin wurde. Die Szenen spielten im Gefängnis. Dicht gedrängt standen wir oft bis zu den Knien im Wasser. Wenn die Klappe zur Aufnahme fiel, gab man mir noch schnell Klein-Malchen, mein Filmkind, in den Arm. Das war anstrengend, und bei Drehschluß waren alle fix und fertig.

Nach zwei Tagen tauchte Elsa Wagner auf, und ich brannte darauf, ihr die »Drei Husaren« vorführen zu können. Der kultivierte Raum, die behagliche Beleuchtung, die Kerzen auf den Tischen entzückten sie, und es gelang ihr im Handumdrehn, das Personal, an der Spitze den »Herrn im Smoking« – er hieß Heck – durch die Spontaneität ihrer Persönlichkeit einzunehmen. Sie plauderte zuweilen französisch mit ihm, und er war bemüht, aufs Einfallsreichste unsern Appetit zu stillen. Das kostete natürlich viel Geld, und es kam vor, daß Elsa am Vormittag meinte: »Wir ruinierren uns, Berrta, laß uns heute abend in unserm Hotel essen.« Das war das bekannte »Meißel und Schadn«, und seine Küche hatte einen vorzüglichen Ruf. – Doch am frühen Nachmittag, im Wasser stehend, ermatteten die guten Vorsätze, und Elsa flüsterte mir zu: »Ruf Heck an, wir kommen!« Wir wurden erwartet; und da er Respekt hatte vor unserer täglichen Leistung, spendierte er nach dem Essen Mokka, dazu delikaten Kirschstrudel, auf den ich ganz versessen war.

Als wir dann endgültig adieu sagen mußten, ließ er es sich nicht nehmen, zum Nachtzug zu kommen, einen riesigen Kirschstrudel »statt Blumen« im Arm.

Ich hatte zunächst einmal genug vom Filmen, sehnte mich nach dem Theater und meinen Rollen. Trotz Krieg und Einschränkungen war das Ensemble gewachsen, ausgezeichnete Vorstellungen entstanden. Walter Felsenstein arbeitete vorzüglich, und ich freute mich auf die erste Begegnung mit ihm. Er inszenierte Ibsens *John Gabriel Borkman*, und ich sollte Fanny Wilton, die lebenslustige Verführerin, darin spielen.

Bei meiner ersten Szene war ich sofort das Opfer seines intensiven Gestaltungswillens. Ich mußte mit den Worten »Guten Abend, meine liebe Frau Borkman« auftreten. Mit mir sollte – nach Felsensteins Wunsch – in das düstere Haus der Frühling einbrechen. Wie macht man das? Mit elastischen Schritten betrete ich den Raum, helles Dur in der Stimme. »Bitte, noch einmal, Drews!« – Also noch leichtfüßiger. Noch mehr Jubel im Ton. Das geht so zwei-, dreimal. Doch so leicht komme ich nicht davon. Bei der zehnten Wiederholung hören wir aus dem Parkett Georges Stimme: »Um Gottes willen, Felsenstein, sie wird ja von Mal zu Mal schlechter! Den Frühling bringt sie mit ihrer Person auf die Bühne (oder auch nicht!). Erspielen läßt sich das kaum. Macht Schluß!«

Er hatte recht, und ich atmete erleichtert auf.

Es wurde eine großartige Aufführung. Paul Wegener war Borkman, »der kranke Wolf«. Als Ella Rentheim gastierte aus Dresden die noble Alice Verden, und Lucie Höflich war mit starrer Haltung, die blonden Haare hochgetürmt – ein Abbild großbürgerlicher Hoffart –, Frau Borkman. In unserer großen Szene im dritten Akt verpaßte sie mir mit ihrer hellen, klirrenden Stimme eine so höhnische Abfuhr, daß mir kraft dieser dämonischen Härte die

Luft wegblieb und der Kiefer von selbst runterfiel – wie es Felsenstein wünschte! Es klappte auf Anhieb. Ganz unvergeßlich.

Man hörte nach dem Zusammenbruch oft Stimmen, die das Theater dieser Jahre als hohl, pathetisch und verlogen abtaten. »Opas Theater!« Dem will ich ganz entschieden widersprechen. Ich erinnere mich an einen Abend in den ersten Tagen des Februar 1940. Am Tag zuvor hatte im Schiller-Theater eine »dänisch-deutsche Morgenfeier« stattgefunden. George, Helge Roswaenge, der lyrische Tenor der Staatsoper, und die grandiose Schauspielerin Bodil Ipsen aus Kopenhagen waren dabei.

Mir war aufgetragen worden, mit dieser großen Frau (für sie muß eine goldene Erinnerungsseite freigehalten bleiben!) die Staatsoper zu besuchen. George hatte keine Zeit. An diesem Abend fand die Hauptprobe des *Prinz von Homburg* unter der Regie Jürgen Fehlings statt. Wir hörten die *Zauberflöte*. Spitzenkräfte sangen. Regie führte mozartlich beschwingt, voll entzückender Einfälle, Gustaf Gründgens. Am Pult stand ein neuer Mann. Die Zeitungen sprachen tags darauf vom »Wunder Karajan«.

Wir hatten einen großen Abend erlebt und verließen hochgestimmt die Oper. Wir fuhren ins Schiller-Theater. Dort war die Hauptprobe noch in vollem Gang. Wir kamen zum zwölften Bild. Das ist der Aufstand der Offiziere gegen das Todesurteil Homburgs. Aus der farbenfrohen, hellen Welt der Oper gerieten wir in das fahle, strenge Halbdunkel der Mark Brandenburg. Fehlings glühender Eigenwille hatte dies Bild zu einem erregenden Höhepunkt getrieben. Jedes verzögerte »O Herr!« der einzelnen Offiziere – eine gefährliche Drohung. Georges Kurfürst stand als mächtiger Imperator »wie sein eigenes Standbild auf der Langen Brücke von Schlüter«, an dem alle Angriffe mit märkischer Ironie abprallten. Und als dann Paul Wegeners arg zerzauster, in Kriegsdiensten greis gewordener Kottwitz seinen listigen Angriff landete, standen sich zwei Altmeister höchsten Formats mit stählerner Entschlossenheit gegenüber. Und doch schien in ihren blitzenden Augen ein satanischer Humor auf der Lauer zu liegen, der dem Dialog im Bruchteil einer Sekunde eine unerwartete Wendung geben konnte. Diese unterschwellige Bereitschaft war speziell Georges Domäne. Nie kam bei ihm die Tragik eingleisig und bierernst daher!

Am Schluß dieses spannungsreichen Aktes trat ins Rampenlicht in jugendlicher Herrlichkeit der Traumwandler und Rebell Prinz Friedrich von Homburg, »der Fehrbellins halb dem Gesetz verfiel« – dargestellt von Horst Caspar. Ich sah ihn zum ersten Mal und erkannte in ihm, in seiner schmalen, hohen Gestalt, in seinen edlen Gesichtszügen *den* Wunschhelden schlechthin – nicht nur von Kleist. (So hätten auch Parsifal oder Lohengrin, diese anspruchsvollsten romantischen Figuren, daherkommen können!) Mit rhetorischem Feuer beherrschte er die Szene. Ich war ins Innerste getroffen. Meiner Begleiterin ging es nicht anders. Als der Vorhang fiel, waren wir überwältigt von der vielfältigen Meisterschaft dieses Abends. Wem gebührte der Lorbeer?

So geschehen im Februar 1940. Halten zu Gnaden!

Es war ein großer Gewinn für das Haus, zwei so außerordentliche jugendliche Helden wie Caspar und Quadflieg nebeneinander beschäftigen zu können. In Felsensteins *Clavigo* und in seiner *Braut von Messina* verhalf diese glückliche Bruderschaft dem Theater zu Sternstunden der Klassik.

Als im November 1939 Jürgen Fehling für einige Inszenierungen ans Schiller-Theater kam, bekennt George in einer Stellungnahme:

»Durch ihn habe ich zu meinem eigenen tiefsten Wesen gefunden. Unter ihm habe ich Hebbel sprechen und gestalten gelernt. Wir haben uns beide unbewußt gesucht und gefunden. Ich freue mich, Fehling hier zu haben, denn kein Schauspieler ist groß genug, ohne Regisseur zu spielen; auf ihn kommt entscheidend der Erfolg an.«

Und dankbar sagt er an anderer Stelle:

»Was wäre mein Theater, wenn ich nicht Fehling und Felsenstein,

Legal und Wegener hätte; sie schaffen erst den Humus, auf dem Horst Caspar, Will Quadflieg und Ernst Schröder wachsen können!«

Ja, es stand ein guter Stern über dem Haus. Krieg und Politik traten durch die Leidenschaft der Arbeit in den Hintergrund. Natürlich war die reibungslose Leitung des Hauses nicht ohne gewisse Konzessionen an die Regierung zu schaffen. Und da Vertrauen eine der wesentlichsten Voraussetzungen in Georges Beziehung zur Umwelt ist, meint dieser lautere Mann, die Nazis hätten es ihm bewiesen, als sie ihm das Schiller-Theater umbauten und ihm eine so reiche Wirkungsstätte anvertrauten. Und: Vertrauen gegen Vertrauen, er ist dankbar dafür. Er stellt sich zur Verfügung, wenn die Herren diesen oder jenen Dienst von ihm verlangen. Seine Kompromißlosigkeit in allen künstlerischen Dingen duldet darüber hinaus allerdings keinen Eingriff.

Als 1946 seine Mitarbeiter ein Gnadengesuch für ihn, der gedemütigt und geschwächt im Lager Sachsenhausen auf seine Entlassung wartet, dem russischen Kommandanten überreichen, heißt es darum:

»Die unterzeichneten Berliner Schauspieler legen hiermit vor der sowjetischen Besatzungsbehörde Zeugnis ab für den in Haft befindlichen Heinrich George.

Der Mensch und der Künstler George kann nur den Kollegen erklärlich sein, die viele Jahre in seiner nächsten Nähe bei ihm arbeiteten und wirkten. Es ist daher verständlich, daß es vor allem die ersten Mitglieder des ehemaligen Schiller-Theaters sein werden, das George in den Jahren 1938–1945 leitete, die hier übereinstimmend, von nichts anderem beseelt, als dem Wunsch nach Gerechtigkeit, aussagen wollen.

Um das wichtigste vorwegzunehmen: Die Aussagenden sind sich bewußt, daß ein Mann wie George bei der durchaus nicht zu berechnenden Haltung seines Charakters, der beinahe übertriebenen Spielfreudigkeit, der Labilität seines Wesens, einer fast krankhaften Unausgeglichenheit seines Temperaments von Haus aus gar nicht dazu angelegt war, politisch aktiv zu sein. Und genau betrachtet hat George auch niemals aktiv, sondern nur passiv nationalsozialistische Politik gemacht, indem die Propagandisten des 3. Reiches ihn als eine willkommene, weil überaus populäre Figur politisch und propagandistisch ausnutzten.

Unter den Theater- und Filmleuten, die heute in Berlin über George aussagen können, ist der geschäftsführende Direktor des Hebbel-Theaters, Dr. Kurt Raeck, an erster Stelle zu nennen, da er ihn neun Jahre lang in seiner Arbeit beobachten konnte. Alle Unterzeichneten sind in der Lage, weitere Aussagen zu machen.

Die politische Haltung Georges wird am klarsten, wenn man ihn in seiner Eigenschaft als Theaterleiter betrachtet. *Es ist eine Tatsache,* daß unter den Mitgliedern seines Theaters, die ja doch *er* zusammensuchte und immer wieder verpflichtete, bis auf einen nominellen Parteigenossen *kein* Nationalsozialist zu finden war. Es ist eine Tatsache, die hiermit unterschrieben wird, daß in den 7 Jahren, die das Schiller-Theater bestand, in den Garderoben der Künstler, auf der Bühne, ja selbst in den Verwaltungsräumen eindeutig nur Gespräche geführt wurden, die, wenn sie das Allgemeine betrafen, immer antifaschistischer Tendenz waren. Dies war George bekannt! Er hat dagegen nie etwas unternommen. Ja, man verließ sich darauf, daß er nichts unternehmen würde. – Natürlich blieben diese ständigen Äußerungen auch außerhalb des Hauses nicht verborgen, so daß zeitweilig in Berliner Kunstkreisen ein Leumund entstand, der immer wieder in die Worte gefaßt wurde: ›Ihr seid das rote Theater!‹ Und die Angestellten des Hauses wissen zu berichten, daß auf den Gruß ›Heil Hitler‹ nicht einmal vom Pförtner geantwortet wurde. Ein Schild: ›Hier gilt der deutsche Gruß‹, das es sonst in allen städtischen Betrieben gegeben hat, war in Georges Theater nicht zu finden. Es hatte sich hier eine Gruppe von Kollegen zusammengefunden, die sich künstlerisch und menschlich gegen die Ideologie der Naziherrscher verschworen hatte und die sich gegenseitig ein Stück Heimat gaben in der allgemeinen politischen Verworrenheit. Eine Tatsache, die nun freilich nicht der bewußten, politischen Auslese des Theaterleiters zu Gute gehalten werden muß, als vielmehr seinem ungewöhnlichen *menschlichen* Instinkt.

George engagierte den Dichter Weisenborn in dem schon gefährlichen Jahre 1942, obwohl er dessen radikale politische Linkseinstellung kannte. George verpflichtete die Schauspieler Hanns Meyer-Hanno und Herwarth Grosse (heute Deutsches Theater) von Jahr zu Jahr neu, obwohl er wußte, daß beide schon immer Mitglieder der KPD waren. Er engagierte als Dramaturgen den Schriftsteller Otto Dickschat, der wegen seiner Zugehörigkeit zur SPD Schwierigkeiten hatte. Er engagierte seit Gründung des Theaters den Kunsthistoriker Dr. Wilhelm Fraenger als künstlerischen Beirat, der bei der Machtübernahme durch die Nazis seine wissenschaftliche Stellung in Heidelberg verlor, der ständig von dem Berliner Sicherheitsdienst der SS angegriffen und beobachtet wurde. Dr. Wilhelm Fraenger, heute Stadtrat in Brandenburg, ist seit 25 Jahren einer der intimsten Vertrauten Georges und selbstverständlich zur Aussage über ihn bereit.

Es muß hiermit ausgesagt werden, daß der Theaterleiter George trotz immer wiederkehrender Schwierigkeiten *zehn* Mitglieder verpflichtete und zu *halten verstand* – und zwar in ersten Positionen –, die aufgrund ihrer jüdischen Versippung unter das ›Nürnberger Gesetz‹ fielen. Es sind dies:

der Direktor Dr. Kurt Raeck

der Schauspieler Eduard von Winterstein

der Schauspieler Walter Felsenstein

der Schauspieler Horst Caspar

der Schauspieler Peter Widmann

der Schauspieler Ernst Stahl-Nachbaur

die Schauspielerin Maria Eis

der Schauspieler Robert Müller

(sein Fall gibt zu besonderen Erklärungen Anlaß)

der Schauspieler Hanns Meyer-Hanno
der Bühnenbildner Robert Herlth

Es muß bei dieser Gelegenheit festgestellt werden, daß er es ebenso aus Überzeugung verstanden hat, alle seine Mitglieder davor zu bewahren, daß sie an den Fronten der nazistischen Eroberungskriege hingeopfert wurden.

Es wird als gegeben erachtet, den *Spielplan* des Schiller-Theaters in den 7 Jahren seiner Tätigkeit als Theaterleiter durchzusehen. Es muß dabei die erstaunliche Feststellung gemacht werden, daß – im Gegensatz zu den meisten deutschen Bühnen einschließlich der Staatstheater – kein Stück der politischen Tendenz willen gespielt wurde.

Es muß in diesem Zusammenhang erwähnt werden, daß George kein Amt im Kultursenat, in der Kulturkammer, in einer öffentlichen Körperschaft oder in irgendeinem Präsidialrat bekleidete, daß George *kein* Parteigenosse war, nicht einmal förderndes Mitglied irgendeiner Formation.

Seine Mitglieder wissen zu sagen, daß in all den Jahren George nicht *eine* antisemitische Bemerkung gemacht hat. George hat sich in Gegenwart sehr intoleranter Leute aus dem Propagandaministerium mehrfach erlaubt, die Grammophonaufnahme seiner Stimme vorzuspielen aus dem Film *Die Affäre Dreyfus*. Es war die Rede Zolas an die Jugend gegen den Antisemitismus.

Wenn man sich die Liste der Filme vorlegen läßt, in denen George spielte, so tritt klar zutage, wie wenig politische dabei sind. Seinen Mitarbeitern ist bekannt, wie er sich immer strikt geweigert hat, jede Art billige Propaganda zu machen. Es gab die schwierigsten Auseinandersetzungen mit Goebbels und ›Prof.‹ Harlan gelegentlich des *Kolberg*-Films.

Alle Mitglieder des Theaters, die an den Gastspielen im Ausland teilnahmen, wissen zu sagen, daß er anläßlich offizieller Reden, Rundfunkberichte und Empfänge immer wieder betonte, daß es eine *mensch*liche Verständigung geben müsse jenseits der Politik, wozu über die Nationalitäten hinweg einzig die Kunst berufen sei.

Er hat anläßlich des 1. Gastspieles einer deutschen Bühne an der ›Comédie Française‹ 1941 in Paris die künstlerischen Mitglieder dieses alt-ehrwürdigen Theaters vor dem Eingreifen des deutschen Sicherheitsdienstes bewahrt und zwar aus *selbstverständlicher Solidarität*. Als die Pariser Kollegen geäußert hatten: ›Wir werden den Deutschen nicht unsere Garderoben zu Verfügung stellen‹ (die sehr kostbar und traditionell eingerichtet sind), ›weil sie doch alles stehlen‹, war diese Redensart von der SS aufgegriffen worden. George wußte mit einem Lächeln dieses Vorurteil wegzuwischen und politische Weiterungen auszuschalten.

In dem selben Paris zeigte sich George demonstrativ in der Öffentlichkeit mit seinem von ihm geliebten Kollegen Harry Baur, dem berühmtesten französischen Schauspieler, den damals der deutsche Sicherheitsdienst verfolgte, umarmte ihn und machte eine Spazierfahrt im offenen Wagen mit ihm.

Der halbjüdische Schauspieler Robert Müller, der aufgrund seiner Ehe mit einer Jüdin als Volljude galt, ist von George vor dem Zugriff der Nürnberger Gesetze gerettet worden und engagiert worden. Er hat ihn vor dem Tragen des Judensterns bewahrt (siehe Anlage). Die halbjüdische Gattin und die jüdische Schwiegermutter des berühmten deutschen Schauspielers Albert Steinrück sind durch Anstrengungen, die man George sehr übelgenommen hat, vor Auschwitz bewahrt worden.

Der Bruder des Dramatikers und Schauspielers Per Schwenzen wurde von ihm aus dem KZ geholt. Schwenzen war der Leiter des norwegischen Schauspielerverbandes und wurde durch Georges sehr energischen, persönlichen Einsatz beim ›Reichsleiter‹ Terboven aus der Haft befreit mit der Verpflichtung, sich nur in Deutschland aufzuhalten.

Der ehemalige Direktor der Berliner Akademie für Bildende Künste, Prof. Max Beckmann, von den Nazis als entartet bezeichnet und ins Ausland emigriert, war sein Freund und wurde auch nach 1933 von ihm besucht und finanziell unterstützt.

Was die viel besprochene und ihm zur Last gelegte Teilnahme an der Sportpalast-Kundgebung (Aufruf zum Totalen Krieg) betrifft, so ist es eine Tatsache, daß die prominenten Berliner Künstler bei solchen Anlässen einen Wagen vors Haus geschickt bekamen und 10 Minuten vorher noch nicht wußten, um welchen Empfang es sich handelte. Es muß allerdings gesagt werden, daß sich George nur in den seltensten Fällen bei unumgänglichen Staatsempfängen, bei Hitler und Goebbels gezeigt hat. Private Einladungen, wie sie viele bekannte Berliner Schauspieler, die heute wieder in der Öffentlichkeit wirken, ausgenutzt haben, hat er allerdings auch selten bekommen.

Abschließend bleibt zu erklären, wie das George zur Last gelegte ›Durchhalte-Bekenntnis‹ vom April 1945 zustande kam. Dies kann nicht anders als eine glatte Erpressung des ehemaligen Deutschen Nachrichtenbüros (DNB) dargestellt werden. Man weiß, wie George von den Agenten und ›Schriftleitern‹ des DNB drei Wochen lang im Theater, im Filmatelier, in seiner Wohnung, ja selbst auf der Straße verfolgt wurde, ihn mit Namen eines Gerhart Hauptmann, Wilhelm Furtwängler, Friedrich Kayßler, die bereits geschrieben hätten, ködernd. George, *wohl wissend*, wie es um das Allgemeine stand – schließlich nicht zuletzt auf das Anraten engerer Mitarbeiter –, hatte widerstanden. Daß es dennoch zu der bekannten, sofort publizierten Äußerung kam, lag nicht nur an der allgemeinen Panikstimmung des belagerten Berlin, sondern an der krankhaft leicht umschlagenden Gemütsverfassung Georges, die aus Opposition zu irgendeiner zivilen Feigheit, der er gerade begegnete, den privatesten Ärger zum Anlaß eines ganz verfehlten ›Bekenntnisses‹ nahm. Gerade diese Äußerung zeigt aber, *wie wenig* ernst im Sinne politischer Verantwortung ein so von der Phantasie und vom Temperament pathologisch gefährdeter Mann zu nehmen ist. Ein Mann, nicht mehr und nicht weniger als ein – allerdings singulärer, großartiger –

Komödiant. Eines aber besaß er nicht: Die Geschicklichkeit anderer exponierter Bühnengrößen zur Doppelzüngigkeit.

gezeichnet:

Lu Säuberlich

Dr. Kurt Raeck

Ernst Schröder

Dr. Wilhelm Fraenger

Robert Müller

Ernst-Walter Mitulsky

Wolfgang Lukschy

Hubert von Meyerinck

Walter Felsenstein«

Darüber hinaus richteten Wolfgang Staudte, Horst Caspar, Lissy Steinrück und Robert Müller entlastende Briefe an die russische Kommandantur.

Am Ende dieser Bemühungen stand der Tod.

Ich will dieses künstlerische Lebenswerk, das mit keinem der heute wirkenden Künstler vergleichbar ist, nicht mit der politischen Elle messen. (Ernst Jünger: »Von einem gewissen Format an hat jeder seine Verfolger vom Dienst.«) Ich werde mich nicht mehr aufhalten mit Anklagen, falschen Verleumdungen und ihren Rechtfertigungen. Vielleicht ist aber eine Geschichte doch wert, erzählt zu werden. Einfach deshalb, weil sie nur aus der unheimlichen, schwermütigen Stimmung der damaligen Nächte erklärbar ist.

Den Schauspieler Robert Müller kannte George schon seit seiner Anfängerzeit in Dresden. Er holte ihn – nun ein alter Mann – an sein Schiller-Theater. Er war Halbjude, galt aber durch seine Ehe mit einer Jüdin als Volljude. Als im September 1941 die Einführung des Judensterns befohlen wurde, suchte George den Polizeipräsidenten auf. Er bat ihn, dem alten Freund diese »Maßnahme« zu ersparen. Man kam überein, daß Müller den Stern nicht zu tragen brauchte. Sollte eine Anzeige kommen, so wäre hier ja die letzte Instanz. Man würde sie unter den Tisch fallen lassen. Eines allerdings konnte der Intendant des Schiller-Theaters nicht durchsetzen: Müllers Beschäftigung als Schauspieler! Das traf den alten Mann hart. Er gehörte zu den aussterbenden Komödianten, die Stunden vor ihrem Auftritt an ihrem Schminktisch sitzen und sich durch innere Sammlung auf ihre Rolle – gleich ob groß oder klein – vorbereiten. Theater war seine Welt. Wie konnte man ihm helfen? Um ihm zu ermöglichen, dem Haus verbunden zu bleiben – wohl auch, um seine Gage zu rechtfertigen –, kam man auf die Idee, ihm den Auftrag zu geben, alle Zeitungsausschnitte, die sich mit dem deutschen Theater und Georges Rollen befaßten und die sich im Laufe von Jahren angesammelt hatten und auf unserm Boden in Kisten vergammelten, zu sortieren und in vorbereitete Bände zu kleben. Ein Stück Theatergeschichte. Er machte diese Arbeit wie alles mit äußerster Sorgfalt. Nur einen Wunsch im Herzen! Oft kam er hinter die Bühne und sah unserm Spiel zu.

Wir baten ihn mit seiner Frau Ella jetzt öfter zu uns nach Wannsee. Wir wollten ihn freundlich bewirten und mit Erinnerungen ein bißchen aufmöbeln.

Eines Abends hatten wir uns »verquatscht«. Zwei jüngere Kollegen konnten nicht genug bekommen. Mitternacht war vorbei. Mit der Stadtbahn konnten die alten Leutchen nicht heimfahren. Sie sollten bei uns übernachten. Die Nacht war jung, der Kamin brannte, ein paar Kerzen gaben stimmungsvolles, warmes Licht. George hatte gerade an seine Vortragsabende in Dresden (1917 war's) erinnert und mit vehementem Tempo Detlev von Liliencrons »Blitzzug« vorgetragen, ein Meisterstück atemberaubender Technik. Auf meinen besonderen Wunsch folgten ein paar weitere Gedichte, in possartscher Manier zelebriert. Und da war es vor allem »Die Maiennacht« von Lenau, die Heinrich mit verzücktem Tremolo und dramatischen Modulationen, unterstützt von lebhaftem Gestus, amüsant kopierte. Unsere Darbietungen waren stets mit einer Unze Albernheit und Witz gespickt und wollten amüsieren. Doch Bobby (so nannten wir Müller) verzog keine Miene. Er stand auf, verschwand ein paar Minuten und kehrte zurück, angetan mit einem langen, bestickten Kimono. Auf dem Kopf ein kleines Brokatkäppchen, das er in der Bar fand. Während er ein paar Stühle im Halbkreis aufstellte, hatte mein Mann noch Gelegenheit, uns zuzuflüstern: »Bleibt um Himmels willen ernst!« Frau Ella bat mit einer Geste Platz zu nehmen und Bobby verkündete: »Ich werde euch den Shylock vorspielen.« Und ohne Stichworthilfe begann er, lange Passagen dieser schweren Rolle zu sprechen – zu spielen? Wir waren fasziniert. Die Aura eines außerordentlichen Menschen war um ihn. Hatte dies noch mit Schauspielerei zu tun? – Eher mit Würde. Worte wurden plötzlich neu verstanden. Er strahlte Autorität aus. Wir lauschten atemlos – ergriffen. Hier wurde ein Mensch aus seiner Starre erlöst. – Wir umarmten ihn, George füllte die Gläser, und als Bobby bat, uns das Ganze in englischer Sprache zu wiederholen, war er trotz der späten Stunde unserer lebhaften Zustimmung sicher. Welch eine phantastische Nacht!

Sehr bald danach gelang es dem Theater, ihn in kleinen Rollen zu beschäftigen. An all das mag er gedacht haben, als er mir zum zehnten Todestag Heinrichs dieses Telegramm schickte:

»Ich denke in tiefer Trauer und Dankbarkeit Deines Mannes, der in meinem langen Leben mein einziger wahrer Freund gewesen ist.«

An diesem 25. September 1956 rufe ich noch einmal ein paar Freunde in unser Haus am Wannsee. Es hat einen neuen Besitzer bekommen, und bevor die Handwerker hier einziehen, sitzen wir noch einmal zusammen, um des alten Hausherrn zu gedenken.

Die Scheite im Kamin werfen unruhige Lichtreflexe auf das mächtige Dix-Porträt darüber. Es behauptet nach der Besetzung wieder seinen alten Platz! Jan – nun 24 Jahre alt – hat in dem erprobten Humpen eine Kalte Ente zubereitet. Er hebt ihn hoch, das erste Glas zu füllen, da reißt der geschwungene Henkel glatt und splitterlos von dem Gefäß, und wie eine Opfergabe ergießt sich der Inhalt vor dem Bild des Vaters in einer riesigen Lache auf den Boden. Sprachlos starren wir uns an. Wolfgang Lukschy ist der erste, der Worte findet: »Das war Heinrich!« Jan sieht erschrocken auf das Bild über sich, das in dem flackernden Licht des Feuers zu leben scheint, und man könnte glauben, daß George verschmitzt ein Auge zukneift und unserm Treiben mit leisem Spott zuschaut. »Du hast sein Lieblingsgetränk nicht richtig gemacht, Jan!«

Wir können befreit lachen und von ihm sprechen, der einen nicht losläßt. Und wir begreifen, daß der irrehandelnde Mensch – wenn er ausgestattet ist mit dem feurigen Herzen Heinrichs – dem wahren Menschen näher ist als der kalte, korrekte, der es liebt, in nörgelnder Beckmesserei über den anderen zu Gericht zu sitzen.

Die große Schauspielerin eines anderen Jahrhunderts, Sophie Schröder, hat gesagt: »Wir sollen euch die Leidenschaften auf der Bühne vorspielen, was scheltet ihr uns, wenn wir sie selbst empfinden!« Alle Mißverständnisse, die sich um seinen Namen gesammelt haben, stammen von Ahnungslosen, die nichts begriffen haben von *Georges* unbeirrbarem Wesen, von der Strenge und Kompromißlosigkeit seines Künstler-Ethos, von der letzten Treue gegen sich selbst und seinem Aufstieg.

Mitten in der Nacht höre ich eine tiefe, von Trauer bebende Stimme Barlachs Worte rufen: »Er ist tot, aber er war wie die Welt selbst. Wild und nicht draus klug zu werden!«

»Frieden findet man nur in den Wäldern.«

Michelangelo

Er wollte mir die ganze Welt zeigen, aber weiß der liebe Himmel, es gelang nicht, uns auf den Weg zu machen. Südamerika, das George bereisen wollte, war mir zu weit, mein Kind noch zu klein, um es lange allein zu lassen. (Wir haben noch so viel Zeit!) Zwei Tage, bevor wir nach Spanien aufbrechen wollten, begann der Bürgerkrieg. Und als wir uns eine alte Sehnsucht zu erfüllen dachten und Peer Gynts Welt – Vinstra im Gudbrandstal und das Dovregebirge – durchstreifen und weiter zu den Lofoten auf Hamsuns Spuren unsere verspäteten Flitterwochen zu verleben wünschten, kamen wir nur bis Kolberg. Er zeigte mir das kleine Kurtheater, auf dessen Brettern er 1912 die ersten Schritte zum Ruhm getan. Wir besuchten in einem Dorf in der Nähe seinen Hauptmann aus dem Ersten Weltkrieg, Ulrich Sander, der nun einen hübschen Hof am Meer besaß und erfolgreiche Bücher schrieb. Durch ihn hörten wir von Sorenbohm, ein paar Kilometer höher am Strand. Ein blitzblankes Dorf – ehemals eine holländische Siedlung – mit »Kath's Strandhotel«, wo wir Quartier nahmen.

Hier aber holte uns, zu meinem größten Mißvergnügen, der »Kintopp« ein. Sie kamen gleich zu zweit, George für ich weiß nicht welchen Stoff zu überreden. Er fühlte sich wohl in dieser einfachen, beruhigenden Umgebung und mietete kurzerhand eine alte, baufällige Villa am Wasser. Hierher bestellte er sich Felsenstein und Legal zu Besprechungen und war, eins fix drei! – fern von unserer romantischen Traumreise – in seiner gewohnten Arbeitswelt.

Nachts rauschte das Meer vor meinem Fenster, und im Halbschlaf hörte ich Legal sein Trauerspiel *Gott über Göttern* vorlesen.

Es wurden trotz allem erholsame Tage, und als wir heimfuhren, waren wir Sorenbohmer Grundstücksbesitzer. Ein Wäldchen, eine Düne außerhalb der Ortschaft. Eingefaßt von einem lustig grün bemalten Bretterzaun, und eine Bank auf dem höchsten Punkt, das endlose Meer zu Füßen. Hier, so schwärmte George, wollte er sich ein geräumiges Landhaus bauen. Mit einem Innenhof und offener Feuerstelle. Er entwarf es in allen Einzelheiten und fing auch sofort an, »Bauernbarock« zu kaufen! Der Krieg machte einen Strich durch diese Pläne. Bauverbot! – Doch im

Sommer 1940 überrascht er mich mit einer Art komfortabler Laube inmitten des Wäldchens. Praktisch möbiliert, mit einem primitiven Herd und einem hübschen Brunnen vor der Tür. Die riesige Glasveranda hat er an die erlaubten Kubikmeter »umbauten Raum« gemogelt. Alte Petroleumlampen und Kerzenhalter erleuchten sie, wenn es Nacht wird.

Es ging verdammt bodenständig bei uns zu. Wir praktizierten »das einfache Leben«. Und wenn es auch weder interessant noch wichtig ist, möchte ich hier verweilen!

Es dämmert, als ich erwache. Ich rappele mich hoch, um die Sonne aufgehen zu sehen an dem unendlichen Himmel, der sich hier wölbt. Mit nackten Füßen trete ich auf den nachtfeuchten, elastischen Waldboden. Das ist mit nichts zu vergleichen! Ein leises Rauschen in den Baumkronen – sonst kein Laut. Ich gehe auf die Düne, Nebel liegt über dem Wasser. Ich warte . . . Plötzlich bricht sie langsam hervor. Der Himmel ist lichtüberflutet, und ich fröstele vor Entzücken. Als ich wieder im Haus bin, schlafen die Kinder noch tief. Es gab keinen schöneren Platz auf der Welt –.

Heute ist Sorenbohm polnisch.

Auf seinen Fahrten nach draußen liebte es George, sich als alten Pionier zu bezeichnen, der die »Sappen der Kultur« vorantreiben will. In einer schwedischen Universitätsstadt hält er vor Studenten einen Lichtbildervortrag »Rembrandt als Erzieher«, den er mit dem Kunsthistoriker Wilhelm Fraenger erarbeitet hat. Auf seinem Rückweg zum Hotel bereiten ihm die jungen Leute einen Fackelzug.

Als wir in Lille vor Soldaten spielen, ist mittags ein kleiner Empfang. Mein Tischherr ist ein bezaubernder Mann, Professor für deutsche Literatur. Er macht mich darauf aufmerksam, daß der belgische Präfekt und der deutsche General zum erstenmal an einem Tisch zusammensitzen. Die Kunst hat das geschafft, die Politik ist vergessen! Das freut George.

»Glauben Sie, daß wir Ihren Mann dazu bringen können, einige deutsche Gedichte vor meinen Studenten zu sprechen?« fragt mich Professor Carlo Schmid später.

»Er spielt nachmittags und abends, aber ich will es versuchen.« George sagt sofort ja, und nach der Vorstellung versammeln sich die jungen Leute in einem Zimmerchen hinter der Bühne. Er spricht mit Quadflieg Goethe und Eichendorff. In diesem stimmungsmordenden Raum unter einer grellen Glühbirne vermögen die beiden die dichtgedrängte Schar zu entflammen und eine »alle Menschen werden Brüder«-Stimmung mit dem Dichterwort zu zaubern.

In Paris treffen wir bei »Maxim's« viele bekannte französische Schauspieler. Ein Filmverleih hatte eingeladen. Der *Postmeister* war gerade in Venedig ausgezeichnet worden und läuft hier seit Wochen vor vollen Häusern. Trotz mancher begreiflicher Vorbehalte begrüßt man uns mit liebenswürdiger Herzlichkeit und feiert George, dem es einen Riesenspaß macht, endlich seine »Stimme« persönlich kennenzulernen: ein kleiner, eher schmächtiger Mann, der bei der französischen Synchronisation stets seine dominierenden Rollen übernimmt. Sie verstehen sich auf Anhieb, und George ermuntert ihn, ihm einige Passagen französisch-»georgisch« vorzuführen.

Am nächsten Morgen werden wir bei unserm opulenten Frühstück im »Ritz« gestört. Ein Monsieur Corbellini läßt sich nicht abweisen. Er ist Maler und möchte mit Unterstützung eines deutschen Kollegen, Paul Streker, der in Paris lebt, ein Porträt meines Mannes machen.

Solche Überfälle sind für uns nichts Neues. Ihering schreibt irgendwann darüber:

»Es gibt bei George Augenblicke, in denen die Gestalt auf eine optische Formel gebracht zu sein scheint, Momente von unheimlich visueller Kraft.«

Dies mag der Grund sein, daß immer wieder Bilder entstehen. Bedeutende und weniger gute.

Auch hier hört George sich die Wünsche der Besucher an, macht aber darauf aufmerksam, daß er gleich einen Journalisten zu einem Interview empfangen muß und danach eine berufliche Besprechung auf dem Plan steht. Corbellini entmutigt dies keineswegs: »Ich stelle meine Staffelei so auf, daß Sie nicht gestört werden.«

»Lieber Meister, morgen bin ich in Brüssel!«

»Bis dahin ist das Porträt fertig.«

Dazu meint George halblaut (auf der Bühne heißt das »beiseite«): »Ach, du Donnerwetter – na, denn mal los!«

Und Corbellini schafft es. Unterstützt von Strekers Bleistiftskizzen – beispielsweise der Hände – kann er das Bild vollenden. Es verschwindet in irgendeiner Ausstellung.

Nicht für immer: Mein Sohn Götz überrascht mich in den sechziger Jahren an einem Weihnachtsabend damit. Er war beruflich nach Paris gekommen und hatte es für einen stolzen Preis gekauft.

Im November 1942 zum 80. Geburtstag Gerhart Hauptmanns will George noch einmal seinen Fuhrmann Henschel für ihn spielen. Er wünscht sich Fehling als Regisseur! Mich will er als Hanne Schäl haben.

Diese Eröffnung versetzt mich in nervöse Unsicherheit. Gewiß, mich reizt die Herausforderung, andererseits zittere ich vor der Strenge des großen Jürgen. Ich weiß von Wunden, die er einigen meiner Kollegen bei seiner leidenschaftlichen, rücksichtslosen Probenarbeit schlug.

George steht vor mir, er erwartet eine Äußerung der Freude. »Menschenskind, das ist ein Geschenk! Die Rolle liegt dir, ich würde sie sonst nicht mit dir spielen wollen. Na schön, er wird dir nichts ersparen, aber er wird alle deine Kräfte mobilisieren und dich hochreißen zu deinen äußersten Möglichkeiten. Und ich glaube, da ist noch allerhand zu entdecken. Mut, Mädchen! Mich brachte die erste Begegnung mit ihm zehn Jahre in meiner

Entwicklung voran. Er ist für mich der einzige schöpferische Regisseur!«

Ich denke an meine Münchner Hanne Schäl, die ich 1927 in ein paar Tagen, ohne rechte Führung, »herausgeschmissen« hatte. Mit »ahnungsvoller Naivität« muß ich damals den richtigen Weg gefunden haben, sonst hätte es nicht mein erster einschneidender Erfolg werden können. Ich muß es wagen, nun das Embryonale, Ungehobelte mit Fehlings Kraft und Phantasie zu vollenden; dieses Weibsbild Hanne, die den schweren dumpfen Mann Henschel mit ihren elementaren Trieben, durch ihre ruchlosen Machenschaften zu Tode bringt, gültig zu gestalten.

Es kommt nicht zu meiner Begegnung mit Fehling – und das bedaure ich nun unsäglich! Das Propagandaministerium wünscht das »depressive« Stück nicht zur Feier des Jubilars. Blödmänner! Trotzig unternimmt George das Wagnis, den kaum spielbaren *Veland* – ein Versdrama aus grauer Vorzeit, um das die Theater gern einen Bogen machen – doch einmal für den Dichter ins Fleisch der Bühne zu bringen. »Ein Urtier, ein Findlingsblock aus der Edda. Verstümmelter Halbgott mit dem wilden Aufruhr im Blut« – so stellt er ihn dar. Und noch zwei Jahre nach der Premiere, am 23. November 1944, telegrafiert Hauptmann aus Hirschberg: »Immer dankbar verbunden in warmer Gesinnung Ihren unvergeßlichen Veland täglich vor der Seele grüße ich Sie herzlich in tiefer Erkenntlichkeit.«

Erst einmal aber gab es einen festlichen Abend zur Feier der Premiere bei uns in Wannsee. Wir waren dem Meister ein paarmal im »Adlon« bei einem Glas Wein begegnet; doch ich erstarb jedesmal vor Ehrfurcht und bekam den Mund nicht auf. An diesem Abend aber gab sich der alte Herr so freundschaftlich aufgeschlossen, daß wir drauflos plauderten. Es folgten bewegte Worte des Dichters: »Dank für den Veland.« Heinrichs Antwort: – eine Verbeugung vor dem gigantischen Werk des Dichters.

Zu den Gästen gehörten auch der Verleger Peter Suhrkamp und seine Frau Mirl, eine aparte, ganz bezaubernde Frau. Sie war

Schauspielerin und beklagte, daß Rollen wie dieser Veland nicht für Frauen geschrieben werden. Als wir dann später zusammensaßen, wollte sie Heinrich gern in ein Gespräch über sein »Handwerk« verwickeln. Der aber liebte es gar nicht, sich analytisch über Schauspielerei zu äußern. Sie war enthusiasmiert von der Leichtigkeit dieses finsteren Gnoms, der mit pfiffiger Leutseligkeit seine jungen Opfer ins Verderben lockt. Sie wollte wissen, wie er es fertigbrächte, mit den schweren, verklumpten Füßen, die ihn an den Bühnenboden fesseln mußten, so anmutig-schwerelos zu tanzen. Das Wort »entmaterialisiert« fiel. »Als wenn die Seele über die Ufer der Körperlichkeit getreten ist« – ich glaube, der brillante Polgar hat es so ausgedrückt. (Für mich gab es in den Jahrzehnten, die ich zur Gilde gehörte, nur zwei, die diesen Eindruck vermittelten: Werner Krauß und der zehn Jahre jüngere Heinrich. Und dadurch erhoben sie sich für Augenblicke über jede Virtuosität und darstellerische Kraft anderer Kollegen.)

Mirl versuchte diese Tanzschritte nachzuahmen. Bei aller Anmut gelang es nur unvollkommen. Sie gab auf und saß dann nachdenklich und ganz nach innen gekehrt neben mir. »George lebt nicht mehr lange«, hörte ich sie plötzlich leise sagen. Einen Augenblick stockte mein Herz, aber die lebhafte Unterhaltung um uns herum verwischte die Unheimlichkeit dieser Worte. George ist gerade 49 Jahre alt geworden. Mirl phantasiert!

Nein, er liebte keine intellektuellen Unterhaltungen über die unmittelbarste aller Künste, die Schauspielerei. Ich hätte ihn oft gern ein bißchen ausgehorcht, wenn er in einer interessanten Arbeit steckte. Nichts zu machen! Quaddelei!! – Was mußte geschehen, um seine sture Zunge zu lösen? Einer gelang es, und ich brenne darauf, ihren Namen zu beschwören: Bodil Ipsen. Es beginnt damit, daß George aus Kopenhagen kommend mich bittet, Platz zu nehmen, um mir eine Privatvorstellung zu geben. Er spielt mir eine Frauenrolle von Anfang bis zum Ende vor. Es ist die Geschichte von der schönen Dyveke, der Geliebten König

Christians II. (Ende des 15. Jahrhunderts), die von ihrer Mutter mit vergifteten Kirschen getötet wird. Die Mutter ist Bodil Ipsen, und ich erfahre, daß diese Frau vom Königlichen Theater der Liebling der Kopenhagener ist und alles spielen kann. Sie ist der Prinz Orlofsky in der *Fledermaus*, die Max Reinhardt in Dänemark inszenierte. Sie ist die anmutige Tänzerin Barbarina und am nächsten Tag eine dämonische Lady Macbeth. Heinrich redet und redet. Er will es schaffen, sie nach Berlin zu bringen!

Diesmal ist der dänische Gesandte Zahle sein Helfer, und am 3. Mai 1939 spielt Det Kongelige Teater Kopenhagen bei uns *Maria Stuart* mit Bodil Ipsen als Elisabeth. Ich saß in der ersten Reihe. Keine Nuance dieser Wunderfrau wollte ich mir entgehen lassen.

Behängt mit kostbaren Brokaten und Geschmeiden taucht sie langsam hinten auf. Das Gesicht ist fast ausdruckslos. Warum läuft mir ein Schauer über den Rücken? (Und wenn ich schildern soll, was sie spielte, so muß ich eher davon sprechen, was sie alles wegließ!) Leise, ganz direkt, wie beiläufig spricht sie mit den Höflingen. (Macht, die es nicht nötig hat, sich zu demonstrieren!) Nur in der Szene mit Mortimer geht ein gefährliches Glitzern über diese Züge, daß einem himmelangst wird. – In der Gartenszene erhebt sie nicht einen Augenblick die Stimme. »Ihr seid an Eurem Platz, Lady Maria«, spricht sie trocken, ohne Hohn. Wie eine Feststellung, die sie nicht mehr zu wiederholen wünscht. Man möchte der Maria zurufen: »Gib auf! Knie nicht!«

Ach, ich merke schon, es ist unmöglich dieses »Kunstwerk« mit dürren Worten zu schildern, ihre Unverwechselbarkeit zu beschwören. Wie soll man geniale Schauspielerei vermitteln? Was sich hier zutrug, war so endgültig, so absolut tödlich. Mit weit aufgerissenen Augen saß ich zusammengesunken in meinem Sessel. Überwältigt von dem hypnotischen Zauber einer Persönlichkeit, die dabei war, uns alle zu verhexen.

George sagte später: »Laßt euch nicht einfallen, es ihr gleichzutun! Mit so wenig kam nur Albert Steinrück aus.«

Zu dem festlichen Empfang in der Dänischen Gesandtschaft erschien sie nicht, da sie für die Wiederholung der *Stuart* am nächsten Tag geschont werden mußte. Das bedauerte ich. Ich hatte so sehr gewünscht, ihr meine demütige Dankbarkeit zu Füßen legen zu dürfen. Ich sah sie erst am 4. Februar 1940 zur »Dänisch-deutschen Morgenfeier« wieder. Diese Matinee gehörte wohl zu den künstlerisch geglücktesten dank der Mitwirkung Bodil Ipsens. George sprach zur Einführung Teile aus dem Briefwechsel Schillers mit dem Herzog von Augustenburg. Dann trug Bodil Ipsen zwei Andersen-Märchen, und davon besonders den »Teetopf«, so zauberhaft amüsant vor, daß das Haus jauchzte. Zum Abschluß sprach sie Goethes »Nachtlied« deutsch, als Reverenz für die Gastgeber. Und George las als Huldigung für die Dänen Teile aus den Romanen von Hans-Christian Andersen. Den Rahmen bildeten Gesangsvorträge von Helge Roswaenge und Dorothy Larson, begleitet von dem einfühlsamen Spiel Michael Raucheisens. Ich bildete mir ein, der größten Schauspielerin der Welt gegenüber gestanden zu haben. Eine Begeisterung, für die ich keine Worte fand.

Prinz Friedrich von Homburg

Ein Schauspiel

von

Heinrich von Kleist

Schiller-Theater der Reichshauptstadt

Intendant Heinrich George

Vorderseite des Programmhefts zur Jürgen-Fehling-Neuinszenierung von Kleists »Prinz Friedrich von Homburg«, Schiller-Theater, 6. Februar 1940

Endzeit

*Letzte gemeinsame Jahre
und Georges Tod*

»Es ist ein närrisch Ding,
der Mensch.«

Goethe

Meine Kinder nannten mich »Tusch«, kurz und bündig; zärtlich verbrämt »Tuschi«. Tusch war die Abkürzung von »Duschka«. So nannten mich meine Freunde und natürlich Heinrich. Erinnerte er sich an den Namen Berta, so war Gefahr im Verzug, und ich mußte mit einem seiner gefürchteten Donnerwetter rechnen. Im Laufe der Jahre hatte ich allerdings gelernt, die ersten geringfügigsten Anzeichen dafür wahrzunehmen, und oft gelang es mir mit weiblicher Schläue, den großen Ausbruch abzufangen. Wir lebten gut miteinander, er hatte mich gern in seiner Nähe und verwöhnte mich. Wenn ich seine Vorstellungen besuchte, und das geschah bei jeder Rolle zwei- bis dreimal, so baute er in die Texte geschickt »Duschka« ein. Und ob das nun *Wallenstein* oder *Hannibal* war, ich bekam meinen Gruß. Das Publikum merkte nichts. Im *Postmeister* gibt es eine Stelle, da liest er den Pferden einen Brief seiner geliebten Dunja vor. Das wurde ganz einfach eine Duschka. Und heute, wenn ich den Film ansehe, ist es wie ein Gruß von »drüben«.

Aber es gab auch stürmische Signale. Wie der Zufall so spielt, war mir bei Durchsicht eingegangener Rechnungen ein fataler Posten in die Hände gefallen. Es war der Betrag für ein Schmuckstück, das er mir zur letzten Premiere überreicht hatte. Aber wer, zum Kuckuck, hatte den Anhänger bekommen, dessen ansehnlicher

Betrag hier aufgeführt war? Jetzt war ich an der Reihe, Krach zu machen. Der Haussegen hing total schief. Ich sprach kein Wort, und er machte keine Anstalten, mir eine Erklärung zu geben. Ich grollte vor mich hin und hatte am dritten Tag den überspannten Einfall, mich in die erste Reihe zu setzen, wenn er seinen Kurfürsten spielt.

Was hatte ich mir dabei gedacht? Wollte ich mich nachdrücklich in Erinnerung bringen? Er schien mich gar nicht zu bemerken. Doch plötzlich nach der Pause stockt er, seine zornblitzenden Augen starren mich an, und er kommt von links hinten schräg über die Bühne in einem rasanten Stechschritt direkt auf mich zu. Sein Bein hebt sich, und der gesporte Reiterstiefel wäre in meinem Gesicht gelandet, wenn er nicht direkt an der Rampe gebremst hätte. Ich kann einen Aufschrei kaum unterdrücken.

Ich hatte einen Fehler gemacht. Bühne war heiliger Boden, und solche privaten Spannungszustände durften nicht an ihn herangetragen werden. Diesmal störte ich. Der Vorhang war noch nicht unten, als ich den Zuschauerraum fluchtartig verließ.

In Wannsee setzte ich mich mit einer Flasche Wein, den ich sonst nur mäßig trank, in die Bar. Ich muß wohl ein Spitzengetränk der bevorzugten Kellerei »Bassermann-Jordan« erwischt haben, denn ich kam in meinem Sessel erst zu mir, als jemand meine Wange leicht tätschelte. Heinrich kniete vor mir und redete mit väterlicher Besorgtheit auf mich ein. Er fand Worte so zarter Überredung, daß mein gefoltertes Herz hinschmolz und ich nur einen Wunsch hatte, mich mit ihm zu versöhnen – und meinen Rausch auszuschlafen.

Wir hatten bald Gelegenheit, wieder sehr freundlich miteinander umzugehen. Die Proben zu der Komödie *Die Söhne des Herrn Grafen* von Gherardi begannen. (Ich hatte das Stück in Wien mit dem vorzüglichen Otto Tressler gesehen und fand, daß die Rolle des eleganten Schwerenöters George Gelegenheit bieten könnte, sich wieder einmal an der leichten Muse zu versuchen. Er griff zu, und ich bekam die dankbare Rolle seiner Tochter.) Nun genoß ich im Zusammenspiel wieder die großartige Partnerschaft Heinrichs. Unser Schlagabtausch bekam im Lauf der Arbeit eine Selbstverständlichkeit und Leichtigkeit, daß jede Probe eine Lust war. Ich bemühte mich, seinen übermütigen Kapriolen contra zu geben, und wie immer, wenn ich es gut machte, gebärdete er sich wie ein Verliebter. (Wehe wenn ich schlecht Theater spielte – dann umwölkte sich seine Stirn, und ich kriegte was zu hören!)

Nach der Premiere versprach er mir: »Wenn der Krieg vorbei ist, mache ich eine große Filmrolle mit dir.« Ich holte erst mal tief Luft. Ein größeres Kompliment hätte er mir nicht machen können.

Die Krönung seines Lebens sollte der *König Lear* werden. Diese gewaltigste aller Väterrollen will er zu seinem 50. Geburtstag am 9. Oktober 1943 spielen. An der szenischen Gestaltung arbeiten seit dem Sommer Felsenstein und der Bühnenbildner Fenneker. Alles geht gut voran. Ich sollte eine der schlimmen Töchter sein. Da heulen in einer warmen Septembernacht die Sirenen. Diesmal schrillt das Telefon unmittelbar nach dem Einflug: Brandbomben im Schiller-Theater! Das Bühnendach steht in Flammen. George rennt von Wannsee los, auf der Avus wird er von einem Lastwagen bis zum Funkturm mitgenommen. Dann kämpft er sich Schritt für Schritt unter Funkenregen, im Flammenwind, der ihn fast umwirft, zu dem brennenden Haus durch. Er hilft bei den Löscharbeiten bis zum Morgen. Das Bühnendach ist nicht zu retten, es stürzt brennend in den Zuschauerraum. Der Traum von *König Lear* ist unter den Trümmern begraben.

Trotzdem wird sein 50. Geburtstag die stolze Bilanz seines Lebens für die Kunst. Zwei Tage lang wird er gefeiert. Von seinem Theater, von der Tobis-Filmgesellschaft (in der er eine Herstellungsgruppe übernommen hat), vom schwedischen und dänischen Gesandten – und schließlich versammeln sich seine

Freunde und seine Familie draußen in Wannsee. Zweitausend Glückwünsche aus ganz Europa grüßen ihn. Der König von Schweden verleiht ihm den Ordensbrief über die Ernennung zum Kommandeur vom Wasa-Orden, und Dänemark ehrt ihn mit dem Dannebrog-Kreuz. Goebbels überreicht bei einem Besuch im Renaissance-Theater, der kleinen Dependance des Schiller-Theaters, George das Verdienstkreuz II. Klasse – »für Löscharbeiten in der Brandnacht«!

»Was wir hatten, wo ist's hin?«

Volksmund

An die Aufnahme eines geregelten Spielbetriebes ist nicht zu denken. Damit droht einigen männlichen Kollegen die Aufhebung der uk-Stellung. George schickt zu ihrem Schutz einen Teil seines Ensembles auf Tournee. Zur gleichen Zeit betreibt er mit der technischen Belegschaft fieberhaft die Aufräumungsarbeiten. Er will in der Ruine den *Ödipus* aufführen. Als aber im November die Reste des Hauses einem erneuten Bombenangriff zum Opfer fallen, zerschlägt sich dieser Plan – es blieb nur noch das »Kleine Haus«, das Renaissance-Theater, bespielbar.
Vor diesem Bombenangriff waren wir, von Paris kommend, in Köln aufgehalten worden. Der Anblick dieser zerstörten Stadt war ein gewaltiger Schock. Beunruhigt kehrten wir heim. Unser Haus im Vorort Wannsee war bisher verschont geblieben. Es war keine Bombe in dieser Gegend gefallen. Als aber am 23. und 24. November große Verbände die Stadt erneut bombardierten und ungeheure Verwüstungen anrichteten, entschlossen wir uns, die Einladung des Landrats im mecklenburgischen Schönberg anzunehmen, unsere Jungs in seinem kinderfreundlichen Haus unterzubringen. Die Gegend war ruhig und die Ernährung durch Ackerbau und Viehzucht besser als in Berlin.
Nicht genug damit, schlug man uns vor, kostbare Dinge, die wir in Sicherheit zu bringen wünschten, in den luftigen Räumen des

Landratsamtes unterzustellen. Das ließ sich George nicht zweimal sagen, und als ein Lastwagen Lebensmittel von Schönberg nach Berlin brachte, der leer zurückfuhr, verpackte man mit sachkundiger Gründlichkeit die in langen Jahren zusammengetragenen wertvollsten Möbel, die bibliophilen Kostbarkeiten, die Bilder und echten Teppiche. Wilhelm Fraenger leistete bei dieser Auswahl hilfreiche Arbeit.

Ich lernte diesen außergewöhnlichen Mann in den ersten Tagen meiner Berliner Tätigkeit kennen. Er war damals Direktor der Schloßbücherei in Mannheim. George kannte ihn schon in den »wilden« Frankfurter Jahren. Sie begegneten sich bei der gemeinsamen Bemühung, erste dramatische Versuche Oskar Kokoschkas auf die Bühne zu bringen. Kein leichtes Unterfangen dazumal! Man erzählte mir, wie dieser hoffmanneske Gelehrte zur Einführung aus der Loge des Theaters im flackernden Licht eines siebenarmigen Leuchters eindringlich deutende Worte mit der ihm eigenen Plastik des Ausdrucks an das Publikum richtete – ohne den Abend vor dem gefürchteten Skandal retten zu können! Man muß ihn sich vorstellen wie ein fülliges Mönchlein. Seine Augen beobachteten und durchschauten sein Gegenüber. Ich glaube, er besaß Gaben, die weit über das hinausgingen, was man gemeinhin mit Intelligenz und Bildung bezeichnet. Jedenfalls gab es zwischen ihm und George gewisse Entsprechungen. Laßt es mich so sagen: Beide hatten mehr als fünf Sinne. Nur so sind seine hellsichtigen Deutungen der Bilder Hieronymus Boschs, die voller Rätsel stecken, oder die phantasievolle Beschwörung der Bildersprache Grünewalds (ein prachtvoller Essay, der George gewidmet ist) zu begreifen.

Aus solchen geistigen Randbezirken scheinen mir auch die Bühnengestalten Georges zu stammen. Eine rücksichtslose, die Realität erweiternde aggressive Kunst, die aus Quellen höherer Weisheit gespeist wurde, die ich mir nur mit C. G. Jungs Begriff vom »natural mind« (»Geist, welcher der Natur entstammt und nichts mit Büchern zu tun hat. Er entspringt der Natur des Menschen wie ein Quell der Erde und spricht die eigentümliche Weisheit der Natur aus. Er sagt die Dinge unbekümmert und ruchlos: to the point«) erklären konnte.

Was ich klarzumachen versuche, ist die Bereitschaft der beiden Männer – des Wissenschaftlers und des Künstlers –, der Trivialität des täglichen Lebens ein Schnippchen zu schlagen. Das machte mir zuzeiten sehr zu schaffen. Ich hatte Instinkt genug, um nach unserer ersten Begegnung zu erkennen, daß dieser universelle Geist eine Nummer zu groß für mich war. Ich glaubte auch zu bemerken, daß meine Gegenwart bei unsern gemeinsamen Mahlzeiten oder bei den Abenden am Kamin nicht unbedingt erwünscht war. Ich war nicht imstande, mitzureden und fühlte mich unbehaglich. – Was Wunder, daß ich einen Groll gegen diesen Gast hegte. Mich ärgerte überhaupt der ganze festliche Aufwand, die freudige Erwartung.

Ja, allein die Tatsache, daß George ihn zu sich ruft, als ob er um die Ecke wohnt, daß ihm keine Mühe zu groß ist, um ein gewünschtes Gespräch oder neue Ideen für Vortragsreisen und Lesungen zu realisieren. Ich verstecke meine »Eifersucht« hinter der zimperlichen Besorgnis, daß nun der Weinkeller mit seinen köstlichsten Schätzen in ungebührlichen Mengen herhalten muß. – Nachts höre ich ihr Gelächter. George liest Verse und Prosa, seltene Funde, die der Freund aus dem Schatz seiner literarischen Entdeckung herausrückt. Ich jammere, daß nun Tage und Nächte vergehen, ohne daß ein Sonnenstrahl die »beiden Schoßkinder des Monds« erreicht.

Aber wie so oft im Leben bekam auch diese Erfahrung mit den Jahren eine neue, freundlichere Dimension!

Die Heidelberger Sommer! Sie machten die Menschen – fern von allen politischen Querelen – aufgeschlossen, ja förmlich berauscht, zu Brüdern. Unsere Fahrten durch die glückliche Landschaft des Neckartals bestellten Fraenger zu unserm hymnisch inspirierten Cicerone. Was wußte er alles zu berichten von den uralten Burgen, von den Schlössern voller Kostbarkeiten und nicht zuletzt von verschlafenen Gaststuben, die er wie mit einer Wünschelrute aufstöberte! Hier waltete segnend Gott Bacchus – und Fraenger wußte kostbare Säfte aus den Kellereien unter der Erde ans Licht zu zaubern. Die Zungen lösten sich.

Viel Kurioses kam da heraus. Auch verschmitzter Humor, der uns, veralbert, Schabernack und Spuk treiben ließ. Glückliche, verrückte Nächte!

So gewann er mein Herz, und rückblickend muß ich einer grotesken Szene gedenken: Es war ein wichtiger Tag. Unsere Hochzeit. Ein befreundeter Schauspieler und Wilhelm Fraenger sollten unsere Trauzeugen sein. Wir waren schon auf dem Standesamt versammelt, als der Kollege bemerkte, daß er ein notwendiges Papier vergessen hatte. Da er in der Nähe wohnte, bat man ihn, es schleunigst zu holen. Wir unterhielten uns indessen mit dem Standesbeamten, einem freundlichen, bescheidenen Mann, der uns versicherte, wie stolz er sei, Georges Eheschließung zu vollziehen. Als es dann soweit war und wir vor seinen Tisch traten – die beiden Zeugen seitlich hinter uns –, erhob er sich, und eine erstaunliche Verwandlung ging mit dem wackeren Mann vor. Eben noch hatte er locker und natürlich mit uns geplaudert – nun erhob er seine Stimme zu beträchtlichem Pathos und gab damit seiner Befragung einen unerwartet dramatischen Charakter. George erkannte sofort, wie anregend diese Verwandlung auf unsere Lachmuskeln wirken mußte. Mit todernstem Gesicht legte er seinen Arm um meine Schulter, drückte mich fast schmerzhaft an sich, als wollte er sagen: »Nimm dich um Himmels willen zusammen.« Doch als mein Blick schräg nach hinten fiel, sah ich Fraenger mit hochrotem Kopf, dem Schlagfluß nahe, auf seine Zunge beißen. Sein ganzer Körper bebte vor unterdrücktem Gelächter. Und nur mit äußerster Energie konnten wir die Zeremonie würdig zu Ende bringen. Dieser Fraenger! Hätte er es doch um ein Haar geschafft, die Braut mit seinem unziemlichen Lausbubengelächter anzustecken! – O nein, seine imponierende Geistesstärke hatte nichts mit Sinnenfeindlichkeit zu tun!

Nach 1933 hatte er politische Schwierigkeiten und verlor seinen Direktionsposten in Mannheim. Er arbeitete frei, schrieb seine prachtvollen Bücher, hielt Vorträge und stand dem Rundfunk nahe. So war es eigentlich ganz selbstverständlich, daß George, als er 1938 das Schiller-Theater in Berlin als Intendant übernahm, ihn in seinen Dramaturgenkreis berief. Seiner Mitarbeit verdankte das Haus hochkünstlerische Morgenfeiern, eine exzellent bebilderte Programmheft-Gestaltung und Anregungen für einen niveauvollen Spielplan.

Wir waren ja nun gewissermaßen Kollegen. Und wie es so geht – meine Hochachtung für seine rastlose Mitarbeit und seine galante Reverenz wiederum vor meiner Schauspielerei entwickelten eine gleichgestimmte Partnerschaft.

Ich sah ihn nach dem Krieg noch ein paarmal (man hatte ihn zum Bürgermeister von Brandenburg gemacht). Zuletzt in einer Wohnung in der Nähe des Savignyplatzes, in der George Grosz wohnte, den ich bei dieser Gelegenheit kennenlernte.

Doch halt! Soweit sind wir noch nicht.

Ein langer, dunkler Winter 1943/44 stand bevor. Die Kinder fehlten mir. Ich war oft allein, und zuweilen kam es mir in den Sinn, unsern Wohnraum, der mir halb ausgeräumt riesengroß und kahl vorkam, mit Gestalten zu beleben, die für Momente deutlich auftauchten.

Unser Haus blieb gastfrei auch in den ersten Jahren des Krieges. Prominent und beliebt sein brachte manchen Vorteil. Unsere Güterfreunde in Pommern und Mecklenburg versorgten uns mit Wild und Geflügel, und freundliche Skandinavier verwöhnten uns mit Leckerbissen. Nun war Heinrich nicht der Mann, der diese Gaben sammelte für schlechtere Zeiten. Er war ein Verschwender und rief zum Schmaus, wer ihm in den Sinn kam oder zufällig über den Weg lief. Ob das nun befreundete Kollegen, Maler, Dichter oder gewichtige Herren der Wissenschaft waren. Auch sonderbare Käuze, die er ein Leben lang im Schlepptau hatte, waren willkommen.

Ich wähle einen, der mir in lebhafter Erinnerung geblieben ist: Ivar von Lücken. Er war ein verarmter baltischer Baron »und Poet dazu«. Groß, hager und ein bißchen schief, erschien er zuweilen, korrekt, aber leicht abgenutzt gekleidet. Er überreichte mir mit tiefer Verbeugung jedesmal ein Sträußchen, meist waren es Veilchen, dazu ein Stückchen Papier mit einem Vers aus seiner Feder. Ich sammelte diese Zettel – sie sind leider mit der Verlagerung meines Schreibtisches verlorengegangen. George zog ihn an seine Brust, und es kam vor, daß er zwei bis drei Tage unser Gast blieb. Trinkend – schweigend – fabulierend. Otto Dix hat ein vorzügliches Bild von ihm gemalt.

Zu den Käuzen gehörte für mich auch der Dichter Richard Billinger. Ich sehe ihn unter dem riesigen Weihnachtsbaum sitzen. Leicht berauscht trägt er Lyrik und hymnische Texte vor. Singt wohl auch mit lauter, wohltönender Stimme ein Weihnachtslied. Mir kam er vor wie ein Waldschrat. Freundlich und ein wenig unheimlich.

Im Wintergarten sitzt der behäbige Wilhelm von Scholz. Formvollendet, bedächtig und gescheit diskutiert er mit dem Hausherrn über neue Pläne. Seine Übertragung von Calderons *Richter von Zalamea* hatte sich durch unsere Gastspiele in halb Europa zu einem künstlerischen und äußerst ertragreichen Unternehmen entwickelt. Auf höchstem Niveau! Ich hörte ihn gern von vergangenen Theatererfahrungen erzählen. Besonders fesselten mich seine Vergleiche mit dem unvergeßlichen Adalbert Matkowsky, der ähnlich wie George die Menge zu ergreifen vermochte.

Stürmischer und entsprechend lauter machte sich Giovacchino Forzano, der Italiener, bemerkbar. Er wollte George sein neuestes Stück schmackhaft machen. Dazu stellte er die Möbel um, riß die Hausfrau beiläufig in seine Arme und spielte uns ausbrechend theatralisch und nicht ohne Komik einzelne Szenen vor. Mich beeindruckte bei dieser Begegnung am meisten der große Spankorb, den er tags darauf, gefüllt mit köstlichen Orangen, sandte (und das mitten im Krieg)! Die Komödie blieb ungespielt.

Ein anderes Mal plauderte Paul Sarauw leise, mit liebenswürdigem Charme, in einem amüsanten Kauderwelsch von Deutsch und Dänisch. Wir hatten seine Komödie *Der kluge Mann* gespielt. Das ist ein Quacksalber mit Backenbart und faunischen, grauen Kruschelhaaren über den Ohren. Der liebt die Menschen und will ihnen auf seine Weise mit allerlei obskuren Mixturen helfen. Als dieser Naturapostel macht er seine Zuhörer lachen aus vollem Halse; er macht sie schmunzeln und füllt ihre Herzen mit Angst, als er bei einem ernsten Fall auf das Kläglichste versagt. Wir hatten Sarauw ins Herz geschlossen und freuten uns über jeden Besuch.

Kurz vor seinem viel zu frühen Tod bekam ich einen Brief aus Kopenhagen. Er erzählt darin, wie er in den zwanziger Jahren im Deutschen Theater ein Stück sah. Er erinnerte sich nicht mehr an Verfasser oder Titel. Dagegen bemerkte er einen jungen Schauspieler, dessen Talent so leuchtend war, daß er seinen Namen besonders vormerkte. Es war Heinrich George. »Im Laufe der folgenden Jahre wurde er einer der Größten…Ich bin sehr dankbar«, so schließt Sarauw, »daß ich ihn auch als Mensch kennenlernen durfte und Anteil hatte an seiner Klugheit, seiner umfassenden Lebensfreude, Bildung und Treue. – Ich bin kein Freund von Fotoausstellungen zu Hause, aber auf meinem Schreibtisch steht ein großes Bild von Heinrich George, und ich fühle stets innere Freude, wenn ich dieses starke und gute Gesicht betrachte.«

Ach – und dann die bezaubernden Frauen, die hier von Zeit zu Zeit auftauchten! Sie faszinierten mich immer noch wie in meiner Kindheit: Ich bewunderte ihre Sicherheit, ihre Schönheit und ihre Eleganz.

Im Jahr 1934, als George in Frankfurt als Napoleon von Unruh gastierte, erschien im Foyer eine hochgewachsene, blonde Frau in weißer Atlasrobe. Eine feuerrote Stola, die bis zur Erde reichte, gab ihr etwas Majestätisches. Zwei elegante Frackträger begleiteten sie. Das war nun wirklich »die große Welt«, wie man ihr in dieser Pracht kaum noch begegnete! Ich konnte den Blick nicht von ihr wenden. In der Pause sagte mir Heinrich: »Wir müssen noch für ein Stündchen zu einer alten Freundin. Sie hat ein kleines Abendessen für uns arrangiert.« Ich stellte mir unter der »alten Freundin« aus den längst vergangenen Frankfurter Tagen eine gesetzte Dame vor. Als wir aber im vornehmen Westend die hell erleuchtete Villa betraten, stand auf der Eingangstreppe jene blendende Erscheinung. Ich kam mir in meinem »kleinen Schwarzen« recht poplig vor.

Wir waren Gäste Lily von Schnitzlers, Gattin des Vorstands des größten Chemie-Konzerns: I G-Farben. Und ich lernte in den kommenden Jahren eine außergewöhnliche Frau bewundern. Sie führte ein großes Haus, war aufgeschlossen allen Künsten gegenüber und befreundet mit bedeutenden Menschen. Sie besaß eine stattliche Anzahl schönster Beckmannbilder, und als George ab 1938 das Schiller-Theater leitete, besuchte sie die erfolgreichsten Aufführungen. Bei diesen Anlässen war sie zuweilen unser Gast und bewies in der Beurteilung der Leistungen einen wachen Kunstverstand.

In den dunklen Nachkriegsjahren glichen unsere Frauenschicksale einander aufs härteste. Ihr schönes Heim zerstört, Verlust kostbaren Guts, der Mann als Verantwortlicher der I G-Farben vor dem Nürnberger Kriegsgerichtshof.

Sie schrieb mir in diesen Jahren tiefempfundene, verständnisvolle Briefe, die ich bewahre.

Ich will erzählen, wie »kontinental« ihr menschlicher Zauber wirkte: Mein kleiner, kecker Sohn Götz hatte Bekanntschaft mit einem hohen amerikanischen Militär gemacht, der eine der schönen, beschlagnahmten Villen in unserer Straße bewohnte. Er unterhielt sich manchmal auf seinen Spaziergängen mit dem Kleinen, und es ergab sich, daß wir uns kennenlernten. Er lud uns zweimal zum Abendessen ein. Wie wir auf Lily zu sprechen kamen, weiß der liebe Himmel! Jedenfalls begann unser Gastgeber – es war Mister Warren – zu schwärmen, und ich stimmte in den Lobgesang ein. Er hatte sie in Nürnberg kennengelernt und wußte nur Bewunderndes über sie und ihre schöne Tochter zu erzählen. Als er kurz vor Weihnachten Berlin verließ, schickte er mir in mein Notquartier Zigaretten, Lebensmittel, Seife – kurz, vieles, was er hätte zurücklassen müssen und das für uns unbezahlbar geworden war. Dazu einen Weihnachtsbaum! Diese Christgabe verdankte ich keineswegs meinen Reizen, sondern der Bekanntschaft mit Lily von Schnitzler.

Die Jahre vergingen. Schnitzlers bewohnten nun im bayerischen Murnau ein hübsches Holzhaus. Dahin lud Lily meinen jungen Götz, der am Anfang seiner Schauspielkarriere stand und in München filmte, für ein Wochenende ein.

Über diesen Besuch schreibt sie mir im Sommer 1958:

»Es sind zehn Tage her, seit Götz mich durch seinen Besuch in Lilamor erfreute. Ich wähne Sie noch im Seele und Körper wundersam erhebenden Sils Maria, wo ich oft weilte. Dorthin möchte ich Ihnen schreiben, welch starken Eindruck ich von Ihrem und Georges Sohn hatte. Ein großartig gelungenes Exemplar. Er erinnerte mich immer wieder in Silhouette, Bewegungen, Ausdruck in packender, ergreifender Weise an seinen Vater. Er hat die spontane, warme Großzügigkeit Georges. Wir haben uns also gleich verstanden. Er hat den schönen Enthusiasmus, den Glauben an seine Aufgabe und Eignung, die wir mit 20 Jahren brauchen. Er ist liebenswert, wie sein Vater es war – wie Sie, liebe Berta Drews, es sind – er ist echt wie Sie beide.«

Sie war eine bemerkenswerte Frau und eine »Grande Dame«.

Auf ganz andere Art beeindruckte mich die raumverdrängende Persönlichkeit der Schwedin Zarah Leander. Das war eine große Diva reinsten Wassers und schön dazu. Wir lernten sie bei Professor Froelich, dem Filmregisseur, kennen. An diesem Abend war der Sudermannstoff *Heimat* schon im Gespräch. Als er dann soweit war und die Filmaufnahmen begannen, war sie öfters bei uns in Wannsee. Sie kümmerte sich um die anderen Gäste kaum, war vielmehr bemüht, mit Heinrich Kontakt zu haben. Sie saßen oft beide auf der Terrasse im Mondenschein, und ich hörte sie Passagen ihrer Rolle der Magda mit ihrer tiefen, etwas angerauhten Stimme oftmals wiederholen. Dazwischen Heinrichs ruhige Belehrung. Zarah nannte ihn »Troll-Karl«, und sie verstanden sich. Das Reizende an ihr war das Eingeständnis ihrer echten oder eingebildeten Unzulänglichkeiten. Sie wollte es diesmal schaffen. Das Beste sollte gerade genug sein.

Sie schreibt darüber in ihren Erinnerungen:

»Heinrich George, der Renaissancefürst der deutschen Schauspielkunst, war ein wunderbares Erlebnis für mich. Er war ein großer Mann und erwies sich als außerordentlich großzügiger Kollege. Verschwenderisch erteilte er mir väterliche Ratschläge. Nicht um zu zeigen, was für ein Mordskerl er war, sondern weil ihn meine ganz und gar unverstellte und aufrichtige Bewunderung amüsierte.

Zum Wertvollsten, was ich von ihm gelernt habe, gehört das Ausdehnen einer Pause bis zur äußersten Grenze – und dann die Frechheit aufzubringen, sie noch ein wenig zu verlängern. Er schöpfte aus einem Überfluß an Kenntnis und Können, – ich aus einem Überfluß an Gefühl. Es war fast unvermeidlich, daß jeder ein paar Spritzer vom Überfluß des andern abbekam. Nie zuvor war ich der Schauspielkunst so nahe gekommen wie in einigen dichten Szenen mit Heinrich George. Ich ahnte etwas von dem, was – so möchte ich mir jedenfalls einreden – zu den Sternstunden eines Schauspielers gehört. Ich rührte an etwas, das mir wie Kunst erschien.«

Heimat wurde mit Recht ein enormer Erfolg für sie.

1944 werden die Theater geschlossen. Schwere Bombenangriffe, Stromsperren. Der Film arbeitet nachts oder wird evakuiert. Zuvor war es George nach monatelanger mühsamer Arbeit des technischen und künstlerischen Personals noch gelungen, ein kleines Behelfstheater im Saal des ehemaligen Schiller-Theater-Restaurants zu eröffnen. (Heute steht an dieser Stelle die neu aufgebaute Schiller-Theater-Werkstatt.) Der Saal hatte 268 Plätze und eine kleine Bühne. Auf diesem »Nudelbrett« inszenierte George den *Urfaust* mit Horst Caspar als Faust und Will Quadflieg als Mephisto. Ich spielte zur gleichen Zeit im Renaissance-Theater die Orsina in einer Felsenstein-Inszenierung der *Emilia Galotti* von Lessing.

>»Das Schicksal ist unerbittlich
>und der Mensch wenig!«
>
>*Goethe*

Ich fragte mich in den folgenden Jahren immer wieder, was eine andere Entscheidung an diesem unseligen 13. April 1945 hätte bewirken können!

In der Diele stehen gepackte Koffer. Am nächsten Morgen soll mich ein Wagen mit dem kleinen Götz nach Ratzeburg bringen. Mein Mann hat dort ein Haus für uns gemietet. Jan ist in der Nähe, unsere verlagerten Sachen, Freunde, die mir helfen wollen. In Lübeck liegt eine Yacht, die nach Schweden fährt und uns mitnehmen will. Er selbst dreht im Grunewald-Atelier die Geschichte eines heruntergekommenen Gelehrten: *Dr. phil. Döderlein*. Wir besprechen das Nötige. »Ich komme nach, wenn ich hier fertig bin.« Ernst und liebevoll ist sein Blick.

Eine verhängnisvolle Hilflosigkeit lähmt mich. Ich umarme ihn schluchzend und bitte ihn, bleiben zu dürfen. Von Georges Mutter und Schwester, die er eben erst aus dem belagerten und brennenden Stettin geholt hat, weiß ich von allen Schrecken, die uns hier bevorstehen.

Meine Entscheidung ist falsch! – falsch!! – falsch!!!

Am nächsten Morgen fährt George statt meiner mit dem Wagen

los und ist in 24 Stunden mit Jan zurück. Wir sind nun vereint, seinen Passionsweg anzutreten.

27. April 1945

Die Russen haben Berlin erreicht. In Wannsee sprengt man die Brücken. Die Bewohner der Ufer werden aufgefordert, ihre Boote zur Werft zu bringen, damit sie verbrannt werden. George weiß, was das bedeutet: Man will die »Insel« Wannsee verteidigen. Dann wird unser Ufer Kampflinie! Gegenüber liegt der große Besitz Werner von Siemens'. George bittet um einen Raum für uns und versteckt unser Boot, um die Familie rüberfahren zu können.

28. April 1945

Proviant und Nachtzeug ist gepackt; wir können das Haus verlassen. Schwägerin und Schwiegermutter sind schon drüben. Die Kinder auch. Ernestine, das Hausmädchen, George und ich warten, was geschieht. Alle Türen des Hauses sind offen. Ich stehe im Garten, da höre ich merkwürdige zischende Geräusche, es fliegt etwas an mir vorbei. Ich sehe nichts. In diesem Augenblick kommt George, Ernestine an der Hand, gelaufen: »Rasch ins Boot!« Wir stoßen ab. Nach etwa zehn Schlägen sehe ich Gestalten auf unserer großen Wiese, die schräg zum Wasser geht. Russen! Sie schmeißen sich hin und beginnen zu schießen. – »Ganz ruhig bleiben!« – Jan steht am Ufer und erwartet uns. Ich rufe ihm zu, er soll sich hinlegen. Er zieht uns durch das Schilf an Land.

Ein großer Raum steht uns zur Verfügung. Wir sitzen auf Betten und horchen auf die Geräusche von draußen. – Verstärkter Beschuß.

Die Fensterscheibe klirrt, ein breiter Wasserstrahl überschwemmt den Raum, das Rohr ist getroffen. George hält Ausschau und will, daß wir weitergehen. Er sucht ein Quartier, entfernter vom Ufer.

Ein Riesenkasten. Unten eine Art Funkstation. Wir gehen nach oben und legen uns nieder. Wir schlafen umschichtig. George ist unten. – Morgengrauen. Ich fahre aus einem dünnen Halbschlaf. Was war das? Ein infernalisches Geräusch. Wir müssen in den Keller. »Stalinorgeln!« Die Kinder dürfen nicht mehr auf die Straße. Als eine Pause eintritt, drängt George zum Aufbruch. Wir gehen rauf, holen unsere Sachen. Kaum wieder unten – erzittert das Haus. Einschlag! Das Zimmer, in dem wir eben waren, ist getroffen! – Wir laufen weiter landeinwärts und müssen in einem Luftschutzkeller Schutz suchen. In dem gastfreien Haus der Besitzer bleiben wir fünf Tage und fünf Nächte. Der Ring um uns wird immer enger. George beobachtet unser Ufer. Die Behelfsbrücken der Russen sind fertig.Die Insel ist genommen.

Der Krieg ist aus!

Frühmorgens fahren wir übers Wasser zurück in unser geplündertes, verwüstetes Haus.

14. Mai 1945

Eben haben wir im Wintergarten etwas gegessen, da stehen wie aus der Erde gewachsen vier russische Offiziere vor mir, blendend aussehende Kerle in hellen Uniformen. Der eine spricht deutsch. Er lächelt mich an. Gequält lächle ich zurück. »Sind Sie nervös?« Mit ausgesuchter Höflichkeit bittet er um etwas Musik. Ich hole ein altes Grammophon und lege eine Platte von Schaljapin auf. – George bietet Tee an. Sie trinken und rauchen. Plötzlich springen sie auf, schlagen die Hacken zusammen und grüßen. In der Tür steht ein breiter dunkler Mann – ein hoher Offizier, ordengeschmückt. Eine junge Frau neben sich. Er sagt russisch ein paar Worte. Die Offiziere verlassen den Raum. In der Halle hinter dem langen Refektoriumstisch entfaltet er einen großen Bogen. Ich stehe neben meinem Mann und suche seine Hand, die ruhig und warm ist wie immer. Einen Moment denke ich: Das ist wie auf der Bühne, so feierlich und spannend! Im selben Augenblick weiß ich aber, daß es Ernst ist, daß es ums nackte Leben geht.

George tritt näher. Die erste Frage. Er antwortet ruhig, knapp und wahrhaftig. Es geht um Partei, Intendanz, Propagandafilme. –

»Kommen Sie mit.« – Erschrocken blicke ich zu dem Mann. Er sagt etwas zur Dolmetscherin. Sie übersetzt: »Er bleibt nicht lange.«

Ich wandere treppauf, treppab.

Es ist drei Uhr nachts. Ich kann nicht liegen. Bilder plagen mich, die ihn gedemütigt, gefoltert, erschossen sehen. Ich fange an, in meinem Tagebuch zu schreiben. Ich muß das loswerden …

»Herr, schenke mir viele Stunden der Gefahr, damit ich nicht erschlaffe und ermatte, und treibe mich hoch, wenn eines meiner Knie mich beugen will, um in den Staub zu sinken!«

Mir hilft nur die Bibel.

15. Mai 1945

Ich liege ausgestreckt auf meinem Bett. Habe ich geschlafen? Männerstimmen in der Diele. Ist das nicht Heinrich? – Ich stürze ins Treppenhaus: der Offizier, die Dolmetscherin und George. Er hat den Arm voller Pakete und bittet lachend, näherzutreten. Ich komme herunter. Die Dolmetscherin sagt: »Ihr Mann war großartig!« – Später erzählt mir George: »Ich war in der Schlüterstraße. Man hat mich verhört. Wir haben gegessen und getrunken. Den Wein und das Fleisch hier haben sie mir für euch mitgegeben.«

Mir ist, als würde mir das Leben neu geschenkt.

22. Mai 1945

Der grauhaarige Deutsche, der eben mit zwei russischen Soldaten unser Haus betreten hat, ist arrogant und zynisch. George bittet, zur Sache zu kommen. – Wieder muß er mitfahren. Diesmal bin ich gefaßter. Vierundzwanzig Stunden. – Dann ist er zurück. In Zehlendorf waren neue Verhöre. Er soll sagen, wo sich prominente Nazis verstecken.

Die Russen haben längst gemerkt, wie populär George ist. Auf den Straßen Jubel und Hohn der Berliner. – Man macht ihm ein sonderbares Angebot: Er soll einige Stunden am Tag mit russischen Soldaten im offenen Wagen durch die Stadt fahren. »Das ist falsch, sperren Sie mich lieber ein Weilchen ein.«

Vier Tage Ruhe. Er bekommt die Lebensmittelkarte eins.

26. Mai 1945

Haussuchung. Zwei Offiziere und ein großer pausbackiger Soldat. Im Schlafzimmer Heinrich Georges finden sie den Wasa-Orden und das Danebrogkreuz. Nichts, so meinen wir, kann ihn so entlasten wie die Auszeichnung dieser Länder. Sie nehmen sie an sich, George begleitet sie zur Tür. – In der Garderobe hing die Pelzmütze von unserm kleinen Götz. Die ist weg. Wir lachen sehr, weil wir uns vorstellen, wie verdutzt der Pausback vor dem Spiegel sein wird!

Zwei Stunden vergehen, dann schlagen Gewehrkolben an unsere Tür. George wird aufgefordert sofort einzusteigen und mitzukommen.

Tage vergehen.

31. Mai 1945

Ich halte es zu Hause nicht aus. Ich will durch den Wald zu Helge Roswaenge gehen, der weiter unten am See wohnt. Ich muß mit jemandem reden. Jan ist bei mir. Der Wald ist voller Soldaten. Sie haben Zelte aufgeschlagen, baden und angeln. Nach hundert Schritten kehren wir um. Mir ist unheimlich zumute. Aber nach einer Stunde fasse ich Mut und gehe dann doch mittendurch. Ich werde liebevoll empfangen und bewirtet. Wir überlegen, was zu tun ist. – Ein Schatten auf der Veranda: George! Er ist schmutzig, übermüdet, lange Bartstoppeln umrahmen sein Gesicht. Er spricht nicht gleich. – Er war in Ribbeck im Havelland. Dort kommen alle hin, die zur deutschen Abwehr gehörten.

Viel später erzählt er: »Diese Tage waren schwer. Tags niedrigste Dienste, nachts Verhöre. Meine Orden haben mich spionageverdächtig gemacht. Ich kann ihnen nicht klarmachen, daß ich sie für künstlerische Leistungen empfangen habe. Immer im Kreise rum geht es, Nacht für Nacht. ›Wenn ihr nicht so verdammt abgeschlossen gewesen wäret, wäre ich sicher auch zu euch gekommen!‹« – In der vierten Nacht ist George am Ende seiner Kraft. Er reißt sein Hemd auf und sagt: »Bitte, erschießt mich. Ich sage kein Wort mehr. Ihr sagt, Künstler sind Götter, und an ihre Häuser bringt ihr das Schild an: Hier wohnt ein Schauspieler! Stellt euch vor, euer Schauspieler Moskwin, dem ich ähnlich sein soll, säße hier statt meiner.« Dann schweigt er auf alle Fragen.

Am nächsten Mittag fährt man ihn heim.

3. Juni 1945

Die Delegierten des Internationalen Roten Kreuzes sind im Nebenhaus untergebracht. Der Vorsitzende ist ein Herr Calic, ein jugoslawischer Publizist. Er besucht George. Befreundet mit dem ersten russischen Kommandanten Berlins, Bersarin, will er dafür sorgen, daß die wiederholten Verhaftungen aufhören. Er soll einen Schutzbrief bekommen.

6. Juni 1945

Calic bringt gute Nachricht. Bersarin interessiert sich für George. Er läßt ihm sagen, er soll seine Schauspieler sammeln und Theater spielen.

Das muß gefeiert werden! Die letzte Flasche Napoléon wird aus dem Versteck geholt.

Er bekommt einen Schutzbrief.

Drei Wochen Ruhe. Soll sein Instinkt, die Russen werden ihm nichts tun, zum guten Schluß recht behalten?

Es muß in den ersten Tagen des Juni gewesen sein, ich erinnere mich, daß es am Abend zu regnen begann. Wir saßen in einem Erker des oberen Stockwerks und hatten die Fenster weit geöffnet. Die Kiefern davor bewegten sich im Wind, die aufgewühlte Erde, gepflügt von den russischen Panzern, die in unseren Gärten standen, roch stark und erquickend. Über den See klangen vereinzelte Zurufe und Fetzen einer schwermütigen Melodie.

George hat die Ellenbogen auf den schweren Eichentisch gestützt und blickt ins Dunkel draußen. Zwei Windlichter erleuchten sein Gesicht. Er ist 52 alt, und wenn auch sein Haar noch kaum ergraut ist, wirkt er nicht jünger. Jetzt ist er isoliert durch eine lastende, unbekannte Trauer, die mir den Atem nimmt. Ich fühle, daß er etwas zu sagen versucht. Ich warte.

Er hat Überfall und Bedrohung hinter sich, nächtliche Verhöre der Russen. Immer männlich und ungebrochen, wach und mutig. – Was ist geschehen? Ich weiß von Gerüchten, die uns hier draußen in Wannsee erreichten: Eine Kulturkammer ist gegründet worden, man spricht von einer »schwarzen Liste«, die Namen außerordentlicher Künstler vereinigt, die in der vergangenen Zeit an der Spitze standen. Viele von ihnen soll ein Auftrittsverbot treffen. Namen wie Wilhelm Furtwängler, Walter Gieseking, Gustaf Gründgens, Werner Krauß sind dabei. Auch seiner! Weiß er Näheres darüber, hat er Neues erfahren? Als ob er meine Gedanken errät, höre ich ihn plötzlich – wie zu sich selbst – sagen: »Sie sollen mir alles nehmen, was ich besitze, sie sollen mich hungern lassen und demütigen. Wenn sie mir aber verbieten zu spielen, werde ich sterben. Hab keine Angst, ich werde mir nicht das Leben nehmen, aber ich werde langsam zugrunde gehen.«

Beginnt die Sonne seines Lebens zu sinken? – Ich weiß, er spricht die Wahrheit, aber ich habe nicht die Kraft zu helfen. Versage ich jetzt? Mich engen die nächsten Sorgen ein, meine geringen Kräfte reichen gerade so weit, zu fragen, wie ich meine Kinder vor Hunger, Krankheit und Schmutz bewahre. Wie ich in unser Haus, das bis unter das Dach mit Menschen gefüllt ist, die durch Feuer und Belagerung obdachlos geworden sind, Ordnung und Vertrauen bringe! – Hier sitzt der Verantwortliche und klagt selbstvernichtend – gierig nach immer neuen Masken.

»Bersarin verunglückt!« Der leidenschaftliche Motorradfahrer rast sich in den Straßen Berlins zu Tode.

Zwei Tage später fährt George zum ersten Mal in die Stadt. Er übernachtet im Hotel am Zoo.

Zwei Männer schließen sich ihm an; sie sagen, sie wollen ihn schützen und sprechen davon, mit ihm ein Theater aufzumachen. Die Gegenwart der beiden ist mir unheimlich. Ihr Blick ist lauernd. Sie schnüffeln im Haus rum. Wollen sie Geld? Wollen sie das Haus?

George ist arglos und gastfreundlich. Sie kommen und gehen – drei Tage lang. Dann sind sie verschwunden.

23. Juni 1945

Ein Tag später: Zwei Deutsche kommen, sie setzen sich breitbeinig unten hin, behaupten alles mögliche, was George getan haben soll. – Ich rufe Herrn Calic, er spricht mit ihnen. – George ist in seinem Schlafzimmer und kleidet sich an. Ich rufe ihn. Er kommt und spricht von dem Schutzbrief. Da lachen beide roh: »Bersarin ist tot!« Er zieht seine Joppe an. Ich will ihm Brote mitgeben. »Ist das nötig? Sonst können meine Jungs das lieber essen.« – »Wir sind gleich wieder da.« Wir drücken seine Hand, der Wagen fährt los.

14 Tage später

Ich weiß nichts von ihm! Ich bin erschöpft vor Sorge. Gott sei Dank habe ich viel Arbeit im Haus und im Garten.

»Hallo!« ruft jemand am Zaun: »Man hat ihren Mann in der Elsässerstraße beim Wasserholen gesehen.« – Elsässerstraße? – Da ist doch das Polizeipräsidium! Am nächsten Tag laufe ich zu Fuß (es gibt noch keine Fahrmöglichkeit) zwanzig Kilometer, warte Stunden. Eine Elendskolonne kommt mit Eimern aus der Toreinfahrt, vor der ein russischer Posten steht. George ist nicht dabei. – Am nächsten Tag sagt mir Calic den Namen des NKWD-Majors. Ich soll versuchen, ihn zu sprechen. – Wieder mache ich mich auf den Weg. Der Posten jagt mich fort. – Später kommt ein Offizier vor das Tor und begleitet einen anderen zum Wagen. Da gibt mir der Posten überraschend ein Zeichen. Ich komme näher: »Major P.?« Er nickt. »Ich bin eine deutsche Filmschauspielerin und möchte eine Aussage machen.« Er ruft einen Dolmetscher und bittet mich in sein Zimmer im ersten Stock. Oben sage ich, wer ich bin. Ich bitte, meinen Mann sehen zu dürfen, um ihm Wäsche und Seife zu bringen. Er nimmt beides an sich. Er sei im Keller. Aber es ist verboten, ihn zu sehen und zu sprechen. Auf ein Zeichen holt der Dolmetscher eine Akte. – Und jetzt beginnen sich mir die Haare zu sträuben. Was hier vorgelesen wird, ist veritables Kintopp-Material. Aberwitzige Behauptungen: säckeweise Kaffeelieferungen von der Regierung, Feste für Parteigrößen und Schauspielerinnen, Propagandareden im Radio mit Goebbels. (Es handelt sich hier anscheinend um das Bekenntnis von Clausewitz, das George mit anderen prominenten Schauspielern auf Band zum »Aussuchen« gesprochen hat!) – Der Dolmetscher ist ein unangenehmer Junge mit süffisantem Gesicht und einem albernen, affektierten, würdevollen Gehabe. Er reizt mich auf unerträgliche Weise. – Was kann ich nur tun? Die Verständigung ist so schwer. Ich bin auch viel zu laut. (Bändige deine Zunge, um Himmels willen!)

Der Major steht auf. Er sieht mich lange ernst an. »Haben Sie Kinder?« Ich nicke. »Dann gehen Sie heim, Ihr Mann wird vielleicht nur kurze Zeit hier bleiben.«

Auf dem Flur blicke ich durch die Fenster in den Hof. Da unten im Keller ist mein Mann. So nah – und Welten fern. Nie habe ich mich verlassener gefühlt. Sterbenselend laufe ich durch die Straßen.

24. Juli 1945

Die Amerikaner sind da. Unser Ufer ist eines der ersten, das man beschlagnahmt. Das Haus muß in ein paar Stunden geräumt sein.

> »Solange dieser Mann lebt,
> bin ich auf Erden nicht verwaist.«
>
> *Gorki*

Der 6. Dezember 1945 ist ein düsterer, nebliger Tag. Am Nachmittag fällt ein großflockiger Schnee, der schmutzige Pfützen zurückläßt. Wie in jeder Woche seit dem August fahre ich vom Alexanderplatz aus mit der Elektrischen bis Hohenschönhausen. Ich habe meinen kleinen Götz bei mir, und wir rücken eng zusammen, weil wir frieren. Gegen vier Uhr steigen wir an der Endstation aus und machen uns zu Fuß auf den Weg.

Immer wenn ich diese letzte Strecke, die über ein Feld, dann durch Lauben führt bis zu einer breiten Allee, rechts und links mit Birken bepflanzt, zurücklege, kommt es mir vor, als ginge ich durch einen Traum, als wäre dies nicht Wirklichkeit. Vor uns liegt im Nebel ein großer Fabrikkomplex, umgeben von einem hohen Eisenzaun. Am Eingang rechts und links Bretterbuden, davor russische Posten. Eine Gruppe wartender Frauen steht etwas entfernt, fröstelnd zusammengedrängt. Als sie mich erkennen, kommen sie mir entgegen, begrüßen mich und fragen, ob ich Hoffnung hätte, meinen Mann zu sehen – und ob ich ein Zettelchen, ein Päckchen oder ein Kleidungsstück an ihn weitergeben könne. Ich bin ratlos.

Hier im russischen Häftlingslager Hohenschönhausen ist mein Mann seit dem Juli Gefangener. Es ist ihm geglückt, nach mühevollen Schwierigkeiten im Keller der Fabrik ein Theater für 500 Zuschauer einzurichten. Dazu braucht er Material: Rollen, Kleider, Bücher, Noten. Und das wird unsere Chance: Ich darf ihn sehen. Nach sechs Wochen quälender Ungewissheit erfahre ich, wo er ist und daß ich kommen darf.

Das ist im August. Es gibt noch keinen regelmäßigen Bahnverkehr in diese Gegend, und ich muß mit dem Rad die 35 Kilometer fahren. Lolle, die alte Freundin, ist auch in diesen Tagen an meiner Seite.

Das erste Mal glückt es noch nicht. Wir stehen etwas entfernt vom Tor und warten. Da kommt plötzlich ein Mann mit einem Posten auf uns zu. Er ist Rumäne und erklärt mir, daß George nicht vor das Lager kommen darf. Er wird aber auf die Treppe des Hauses kommen und winken. Ich bin so aufgeregt, daß ich nicht sprechen kann. Ich fröstele in meinem gelben Kattunkleid, bin aber froh, daß es so leuchtet und er mich erkennen wird. Wir warten –! Ganz weit hinter dem Zaun liegt ein Gebäude mit einer Art Terrasse davor. Plötzlich sehe ich einige Gestalten heraustreten. Sie kommen an das Geländer, klein, nicht zu erkennen. Einer hebt den Arm; er schwenkt ihn weit von der rechten zur linken Seite. Er ist es! Wir winken aufgeregt zurück. Das ist alles –!

Aber acht Tage später – am selben Wochentag – geschieht das Wunder. Nach einer halben Stunde, die wir am Tor warten, kommen aus einem Seitengang überraschend und eilig zwei russische Posten, zwischen sich den Rumänen und George. Sie kommen vor das Tor. Und er steht vor mir.

Er ist verändert. Das Gesicht ist blasser als sonst und viel schmaler. Die Augen haben etwas Durchsichtiges. Er ist sauber, glatt rasiert, trägt einen langen Reisemantel, eine Schirmmütze und Soldatenstiefel. Wir können kaum sprechen. Wir sagen ganz dumme Worte, aber ich bekomme einen Brief, heimlich, klein zusammengefaltet. Er schreibt darin:

»Wenn ich dir nur etwas von meiner Kraft geben könnte! Mich erschüttert nichts. Das Leben in seiner splitterfaserigen, verlausten, stinkigen Nacktheit kann meine Phantasie nicht erreichen. Und tröste Dich: es gibt so viel härtere Lose. Ich habe hier einiges kennengelernt an tragischen Schicksalen; denn alles kommt zu mir, Trost zu holen. Man erfährt hier im Lager Fälle, die an Grausamkeit und Schamlosigkeit nichts zu wünschen übrig lassen. Wie überhaupt die Menschheit einem Verrohungsprozess unterworfen ist, der mich tief deprimiert. Ich glaube, wir werden noch allerhand erleben. Ich arbeite und versuche, mich zu bewähren und gut zu bleiben und der gequälten Menschheit zu helfen. Sie macht es einem manchmal schwer.

Bitte, bitte halte dich gesund. Keine quälenden Gedanken. Ich komme bald. Wenn sie mich nicht spielen lassen, machen wir ein Lokal auf und ich spreche Dir nachts meine Rollen vor. Arme Duschka!«

Jede Woche, manchmal unterbrochen von einem Tag vergeblichen Wartens, können wir uns sehen. Es spricht sich herum. Verstörte Frauen, die nicht einmal ahnen, wo ihre Männer geblieben sind, suchen mich auf. Ich mache eine Liste mit den Namen und gebe sie George. Wir verabreden, daß er bei denen, die in diesem Lager sind, ein Kreuz machen wird. So kann ich vielen gute Nachricht geben. Aber schon beginnt der Tod im Lager zu hausen.

Nun stehe ich also am Nachmittag des 6. Dezember wieder einmal vor dem Tor. Es dunkelt schon. Man kann nicht zehn Meter weit sehen, und Götz zittert ein bißchen. Er ist aufgeregt. Er soll seinen Vater wiedersehen, der im Juni das Haus verließ und nicht wiederkam. Ich habe ihn nie zum Lager mitgenommen, sein Vater wollte es so. Warum aber heute?

Da – wie aus dem Erdboden taucht er auf! Mit weit ausholendem Schritt kommt er auf uns zu. Der Kleine fliegt an seinen Hals. – In fünf Minuten sagen wir uns das Wichtigste und wechseln unsere Briefe. Wir kümmern uns um die Wünsche der Frauen, die uns umdrängen. Dann ein Händedruck, und er geht zurück.

Ich komme nicht von der Stelle. Ich starre in den Nebel: Verschwommen sehe ich noch Konturen. Sein weiter Mantel, sein wiegender Gang, der Klang seiner eisenbeschlagenen Stiefel sind letzte Eindrücke. Für mich geht er in die Ewigkeit. Sein kleiner Sohn – ihm so ähnlich – hat ihn noch einmal umarmt. Zufall? Ich glaube nicht.

Und so sehe ich ihn gehen, mit breitem Rücken, ruhig und sicher.

Februar 1946

Ein Mann, der seinen Namen nicht sagt, bringt mir einen winzigen Kassiber. Er wartet auf Antwort, die genauso klein sein soll. – George hat nie um Hilfe gebeten. Er hat es im Gegenteil für besser gehalten, als »Nummer« durch die, wie er meint, kurze Zeit des Lagers zu gehen. Jetzt tut er es. Er hat achtzig Pfund abgenommen. »...meine Seele ist stark« – sonst nur Sorge um uns. Ein Gnadengesuch wird über den russischen Theateroffizier der Kommandantur zugeleitet.

Ich suche den kommunistischen Autor Dr. Friedrich Wolf auf. Er verspricht Hilfe. Er schätzt George, erwartet aber »treue Gefolgschaft«!

Dies schrieb mir George aus dem russischen Häftlingslager Sachsenhausen:

»Auf einen Brief.

Du bleibst mein Kind, Geliebte,
auch wenn wir siebzig sind,
weil ich die Kinder liebe,
bleibst Du mein geliebtes Kind.

Wärst Du nicht mein Kind, Geliebte,
Du könntest so lauter nicht sein,
wie eben nur Kinder sein können,
so schelmisch, so böse, so rein

und so verspielt und sooo hungrig
und über die Maßen so froh
und so zauberhaft unglücklich – glücklich,
darum, Kind, lieb ich Dich so.

Will Dich sonntäglich umhüllen,
kehr ich – Dein Alltag – zurück.
Will jeden Hunger Dir stillen,
mein unersättliches Glück.

Mögst Du das Kind mir bleiben,
trotz Alleinsein, Sorgen und Müh,
dann soll keiner Dein Spielzeug
                              Dir neiden,
denn ich lieb Dich, Geliebte, wie nie.«

Am 25. September stirbt Heinrich George. Am 7. November erfahre ich es. In dieser Nacht suche ich im Unendlichen nach Spuren dieses erloschenen Lebens. Welche Kraft, welchen Trost und tapferen Stolz hat er mir noch in seiner Erniedrigung gegeben. Jetzt erst bin ich allein.

In dieser Nacht wacht noch ein anderer: Jürgen Fehling erfährt in einem Künstlerlokal den Tod seines Feundes. Er fährt nach Hause und schreibt einen Nekrolog, den er »Die wilde Kraft« nennt:

»Ich habe ihn geliebt wie keinen lebenden Schauspieler deutscher Zunge. Er war mein Siebenmark in Barlachs *Armen Vetter*, mein blauer Boll. In Grieses *Mensch, aus Erde gemacht* war er ein dämonischer Schlächtermeister. Johsts Luther hat er gespielt, und zuletzt 1933, auf dem Höhepunkt seines gefährlichen Lebens, den genialischen Organisten in Carl Hauptmanns *Musik*. Zehn Jahre lang stand er wie eine prangende Eiche im Zenit seines Mannestums, 1923 bis 1933 herrschte er, ein König der Phantasie, im Berliner Theaterreich. Keiner konnte sich mit ihm messen.

Seine Stimme konnte aussprechen, wie Steine schreien. Wie Raben um einen Kirchturm krächzen, klang manchmal seine Rede. Und zugleich erinnere ich mich an Passagen aus dem *Prinzen von Homburg*, an die Szene Kurfürst/Natalie: da war in seinem Ton etwas wie kochendes Eiswasser, süßer Bienenton und knirschende Schutthalde in einem. Er konnte zaubern aus dem Gehege seiner Zähne. Immer war er ein Mensch, gehetzt und gequält von zuviel Gesichtern. Wie kein anderer ausgerüstet zur Inkarnation aller jener Gestalten, die – von Aischylos bis Barlach – gesandt sind, auf der Bühne das Gruseln zu lehren. Er war ein elementarer Schauspieler. Er apportierte mir wie ein mächtiger Hund alle Rollen. Der gefährliche, gewitternde, gewalttätige Schauspieler fraß seinem Regisseur aus der Hand. Ein gütiges Geschick ließ uns ganz kurz, ehe die alte deutsche Welt in Blut und Flammen unterging, in rücksichtsloser dämonischer Spielart noch einmal alles zusammenfassen, was über die norddeutsche Tiefebene gegeistert ist. Engel und Teufel katzbalgten in seiner Seele. Er war der wildeste Totentänzer, der geborene Grabbe-Spieler. Reiter auf hohem, oft zu hohem Roß, brutal und zugleich fähig, niederzubrechen vor einer geliebten Frau.

...Er brauchte Applaus, er fraß Applaus, gierig wie ein Raubtier. Er hatte etwas von der unsäglichen Traurigkeit der wilden Tiere im Zoo. Er träumte von Wüsten, die ihm verloren gegangen waren. Er war nicht ›im Garten geboren‹. Der wilde Jäger, über der Wolfsschlucht dahinbrausend, wäre seine beste Rolle gewesen. Dabei war er immer auf der Flucht. Es litt ihn nirgends unter den Bürgern. Unter seinen Kollegen wirkte er wie ein alter Steinadler zwischen Hühnern. ›Damit ich dich besser fressen kann‹, wäre seine beste Liebeserklärung gewesen. Er war nicht wählerisch, aber er war ritterlich und graziös, wenn er mal vor dem richtigen Bett kehrte. Herakles, am Kreuz des Isenheimer Altars hängend, voll Blut und Wunden, keuchend wie ein Schwerarbeiter. Simson, die Säulen der Philister einreißend. Noch in der tiefsten Erniedrigung seiner selbst groß und erschütternd, mag er dahingegangen sein, wohin sein Dämon ihn zwang.

Ich stehe im Begriff, *Heinrich IV.* von Shakespeare zu inszenieren. Keiner wird den Falstaff spielen können, wie er ihn unter mir gespielt hätte, ein eisgrauer, fast erstarrter Mann, ein gefallener Engel, ein räudiger Ritter, ein heraldischer Kerl, der in seinem Riesenkater in den Dadaismus flüchtet...mit schepppernder Bierrede auf der hohen Zinne seines Schlosses all den goldenen Fellen nachschauend, die ihm davonschwammen. Ein Granitblock, dem diamantene Tränen entfallen – so möchte ich ihn schildern allen, denen es nicht vergönnt war, in seiner heiseren Rede alles Nachtigallenflöten des heroisch verklemmten Protestantismus, in seiner Gliederstarre die eingefrorene Gebärde des tragisch Geschockten zu ahnen: Karl Moor und

Lear in eins. Wahrscheinlich ›Matkowsky aus Stettin‹…einer schrecklichen, aber *seiner* Vaterstadt!«

»Oh, mein Camille,
wo soll ich dich
jetzt suchen?«

Büchner, »Dantons Tod«

Wer sagt mir, wie dieses starke Leben zerbrach? – Weder Ernst Legal, der im Admiralspalast die Staatsoper leitet, noch Karl Heinz Martin, der das Hebbel-Theater übernommen hat, können über die russischen Kulturoffiziere eine offizielle Todeserklärung erhalten. Schweigen und Ablehnung überall. Niemand legt Zeugnis ab.

Meine Gedanken kreisen quälend um diesen einsamen Tod. Ich stelle ihn mir vor auf der Bahre liegend: in stiller Hoheit, unzugänglich, unangreifbar. Wie kam es dazu? – Leere, an der ich mich wundstoße.

Nur vage Gerüchte dringen bis zu uns. Die Zeitungen greifen sie auf im Für und Wider. Berichte von den »ganz Schlauen« wollen ihn nach Moskau verschleppt wissen.

»Das Unglück zeigt den großen Mann.«

Spruchweisheit

Erst Weihnachten 1949 bekomme ich Gewissheit durch Georges Leidensgenossen, den Pianisten Helmut Maurer. Er schreibt mir aus der Schweiz, wo er nach seiner Entlassung aus dem Lager Sachsenhausen Erholung bei Freunden sucht, diesen Brief:
»Sehr verehrte gnädige Frau!
In Erinnerung an Ihren Mann, Heinrich George, gebe ich Ihnen Bericht über seine letzten Lebensjahre, die er im Konzentrationslager verbrachte und über seinen Tod, über den heute noch viele falsche Erzählungen im Umlauf sind.
Heinrich George hat trotz unsäglichen Leides und trotz größter

Schwierigkeiten seine künstlerische Sendung auch in dieser Zeit aufrecht erhalten und blieb ihr treu bis zur letzten Stunde. – Wie Sie wissen, waren wir ja beide aus unseren Häusern von den Russen verhaftet, d. h. einfach mitgenommen worden im Juni 1945, und schon dieser Abschied war für uns so etwas wie Tod.

Wo war in diesen Tagen noch Hoffnung? Jeder von uns hatte allein und gottverlassen seinen Weg durch Keller, Verhöre, dunkle vollgepfropfte Löcher zu gehen innerhalb eines Haufens von elenden Menschen, die, von Natur gänzlich verschieden, vom Menschen sinnlos gleichgestellt waren. Nach vielen Wochen kam in einem Lager der erste Ruhepunkt und mit ihm ein Zustand, der in der völligen Gleichförmigkeit unerträglich zu werden drohte. – George versuchte, wie die meisten von uns, in irgendeiner Art sich zu beschäftigen, Ablenkung zu finden und betätigte sich zunächst in der Küche, in der die tägliche gleiche Wassersuppe fabriziert wurde, die mehr an Verhungern, denn an Lebenlassen gemahnte.

Die Idee einer künstlerischen Betätigung ging von 2 Häftlingen aus, die beide russisch sprachen und bei den Offizieren der Bewachung die Gründung einer Künstlergruppe durchsetzten. George, der durch den *Postmeister* auch den Russen ein Begriff war, wurde sofort einbezogen, und ich fand freundliche Aufnahme nach einem ›Vorspielen‹ auf einem Klavier, dessen Tasten nur zur Hälfte vorhanden waren. – Sehr bald bekam ich ein anständiges Instrument und flüchtete mich gern an die Tasten, aus Furcht vor dem ›Lagerzustand‹, – er war gefährlich.

Als sei es gestern gewesen, so deutlich ist mir in Erinnerung, wie sich mir beim Üben plötzlich eine gute, schwere Hand auf die Schulter legte, – Heinrich stand hinter mir und sagte ganz ruhig und leise: ›– und so was sitzt nun hier…‹ Wir waren nun ein wenig ›allein‹ für uns, und sehr bald wußten wir, daß ›es stimmte‹ – und machten unsere Pläne. – In den zwei Monaten Vorbereitungsarbeit kamen die ersten schönen Dinge zu uns – Erinnerungen aus einer anderen Welt, – oft anders gefühlt und empfunden als vorher. Daneben auch die ersten Schwierigkeiten. Man wünschte Varieté, Bumsprogramm – ›die Leute wollen lachen‹ – wir mit unserer Kunst waren viel zu ernst und falsch am Platz.

Die Rechnung war verkehrt – die Lagerleitung hatte sich geirrt. Schon im ersten Programm war Georges ›Erlkönig‹ so, daß die lärmende Menge erstaunt verstummte, und als nach einem Chopin der ›Blitzzug‹ kam, da hatte er sein Publikum, wo er wollte, und ich war froh, ihm dabei helfen zu dürfen. – Unsere Rechnung war richtig. Unsere Kunst kam von Herzen und ging zu Herzen – wir fragten beide nicht, ob da unten ein Direktor, Professor oder Arbeiter saß. Der Erfolg war der erstaunlichen Gestaltungskraft Georges zu verdanken, der sogar die Russen mitriß, die kein Wort deutsch verstanden. Sie erlaubten dann auch (wie Sie sich erinnern werden), daß wir einiges Material von draußen bekamen, und nun war eine Programmgestaltung gesichert.

Wir brachten Münchhausens ›Todspieler‹ als Melodram – zum erstenmal arbeitete ich mit George, jede Silbe gefeilt, wiederholt, verworfen, erneuert, gesungen, gesprochen und tausendmal geändert, und immer stärker erstand das Bild und wuchs in der Ballade zur großen und klaren Darstellung, – er ging an die äußersten Grenzen, und mitten in einem ›bunten Programm‹ stand Heinrich mit diesem Stück und rief jedem da unten zu: *Deine* Frau, *Deine* Kinder…Und Heinrich brachte seine Lieblinge heraus und sprach einen ganzen Abend lang Lessing, Goethe, Claudius und Eichendorff. Reglos saßen die Menschen, voller Staunen über das Wunder, in dieser elenden Lageratmosphäre, in Lumpen und mit beißendem Hunger plötzlich alles zu vergessen über der ›Mondnacht‹, über den Versen Goethes, die plötzlich jeden etwas angingen, über Claudius, der ihnen Freund wurde. – Mit Beethoven und Schubert wechselten dazwischen Inhalt und Form – aber über allem blieb der Zauber, der in der Zeit und im Augenblick alles andere auslöschte. – George selbst war stark mitgenommen von diesen Abenden, aber wenn er hinterher mit einer irgendwo organisierten Zigarette kam und so gut und stark vor einem stand und nur sagte: ›Sei still – es war schön‹ – dann stand er da als ein Anwalt des Herzens und der Kunst.

In seinem ganzen Wesen war ein sehr feiner, empfindsamer Kern zu spüren trotz gelegentlicher Grobheit und Polterei. Wenn er auf dem Podium saß und die ›Mondnacht‹ oder seinen Liebling Claudius vortrug, dann ging ein Engel durch diesen dumpfen Keller voll zerlumpter Jammergestalten, und jeder war wie vom Wunder berührt. Für mich, der in diese Stimmung Chopin oder Schumann spielen durfte, war dies eine einzigartige Vorbereitung, – die Stimmung war da und man brauchte nur aufzugreifen und weiterzumachen, um in die musikalische Welt hinüberzuführen. Sie saßen lautlos, und wir ernteten unbeschreiblichen Dank von Leuten, die nicht gewußt hatten, daß es Konzertsäle oder so was gab.

Das Lagervolk betitelte uns schon längst mit unseren Vornamen, Heinrich und Helmut, eine ganz besondere Auszeichnung.

George war von dieser Arbeit so erfüllt, daß er im künstlerischen Schaffen glückliche Stunden verlebte, und mit großem Eifer ging er an neue Dinge heran, die in diesem Rahmen möglich erschienen. Es wurden nun fleißig Stücke einstudiert, die aus dem Tingeltangel der anderen langsam ein Theater machten, von Heinrich – meist mit Dilettanten – aber doch unterstützt vom Schauspieler Konstantin, der draußen am Rosetheater gewesen war, von Wulle, der den ›8 Entfesselten‹ die Texte geschrieben hatte, und manchem anderen.

Inzwischen waren wir Musiker nicht faul gewesen und hatten ein Orchester von 25 Mann auf die Beine gestellt – und nun wurde Bühnenbild ›gebaut‹ mit allen Finessen. Kostüme aus alten Papiersäcken aus der Küche, Farben aus dem Krankenrevier (dort wurde viel mit Anilinfarben ›behandelt‹), aber schon Holz, Pappe, Nägel zu organisieren waren Kunststücke, die nur mit großer Energie zu schaffen waren. Heinrich war in solchen Dingen ein wahrer Hexenmeister, und Gott weiß, wo er all die

Materialien herbrachte, jedenfalls erstand ein chinesischer Tempel voll bunter Geishas, übersät mit schönster Blütenpracht, – in dessen Mitte Heinrich als Kaiser von China eine großartige Rolle spielte. Das machte ihm solchen Spaß, daß er selbst anfing Stücke zu schreiben. Er holte aus seinen Erfahrungen viele Dinge heraus und schrieb ein abendfüllendes Spiel *Achtung! – Aufnahme!* als köstliche Parodie auf alle menschlichen und technischen Schwächen einer Filmaufnahme. Neben der ›Diva‹ und dem ›Aufnahmeleiter‹ glänzte er selbst als ›Urbayer‹ und Naturbursch, jederzeit bereit, die ganze Szene zu sprengen und das fröhlichste Lachen aufkommen zu lassen. – Diese leichten Dinge wurden abgelöst vom ›Vorspiel auf dem Theater‹ – mit sehr gründlicher Einstudierung, bei der er sein Talent, Menschen zu behandeln, glänzend verwenden konnte, in der Auswahl guter Mitspieler und immer mit Einflechtung von guter Musik, bei deren Auswahl er größtes Verständnis zeigte. Man darf nicht vergessen, unter welchen Umständen wir arbeiteten, wir waren selber meist hundeelend vor Hunger und mußten viele von unseren Leuten ersetzen, weil der Hungertod und die Tuberkulose furchtbare Lücken riß. George selbst war abgemagert und dünn geworden, wie man es ›draußen‹ für unmöglich gehalten hätte. Und doch hielt er sich gut, und seine Energie blieb die gleiche, wie er in den Proben oft beweisen mußte. Noch heute ist mir seine Stimme im Gedächtnis, die mich in seiner Probe zum ›Vorspiel auf dem Theater‹ aufweckte. Ich war so elend in dieser Zeit, daß ich oft einfach einschlief mitten in der Arbeit, und Heinrichs Entrüstung, mit der er mich anbrüllte: ›Herr, wir spielen hier Goethe!!!‹ war in der Stimmstärke sicher nicht leiser als sein Götz-Zitat im Heidelberger Schloßhof. – Wenn er mit ganzer Seele bei den Proben ›mittendrin‹ war, standen ihm alle Register zur Verfügung, und wer seine Grobheiten übelnahm, der mußte halt ›verzichten‹. Und Heinrich konnte laut werden. – Aber wenn sein Temperament mit ihm durchgegangen war, brachte er nachher alles wieder in Ordnung – ein starker Sinn für Recht und Unrecht stand über ihm, und er war immer bereit, eigenes Unrecht gutzumachen oder anderen zu ihrem Recht zu verhelfen. Mit unglaublicher Gewissenhaftigkeit prüfte er dann – brauchte oft viele schlaflose Nachtstunden, bis er sicher und klar den gewählten Weg ging. Nach Wochen kam oft irgendein Resultat aus einer Sache, die wir längst vergessen hatten, – außer ihm.

Seit dem Vorspiel ließ ihm der *Faust* keine Ruhe mehr. Plötzlich sagte er: ›Wir müssen eine Kirche bauen‹, da wußte ich, daß wir auch eine Musik für den ›Keller in Leipzig‹ brauchten. Der Bühnenmaler Podbielski machte einen gotischen Dom, die Musik wurde neu komponiert von Borries, einem ausgezeichneten Musiker. Aus der Frauenbaracke kam ein ganz reizendes junges Mädel zur Probe, – und nun fingen die Proben an, Heinrich saß Stunden und Stunden über dem Textbuch. Teilte ein, strich, ließ wieder gelten, versuchte Einzelszenen, fügte Bild an Bild und malte Kulissen, hämmerte, klopfte, änderte immer wieder, brachte alle zur Raserei, die Mädchen zu Tränenströmen, – keiner hatte seine Nerven, – aber er hielt durch.

George verfolgte unbekümmert seinen Plan, versuchte mit immer neuen Leuten im Kellertheater (es war unter der Erde und faßte 500 Leute) zu Rande zu kommen, und Borries strichelte seine Notenlinien und schrieb und wurde täglich dünner und nervöser. Aber die Sache wuchs, die Bühnenmusik wurde ausgezeichnet, Ständchen und Flohlied waren wahre Meisterwerke, und Heinrich kam zum Ziel. Trotz seiner ungeheuren Praxis war bei ihm wenig von Routine zu spüren. Immer wieder empfand er alles frisch und neu, und von den zartesten Registern bis zum stärksten Kraftaufwand standen ihm alle Mittel zur Verfügung. Stundenlang saßen wir zwischen den schlafenden Leuten in der Nacht auf unserem Bretterverschlag, und er sprach alle seine Gedanken über den *Faust* so klar und eigen aus, daß man die Umwelt vergaß und nur beim Kunstwerk war. – Viele Dinge faßte er rein musikalisch auf und baute seine Szenen formal einfach nach den Prinzipien des Melos auf. So erhielt alles einen ungewöhnlichen Fluß und eine große natürliche Einfachheit, mit der er die größten Wirkungen erreichte. Die wesentlichen Dinge begriff er sofort aus einem ganz sicheren künstlerischen Instinkt heraus.

Nach 8 Wochen hatte er in 10 Bildern den ganzen *Urfaust* beisammen, und im überfüllten Theater saßen vorn die russischen Offiziere, die zum Teil den *Faust* aus der Puschkinschen Übersetzung kannten. Der Eindruck war erstaunlich und ein Sieg Goethes, Georges und der Darsteller über alle Zweifler. Das ganze Lager strömte ins Kellertheater und holte sich für viele Tage Anregung, Inhalt und ›Vergessen‹ aus diesen Stunden, in denen George sich als Faust so verjüngte, daß man ihn kaum wiedererkannte.

Da aber für alle die Anstrengung sehr groß war, wechselten wir ein über den anderen Tag das Programm und gaben ein Konzert, in dem Schubert, Tschaikowsky und Schumann das gleich künstlerische Niveau behielten. Auch ich spielte als Solist nur Dinge auf dem Podium, die ich auch draußen in meinen Konzerten gespielt hatte. Wir fühlten es als starke innere Aufgabe, diese schönsten Dinge gerade hier zu geben, daß sie auch im Herzen der einfachsten Kreaturen festsaßen. Merkwürdige Stunden, wenn wir nachts bei hellem Mondschein am Barackenfenster saßen und George mir seine Gedichte vorlas an Sie, seine geliebte Frau, an seine Kinder, an sein Zuhause und sein ›ehemals‹. Überall ein solcher Reichtum des Herzens, eine Feinheit und Liebe, daß er mir in seinem Leid und Unglück unbeschreiblich leid tat. – Sein Verständnis mir gegenüber war sehr groß. Er wußte genau, was man gerade brauchte, und half unauffällig, wo er konnte. Hier mit einem kleinen Wort zur rechten Zeit, da mit einer Zigarette oder mit einem Schluck Kaffee, irgendwo im Revier organisiert. Er vergaß nie, daß er nicht nur allein Hunger hatte. – Mit Siegermiene brachte er – wenn ihm ein heimlicher Küchengang gelungen war, – ein Kochgeschirr mit Essen an und teilte es. Er freute sich wie ein Kind, wenn man ihm auch mal eine

Freude machte. Immerhin war unsere Arbeit mit großen inneren Schwierigkeiten verbunden, denn wir spürten von Tag zu Tag mehr, wie unsere körperlichen Kräfte nicht mehr ausreichten.

Wir waren in halbjähriger Arbeit auf einem erstaunlichen Niveau angelangt, und auch allgemein zeigte uns das Lager einen Dank, der einzigartig war. Es tröstete uns über viele Entbehrungen und Sorgen und führte uns sogar von den Russen aus zu ›Gastspielen‹ außerhalb des Lagers in Lastautos mit stärkster Bewachung, die auf Kulissen, Instrumente und Menschen aufpaßte. Als ›Gasttruppe‹ wurden wir gut behandelt, bekamen sogar so viel zu essen und zu trinken, daß wir mal satt wurden – nach Jahren! . . .

Wenn wir dann spät nachts ›nach Hause‹ kamen auf unsere Holzbretter, legte man sich immerhin mit dem Gefühl nieder, nun wieder eine Weile durchhalten zu können.

Der Abschied von diesem ersten kleinen Lager Hohenschönhausen, mit 1200 Mann belegt, zeigte uns, wie stark die Anteilnahme unseres Publikums war.

Ich konnte am letzten Abend nicht vom Podium herunter, ehe alle Lieblingsstücke der Leute gespielt waren, und Gott weiß, woher auf einmal Blumen und Zigaretten kamen, sie waren mit einer ›Gabe draußen‹ gar nicht zu vergleichen. Und Heinrich wurde auf den Schultern durch das Lager getragen, und es war wohl keiner, der ihm nicht einen Gruß zugerufen hätte. – Sehr hungrig und dünn, aber doch in der Hoffnung, es endlich menschenwürdig zu bekommen und voller Pläne, Neues zu schaffen, ›zogen wir um‹.

Für mich selbst kam der Abtransport aus Hohenschönhausen nach halbjähriger Arbeit in der Künstlergruppe. Es war ein reiner Lagerwechsel. Heinrich George war früher nach Sachsenhausen gebracht worden und hatte dort gebeten, mich nachkommen zu lassen, weil er keinen Klavierspieler für die ›Cultura‹ hatte. So kam ich im Frühjahr 1946 per Lastauto ins Lager Sachsenhausen bei Oranienburg (nördlich von Berlin), – einem früheren Nazi-KZ, in dem Dollfuß, in dem Canaris, Oster und viele meiner

Offiziere aus dem Amt gesessen hatten, über deren trauriges Schicksal ich immer noch nichts wußte. Wir waren 12 000 Menschen, darunter 1200 Frauen. Ich hatte mit meinem Transport Glück. George hatte mir einen ganz großen Dienst erwiesen mit seiner Aufforderung, denn 4 Wochen später wurde das ganze Lager Hohenschönhausen aufgelöst und der Rest der dortigen Leute mußte zu Fuß auf großen Umwegen – um ja nicht in den französischen Sektor zu gelangen – etwa *80* km laufen. Eine Leistung, die bei dem Ernährungsstand viele Opfer kostete. – Ich war mit ca. 30 Mann rübergebracht und abends um 9 Uhr noch in ein fast kaltes Bad gesteckt worden, die Haare wurden nach Sträflingsart kurz geschoren, und, als ich in dem kalten Vorraum splitterfasernackt tief deprimiert und durchgefroren herumsaß (die Kleider waren für eine Stunde zum Desinfizieren verschwunden), erschien plötzlich Heinrich im Fenster mit einem Topf voll Essen und einer Zigarette. Ein Höhepunkt im Dasein, da ich 24 Stunden nichts gegessen hatte, war mir fürs erste geholfen. Es kam in Sachsenhausen ganz anders, wie wir es erhofft hatten. Dort war ein Theater bereits eingerichtet für die russische Besatzung, es spielte anfangs auch nur für die Russen, erst nach einem halben Jahr wurde eine deutsche Theaterbaracke errichtet. Über dem Ganzen schwebte eine Atmosphäre angstvoller Unsicherheit, die uns in die Nähe von Karzer, Bestrafung und Gebrüll brachte, weil man ohne Anordnung keinen Schritt tun durfte, und diese Anordnungen meistens ausblieben. – Herr dieses Clubs war bezeichnenderweise der Karzer-Offizier, – ein Teufel. Er spielte mit uns in eitelster Willkür – und während ich mich durch die Musik einigermaßen halten konnte, wurde es für George sehr schwer, – schon durch die Sprache. Er ließ auch hier nicht nach und ging mit Mut an dieses neue Problem: suchte sich einige Szenen aus dem *Postmeister* heraus, ließ sie sich übersetzen und trat in russischer Sprache auf. Nur mit der neuen Behandlung wurde er nicht fertig, – da, wo er im anderen Lager Verständnis gefunden hatte, waren hier nur Strafandrohungen, Karzer und

Beleidigung. Noch schlimmer war für ihn das Zusammenarbeitenmüssen mit einer ›Künstlergruppe‹, die sich bei näherer Betrachtung als reiner Verbrecherhaufen entpuppte. Es waren meist Leute, die als Deserteure oder wegen krimineller Dinge verhaftet waren, die das Stehlen, Schieben und Schlimmeres aus dem ff beherrschten und dadurch auch immer übergenug zu essen hatten, – alles gestohlen von unserer kargen Kost. Bei dieser Bande herrschten Neid, Intrige und Gemeinheit in solchem Maße, daß Heinrich von einer Verzweiflung in die andere fiel. Ich sah ihn zum ersten Mal einfach leiden, ohne sich zu wehren und nicht mit der Situation fertig werden.

Trotzdem versuchte er, allein weiterzukommen, dramatisierte den ›Tod des Tiberius‹ und machte ihn zur Aufführung zurecht, – wir feilten zusammen daran, denn er wollte zwischen den 3 Teilen die Sätze der ›Pathétique‹ haben. Endlich wieder eine Arbeit wie in Hohenschönhausen und wir freuten uns daran – aber mitten drin wurde er krank. Es hatte als ›Ausnahme‹ eine Fischsuppe gegeben, die ihm sehr schlecht bekam. Nachts bekam er Fieber, stöhnte oft, und wir brachten ihn am nächsten Morgen ins Revier. Ich konnte ihm keinen Mut zusprechen, er saß mit einem so völlig zerrissenen Gesichtsausdruck auf seinem Holzschemel, daß ich zu erschreckt war. Im Krankenrevier wurde er sofort untersucht und eine Blinddarmentzündung festgestellt, die schleunigste Operation verlangte. Mehrere Ärzte waren dabei, u. a. ein Assistent von Sauerbruch – und der Operateur war ein deutscher Professor, draußen sehr bekannt als Chirurg. Die Bedenken wegen der Kreislaufstörung und Gefahr fürs Herz waren groß, – aber der Eingriff war lebensnotwendig. Schon bei der Operation kam ein Zusammenbruch, der nur mit den stärksten Mitteln aufgefangen werden konnte. Die Operation selbst war sehr schwer durchzuführen, aber sie gelang, bevor der Blinddarm durchgebrochen war, und wurde gut zu Ende geführt. Wie sehr sich Professor Bockhacker beim russischen Chefarzt für seinen Patienten einsetzte, beweist der Umstand, daß er alle

Selbstporträt Heinrich Georges, entstanden 1946 im Lager Sachsenhausen, als er sich kurz vor seinem Tod mit dem »Tod des Tiberius« beschäftigte.

Mittel zur Verfügung gestellt bekam, die er brauchte, und schließlich sogar mit Wodka samt allen Medikamenten versuchte, das Herz in Gang zu halten. Zunächst gelang es, aber nach 1 ½ Tagen kam eine neue Attacke, der George nicht mehr gewachsen war. 2 Stunden vor seinem Tod verwies er noch zwei Handwerker, die da hämmern sollten, aus seiner Krankenstube und bat sie ganz leise: ›Kinder, laßt mich allein sterben‹. –

Als ich zu ihm gelassen wurde, war er schon einige Stunden tot. Der ganze Kampf aus seinem Gesicht ausgelöscht. Nur Ruhe und Frieden da. – Im Revier wurde er aufgebahrt und – als große Ausnahme – vom Chefarzt der Russen ein letzter Besuch erlaubt. Und viele, sehr viele kamen, um von ›ihrem Heinrich‹ Abschied zu nehmen. Alle hatten ihn gern gehabt, allen war er der Freund. Das war am 25. September 1946, – und wir wollten uns Mühe geben, ihm eine besondere Ehre zu erweisen und ihn nicht im Massengrab verschwinden lassen, vor dem er vorher einen gräßlichen Schauder geäußert hatte.

Konstantin versuchte beim Theateroffizier einen Sarg durchzusetzen – mit negativem Erfolg, dieser Teufel hatte auch dafür keinen Sinn. Während Heinrich aufgebahrt im Revier lag und eine wahre Wallfahrt einsetzte all der Häftlinge, die von ihm Abschied nehmen wollten, bestürmten wir einen jüdischen russischen Theaterfanatiker, beim Kommandanten ein Sondergrab zu erbitten.

Und er tat es gern und wurde freundlich empfangen, mit Teilnahme angehört und hatte Erfolg. Der russische Oberst bestimmte, daß Heinrich einen Sarg bekäme und in einem Extragrab vor dem Lager bestattet würde.

Unser Dank an beide war ehrlich und kam von Herzen. – Das ganze Lager war auf den Beinen, um Heinrich George wenigstens bis ans Lagertor zu begleiten, um ihm zu danken für die unermesslich reichen, schönen Stunden, die er ihnen auch im größten Elend aus immer reichem Herzen geschenkt hatte.

Wenn ich heute – wieder in Freiheit – danach suchen möchte, wer Heinrich George ersetzen könnte, wüßte ich es nicht zu sagen, – seine so ganz und gar einfache Art, die Menschen darzustellen, sie nur aus dem Herzen heraus zu bilden und deutlich zu machen, – er hätte sie noch vielen Leuten zeigen sollen und wäre wohl einer der großen Lehrer der jungen Generation geworden. Denn er war über alle Technik hinaus, über alle Erfahrung und den langen Weg mühseliger Arbeit bei der letzten Schlichtheit des ganz Großen angelangt, – wer von uns kann das erreichen?

Ich möchte Ihnen diese Zeilen senden, liebe Frau George, weil ich seiner in großer Dankbarkeit und Verehrung gedenke, vor allem, weil ich oft genug von ihm erfuhr, in welch einziger Freundschaft und Liebe er mit Ihnen verbunden war.

In herzlichem Gedenken

Ihr

gez. Helmut Maurer. «

Donnerstag, den 25. Oktober 1951, zum ersten Male

Colombe

oder

DAS GLÜCK DER LIEBE

Ein Stück in vier Akten von Jean Anouilh

Übersetzung von Franz Geiger

Inszenierung: Helmut Käutner

Ausstattung: Helmut Käutner und Alexander Camaro

Madame Alexandra, *eine berühmte Tragödin*	Berta Drews
Julien } *ihre Söhne*	Erich Schellow
Armand }	Gerd Martienzen
Colombe, *Juliens Frau*	Gisela Uhlen
Emile Robinet, *Mitglied der Academie Française, Dichter, genannt Poète-Chéri*	Aribert Wäscher
Desfournettes, *Theaterdirektor*	Herbert Hübner
Du Bartas, *Schauspieler*	Carl Kuhlmann
Madame Georges, *Madame Alexandras Garderobiere*	Elsa Wagner
La Surette, *Sekretär*	Hans Hessling
Der Friseur	Clemens Hasse
Der Pedikür	Harry Wüstenhagen
Eine Maniküre	Ursula Diestel
Zwei Bühnenarbeiter . . . . {	Klaus Schwarzkopf
	Paul Gorden

Das Lied „Glück der Liebe" schrieb Kurt Heuser

Pause nach dem 2. Akt

Technische Leitung: Julius Richter

Maskenbildner: Arnold Jenssen · Beleuchtung: Willy Sommer

SCHLOSSPARK-THEATER

Colombe

Theaterzettel und Zeitungskarikatur zu »Colombe« von Jean Anouilh, Schloßpark-Theater Berlin 1951

Am Beginn meiner »dritten Karriere«

Nachkriegsarbeit unter Martin und Barlog mit
Karl Heinz Stroux und Hans Lietzau –
Der Wegbegleiter und Freund Jürgen Fehling

> »Die Zeit wird kommen, da werden wir alle erkennen,
> warum das alles, weshalb dieses Leiden. Da wird es
> keine Rätsel mehr geben, – bis dahin jedoch muß man
> leben…Man muß arbeiten, nichts als arbeiten.«
>
> *Tschechow, »Drei Schwestern«*

Ja, ich mußte meinen Weg finden in diesem bitterkalten Winter 1946. Würde ich es schaffen, den Kampf mit den Schwierigkeiten des Lebens aufzunehmen in einer Welt, die er verlassen hatte?
Der Tag verscheuchte die Ängste der Nacht. Meine Kinder verlangten ihr Recht. Sie waren hilflos und bedurften meines Schutzes. Nur, würden meine Kräfte reichen? Kochen, waschen, das Nötige mit viel Zeitverlust ranschaffen, verbrauchte sie bis zur Erschöpfung. Hier – wie so oft in meinem Leben – half die Allmacht der Natur. Oft ließ ich alles stehen und liegen, lief eine Stunde durch den Wald und holte mir hier die Kraft weiterzumachen. Theater interessierte mich nur wenig, ich wandte mich wieder der geliebten Musik zu. Ernst Legal hatte die Reste der Staatsoper im Admiralspalast untergebracht, und er erlaubte mir, seine Loge, wann immer ich Lust dazu hatte, zu benutzen. Oft fuhr ich abends mit der Stadtbahn zur Friedrichstraße und hörte mir eine Oper an. Die Aufführungen – unter der Stabführung des prachtvollen Joseph Keilberth – hatten schon wieder ein hohes Niveau erreicht. Hier fand ich Trost.
Wir lebten von Tauschgeschäften. Geretteter Schmuck, Pelzwerk und Porzellan mußten dran glauben. Am Tag der Währungsreform stand ich wie jedermann mit 40 Mark pro Person bei der Stunde Null. Jetzt mußte ich an Arbeit denken!

Während ich dies im Sommer 1985 aufschreibe, erfahre ich vom Tod des Regisseurs Karl Heinz Stroux. Ihm verdanke ich viel. Er war hilfreich beim Beginn meiner »dritten Karriere«. Als ich verunsichert vor einem neuen Anfang stand, gab er mir – unter anderem – am Hebbel-Theater, das Karl Heinz Martin leitete, die Emilia im *Othello* neben Walter Franck und Werner Hinz als Jago. Ich kannte Stroux seit meinen Proben zu *Liliom* 1931 an der Volksbühne, wo er schon einige Inszenierungen gemacht hatte. Ich unterhielt mich oft mit ihm, und er sagte manches Liebenswürdige über meine Art, Theater zu spielen. Dann verlor ich ihn aus den Augen.

Am Ende des Krieges war er am Staatstheater. Eines Nachts brachte Heinrich George ihn und Heinz Hilpert zu uns nach Wannsee. Untergangsstimmung. Wir saßen lange zusammen und bedauerten, daß wir uns in den vergangenen Jahren künstlerisch nie begegnet waren.

Hatte er sich an dieses Gespräch erinnert, als er mir die Emilia anbot? – Es war eine glückliche Begegnung, und er setzte mich immer wieder ein. Ich war in seinem *Richard III.* im wiederaufgebauten Schiller-Theater die Königin Elisabeth. Und da erfuhr ich, wie psychologisch feinnervig er mit uns umging. Als die Königin mit einem Ausbruch vom Todeslager Eduards IV. auf die Bühne stürzen mußte, war ich bei der ersten Probe nervös und dadurch gehemmt. Ich versuchte es zweimal. Umsonst. Da sagte Stroux: »Überschlagen wir die Szene. Ich kenne die Drews. Wenn es ernst wird, haut sie ab und spielt mir den Auftritt prima.« Als wir am nächsten Tag zu der Szene kamen, stürzten Worte und Gebärden ungestüm wie von selbst aus mir heraus. Sein Vertrauen hatte mir geholfen.

Sein Meisterstück an Überredung und hilfreicher Regie vollzog sich später an mir bei der Frau Flamm in Hauptmanns *Rose Bernd*. Als er mir die Rolle anbot, war ich erstaunt, fand mich falsch besetzt und redete dußlig daher von einer »Heulsuse«.

Da wurde er fuchsteufelswild: »Das ist eine Frau wie du! Wenn dich das Schicksal einer Lähmung getroffen hätte und ich käme zu dir fünf Wochen danach, so würdest du klagen und mir was vorweinen. Fünf *Jahre* danach wärst du die Frau, die du warst, bevor dich das Unglück traf. Du wärst heiter und voll Selbstironie; na ja, eben wie du *bist*. Und wehe dir, wenn du mir eine Heulsuse anbietest. Daß die Tragik deines Schicksals für jeden spürbar wird, ist Sache deines Talents!«

Wir gingen an die Arbeit. Rose Bernd war Heidemarie Hatheyer, diese großartige, kraftvolle, gefühlsstarke Natur. Der warmherzige, liebenswerte Wilhelm Borchert war Flamm.

Stroux nahm sich viel Zeit für meine Szenen, spielte brillant vor, trieb mir den kleinsten Ansatz zur Sentimentalität radikal aus und hatte mich schließlich da, wo er mich haben wollte.

Nicht zu meiner, zu des großen Regisseurs Ehre zitiere ich das Ergebnis (im Spiegel der Kritik):

»Das schauspielerische Ereignis dieses letzthin doch ereignisreichen Abends war Berta Drews, die als Frau Flamm eine ungewöhnliche, eine erstaunliche, eine vollkommen überzeugende Leistung bot. Das ergriff und erschütterte. Es war diszipliniert und war doch voll Wärme, Leben, Herzlichkeit. Das Frauliche war da und das Mütterliche, die Größe, der Verzicht, das Elend, und es hatte alles volle Summe – die volle Summe der Menschlichkeit. Es war das Außerordentliche auf dieser Bühne, und es wird lange unvergeßlich bleiben.«

Ein anderer Rezensent schreibt:

»Berta Drews gab, was zum Teil dem Regisseur zugute zu buchen ist, der Frau Flamm eine neue Ausdeutung. Sie verzichtete auf alle Akzente der Kränklichkeit, mit denen diese an den Rollstuhl fixierte Rolle sonst gespielt wird. Sie gab eine überlegene, im Wesen ganz und gar gesunde, eine im Gütigen starke, dominierende Gutsfrau. Sie beherrschte die Szene, wenn sie auf der Bühne war. Nie wurde diese Rolle überzeugender dargestellt.«

Danke, Strouxi!

1951 wurde das neue Schiller-Theater eröffnet. Die Leitung übernahm – zusätzlich zum Schloßpark-Theater – Boleslaw Barlog. Er engagierte mich, und es begann der dritte und reifste Abschnitt meines Schauspielerlebens. Ich habe nicht vor, meine unzähligen Rollen vorzustellen. Nur einige Begegnungen möchte ich festhalten. Gleich in der ersten Saison wechselte ich in ein neues Fach. Helmut Käutner gab mir in Anouilhs *Colombe* die Madame Alexandra, eine ganz ungewöhnliche Mutterrolle, die ich mit viel Plaisir zu aller Zufriedenheit meisterte. Eine Rolle folgte der andern.

In diesen ersten Jahren erschien ein neuer Mann. Es war Hans Lietzau. Er inszenierte einige Stücke, die mich nicht beeindruckten. Zweifellos beeindruckte ich ihn auch nicht, denn er überging mich, obwohl es Rollen in seinen Produktionen gegeben hätte. Als er das »Wintermärchen« *Der Silbersee* von Georg Kaiser besetzte, ärgerte es mich dann doch, als die Kollegin Roma Bahn die Rolle der Frau von Luber, einer attraktiven »femme fatale«, bekam.

Nach vierzehn Tagen erkrankte Roma, und Lietzau ließ durch eine Kollegin vorsichtig anfragen, ob ich eventuell die Rolle übernehmen würde. Ich erschien am nächsten Tag auf der Probe, und gute Sterne tanzten über dieser Begegnung. Nach meinem ersten langen Satz bemerkte ich auf seinem wachen, neugierigen Gesicht ein vergnügtes Einverständnis. Ihm schien meine Diktion, geschult an Georges Direktheit, zu gefallen. Und er wiederum vermittelte mir nach diesem ersten lebendigen Probenvormittag ein hingerissenes Vertrauen zu seiner Behandlung des schweren Textes.

Es heißt dann auch in der Presse:

»Er gab dieser komplizierten Diktion eine emotionelle Pathetik, die Kaisers Drama von Anfang an szenisch prachtvoll hochreißt, daß es sich vehement von Bild zu Bild steigert. Lietzau hat selten so wesentlich und prägnant gearbeitet. Vor allem hat er das plötzliche Umschalten vom gesprochenen Wort zum Song ganz überraschend glücklich gelöst. So ist das schauspielerische Ergebnis dieses Abends grandios. – Den hungerleidenden Dieb Severin zum Beispiel stellt Hans-Dieter Zeidler so überragend dar, daß an seinem Durchbruch zu einem der besten Schauspieler unserer Bühnen nicht zu zweifeln ist. – Berta Drews mag im Zusammenspiel mit dem jungen Künstler an ihren Gatten George erinnert worden sein: ähnlich geballte Kraft, bei geistiger Zucht findet sich hier – Berta Drews als das Sinnbild des Bösen ist herrlich! Wie sie saft- und kraftvoll das Böse geil und zynisch genießt, rot in rot, wie eine Dirne aus einem Gemälde Felicien Rops wirkend, die Moral des Menschen zu Boden tanzt!«

Ja – ich mußte tanzen zu den aufregenden Rhythmen Kurt Weills, tanzen und singen. – Der Schlußbeifall war gewaltig. Als wir nach dieser ersten Arbeit erschöpft aber glücklich zusammensaßen, sagte Lietzau: »Mit Ihnen möchte ich eine große Allround-Rolle machen.«

Es kam nicht dazu, aber er setzte mich künftig in den unterschiedlichsten Rollen ein, so bei Strindberg und Barlach, bei Dürrenmatt und Bruckner. Unvergeßlich bleiben als Höhepunkte unserer strapaziösen Partnerschaft die Stücke Jean Genets *Der Balkon* und *Wände* sowie der hart erspielte *Entertainer* von Osborne. (Die Fetzen flogen!)

Als man den *Balkon* ein Vierteljahrhundert später 1983 neu im Schiller-Theater herausbrachte, hat Friedrich Luft sich an die frühe, kühne Inszenierung Lietzaus erinnert:

»Das war damals ein kämpferischer Abend: Das kleine Schloßpark-Theater kochte vor Abscheu, Widerstand, Ekel, – aber auch vor Jubel. Es war uns, als sei von einem brodelnden Topf der Deckel genommen. Wir sahen in lauter schlimme Bezüglichkeiten. Es sprach ein ›poète maudit‹, ein Dichter des Verfluchten und der vorsätzlichen Abscheulichkeit. – Wir erschraken damals. Ein Teil des Publikums sah der krassen Offenlegung eines fürchterlichen Weltbildes nur mit ständiger Unruhe und Widerspruch zu!!«

Liebe Berta,
dank für diesmal
und ich freu mich
schon aufs Nächste.
Du bist wirklich eine
"menschliche Frau".
Toi toi toi , Dein
11 II 65 Hans

Hans Lietzaus verhaltenes Toi, toi, toi zur Schloßpark-Theater-Premiere von Gorkis
»Wassa Schelesnowa«. Nach der gemeinsamen Probenarbeit wußten wir beide, daß ich nicht
die Idealbesetzung für diese skrupellose Ausbeuterin war – die ich eigentlich nie hatte
spielen wollen.

Als ich damals als Madame Irma in der letzten Szene des Stückes
meiner Gefährtin (schön und kühl Anneliese Römer) sagen
mußte: »Carmen!… Verriegele die Türen, mein Liebling. Gleich
wird man wieder von vorn beginnen müssen… alles wieder
erleuchten…«, kam ich nicht weiter! Es waberte mir ein Protest
entgegen: Johlen, Pfeifen, Trampeln und Türenschlagen – ein
Tumult, wie ich ihn noch nie erlebt hatte. Ich mußte noch einiges
sagen. Doch daran war nicht zu denken. Zitternd stand ich allein
auf der Bühne. Walter Franck schrie aus der Kulisse: »Vorhang!
Vorhang!!« Als es endlich dunkel wurde, sank ich in irgendwel-
che Arme. – Inzwischen hatten sich die Bewunderer im Parkett,
die Lietzaus kühne Tat begrüßten, stark gemacht, und es gab
einen überwältigenden Applaus mit Bravogeschrei.
Ein großer, unvergeßlicher Abend!

Meine besondere Liebe gilt im Rückblick meiner Rolle im *Entertainer* von John Osborne (1958), der armseligen Phoebe Rice. Hier deckte Lietzau durch Worte das Grauen zwischen den Menschen auf, in einem Milieu völliger Trostlosigkeit »mit Luftlöchern im Dialog, daß man manchmal den Atem anhält. Dann wieder läßt er die Worte aus dem Munde Berta Drews' kommen wie fettig-schillerndes Spülichtwasser oder wie einen minutenlangen Blutsturz«. Dies schrieb der Schriftsteller Fritz Schwiefert. James Jones, der einen Welterfolg mit dem Roman »Verdammt in alle Ewigkeit« errungen hat und von Paris aus Deutschland mit seiner Frau bereist, besucht die Theater diesseits und jenseits der Sektorengrenze. Sie sehen auch den *Entertainer* mit Martin Held als Billy Rice, diesen abgetakelten Zyniker, den sie Laurence Olivier gleichrangig an die Seite stellen. »Sehr beeindruckt zeigten sie sich von Berta Drews«, heißt es in einem Pressebericht. – Das freute mich. Denn ich liebte die schwachsinnige, schnapstrunkene, törichte Phoebe und trennte mich nach unzähligen Vorstellungen sehr schwer von ihr. Es war meine aufregendste, fruchtbarste Arbeit mit Lietzau.

Ich weiß nicht, ob er mir immer den richtigen Weg zeigte. Er war oft ungeduldig, machte Umwege, die kräfteraubend und ärgerlich waren. Ich werde nie vergessen, wie er 1961 bei der Uraufführung unseres zweiten Genet, dem phantastischen Schauspiel *Wände* – das Friedrich Luft zutreffend »eine geniale Wucherung von einem Stück« nannte (und damit die Schwierigkeit der Realisation schon andeutete!) –, auf Anhieb Außerordentliches von uns verlangte. Auf einer der ersten Proben klagte er vorschnell: »Wenn ihr das *so* spielt, werden wir ja eine großartige Vorstellung zustandebringen!«

Donnerwetter! Das war ermutigend! Der junge Gerd Baltus, der meinen diebischen Sohn Said spielte, und ich als seine Mutter waren gekränkt. Lietzau hätte doch wissen müssen, daß diese fremde arabische Welt, umstellt von Unheimlichkeiten, einen neuen Atem, eine andere Sprache verlangte und daß dies nur

Freitag, den 19. Mai 1961
Uraufführung

Wände
(LES PARAVENTS)

Phantastisches Schauspiel von Jean Genet

Deutsch von Hans Georg Brenner
In der Bearbeitung des Schloßpark-Theaters

Inszenierung: Hans Lietzau
Bühnenbild und Kostüme: Hansheinrich Palitzsch

Die Araber:

Die Mutter	Berta Drews
Said, *der ärmste Sohn des Landes*	Gerd Baltus
Leila, *die häßlichste Tochter des Landes*	Heidemarie Theobald
Kadidja, *Klageweib*	Elsa Wagner
Ommu, *Klageweib*	Lotte Stein
Warda	Ruth Hausmeister
Malika } *Dirnen*	Ursula Heyer
Djemila	Ilse Pagé
Si Slimane, *Rädelsführer*	Edgar Ott
Scheich	Arthur Schröder
Habib	Erich Gühne
Taleb	Hugo Gau-Hamm
Mustafa	Theodor Vogeler
Brahim	Peter Gross
Achmed	Wolfgang Hinze
Salem	Klaus Jepsen
Baschir	Klaus Krauleidies
Schigha	Ursula Diestel
Nedjma	Monika Peitsch
Habiba	Astrid Jelisch
Lalla	Elisabeth Zimmerli
Aischa	Käthe Füllner
Magd	Gerda Schaefer

Besetzungszettel zur Uraufführung »Wände« von Jean Genet, Schloßpark-Theater Berlin 1961

langsam erarbeitet werden konnte. Es war für mich dann eine große Genugtuung, daß ich bei der Premiere am Ende des ersten Bildes mit einem Tanz, den ich auf nackten Füßen mit buntbemalten Zehen improvisierte, unseren ersten Szenenapplaus bekam und damit den großartigen Erfolg dieses Abends eröffnete. – Er gab keine Ruhe, bis ich völlig überschrien meinen Text nur noch röchelte. Da erst hatte ich endlich das Timbre, das

seiner Meinung nach ein arabisches Weib vom »Stamme der
Brennesseln« haben mußte. Ach, es war so verdreht und wunder-
bar! Ich verfluchte ihn, um am nächsten Tag bewundernd zuzuse-
hen, wie er mir die brutale Erdrosselung eines Soldaten auf einer
Brücke inmitten des Dschungels vorspielte.
Walther Karsch überschrieb dann auch seine Kritik:
»Genet, poète maudit, siegt in Berlin«,

und dann weiter:

»Solche Stücke liegen Lietzau. Hier ist sie wieder, die Kontur in ihrer kalten Präzision und in ihrer erschütternden Poetik. Lietzau spürt den beiden Ebenen nach; er setzt sie genau gegeneinander ab, und jede seiner Figuren hat die Doppelbödigkeit der Existenz und des Scheins. Was da im einzelnen an Arbeit drinsteckt, kann gar nicht ausgelotet werden.

Schon der erste Auftritt der Berta Drews, der Mutter, rief stürmischen Szenenapplaus hervor. Die Drews ist aber auch ein Prachtmensch, laut, stürmisch und voll Zärtlichkeit; eine Königin im Reich der Armen, so daß sie mit Recht im Totenreich den Thron einnimmt.«

Lietzau! – Du Teufelskerl!!

> »Wer sich zum Lamm macht,
> den fressen die Wölfe.«
>
> *Volksmund*

Es muß jedem auffallen, daß ich bei den ersten Gehversuchen im dritten Abschnitt meines Berufes wiederholt von Erfolgen spreche. Es gab sie wirklich!

George hat nie versucht, mir etwas beizubringen, und doch war es, als ob Antennen in mir unbewußt vieles aufgenommen und gespeichert hatten. Bei schwierigen Aufgaben (und ich denke speziell an *Wände*) bildete ich mir ein, es schwebe sein breiter Schatten in der dämmerigen Tiefe des hohen Schnürbodens, bereit einzugreifen. Ich überraschte mich dann selbst mit Ausdrucksmitteln, die von ihm gesteuert schienen. Jedenfalls war ich ein Stück weitergekommen – und das wurde bemerkt. Ich spreche von Erfolgen und mußte zu gleicher Zeit schuften wie nie zuvor.

Barlog hatte mich preiswert eingekauft, und da ich, sträflich verwöhnt, in Geldgeschäften unerfahren dahingelebt hatte, mußte ich auf Kalamitäten gefaßt sein.

Wir hatten unser Haus am Wannsee wiederbekommen. Es war

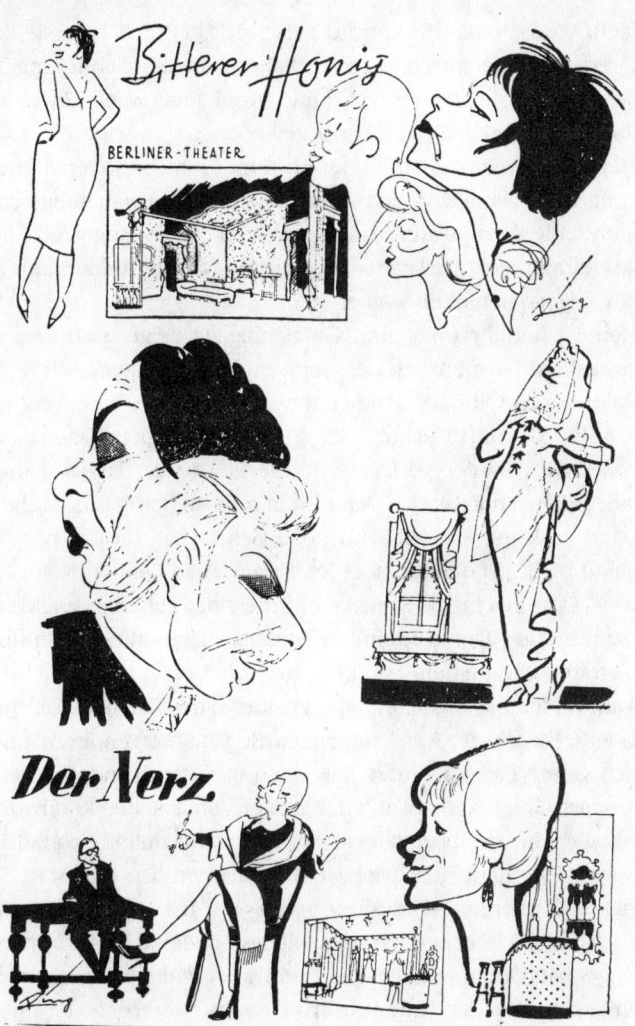

Zeitungskarikaturen (Collage) zu Shelag Delaneys »Bitterer Honig«, einem Stück, in dem ich 1959 am Berliner Theater in der Nürnberger Straße gastierte – und zu den Schloßpark-Theater-Aufführungen von Alexander Ostrowskis »Eine Dummheit macht auch der Gescheiteste«, 1960, mit Rolf Henniger, Frank Wedekinds »Der Liebestrank«, 1962, und Félicien Marceaus »Der Nerz«, 1960, mit Hildegard Knef.

mein Wunsch, den Kindern dieses Stückchen Erde, wo sie mit ihrem Vater gelebt hatten, zu erhalten, um die Erinnerung an ihn hier zu pflegen. Ich hatte mir zuviel zugemutet. Zuviel lag durch die lange Besetzung im argen.

Meine Gage wurde – trotz der »Erfolge« – nicht höher. Filmen konnte ich fast nie, da ich täglich Proben und Vorstellung hatte – und alle Werte waren »auf der falschen Seite« angelegt. Blieben einige nicht verlagerte Dinge, zum Beispiel Bilder, die ich nur ungern hergeben wollte.

Meine Unerfahrenheit und Gutgläubigkeit zeigte sich hier in grotesken Formen: Als es sein mußte, verkaufte ich eine Variante des Ölbildes »Die Gräfin« von Otto Dix einem Kunsthändler für den Bruchteil des Preises, den er acht Tage später von einem Käufer verlangte. Ich lernte nichts daraus. Durch die Abgaben für das Haus kam ich immer wieder in Bredouille.

Dann passierte eine hanebüchene Geschichte, die ich mir bis heute nicht verziehen habe: Ich lag ein paar Tage im Krankenhaus. Dort erschreckte mich ein dringender Zahlungsbefehl für Grundsteuer. Durch meine behinderte Lage vollends kopflos, vertraute ich meinem Sohn Jan, der inzwischen fast erwachsen war, meine Verlegenheit an. Er kam am nächsten Tag mit einem Vorschlag. Wir kannten einen Galeristen – er nannte sich unser Freund –, der ließ mir sagen, er würde mir eine unserer Graphiken abkaufen, wenn er damit helfen könne. Ich willigte ein und bezeichnete dummerweise meine Schuld. Es waren 500 Mark. Ich hatte sie am nächsten Tag und war die Picasso-Radierung »Das karge Mahl« los. Ich trauerte um sie; doch meine Narrheit wurde vollends offenbar, als ich nicht lange nach dem Verlust die Zeitung aufschlug und ein Bild entdeckte mit der Unterschrift »Picassos Radierung ›Le repas frugal‹ (1904) ist das höchstgeschätzte graphische Blatt (DM 15 000) auf der Hauswedell-Auktion.« Ich konnte den leeren Fleck an unserer Wand nicht ohne Zorn betrachten. Mit unserem Galeristen ging es mir nicht anders. (Heute wird dieses Blatt aus der »Blauen Periode« mit anderthalb Millionen gehandelt!)

Und da wir schon bei der großen Abrechnung sind, gebe ich noch eine klägliche Episode zum besten:

Meine Fahrten zur Arbeit mit den öffentlichen Verkehrsmitteln raubten mir täglich kostbare Stunden und strengten mörderisch an. Ich hatte es anfangs der fünfziger Jahre nicht geschafft, mir das kleinste Auto zu leisten. Als ich wieder mal auf meinen Omnibus wartete, studierte ich an der Litfaß-Säule die Kinoprogramme. Nicht weniger als sieben George-Filme wurden angeboten. Die Verleiher machten gute Geschäfte mit seinem Tod. Wir gingen leer aus. – Von dem Regisseur Gustav Ucicky, der mich besuchte, erfuhr ich, daß allein der *Postmeister* bei der ersten neugestarteten Wiedergabe dem Verleiher in kürzester Zeit zwei Millionen eingebracht hätte. Er redete mir zu, diesen Herrrn anzusprechen, weil er es angemessen und selbstverständlich fand, mir wenigstens einen kleinen Wagen zum Geschenk zu machen. Ich fand das auch und setzte mich, nachdem eine erste Hemmung überwunden war, ein paar Tage später hin, um dem Verleiher-Ehepaar einen liebenswürdigen Brief zu schreiben. Ich erwartete ihr geneigtes Gehör.

Ich habe nie eine Antwort bekommen!

»Versäumt nicht zu üben die Kräfte des Guten!« (Goethe)

An einem sonnenüberglänzten Herbsttag feiert man im Schiller-Theater 1953 Heinrichs sechzigsten Geburtstag. Ihre Stimmen zittern, als seine »Jungs« Will Quadflieg und Ernst Schröder ihren klugen, tiefempfundenen Dank ihrem Meister, von dem sie lernen durften, darbringen. Robert Müller, der alte Freund, und Walther Suessenguth sprechen Worte des Gedenkens. Sein Leidensgenosse, der Pianist Helmut Maurer, spielt für ihn Chopins Ballade g-moll op. 23, und Elfriede Trötschel singt sein Lieblingslied »Mondnacht«. Dann betritt Jürgen Fehling das Podium, seine tiefe Bewegung niederzwingend, bannt er aus verwandtem Geist vor der Geburtstagsversammlung die Gestalt Heinrichs, seines »Bruders«. Wie ein zerzauster alter Adler zeigt er Krallen, die noch zuschlagen. Mißt zornig das Mittelmaß am männlichen Übermaß des zu früh Gestorbenen. Den »größten norddeutschen Schauspieler«, »das Genie des Volkes der schwarzen Suppen« – so nannte er ihn.

Diesen Auszug aus Fehlings Rede brachten die Zeitungen:

»Heinrich George kam von der Waterkant, Ziegelgotik war die einzig ihm gemäße Bauweise. Ich komme aus dem gleichen scharfen, bitteren Bezirk, wo Seetang und herbstlich faulendes Riedgras beseligend die Nase reizen. Ich darf von Heinrich sprechen in der guten Gewißheit, über ihn besser Bescheid zu wissen als irgendein Lebender.

Georges Kunst basierte wie alle große Schauspielkunst auf einer mächtigen Ruhe. Die Flotte seiner Spielgedanken lag gewissermaßen im Hafen einer listigen, souveränen Heiterkeit verankert – stets bereit, alle Segel zu setzen, wenn der Ruf kam: Hinaus aufs hohe Meer des großen Spiels. Er rang mit dem Dichter im feurigen Busch, und seine grauen Seemannsaugen hatten immer den unbeirrbaren, weiten Blick der Kapitäne und der Raubtiere, der Löwen und Adler – über alles Nahe und Ärgerliche, über alles zunächst Liegende hinweg sich am Horizont festsaugend.

Einmal, auf einer Probe zu Barlachs *Sintflut* – einem Stück, das trotz der gloriosen Besetzung mit Steinrück und George in den Hauptrollen nicht über die Rampe kam –, rannte er plötzlich stumm ab. Ich machte eine kurze Pause. Ich dachte, jetzt stürzt er wie so oft ein großes Glas heißen Rum in seinen bebenden Leib. Nach zehn Minuten, als ich bat weiterzumachen, kam er oben am Ende der Schräge, links hinten, stumm und ganz langsam auf die Bühne – er hatte einen etwa zehn Meter im Quadrat großen schweren Perserteppich aus dem Foyer des Theaters – am Gendarmenmarkt war's – sich geholt und umgetan: hinten weit abstehend, sein Haupt um dreiviertel Meter überhöhend, steif, schabrackenartig seinen Rücken bergend, drei Meter etwa auf dem Boden nachschleppend, gab ihm dieses starre Futteral das, was er vergeblich bisher mit einzelnen Akzenten und Gebärden zu erreichen versucht hatte, die kolossalisch zusammengefaßte Wucht des Schweigens.

Das am liebsten im Positiven Verweilende, ungern sich Steigernde, das ruhige *en face* auch im Profil, das immer in allem Moll mitklingende Dur, die Getrostheit seiner unbändigen, von mir gern sich bändigen lassenden Phantasiekräfte, dies immer aus dem Generalnenner Kommende war gänzlich außerordentlich an George.

Sein Gehirn warf Blasen, er war zum Platzen – in jeder Beziehung –, aber er »platzte« nie, eine verblüffende Geistes- und Leibesgegenwart vermochte ihn, Finten und Tricks wie ein wüster Zauberer landen zu lassen. Er grunzte und brach wie ein röhrender Hirsch durchs Gestrüpp des Waldes. Aber niemals war er formlos. Er, der heisere Rabe, konnte wie ein Troubadour zur Laute bestrickend singen, und im *Postmeister* tanzte er wie ein...mozärtlicher Elefant.

Um Georges Figur ranken unzählige Anekdoten. Sie alle haben einen Generalnenner: die Orginalität, das absolut Verblüffende seines Wesens. Das episch Gastliche hatte er mit Paul Wegener gemein. Beide – Wegener und George – entfalteten einen tiefen Zauber, wenn sie ihren Gästen stumm und umständlich das Fleisch vorschnitten. Umständlich war überhaupt Georges Wesen und Spielweise. Nie brillierte er durch Facettierungen, aber er war fähig, kolossale Sprachbögen mit prasselndem Gefälle zu sprechen. In seinem *Götz*, in der ersten großen Aussprache mit Weislingen, entzündete der schwere Mann ein Allegro sondergleichen. Ich glaube nicht, daß so bald einer kommen wird, der wie er prädestiniert ist, den Falstaff richtig zu spielen. Da er ihn unter keinem großen Regisseur spielte, blieb diese für ihn kongruenteste Rolle eigentlich für ihn ungespielt. Das ist ein großer Jammer. Heinrich allein war gerüstet, diese modernste Figur Shakespeares ganz zu erfüllen. Wie Steingeröll im Gebirge hätte er da prasseln können, elegant und brutal zugleich – ins Heraldische vorstoßend. Unerschöpflich schien Georges Kraft und Geduld auf der Probe. Wie ein riesiger Christophorus trug er junge Partner, zumal Frauen, durch die Probennebel, lockte er weniger Große auf die hohe See seiner eigenen Üppigkeit.

Sein Gang war schwer, sein Wort karg und rauh, aber in seinem Mantel steckte alle Zauberei, und sein Theaterspiel legte Zeugnis ab in einem Ausmaß der Phantasie, das Gott in hundert Jahren nur ein paarmal an Schauspieler verschenkt.«

Und dann spricht Georges Stimme noch einmal die »Anekdote aus dem letzten preußischen Krieg« von Heinrich von Kleist, und »sein homerisches, verklingendes Gelächter geht – wie ein Gruß von drüben – den Zuhörern durch Mark und Bein.«

>»Geh deinen Weg und laß die Leute reden!«

Dante

Der Vorhang war gefallen. Es war die letzte Vorstellung der Saison 1955. Ich verabschiedete mich von meinen Kollegen, um schleunigst mit meinem – endlich erstandenen – Auto von Jan nach Amsterdam gefahren zu werden. Ich sollte dort am nächsten Morgen Punkt zehn vor der Kamera stehen.

Der Regisseur Wolfgang Staudte hatte mich überredet, in einem Film nach dem holländischen Bestseller »Ciske, die Ratte« eine Rolle zu übernehmen. Ich hatte Lust, mit ihm zu arbeiten und entschloß mich, meine kostbaren Ferien dranzugeben. Wir fuhren die Nacht durch, und ich schaffte es, mit hängender Zunge, meine erste Szene pünktlich in den Kasten zu bekommen. Wir drehten holländisch und deutsch. Das war anregend und amüsant. Wir Frauen, die die Mutter Ciskes darzustellen hatten, waren ganz verschieden, und so kam es, daß der gleiche Text, dieselbe Situation, einen völlig anderen Charakter bekam.

Ciske, das ist eines der bemitleidenswerten Kinder, die schon in frühesten Jahren vom Schicksal herumgestoßen werden. Er lebt bei seiner Mutter, einer liederlichen, rabiaten Person, und wird durch die lieblose Vernachlässigung verschlossen und unzugänglich. Keiner möchte etwas mit ihm zu tun haben. Man nennt ihn »die Ratte«. Es kommt zur Katastrophe. Als er wieder einmal im Kohlenkeller eingesperrt wird, weil die Mutter Herrenbesuch erwartet, entdeckt sie – in seiner Bluse versteckt – ein Buch, das er wie seinen Augapfel hütet. Wutentbrannt zerreißt sie es vor seinen Augen. In ohnmächtiger Wut ergreift das gepeinigte Kind ein Messer und schleudert es nach der Mutter. Es trifft sie so unglücklich an der Halsschlagader, daß sie verblutet, ehe Hilfe zur Stelle ist.

Der kleine Darsteller des Ciske war ein hochbegabter Junge, der diese beklemmenden Szenen erschreckend gestaltete. Er war rührend in seiner jammervollen Hilflosigkeit, und um meine Rolle nicht zu abstoßend dagegenzusetzen, versuchte ich in einigen Szenen ein bißchen vertretbaren Humor in diesen Horrortrip einzubringen. – Staudte und ich verständigten uns aufs Trefflichste. Er erlaubte mir amüsiert und dankbar kleine Extempores, da ihm die Geschichte auch verteufelt blutrünstig vorkam. Das bekam dem Film sehr gut. Ich erfuhr bei unseren Gesprächen von seinem nächsten großen Projekt: die Verfilmung der *Mutter Courage*.

Schon vor Jahresfrist hatte er mit Bert Brecht das Drehbuch dazu geschrieben, und es sah so aus, als ob die Ostberliner DEFA mit ihrem kostspieligsten und künstlerisch anspruchvollsten Stoff beginnen würde. Man hatte vor, den Film in einer Cinemascope-Version für das westliche Ausland zu drehen. Verhandlungen über den Verleih in den USA, England und Frankreich waren im Gange. Es wurde aufgeboten, was Rang und Namen hatte. Helene Weigel, Brechts Frau, spielte die Titelrolle. Ich hatte sie darin auf der Bühne gesehen. Ganz unvergleichlich! Für das Lagerliebchen Yvette Pottier hatte man die schöne Simone Signoret gewinnen können und für den Küchenbullen den französischen Schauspieler Bernard Blier. Der Filmarchitekt Max Douy, der den farblich bestechenden Film *Le Rouge et le Noir* ausgestattet hatte, baute in Babelsberg impressionistisch-farbige Dekorationen. Die Millionen lagen bereit, und Anfang September liefen die Aufnahmen in Babelsberg an.

Eines Abends rief mich Frau Staudte an: »Haben Sie Lust? Wolfgang möchte Sie gerne als Courage haben!«

Ich glaubte zu träumen. Doch sie hielt sich nicht lange mit Erklärungen auf. Es hatte Schwierigkeiten gegeben und: »Es brennt.« Ich solle schleunigst die Erlaubnis des Kultursenators erbitten.

Barlog versprach mir Beistand und versicherte dem Produktionschef des Films, Herrn Teichmann, der ihn sofort aufsuchte, daß er mich für die Dauer des Films von Proben beurlauben würde. Staudte unterbrach daraufhin seine Verhandlungen mit der Französin Françoise Rosay, weil er glaubte, nach diesen Zusagen mit mir rechnen zu können.

Tags darauf – es war der 21. September – fuhr man mich aufs Filmgelände in Babelsberg. Kostümproben, Textbesprechungen – alles war ganz unwirklich. Ich glaubte immer noch nicht, daß meine Person ernsthaft gefordert war. Staudte begrüßte mich herzlich, und wir gingen in sein Büro. Dort saß in einem schwarzen, eleganten Arbeitsanzug die wunderschöne Simone Signoret. Sie war viel zarter, als ich sie mir nach ihrem großen Erfolgsfilm *Goldhelm* vorgestellt hatte. Sie betrachtete mich mit freundlicher Neugier, und Staudte eröffnete mir, daß ich anderntags die erste Szene mit ihr zu spielen hätte. Wir tranken eine Tasse Kaffee, und ich erhielt den Text, den wir andeutungsweise in bester Laune markierten. »Bis morgen also!« Die Schneiderei war angewiesen, bis dahin mein Kostüm zu zaubern.

Während sie sich an die Arbeit machten, trafen sich am Abend bei mir zum Vertragsabschluß der Produktionschef des Films, mein Rechtsberater und Frau Staudte in Vertretung ihres Mannes. Man bot mir ein Honorar in Westmark an, das mir zwei Jahre Sicherheit für alle Eventualitäten verbürgte. Es war schon spät, als mich ein Anruf Barlogs erreichte, der uns in Kenntnis setzte, er hätte vom Senat den Auftrag bekommen, mir die Mitwirkung an diesem Film zu verbieten.

Diese überraschende Absage traf mich wie ein Keulenschlag. Ich sah keine Möglichkeit, Staudte jetzt noch im Stich zu lassen, und stellte völlig kopflos meinen Vertrag mit dem Schiller-Theater zur Verfügung. Ich erhielt die Antwort, daß man sich im Falle eines Kontraktbruches nicht mit der Konventionalstrafe (die die DEFA zu übernehmen sofort bereit war) zufrieden gäbe, sondern ich mit einem Prozeß rechnen müßte, der unabsehbare Kosten verursachen könne. Nach einem kurzen Palaver der anwesenden Herren gaben wir auf.

Am nächsten Morgen legte Staudte die Regie nieder. Der Film wurde vorläufig abgeblasen. Die Zeitungen bemächtigten sich ausführlich dieses Debakels. Der »Spiegel« brachte unter dem Titel »Mutter Blamage« diese ruhmlose Story. Sie beginnt denn auch mit einem Stimmungsbild:

»Vor Kälte und Empörung zitternd, standen zwei prominente französische Schauspieler am Abend gegen Ende des vergangenen Monats auf dem Ostberliner Bahnhof Friedrichstraße und warteten auf den Interzonenzug, der sie zurück nach Paris bringen sollte. Simone Signoret und Bernard Blier waren die Opfer einer der größten Fehlspekulationen geworden, auf die sich die DEFA während ihres zehnjährigen Bestehens eingelassen hat.«

Tags darauf fragte ich Staudte, ob überhaupt mit der Fertigstellung dieses großen Projekts noch zu rechnen gewesen wäre. Er erklärte, daß möglicherweise von der Seite Bert Brechts große Schwierigkeiten zu erwarten gewesen wären, daß er aber niemals – mit den Vollmachten, die er hatte – aufgegeben hätte, wenn ich am Morgen nach der Vertragsbesprechung angefangen hätte bei ihm zu drehen. Erst die Tatsache, daß ich nicht mitmachte, hat ihn in der Nacht nach unseren Vertragsbesprechungen zur gänzlichen Aufgabe bewogen.

So endete denn das *Mutter Courage*-Projekt letztlich an der kulturpolitischen Barriere zwischen Ost und West!

Meine Verbitterung über den Verlust dieser einmaligen künstlerischen Chance bekam neue Nahrung, als ich erfuhr, daß jede Schauspielerin *aus Westdeutschland* die Rolle anstandslos hätte übernehmen können.

Ach, mein geliebtes Berlin! Wie ungerecht es doch zugeht im Leben!

Zeitungskarikatur zu Molières »Die gelehrten Frauen«, 1971, mit Eva-Katharina Schultz, Schloßpark-Theater

»Glückliche Tage«

*Überraschungen bei Beckett, Genet, Canetti
und mit den jungen Regisseuren Günter Krämer
und Hans Neuenfels – »Schimanski«*

> »Was vom Leben übrig bleibt,
> sind Bilder und Geschichten.«
>
> *Goethe*

Ich glaubte meinen Weg gefunden zu haben und war überrascht, wie ich mich dem Leben nach Hoffnungslosigkeit und mancherlei Heimsuchungen wieder zuwandte. Kraft der Unverwüstlichkeit meiner Natur entwickelte ich eine selbständige Persönlichkeit und bemerkte, daß ich gern allein bin.

Die Fülle der Gestalten, die ich verkörpere, lassen mir wenig Zeit für ein ereignisreiches Privatleben. Was glaubt ihr, welches Abenteuer mir Samuel Beckett mit seinen *Glücklichen Tagen* bescherte!

Barlog hatte einen gescheiten, mutigen Dramaturgen: Albert Beßler. Er war es wohl, der seinerzeit die Stücke Genets für Berlin als Ur- bzw. deutsche Erstaufführung möglich machte. Zum Ruhme des Hauses! Dieser umsichtige Mann rief mich vor unseren Sommerferien 1961 in sein Büro und verkündete mir mit überraschender Feierlichkeit, es sei ihm gelungen – nach äußerster Zurückhaltung Becketts –, ihm die Welturaufführung seines letzten Stückes *Glückliche Tage* abzutrotzen. Er glaubte ihm zusichern zu können, daß dieses Theater eine ideale Besetzung für die Hauptrolle anzubieten habe. Er meinte mich! Ich bekam ein lose gebundenes, etwa hundert Schreibmaschinenseiten dikkes Manuskript: »Beschäftigen Sie sich damit und gute Reise!«

BERTA DREWS

Zeitungskarikatur zu «Glückliche Tage» von Samuel Beckett, Schiller-Theater – Werkstatt, Berlin 1961

Ich ahnte nicht, welche Beunruhigung und Herausforderung ich in meinem Gepäck mitführte. Als ich mich im schönen Cademario oberhalb Luganos eingerichtet hatte, machte ich mich vorsichtig an die heikle Sache. Nach der ersten Lektüre erschien mir das Ganze höchst rätselhaft. Dies war kein Stück im üblichen Sinn. Es hatte nichts mit einer denkbaren Wirklichkeit zu tun. Winnie, eine Frau mittleren Alters, steckt bis zur Hälfte, schließlich bis zum Hals in einem Erdhügel inmitten ausgebrannter Erde. Aus ihrem Mund kommt ein Wortschwall von Alltäglichkeiten, Plattheiten und Wiederholungen. Mit penetranter Wichtig-

288

keit salbadert sie von oberflächlichsten Dingen, die nichts an ihrem Schicksal ändern oder aktiv weiterführen. Ihre Beschäftigung mit ein paar Requisiten, die sie in einem »Sack« bei sich hat, oder die sehr sparsamen Hinwendungen zu einer Person hinter dem Hügel – es ist Willy, ein vergreister Ehemann oder Exliebhaber – unterbrechen diesen gespenstischen Monolog nur unerheblich. Trotzdem preist sie den Tag: –

»Das eben finde ich so wundervoll, daß kein Tag vergeht ohne eine unverhoffte Gnade!«

Diese Gnade erbat ich inständig. Ich war ratlos, wie ich diese Anhäufung von Banalitäten dramatisch interessant machen sollte. Ich fühlte mich von allen guten Geistern verlassen mit der Bürde, als erste auf der Welt hinter den Sinn dieser Beckettschen Vision über die Sinnlosigkeit des menschlichen Lebens zu kommen, und brannte darauf, endlich im »Dialog« ein Stück weiterzukommen. Ich bewegte mich in einer Himmelslandschaft, und doch habe ich nie das Ende meiner Ferien so herbeigewünscht wie in diesem Jahr! Mein Regisseur, der junge hochbegabte Walter Henn, war voller Optimismus, und wir gingen an die Arbeit.

Das ungewöhnliche Bühnenbild war provisorisch vorbereitet, und ich richtete mich – so gut es ging – in meinem »Erdhügel« ein. Der Oberkörper blieb sichtbar. Ich war also mit den Armen, den Schultern und dem Kopf beweglich. Um nicht zu verkrampfen, mußte ich eine bequeme Sitzgelegenheit wählen. Ich entschied mich für einen Holzhocker, auf dem ich mit leicht gespreizten Beinen – etwas vornübergebeugt – Platz nahm. Die Schuhe zog ich aus, und nichts durfte meine Taille und das Zwerchfell einengen.

Als ich dieses Erdloch betrat, begann für mich der normale Ablauf meines Lebens zum Stillstand zu kommen. Vom Erwachen bis zur »Guten Nacht« beherrschte Winnie überlebensgroß mein Bewußtsein.

Ich brauchte etwa zwei Wochen, bis ich den Text oberflächlich im Kopf hatte. Walter Henn beschäftigte sich jedoch weniger mit der

Deutung der Wörter als mit der rührigen Geschäftigkeit, in die Winnie ihre innere Leere umsetzt. Es fielen ihm immer neue zusätzliche Aktionen ein, um diese sinnlose Motorik sichtbar zu machen.

Mir brummte der Schädel, und es blieb nichts übrig, als die Hilfe unserer verständnisvollen, intelligenten Souffleuse Frau Pehlemann total in Anspruch zu nehmen. Sie kam nach der Probe in meine Wohnung, und wir exerzierten erbarmungslos weiter.

Vielleicht war ich auf dem Holzweg. Aber das konnte meinen Eifer nicht bremsen. Mit der Sicherheit des Textes wurde mir ganz von selbst seine Bedeutung klar. Komische und bösartige Empfindungen, zweideutige und verstörte boten sich an. Alles war ganz einfach. Ich hatte Blut geleckt und identifizierte mich total mit Winnie:

»Das eben finde ich so wundervoll, wie der Mensch sich anpaßt den wechselnden Verhältnissen.«

Der zweite, kürzere Teil – als ich nur noch mit dem Kopf sichtbar war – fiel mir dann verhältnismäßig leicht. Rudolf Fernau spielte ganz vorzüglich in rührender Bescheidung den makabren Gefährten.

Als die erste Hauptprobe begann, war ich durch den vollbesetzten Zuschauerraum (es war die neu eröffnete »Werkstatt«) so geschockt, daß ich mich nach zehn Minuten unterbrach und bat, noch einmal anfangen zu dürfen.

Die »Welturaufführung« hatte uns ein Off-Broadway-Theater zwei Wochen zuvor weggeschnappt. Das änderte allerdings nicht viel an meiner zitternden Aufregung. Und als ich am Schluß dieses denkwürdigen Premierenabends zu Lehárs Walzer »Lippen schweigen, 's flüstern Geigen ...« ansetzte, muß in meiner hellen Stimme Jubel mitgeklungen haben. Geschafft! Von nun an würde jede neue Aufgabe ein Kinderspiel für mich sein.

Man feierte unsere kleine Crew ausgiebig, und alle folgenden

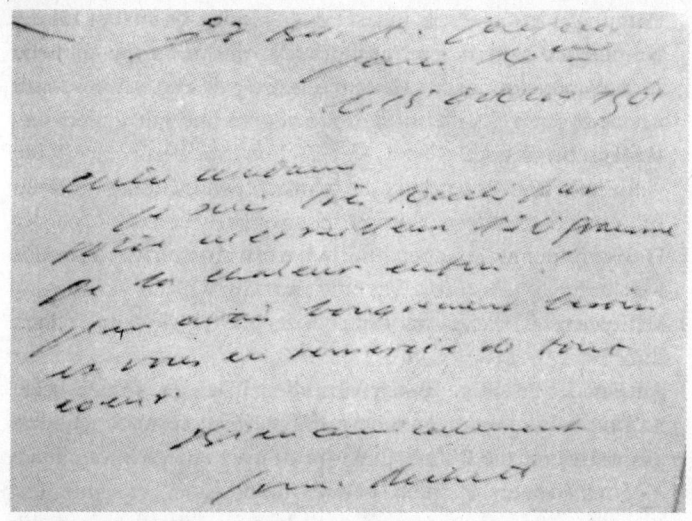

Diese Zeilen des Dichters erreichten mich nach der Premiere von »Glückliche Tage«:
»Liebe gnädige Frau,
Ihr wunderbares Telegramm hat mich sehr bewegt. Wieviel Warmherzigkeit enthält es doch! Ich brauchte sie so sehr und danke Ihnen von ganzem Herzen.
Sehr herzlich
Samuel Beckett«

Vorstellungen waren ein hohes Vergnügen. Genußvoll verwandelte ich mich in Winnie und trauerte, als ich zum letzten Mal in mein Erdloch kroch.

»Dem Vogel, der heut sang,
Dem war der Schnabel hold gewachsen.«

Wagner, »Die Meistersinger von Nürnberg«

So wahr mir Gott helfe, ich wollte kein Theaterkind aus ihm machen! Man hat mir den kleinen Götz einfach aus dem Garten auf die Bühne geholt.
Mein alter Kollege Walther Suessenguth sollte 1950 im Hebbel-Theater *Mein Herz ist im Hochland* mit O. E. Hasse in der

Hauptrolle inszenieren. Eines Tages erschien er wieder einmal bei uns. Ich bemerkte sehr schnell, daß diesmal seine Aufmerksamkeit nicht mir, sondern dem Kleinen galt. Der saß in seinem verwaschenen T-Shirt auf der Terrassentreppe mit irgendeiner Bastelei beschäftigt.

»Du mußt uns Putzi geben. Ich beobachte ihn schon eine Weile. Er ist genau der kleine Bursche, den wir brauchen!«

Die Katze war aus dem Sack, und ich will nicht drumherum reden – er kriegte mich soweit. Das Stück war von William Saroyan und sehr poetisch. »Putzi« war ganz bei der Sache. Alle waren nett zu ihm.

Am Tag der Premiere lasse ich ihn allein in seiner Garderobe. Er soll sich sammeln. Beim letzten Klingelzeichen stürze ich noch einmal hinter die Bühne, ihm Mut zu machen. Ich finde ihn im Hof des Theaters. Er spielt Fußball! – Dann spricht er seinen Text mit zutraulicher Ernsthaftigkeit. Er lacht und weint, wie es nur Kinder können, und darf sich am Schluß an der Hand O. E. Hasses verbeugen.

Die Presse schreibt:

»Saroyan, der immer wieder in seiner armenischen Kindheit kramt, stellt Zauberjungens auf die poetischen Beine. So einer ist Jonny, und ihn gibt, selbst ein Zauberjunge, Götz George, Heinrichs Sohn. Thalia erhalte ihm seine hochtalentierte Unbefangenheit.«

Als ich ihn in die Arme schließe, sagt der neunjährige Knirps: »War ich so gut wie Heinrich?« Sein offenes Gesicht strahlt mich vertrauensvoll an.

Mein geliebtes Kind – alles liegt noch vor dir!

Er ist dann im Schiller-Theater 1951 bei der Eröffnungsvorstellung Barlogs der Tellknabe, und 1953 holt ihn sich Stroux als einen der unglückseligen Prinzen in seinen *Richard III.* Der andere der hingemeuchelten Knaben ist der etwas ältere Horst Buchholz.

Nun ist es beinahe entschieden, daß er Schauspieler wird. Ich gebe ihn in die Obhut der famosen Lehrerin Else Bongers, die sehr bald erkennt, daß dieser Knabe nicht durch den üblichen Lehrplan für »darstellende Kunst« zu fördern ist. Er braucht Freiraum.

Ist es dann Zufall oder Schicksal, daß er Wolfgang Liebeneiner im Schiller-Theater in die Arme läuft? Der ist auf der Suche nach einem jungen Mann, der in seinem neuen Film *Jacqueline* einen Boxer spielen soll. Er stutzt, kriegt Putzi am Kragen: »Du bist genau der Richtige! Hast du Zeit?«

Dieser erste Versuch bringt ihm gleich zwei entscheidende Auszeichnungen: Er bekommt den Kritiker- und den Bundesfilm-preis. Ich glaube zu wissen, was an seiner Darstellung über-zeugte. Es war die Widerspiegelung der seelischen Vorgänge auf diesem jungen, klaren Gesicht. Solche Durchlässigkeit ist wohl das Entscheidende bei der Eignung zum Filmen. (Sein Vater hatte diese mimische Sensibilität in hohem Maße.)

Wir kommen überein, daß er sich nicht vom Film verbraten lassen darf. Er muß auf die Bühne. Und zwar in der Provinz! Ein Besuch bei Heinz Hilpert in Göttingen bleibt ohne Erfolg. Wir kommen zu spät. Die Saison des Deutschen Theaters hat begon-nen: keine Vakanz! Doch zwei Tage danach ruft mich Hilpert an: »Der Junge geht mir nicht aus dem Kopf. Wenn er mit 500 Mark im Monat zufrieden ist, soll er kommen!«

Und nun beginnt eine reiche, fruchtbare Zeit. Man vertraut ihm große Rollen an und beurlaubt ihn in jeder Saison ein paar Monate für die Filmarbeit. Als Hilpert 1967 stirbt, hat Götz seinen Guru verloren. Er verläßt Göttingen, um frei zu arbeiten. Das Medium Fernsehen macht ihn bekannt. Er arbeitet hart und lernt bei vielen Außenaufnahmen die halbe Welt kennen. Doch – wie es so geht – erst 1981 wird Duisburg überraschend zur Geburtsstätte seiner bundesweiten Popularität und Beliebtheit! Der Kerl heißt Horst Schimanski und ist Hauptkommissar im Ruhrpott.

Götz hat zunächst wenig Lust. Er findet den Stoff trivial, mag sich auch nicht durch eine Anzahl neuer Folgen festnageln lassen. Als er dann doch einsteigt, entwickelt er einen neuen Typ, der durch seine Ruppigkeit schockiert. Protest beim Publikum und in der Presse! Doch er bleibt bei seinen unkonventionellen, harten Methoden, führt rotzige Reden und kennt kein Maß. Wer allerdings genau hinsieht, kann bei aller Gewalttätigkeit liebenswerte, sehr menschliche Unsicherheiten bemerken, die ihn verletzlich zeigen. Das scheint die Damenwelt auf den Plan zu rufen. Seine Beliebtheit steigt. Er hat vor allem die Jugend gewonnen.

Die Arbeit macht ihm nun Spaß. Mit halben Dingen gibt er sich nicht zufrieden – man nimmt ihm nicht übel, wenn er mitgestaltet. Und so wird aus dem »Schmuddelkommissar« in einer Umfrage »der begehrteste Mann«, der Herzensbrecher »Schimmi«!

Ich wurde von dieser Welle des Wohlwollens hochgetragen. Ohne zu prahlen hatte ich schließlich im Laufe der Jahre eine Reihe von Auszeichnungen erworben, war Ehrenmitglied des Schiller-Theaters und für die vielen treuen Verehrer Heinrich Georges dessen respektable Witwe, die man oft bevorzugt bediente. Das alles wurde in den Schatten gestellt durch das Prädikat »Mutter von Schimanski«!

Fans, die mich ansprachen, hatten sicher keine Ahnung, daß es eine Schauspielerin gibt, die seit 1930 in Berlin ansässig ist und die Berta Drews heißt!

>>Was ich besitze, seh ich wie in Weiten –
Und was verschwand, wird mir zu Wirklichkeiten!«

Goethe

Draußen regnet es in Strömen. Ich mache mich nur ungern auf den Weg ins Theater. Die Last der Jahre!

Wir schreiben das Jahr 1983. In der nächsten Saison bin ich sechzig Jahre dabei. Zeit Schluß zu machen. Als ich mit diesen Notizen begann, hatte ich vor, meine Kindheit – vielleicht die

Anfänge meiner Schauspielerei – aufzuschreiben. Ich bin weit über diese Absicht hinausgegangen. Eines entwickelte sich aus dem anderen – und ist doch nur ein Bruchteil dieses langen Weges. Die Zeit ging dahin im Sauseschritt. Sie war durch meinen Beruf erfüllt von nicht unbeträchtlichen Freuden. Sie hoben mich über den täglichen Kram hinaus und gaben meinem Leben einen Sinn. Die Lust an der Verwandlung hatte mich immer von neuem am Wickel, und Worte lebendig zu machen verstand ich mit den Jahren mühelos. Um es einfach zu sagen: Ich konnte mein Handwerk, und manches ist gut gewesen.

Ich war immer noch neugierig und hingerissen, wenn mir Außerordentliches begegnete. Ich denke zum Beispiel an Rudolf Forster. Er war mir aus den »goldenen« zwanziger Jahren als einer der Edelsten in Erinnerung geblieben. Ob es die Ruchlosigkeit Don Juans oder die noble Schwäche König Richards II. war – die Einmaligkeit seiner Erscheinung hatte mich betört. Ich versäumte später keinen seiner Filme.

Erst im Jahr 1952 begegnete ich ihm auf der Bühne. Ich sprang wieder einmal für die erkrankte Roma Bahn ein. Zwei Tage vor der Premiere bekam ich den Text. Das Stück war von Ulrich Becher, einem hochbegabten Autor, und hieß *Samba*. Eine Schicksalsgemeinschaft gestrandeter Existenzen, die 1941, aus Europa kommend, ausgesetzt ist an den Rand des brasilianischen Urwalds, findet sich in einem schäbigen Hotel zusammen. Junge und Alte. Unter ihnen der ehemalige k. u. k. Hauptmann Augustin, der glaubt, mit Briefen die Weltgeschichte aufhalten zu können. In Friedrich Lufts Bericht heißt es unter anderem:

»Forsters geistesabwesende Konzentriertheit, die schüttere Noblesse, der fahrige Charme und die tragische Verkennung machen diese liebenswerte, gespenstische Gestalt zu einer der Unvergeßlichkeiten großer Schauspielkunst.«

Draußen der brasilianische Dschungel, aus dem der stampfende Rhythmus der Samba die heimatlosen Menschen zermürbt. Dies alles aufs Vorzüglichste zubereitet von Meister Ludwig Berger mit

Hilfe des Zauberers Caspar Neher. Und ich ahnungslos mitten-drin! Von Szene zu Szene versuche ich Sätze der Rolle in meinen armen Kopf zu bekommen. Ich hänge mich an den Inspizienten, der mich durch den Lärm und die mulmige Beleuchtung zu meinem Auftritt führt. Dort muß ich etwas rufen. Spanisch! Im selben Augenblick nimmt mich jemand in die Arme und stampft mit mir los. Es ist Forster. Was wir tanzen, soll wohl Samba sein. Wir nehmen es nicht so genau.

»Werden Sie es schaffen?«

»Keine Ahnung!«

Dann lachen wir, und ich jongliere mich weiter von Satz zu Satz. Im zweiten Teil habe ich etwas Zeit. Ich setze mich ins Parkett. Ich muß das Stück kennenlernen. Es wird brillant gespielt. Plötzlich hört man ein Poltern. Forster wird in seiner Galauniform auf die Bühne gestoßen. In großem Aufruhr eilt er mit kleinen, grotes-ken Schritten vor den Verfolgern her. Er hüpft und hastet zwi-schen seinen konfiszierten geöffneten Briefen, die man ihm höhnisch vor die Füße wirft. Er kniet nieder, sie aufzusammeln. Es war unerträglich, dem gedemütigten, mondsüchtigen und bei aller Kläglichkeit immer noch noblen »Ritter von der traurigen Gestalt« zuzusehen. Dieses Zujagen auf das bittere Ende war wahrhaftig ergreifende, grandiose, »unvergeßliche Schauspiel-kunst«. Das ging unter die Haut, und plötzlich empfand ich dabeizusein als starke Motivation. Ich wollte meine Sache gut machen, nicht nur als Notnagel den Text abliefern.

Ulrich Becher beschwor mich »einzusteigen«. Er sparte nicht mit faustdicken Elogen, mir die Rolle der Condessa – eine vitale Frau aus Europa, die im Dschungel heimisch geworden ist – schmack-haft zu machen. Er rannte offene Türen ein. Ich war längst entschlossen und richtete mich nach einer Ruhepause darauf ein, die Nacht vor der Generalprobe lernend zu verbringen.

Kurz nach Mitternacht meldete sich am Telefon ein »Peter«. »Roma Bahn ist tot.« Bevor ich sprechen konnte, hatte dieser unbekannte Anrufer eingehängt. Und nun wiederholten sich alarmierende Anrufe fast stündlich, ohne daß man mir Zeit zu einer Rückfrage ließ. Was für ein Spuk!

Gegen Morgen war ich entschlossen, die Rolle nicht zu spielen und rief endlich um sieben Uhr unseren Dramaturgen Beßler an, ihm meinen Entschluß mitzuteilen. Er fiel aus allen Wolken und beruhigte mich nach einer ausführlichen Erkundung. Ich sei einem niederträchtigen Schabernack aufgesessen: »Roma lebt!« Was bedeutete dieses Störmanöver? Wollte man verhindern, daß ich spiele? Wer setzte mir in dieser Nacht so diabolisch zu? – Ich habe es nie erfahren.

Die Rolle aber lieferte ich am nächsten Abend Wort für Wort mit trotzigem Elan ab. Sie brachte mir bei der Premiere sogar den einzigen bewundernden Zwischenruf meiner Laufbahn. In einer Szene mit der anmutigen Hanna Rucker hatte ich zu sagen: »Ich weiß nicht, warum ich Ihnen das alles erzähle. Sie sind wie eine Blume. Ich bin keine Blume, ich bin ein Aas!« Aus dem Parkett: »– aber ein süßes!« Dann Lachen und Applaus.

Tags darauf ein Verweis der Presse, solche charmanten Reaktionen in Zukunft nicht einreißen zu lassen.

Ich könnte es nun eigentlich dabei bewenden lassen und zu einem besinnlichen Abschluß kommen. Doch ich war unersättlich! Ich wollte in den siebziger Jahren den Neuformern der Bühne, die sich rühmten, einen frischen Wind in die Kulissen zu bringen, begegnen. Was war an ihrer Inszenierungswillkür, an ihren provozierenden Textdeutungen, das uns »alten« nicht schon über den langen Weg gelaufen war? Mir fiel Taïroffs »Entfesseltes Theater« ein, das mich in der Jugend schon zu Körper- und Sprachexaltationen verführte!

Der erste, der sich mit mir einließ, war der junge Günter Krämer. Er gab mir 1976 in Elias Canettis *Hochzeit* die lüsterne Schwiegermutter, die während der Festlichkeiten ihrer Tochter den Frischvermählten wegschnappt.

Seine effektvollen Arrangements ließen sich auf der großen, aufgerissenen Bühne prachtvoll präsentieren. Es hatte mir immer

Spaß gemacht, mit dem Körper auf Teufel-komm-raus zu agieren – wenn man mich ließ! Und er ließ mich. Er inszenierte mit uns eine Verführung, die sich phantasievoll und kühn fast pantomimisch des breiten Raums bediente. Er hatte großartige Einfälle mit viel »action«. Und wenn ich auch manchmal versucht war, diese schweißtreibenden Darbietungen »Figurenschmeißen« zu nennen, machte ich doch bis zum letzten, zügellosen Totentanz mit. Gingen mir seine provozierenden – manchmal obszönen – Späße zu weit, lehnte ich ab. Er respektierte das. Dafür lieferte ich meine Texte zufriedenstellend. Da hatte ich nichts Neues durch ihn erfahren.

Wir arbeiteten noch ein paarmal zusammen. Ich bewunderte seine Inszenierung von Strindbergs *Vater*. Das war modernes Theater nach meinem Herzen – im Bühnenbild des eigenwilligen Andreas Reinhardt. Ich spielte die alte Amme: starrköpfig und bigott, kindisch und weise. Man stopfte mich bis zur Unbeholfenheit aus und gab mir dicke Brillengläser, die mich fast blind machten und meinen Gang schlurfend, unsicher. Ein garstig' Weiblein! Laura war die ganz außerordentliche Gisela Stein, deren Weg nach oben ich in langen Jahren am Schiller-Theater beobachten konnte. Sie gehört heute zu den Besten. Es wurde ein vielgerühmter Abend.

Bei den Proben zu dieser Aufführung bemerkte ich eine Ermüdbarkeit, die mich nach etwa zweistündiger Anspannung mächtig überfiel. Ich mußte wohl etwas behutsamer mit mir umgehen. Mein Arzt warnte. Als ich bald danach mit meinem Intendanten – es war jetzt Boy Gobert – ein Gespräch hatte, bat ich, mir keine großen Rollen anzuvertrauen. Ich könnte nur noch mittlere übernehmen. Er war überaus verständnisvoll, und es ergaben sich aus dieser Beschränkung immer noch aufregende, glückliche Bühnenerfahrungen.

Ich denke da vor allem an Hans Neuenfels. Man hatte Sensationelles über seine Inszenierungen gehört. Er machte von sich reden, wo immer er aufkreuzte, und ich war neugierig. Als ich dem großen, schlaksigen Jungen dann gegenüberstand, hatte ich sogleich eine Vorliebe für seinen überredenden Eifer. Was führte er im Schilde?!

Es ging um die Kleistsche *Penthesilea*. Dieses unmäßige Drama, in dem hinter der bildhaften, gewaltigen Sprache »der ungebändigte Exzeß auf der Lauer lag«, mußte seiner szenischen Phantasie ja hochwillkommen sein.

Es wurde eine Herausforderung für alle Beteiligten. Ihm stand ein halbes Dutzend prächtiger Amazonen zur Verfügung. An der Spitze seine schöne Ehefrau Elisabeth Trissenar, erprobt in vielen Schlachten mit dem Genie-Knaben. Ich spielte Die Oberste und bekam für meinen großen Bericht über die erste Begegnung Penthesileas mit Achill einen eindrucksvollen Auftritt. Da ich gebeten hatte, mich die stürmischen Verse dieser erschütternden Botschaft nicht die ganze Zeit stehend sprechen zu lassen, setzte er mich flugs in einen Rollstuhl. Umgeben von einer Schar anmutiger Rosenmädchen ließ er mich aus der Tiefe der Bühne nach vorn rollen. Dort konnte ich inmitten der um mich gelagerten Schönen dicht an der Rampe, ohne Stimmaufwand, die wunderbaren Verse eindringlich zu guter Wirkung bringen.

Er konnte sich an Bildern entzünden – und weil's so schön war, bekam ich einen zweiten Auftritt, der genau genommen einer anderen gebührte. Seine Phantasie war in Gang gesetzt, und er ließ mich unter dumpfen Schlägen, die er mit Hilfe einer Mülltonne bedrohlich herstellte, ein totes, abgestürztes Rosenmädchen, hingegossen auf meinem Schoß, zu den trauernden Schwestern bringen.

Die Kraft solcher Bilderfindungen machten den Abend bedeutend, und selbst den Schock des grausigen Schlusses, den ich als ins Absurde gesteigert und gefährlich empfand – man brachte Achills Leiche in drei blutdurchtränkten Koffern herbei –, bestand ein atemlos lauschendes Publikum.

Am 19. November 1981 werde ich achtzig Jahre alt. Friedrich Luft erweist mir die Ehre dieser Laudatio:

»Guten Tag, liebe Hörer, wir feierten Mitte der Woche im Schiller-Theater fröhlich und dankbar einen hohen Geburtstag. Berta Drews wurde achtzig. Nun werden aufmerksame Hörer einwenden: Aber wir haben doch erst vor zwei Jahren ihren 75. gefeiert? Was ist denn da los? Da stimmte doch was nicht! Es stimmte wirklich was nicht. Berta Drews hat uns, als wir ihren sechzigsten, ihren fünfundsechzigsten, ihren siebzigsten und fünfundsiebzigsten beflissen und freundlich feierten, da hat sie uns gefoppt und den jeweils datierten Jubeltag glatte drei Jahre verspätet feiern lassen. Jetzt legte sie die wahren Lebensdaten mutig auf den Tisch, und wir erfuhren auch, als wir so schnell ihren achtzigsten nach ihrem fünfundziebzigsten feierten, warum. Drei Jahre zu schummeln ist für eine Frau, die so aktiv in der Öffentlichkeit operiert, eigentlich nicht lohnend. Sarah Bernhardt ist da weit weniger zimperlich gewesen, und das Geburtsjahr der großen Marlene Dietrich ist auch immer noch nicht genau datiert. Auch sie foppt uns seit Jahren. Die Drews ließ uns nun wissen, wie es zu der kurzfristigen Verjüngung gekommen ist. Sie hatte erst Sängerin werden wollen. Sie hatte vom Direktor der damaligen Musikhochschule hier in Berlin, nachdem ihr Talent geprüft worden war, einen ehrenvollen Studienplatz an der Musikhochschule errungen. Sie wollte zur Oper. Sie wollte Konzertsängerin werden. Nach zwei Jahren begann sie zu verzagen. Sie selber zweifelte an ihrem Musiktalent. Sie brach das Studium ab. Man riet ihr dringend, es doch als Schauspielerin zu versuchen. Man verwies sie auf ihr zweites Talent. Sie meldete sich bei Max Reinhardts Schauspielschule an. Dort aber wurden Eleven nur von einem gewissen Alter an genommen. Sie war für die Aufnahmebarriere drei Jahre zu alt, also die drei Jahre, die sie an der Musikhochschule verbracht hatte. Sie radierte in ihrem Paß und gab sich um drei Jahre jünger, als sie war, um nur in der Schumannstraße aufgenommen zu werden. Und wenn man einmal erst offiziell sein Geburtsjahr verändert hat, muß man es ein Leben lang beibehalten. So hat sie – bis zu dieser Woche – mit einem Lebensdefizit von drei unterschlagenen Jahren gelebt. Sie ist nicht 77, sie war diese Woche wirklich achtzig. Und das ließ sie feiern. Sie kam von der Schauspielschule direkt und vor der Zeit ans Theater in Stuttgart. Sie kam gleich auch (und das war damals ein Traumengagement) an die Kammerspiele in München. Da spielte schon die Elisabeth Bergner. Heinz Rühmann war mit ihr – damals noch blutjung – im Ensemble. Sie machte sich bekannt. Sie hat bei Gerhart Hauptmann im *Fuhrmann Henschel* die junge Leidensfigur der Hanne Schäl gespielt. War die Eliza bei Shaw und in Brechts *Dreigroschenoper* die Spelunkenjenny. Ihre unverhohlene Jugendlichkeit und die zugreifende Kraft ihres eruptiven Talentes fielen auf. Man wurde von Berlin aus auf sie aufmerksam. Als man in Berlin Molnárs *Liliom* plante, engagierte man sie an die Spree. Unter Karl Heinz Martin sollte sie die Julie, die proletarische Madonna, neben Pallenberg spielen. Pallenberg spielte nicht. Es zog sich das Engagement hin. Man wurde im Preußischen Staatstheater auf sie aufmerksam. Man suchte für den *Götz von Berlichingen*, den Heinrich George spielen sollte, eine kräftige Adelheid. Dafür engagierte man sie in der Zwischenzeit. So stand sie zum ersten Male auf einer Berliner Bühne. Damals habe ich sie schon gesehen, sah sie sehnsüchtig vom hohen dritten Rang, als ein streunender und theaterbesessener Primaner. Ich habe den ersten Eindruck, den sie machte, bis heute nicht vergessen.

Sie war erstaunlich. Sie spielte die Rolle – in Ernst Legals Regie – modern. Sie war (obgleich wir das häßliche Wort damals noch gar nicht kannten) ›sexy‹ – sie ließ freimütig den Reiz ihrer jungen Körperlichkeit spielen. Sie war deftig. Und sie war so attraktiv, daß ich, wenn ich heute noch an die junge Drews denke, im weit fortgeschrittenen Alter heiße Ohren bekomme. Sie spielte in einem Goethe, also doch in einem anerkannten Klassiker, die Adelheid, als spielte sie direkt Wedekinds Lulu, die Latte ihrer Opfer männlicher Unterwerfung deutlich erotisch fressend. Sie war unvergeßlich. Sie stand dann in der Volksbühne am Bülowplatz neben Hans Albers im *Liliom* als eine ebenso sanfte wie tigerhafte Julie, wahrhaft eine proletarische Madonna mit ihrem seltsamen, jungen provokativen, schönen Kalmückengesicht. Sie hat Berlin schnell erobert. Sie wurde, als sie dann Heinrich George geheiratet hatte, von dem großen Max Beckmann im Familienbilde gemalt. Die einzige Berliner Schauspielerin, deren wunderbar gemaltes Angesicht heute noch an einer Sonderwand der Nationalgalerie hängt. Sie bekam ihre Söhne, von denen einer heute wieder auf der Bühne steht. Sie gehörte dem Schiller-Theater, als George es leitete, an, hat dort wunderbare Rollen gespielt. Sie war in Shakespeares *Viertem Heinrich* die wahrscheinlich lustigste und deckendste Frau Hurtig, die wir je gesehen haben. Sie war mit klirrendem Ton die Eboli bei Schiller. Sie mußte, kurz nach Ende des Krieges, ihren tragisch verstrickten Mann verlieren. Sie hat es tapfer getragen. Sie kam wieder ans Schiller-Theater und hat dort unzählige große und kleine Rollen gespielt, bei Anouilh, bei Dürrenmatt, bei Gorki, bei Frisch, bei den Klassikern allen. Sie war in einer sonst kaum sehr bedeutenden *Faust*-Inszenierung die erfrischendste und vitalste Marthe Schwerdtlein, die ich je gesehen habe. Sie hat – Jahrzehnt um Jahrzehnt – im Ensemble, oft an dessen Spitze tretend, ihre große Arbeit getan – und hat nie verloren ihre sonderbar imperative Macht über die Bühne. Sie kommt jedesmal heraus wie mit einem Peitschenknall. Sie saugt das Interesse des Publikums unausweichlich an. Sie hat das Glück, wie in Befehlsform spielen zu können, bis heute. Und das Publikum hat das Glück, sich selig ihrer schauspielerischen Diktatur unterwerfen zu dürfen.

Sie zeigt das heute noch. Wenn sie in einer eigentlich kleinen Rolle in Kleists *Penthesilea* die Bühne allein gewinnt, wenn sie ihren Auftritt hat und ihre großen Verse zu sprechen beginnt, dann ist Stille im Saal und herrscht dieses Glück der Unterwerfung im Publikum. Und wenn sie, wie erst wieder an ihrem Geburtstag, in der Berlin-Revue im Schiller-Theater herauskommt, wenn sie ansetzt zu ihrem leisen Chanson »Berlin, ich kenne dich nicht wieder«, dann passiert eben auch plötzlich doch großes Theater. Sie hat – mit achtzig – immer noch die Kraft einer souveränen Szenendompteuse. Und das ist erstaunlich, wie es wunderbar ist und beweist: daß Theater, wenn nur richtig und gefährlich gespielt, jung erhält, und daß es mit dem Alter immer nur noch köstlicher werden kann. Deshalb haben wir sie in dieser Woche mit vollem Munde gefeiert und belobigt und ihr gedankt. Ich tue es hier wieder. Berta Drews wurde achtzig.«

>Auf die ewige Lebendigkeit kommt es an,
nicht auf das ewige Leben.«

Nietzsche

Soll ich erzählen, wie ich 1983 in die schwülen Rituale und in die poetischen Ekstasen des Genetschen *Balkon* geriet?

Ich hatte da nichts mehr zu suchen, und ich bin sicher, es wäre auch nicht dazu gekommen, wenn ich, als von diesem Projekt die Rede war, nicht spaßeshalber zu Hans Neuenfels gesagt hätte: »Schade, daß keine Alte gebraucht wird«, – ich würde mich gerne noch einmal seiner rastlosen Phantasie unterwerfen.

Er muß diese Worte in seinem Herzen bewegt haben, denn zwei Wochen später teilt man mir mit: Ich spiele in Madame Irmas »Haus der Illusionen« das dritte Mädchen Elyane. Im Textbuch heißt es: »Eine rothaarige, schöne junge Frau tritt mit aufgelöstem Haar ein. Ihre Brust ist fast nackt. Sie trägt nur ein schwarzes Korsett, schwarze Stürmpfe und Schuhe mit sehr hohen Absätzen.« – Er scheint eine schonungslose Provokation vorzuhaben. Schließlich bin ich die Doyenne des Ensembles!

Es wird allerdings bei den Proben alles ganz anders. Man steckt mich in ein schwarzes, schmales Gewand. Darunter schwarze Seidentrikots, an den Händen schwarze Glacés. Bis auf mein bleiches Gesicht ist kein Fleisch zu sehen, und mein ergrautes Haar ist streng zurückgenommen. Nobel wie eine Stiftsdame – oder »Madame la Mort«? Davon abgesehen gingen wir keineswegs etepetete an die garstige Vorlage. Lustvoll bediente ich als »Stute« meinen General, den Erich Schellow als Lawrence von Arabien hitzig und todestrunken darstellte: »Wo bleibt der Krieg?« – »Er nähert sich, Herr General! Der Abend senkt sich nieder über eine Apfelwiese. Der Himmel ist rosenfarben und still. Die Klage der Tauben. Die Dinge halten den Atem an. – Der Krieg ist erklärt. Alles ist gut...« Wir konnten uns an die Poesie dieser Erwartung und später an die inbrünstige Schilderung des Schlachtengemetzels verschwenden.

»– und wie Elyane zu den schleppenden Klängen von Chopins Trauermarsch den Heldentod in der Absteige feiert, das hat eisgraue, marmorkalte Hoheit«, sagte die Kritik.

Es war eine Lust, mit unserm Regisseur zu arbeiten. Oft waren es kleine Anlässe – eine eigenwillige Geste, ein persönlicher Tonfall, vom Schauspieler zufällig eingebracht –, die seine Phantasie in Gang setzten. Flink und frech entwickelte er daraus eine szenische Erfindung (nicht immer logisch erfaßbar, aber stets kulinarisch). So ließ er mich zu den Tönen eines flotten Marsches tänzelnd und salutierend auftreten, dann aber sofort einen Streit mit meinem »Kunden« vom Zaun brechen. Die blank geputzten Stiefel des Generals flogen durchs Zimmer. Die demütig überreichten Blumen folgten.

Es gab keinen toten Punkt in diesem Ritual.

Boy Gobert ließ mich bei der Generalprobe in sein Büro bitten. Ihm gefiel, was er eben gesehen hatte. Aber nicht um mir dies zu sagen, saß ich ihm gegenüber. Er gab mir ein Textbuch *Retro* von Alexander Galin, einem neuen russischen Autor, Jahrgang 1947. (Gobert wird das Stück später in *Einmal Moskau und zurück* umbenennen.) Es handele sich hier um die Rolle einer alt gewordenen Ballerina, die meiner Bitte um Schonung nicht ganz entsprechen würde, auf der anderen Seite mir aber so viel Vergnügen bereiten könnte, daß ich es riskieren sollte. Ich versprach, es zu lesen.

Zunächst erschien mir dieses harmlose Stückchen ein bißchen dünne, obwohl ich saftiges Rollenfutter für alte Profis witterte. Es ist die Geschichte vom Dachdecker Nikolaj aus Kursk. Der wird von Tochter und Schwiegersohn aus der Provinz nach Moskau geholt. Es ergeben sich Generationskonflikte. Man will den Alten verheiraten und lädt drei reife Grazien zur Auswahl ein. Großes Kuddelmuddel! Langsam aber gerät Nikolaj durch freundliche, herzerwärmende Zuwendung aus seiner Sturheit in ein fideles Happy-End.

Diesen Nikolaj soll Martin Held spielen. Er feiert in diesen Tagen seinen fünfundsiebzigsten Geburtstag. Auch er redet mir zu, die kapriziöse Rosa zu übernehmen. Eine Versuchung! Längst verbrauchte Allüren kämen hier zum Zuge. Jugendliche Impulse: Sehnsucht, Hilflosigkeit, Koketterie und Zärtlichkeit. Wann bekommt man schon solche Texte im Rentenalter?

Ich will es wagen. Frohen Mutes also an die Arbeit! Meine Rivalinnen in diesem Wettstreit um die Gunst unseres russischen »Paris« sind aus der besten Kiste. Antje Weisgerber (Witwe des geliebten Horst Caspar) und Gudrun Genest (Witwe des skurrilen, unvergessenen Aribert Wäscher). Dazu die junge, vitale Regina Lemnitz und der in jahrelanger Zusammenarbeit erprobte Helmut Wildt, der mich immer wieder mit neuen, interessanten Zügen bei seinen vielfältigen Gestaltungen überrascht. Er ist der Drahtzieher dieser zeitgenössischen Geschichte.

Der junge Regisseur Helmut Polixa steuerte wach und hellhörig unsere übermütige Spiellaune. Er verwandelte diese einfachen Dinge des Lebens in einen amüsanten, nachdenklichen Abend. Und wenn er am Schluß aus dem Theaterhimmel Seifenblasen wirbeln ließ, unter denen wir mit Vogelgezwitscher und Balalaikaklängen abzogen, überstrahlte die simple Realität ein Hauch von Poesie.

Die Leute im Parkett applaudieren begeistert, etliche schreien »Bravo«, man läßt uns nicht von der Bühne.

Wir feiern die 175. Aufführung der liebenswürdigen Geschichte. Entgegen aller skeptischen Voraussagen hat sie sich zu einem Publikumsrenner gemausert. Karten sind kaum zu bekommen. Es gibt Unverdrossene, die sich unser nostalgisches Märchen zum dritten Mal ansehen.

Finden wir im Programmheft die Erklärung?

»Diese Mischung aus Turbulenz und Sentimentalität hat das, was in den neuen Theaterstücken selten geworden ist: Figuren, die man lieben kann. Geschrieben mit Zuneigung zum Menschen. Sie zeigt die Schwächen und Widerhaken der Seele, bittet um Verständnis.«

Wahrhaftig, es griff ans Herz und ans Zwerchfell. Man konnte sich identifizieren mit diesen naiven, warmherzigen Gestalten. Lachen und Weinen war erlaubt.

Ich habe mich mit meinen Kollegen über diesen besonderen Zauber oft unterhalten und bin heute überzeugt, daß unsere kameradschaftliche Harmonie, die sich in einer wunderbar freundschaftlichen Atmosphäre während der Proben zwischen uns entwickelte, ins Parkett hinunterstrahlte und dort mit dem Herzen wahrgenommen wurde.

Es zeigt mir einmal mehr, welches Vergnügen wir unserm Beruf – selbst bei so simplem Anlaß – abgewinnen können. Ja, ich bin mit François Billetdoux der Meinung, daß das Herz bei der Erforschung der Geheimnisse des Seins und des Theaters größere Chancen hat als der kritische Verstand.

Ein Traum.

Ich steige in einer freischwebenden Kabine – ähnlich einem Paternoster – hoch über der Erde in großer Helligkeit aufwärts. Andere Kabinen begegnen mir. Ich springe von einer zur anderen. Höher und höher. Wir tauchen in blaues Licht, und ich wage einen weiteren Sprung. An der Wand lehnt George. Lässig, die Hände in den Hosentaschen. Er scheint mich zu erwarten. Lächelnd zieht er mich heran. So stehen wir da, sehen uns an. Unverwandt. Er streicht mein zerwühltes Haar aus der Stirn, und mit ungeheurer Zärtlichkeit höre ich ihn sagen: »Du bist ja alt geworden!« Oh, das törichte Menschenherz.

ANHANG

Rollenverzeichnis Theater
(soweit feststellbar)

Zusammengestellt von Lothar Schirmer

Die Titel- und Gattungsbezeichnungen erfolgten nach der jeweiligen Ankündigung des Theaters (Theaterzettel, Programmheft); wenn dieses Material nicht vorlag, richteten sich die Angaben nach den Buchveröffentlichungen. Genannt ist jeweils die Premierenbesetzung; Änderungen sind nur berücksichtigt, sofern sie Berta Drews betrafen. Unterschiedliche Schreibweisen von Schauspielernamen sind vereinheitlicht, offensichtliche Druckfehler korrigiert. Die Darsteller sind in alphabetischer Reihenfolge genannt.

Verwendete Abkürzungen: BD = Berta Drews, R = Regisseur, BB = Bühnenbildner, Mu = Komponist, U = Uraufführung, DE = Deutsche Erstaufführung

<u>1924</u>	
1. 9.	**Im weißen Rößl**
Württembergisches Landestheater Stuttgart – Kleines Haus	Lustspiel von Oskar Blumenthal und Gustav Kadelburg
	R: Max Marx
	BD (Emmy Bernbach), Irma Diercks, Maria Fischer, Edith Fritz, Elsa Kreibich, Eva Lang, Emmy Remolt, Alexandrine Rossi, Martha Schäffer, Johanna Schönberger, Artur Anwander, Paul Burkhardt, Ferry Dittrich, Carl Ernst, Waldemar Franke, Karl Köstlin, Willi Kruszynski, Hans Lorenz, Max Marx, Philipp Lothar Mayring

6. 9.
Württembergisches
Landestheater
Stuttgart –
Großes Haus

Wilhelm Tell
Schauspiel von Friedrich Schiller
R: Egmont Richter
BD (Hildegard, eine Bäuerin), Paula Bergmann,
Maria Fischer, Edith Fritz, Eva Lang, Else Leitzsch,
Elisabeth Maisch, Magda Oehninger, Emmy Re-
molt, Artur Anwander, Roderich Arndt, Ferry
Dittrich, Richard Dörge, Will Dohm, Hans Eg-
gerth, Carl Ernst, Waldemar Franke, Hellmut
Gaick, Kurt Junker, Werner Klingler, Karl Köstlin,
Willi Kruszynski, Hans Lorenz, Adolf Manz, Max
Marx, Philipp Lothar Mayring, Otto Miethke, Eg-
mont Richter, Max Schwarz, Max Strecker, Maxi-
milian Wesolowski, Fritz Wisten

11. 10.
Württembergisches
Landestheater
Stuttgart –
Kleines Haus

König Heinrich IV. Erster Teil
Historisches Schauspiel von William Shake-
speare
R: Wolfgang Hoffmann-Harnisch; BB: Felix
Cziossek
BD (Lady Mortimer), Marta Künniger, Magda
Oehninger, Artur Anwander, Roderich Arndt,
Leopold Biberti, Richard Dörge, Will Dohm,
Hans Eggerth, Carl Ernst, Waldemar Franke, Hel-
mut Gaick, Kurt Junker, Werner Klingler, Karl
Köstlin, Willi Kruszynski, Hans Lorenz, Max Marx,
Philipp Lothar Mayring, Otto Miethke, Toni Mis-
lin, Egmont Richter, Maximilian Wesolowski,
Fritz Wisten

25. 10.
Württembergisches
Landestheater
Stuttgart –
Kleines Haus

Der Widerspenstigen Zähmung
Lustspiel von William Shakespeare
R: Wolfgang Hoffmann-Harnisch; BB: Felix
Cziossek
BD (Bianca, Schwester der Katharina), Marta
Künniger, Magda Oehninger, Elsa Pfeiffer, Artur
Anwander, Roderich Arndt, Leopold Biberti, Fer-
ry Dittrich, Richard Dörge, Hans Eggerth, Carl
Ernst, Waldemar Franke, Helmut Gaick, Kurt Jun-

ker, Karl Köstlin, Willi Kruszynski, Hans Lorenz,
Max Marx, Philipp Lothar Mayring, Otto Miethke,
Fritz Wisten

8. 11. Württembergisches Landestheater Stuttgart – Kleines Haus	**Maria Stuart** Trauerspiel von Friedrich Schiller R: Curt Elwenspoek; BB: Felix Cziossek BD (Margareta Kurl, Kammerfrau), Elisabeth Maisch, Pia Mietens, Alexandrine Rossi, Artur Anwander, Roderich Arndt, Leopold Biberti, Fer- ry Dittrich, Will Dohm, Hans Eggerth, Carl Ernst, Werner Klingler, Karl Köstlin, Hans Lorenz, Phi- lipp Lothar Mayring, Otto Miethke, Egmont Rich- ter, Maximilian Wesolowski
24. 11. Württembergisches Landestheater Stuttgart – Kleines Haus	**Jugend** Liebesdrama von Max Halbe R: Heinz Dietrich Kenter BD (Maruschka, Dienstmädchen), Edith Fritz, Hans Lorenz, Philipp Lothar Mayring, Egmont Richter, Maximilian Wesolowski
29. 11. DE Württembergisches Landestheater Stuttgart – Kleines Haus	**Gustav III.** Schauspiel von August Strindberg R: Wolfgang Hoffmann-Harnisch; BB: Felix Cziossek BD (Eine der drei Grazien), Else Leitzsch, Elsa Pfeiffer, Emmy Remolt, Artur Anwander, Rode- rich Arndt, Leopold Biberti, Ferry Dittrich, Ri- chard Dörge, Will Dohm, Hans Eggerth, Carl Ernst, Waldemar Franke, Helmut Gaick, Kurt Jun- ker, Werner Klingler, Karl Köstlin, Willi Krus- zynski, Franz Kuhn, Hans Lorenz, Max Marx, Philipp Lothar Mayring, Egmont Richter, Maximi- lian Wesolowski, Fritz Wisten
10. 12. Württembergisches Landestheater Stuttgart – Kleines Haus	**Hans Unverzagt oder Prinzessin Eigensinn und die Bremer Stadtmusikanten** Weihnachtsspiel für kleine und große Kinder von Curt Elwenspoek; Mu: Alexander Presuhn R: Curt Elwenspoek; BB: Felix Cziossek

BD (Miez, die Katze), Irma Albrecht, Irma Diercks, Ottilie Gerhäuser, Maria Gerlach, Marta Künniger, Annemarie Kuhr, Else Leitzsch, Magda Oehninger, Eugenie Oßwald, Margarete Petri, Alexandrine Rossi, Ruth Schlenker, Hildegard Schwend, Roderich Arndt, Leopold Biberti, Ferry Dittrich, Will Dohm, Hans Eggerth, Carl Ernst, Waldemar Franke, Helmut Gaick, Kurt Junker, Werner Klingler, Karl Köstlin, Willi Kruszynski, Hans Lorenz, Max Marx, Philipp Lothar Mayring, Toni Mislin, Egmont Richter, Robert Seufer

23. 12.
Württembergisches
Landestheater
Stuttgart –
Kleines Haus

Vasantasena

Schauspiel von König Sudraka. Nach dem Indischen von Lion Feuchtwanger
R: Heinz Dietrich Kenter; BB: Felix Cziossek
BD (Zofe Vasantasenas), Irma Diercks, Marta Künniger, Else Leitzsch, Elsa Pfeiffer, Ruth Schlenker, Artur Anwander, Roderich Arndt, Leopold Biberti, Julius Carty, Ferry Dittrich, Will Dohm, Hans Eggerth, Waldemar Franke, Helmut Gaick, Werner Klingler, Karl Köstlin, Willi Kruszynski, Hans Lorenz, Max Marx, Philipp Lothar Mayring, Egmont Richter, Fritz Wisten

1925
17. 1. U
Württembergisches
Landestheater
Stuttgart –
Kleines Haus

Die Bacchantinnen

Nachtstück von Hugo Wolfgang Philipp
R: Wolfgang Hoffmann-Harnisch; BB: Felix Cziossek
BD (Mänade), Magda Oehninger, Emmy Remolt, Artur Anwander, Roderich Arndt, Leopold Biberti, Carl Ernst, Kurt Junker, Max Marx, Maximilian Wesolowski

20. 3.
Württembergisches
Landestheater
Stuttgart –
Kleines Haus

Sechs Personen suchen einen Autor

Stück, das gemacht werden soll, von Luigi Pirandello
R: Heinz Dietrich Kenter
BD (Der kleine Junge), Margot Frank, Ottilie Gerhäuser, Annemarie Kuhn, Eva Lang, Magda

Oehninger, Elsa Pfeiffer, Emmy Remolt, Roderich Arndt, Ferry Dittrich, Richard Dörge, Carl Ernst, Werner Klingler, Fritz Lorenz, Philipp Lothar Mayring, Otto Miethke, Egmont Richter, Fritz Wisten

3. 5. Württembergisches Landestheater Stuttgart – Kleines Haus	**Moral** Komödie von Ludwig Thoma R: Max Marx BD (Fräulein Koch-Pinneberg), Irma Diercks, Ottilie Gerhäuser, Marta Künniger, Margarete Petri, Elsa Pfeiffer, Alexandrine Rossi, Artur Anwander, Ferry Dittrich, Carl Ernst, Waldemar Franke, Helmut Gaick, Karl Köstlin, Willi Kruszynski, Max Marx, Philipp Lothar Mayring, Otto Miethke, Egmont Richter
16. 6. Württembergisches Landestheater Stuttgart – Kleines Haus	**Der Traum, ein Leben** Dramatisches Märchen von Franz Grillparzer R: Heinz Dietrich Kenter; BB: Felix Cziossek BD (Mirza), Pia Mietens, Alexandrine Rossi, Artur Anwander, Roderich Arndt, Leopold Biberti, Ferry Dittrich, Hans Eggerth, Carl Ernst, Kurt Junker, Willi Kruszynski, Hans Lorenz, Philipp Lothar Mayring, Egmont Richter, Fritz Wisten
1. 7. Württembergisches Landestheater Stuttgart – Kleines Haus	**Die Erlösung des Johannes Parricida** Mysterium von Heinrich Lilienfein R: Curt Elwenspoek; BB: Felix Cziossek BD (Viviane und eine der Stimmen der Geister aus Nebel, Sturm, Höhe und Tiefe), Annemarie Kuhn, Barbara Lee, Pia Mietens, Alexandrine Rossi, Rose Weber, Artur Anwander, Roderich Arndt, Ferry Dittrich, Richard Dörge, Carl Ernst, Emmerich Fröhlich, Helmut Gaick, Kurt Junker, Karl Köstlin, Max Marx, Philipp Lothar Mayring, Reinhold Pfaff, Egmont Richter, Rudolf Rieth, Albert Stengelin

2. 9. Württembergisches Landestheater Stuttgart – Kleines Haus	**Die Journalisten** Lustspiel von Gustav Freytag R: Curt Elwenspoek BD (Madame Pavoni), Marta Künniger, Barbara Lee, Elsa Pfeiffer, Rose Weber, Artur Anwander, Roderich Arndt, Carl Ernst, Ferry Dittrich, Richard Dörge, Waldemar Franke, Emmerich Fröhlich, Helmut Gaick, Kurt Junker, Christian Friedrich Kayßler, Karl Köstlin, Max Marx, Philipp Lothar Mayring, Reinhold Pfaff, Egmont Richter, Albert Stengelin, Maximilian Wesolowski
12. 9. Württembergisches Landestheater Stuttgart – Kleines Haus	**Kabale und Liebe** Trauerspiel von Friedrich Schiller R: Egmont Richter BD (Sophie, Kammerjungfer der Lady Milford), Mila Kopp, Marta Künniger, Elsa Pfeiffer, Artur Anwander, Ludwig Donath, Helmut Gaick, Kurt Junker, Max Marx, Egmont Richter, Albert Stengelin, Fritz Wisten
20. 9. Württembergisches Landestheater Stuttgart – Kleines Haus	**Die heilige Johanna** Dramatische Chronik von George Bernard Shaw R: Wolfgang Hoffmann-Harnisch; BB: Felix Cziossek BD (Edelknabe Warwicks), Charlotte Galdern, Elsa Pfeiffer, Artur Anwander, Roderich Arndt, Ferry Dittrich, Richard Dörge, Ludwig Donath, Karl Ebert, Carl Ernst, Waldemar Franke, Emmerich Fröhlich, Helmut Gaick, Kurt Junker, Christian Friedrich Kayßler, Karl Köstlin, Max Marx, Philipp Lothar Mayring, Egmont Richter, Rudolf Rieth, Maximilian Wesolowski, Fritz Wisten
11. 10. U Württembergisches Landestheater Stuttgart – Kleines Haus	**Bluff** Lustiges Stück von Rudolf Schneider R: Max Marx BD (Zimmermädchen Hansi), Marianne Fischer, Elsa Pfeiffer, Artur Anwander, Roderich Arndt, Ferry Dittrich, Richard Dörge, Carl Ernst, Waldemar Franke, Kurt Junker, W. G. von Krane, Max Marx, Philipp Lothar Mayring, Fritz Wisten

316

24. 10. Württembergisches Landestheater Stuttgart – Kleines Haus	**Die Stützen der Gesellschaft** Schauspiel von Henrik Ibsen R: Albert Kehm BD (Olaf Bernick), Charlotte Galdern, Mila Kopp, Marta Künniger, Annemarie Kuhn, Barbara Lee, Pia Mietens, Emmy Remolt, Alexandrine Rossi, Johanna Schönberger, Artur Anwander, Roderich Arndt, Ferry Dittrich, Carl Ernst, Christian Friedrich Kayßler, Karl Köstlin, Max Marx, Egmont Richter, Maximilian Wesolowski
6. 12. Württembergisches Landestheater Stuttgart – Kleines Haus	**Der Puppenschuster** Märchen mit Tanz und Gesang von Hans Scholz; Mu: Artur Chitz R: Max Marx; BB: Felix Cziossek BD (Die Maus), Berta Fischer, Margot Frank, Charlotte Galdern, Hela Heim, Mila Kopp, Marta Künniger, Ruth Schlenker, Rose Weber, Artur Anwander, Roderich Arndt, Julius Carty, Ferry Dittrich, Richard Dörge, Ludwig Donath, Karl Eberth, Carl Ernst, Waldemar Franke, Helmut Gaick, Karl Köstlin, W. G. von Krane, Max Marx, Philipp Lothar Mayring, Otto Miethke, Egmont Richter
23. 12. Württembergisches Landestheater Stuttgart – Kleines Haus	**Sakuntala** Indisches Schauspiel von Kalidasa. Übertragen von Rolf Lauckner; Mu: Wolfgang Zeller R: Erich Fisch; BB: Felix Cziossek BD (Tschaturika, Dienerin des Königs Duschjanta und Erster Einsiedlerknabe), Charlotte Galdern, Else Hellmund, Lotte Kayser, Mila Kopp, Annemarie Kuhn, Barbara Lee, Alexandrine Rossi, Johanna Schönberger, Rose Weber, Artur Anwander, Roderich Arndt, Ferry Dittrich, Richard Dörge, Ludwig Donath, Waldemar Franke, Emmerich Fröhlich, Helmut Gaick, Christian Friedrich Kayßler, Karl Köstlin, Max Marx, Philipp Lothar Mayring, Otto Miethke, Egmont Richter, Albert Stengelin

1926

29. 1.
Württembergisches
Landestheater
Stuttgart –
Kleines Haus

Die Geschwister
Lustspiel von Herbert Eulenberg
R: Erich Fisch
BD (Der kleine Paul), Pia Mietens, Rose Weber,
Ferry Dittrich

6.2.
Württembergisches
Landestheater
Stuttgart –
Großes Haus

Der fröhliche Weinberg
Lustspiel von Carl Zuckmayer
R: Curt Elwenspoek; BB: Felix Cziossek
BD (Babettchen Eismayer), Mila Kopp, Marta
Künniger, Elsa Pfeiffer, Erna Rieth, Artur Anwan-
der, Roderich Arndt, Ferry Dittrich, Richard Dör-
ge, Carl Ernst, Waldemar Franke, Helmut Gaick,
Christian Friedrich Kayßler, Karl Köstlin, Max
Marx, Philipp Lothar Mayring, Otto Miethke,
Reinhold Pfaff, Egmont Richter, Albert Stengelin,
Maximilian Wesolowski

20. 2. U
Württembergiches
Landestheater
Stuttgart –
Kleines Haus

Bonaparte
Stück von Bernhard Blume
R: Albert Kehm; BB: Felix Cziossek
BD (Eine Hure), Charlotte Galdern, Mila Kopp,
Annemarie Kuhn, Barbara Lee, Elsa Pfeiffer, Artur
Anwander, Roderich Arndt, Gottfried Burgstal-
ler, Ferry Dittrich, Richard Dörge, Ludwig Do-
nath, Karl Eberth, Curt Elwenspoek, Carl Ernst,
Waldemar Franke, Emmerich Fröhlich, Helmut
Gaick, Erich Härlen, Kurt Junker, Christian Fried-
rich Kayßler, Karl Köstlin, W. G. von Krane, Max
Marx, Philipp Lothar Mayring, Otto Miethke, Her-
mann Nesselträger, Artur Richter, Egmont Rich-
ter, Rudolf Rieth, Albert Stengelin, Ernst Stock,
Maximilian Wesolowski, Fritz Wisten

8. 3.
Württembergisches
Landestheater
Stuttgart –
Kleines Haus

Der standhafte Prinz
Religiöses Trauerspiel von Pedro Calderón de la
Barca; Mu: Felix Mendelssohn-Bartholdy
R: Wolfgang Hoffmann-Harnisch; BB: Felix
Cziossek

BD (Zara, Hofdame der Prinzessin), Pia Mietens, Else Leitzsch, Erna Rieth, Artur Anwander, Ferry Dittrich, Ludwig Donath, Carl Ernst, Waldemar Franke, Emmerich Fröhlich, Helmut Gaick, Kurt Junker, Christian Friedrich Kayßler, Philipp Lothar Mayring, Albert Stengelin, Maximilian Wesolowski, Fritz Wisten

27. 3. Württembergisches Landestheater Stuttgart – Kleines Haus	**Der Erbförster** Trauerspiel von Otto Ludwig R: Curt Elwenspoek BD (Kathrine), Mila Kopp, Emmy Remolt, Artur Anwander, Ferry Dittrich, Richard Dörge, Ludwig Donath, Carl Ernst, Waldemar Franke, Helmut Gaick, Kurt Junker, Christian Friedrich Kayßler, Karl Köstlin, Max Marx, Philipp Lothar Mayring, Artur Richter, Egmont Richter, Albert Stengelin, Maximilian Wesolowski
6. 5. Württembergisches Landestheater Stuttgart – Kleines Haus	**George Dandin** Lustspiel von Molière R: Erich Fisch BD (Claudine, Angeliques Kammermädchen), Charlotte Galdern, Rose Weber, Artur Anwander, Ferry Dittrich, Ludwig Donath, Waldemar Franke, Otto Miethke
6. 5. Württembergisches Landestheater Stuttgart – Kleines Haus	**Sganarell** Lustspiel von Molière R: Erich Fisch BD (Zofe Celiens), Charlotte Galdern, Mila Kopp, Barbara Lee, Alexandrine Rossi, Johanna Schönberger, Artur Anwander, Ferry Dittrich, Carl Ernst, Egmont Richter, Rudolf Rieth
5. 6. Württembergisches Landestheater Stuttgart – Kleines Haus	**Wie es euch gefällt** Lustspiel von William Shakespeare R: Benno Schoenfeld; BB: Felix Cziossek BD (Käthchen, ein Bauernmädchen), Trudel Eipperle, Erna Faßbinder, Marianne Fischer, Mila Kopp, Elsa Pfeiffer, Friedel Wilhelm, Artur Anwander, Roderich Arndt, Ferry Dittrich, Richard

Dörge, Ludwig Donath, Karl Eberth, Carl Ernst,
Waldemar Franke, Helmut Gaick, Erich Härlen,
Christian Friedrich Kayßler, Karl Köstlin, Max
Marx, Philipp Lothar Mayring, Artur Richter, Eg-
mont Richter, Rudolf Rieth, Albert Stengelin, Ma-
ximilian Wesolowski, Fritz Wisten

16. 6. Württembergisches Landestheater Stuttgart – Kleines Haus	**Einen Jux will er sich machen** Posse mit Gesang von Johann Nestroy; Mu: Nach Adolf Müller, Josef Lanner und Johann Strauß von Alexander Presuhn R: Max Marx BD (Lisette, Stubenmädchen bei Fräulein Blu- menblatt), Erna Faßbinder, Mila Kopp, Barbara Lee, Pia Mietens, Elsa Pfeiffer, Emmy Remolt, Alexandrine Rossi, Artur Anwander, Ferry Ditt- rich, Richard Dörge, Ludwig Donath, Karl Eberth, Carl Ernst, Helmut Gaick, Karl Köstlin, Max Marx, Philipp Lothar Mayring, Egmont Richter, Rudolf Rieth, Albert Stengelin
1. 7. Württembergisches Landestheater Stuttgart – Kleines Haus	**Duell am Lido** Komödie von Hans José Rehfisch R: Friedrich Brandenburg BD (Nina), Maria Czamski, Pia Mietens, Emmy Remolt, Artur Anwander, Roderich Arndt, Ferry Dittrich, Richard Dörge, Ludwig Donath, Karl Eberth, Carl Ernst, Kurt Junker, Karl Köstlin, Max Marx, Philipp Lothar Mayring, Artur Richter, Eg- mont Richter, Albert Stengelin, Fritz Wisten
5. 9. Kammerspiele im Schauspielhaus München	**Die fremde Frau** Komödie von Alexandre Bisson BD, Hermine Körner
19. 9. Kammerspiele im Schauspielhaus München	**Dantons Tod** Tragödie von Georg Büchner R: Otto Falckenberg; BB: Otto Reigbert BD: (Eine der Grisetten; ab 4. 10.: Marion), Maria Bard, Lina Carstens, Charlotte Schultz, Robert

Forster-Larrinaga, Otto Framer, Kurt Horwitz, Kurt Lieck, Hans Schweikart

25. 9. Kammerspiele im Schauspielhaus München	**Die Macht der Finsternis** Drama von Leo N. Tolstoj R: Peter Scharoff BD (Akulina), Maria Byk, Lina Carstens, Therese Giehse, Dörte Pralle, Will Dohm, Alexander Fischer-Marich, Ferdinand Martini, Gerhard Ritter
2. 10. Kammerspiele im Schauspielhaus München	**Regen** Von John Colton und Clemens Randolph R: Richard Révy BD (Eingeborenes Mädchen), Lina Carstens, Therese Giehse, Ruth von Zerboni, Harry Buckwitz, Will Dohm, Otto Framer, Kurt Lieck, Gerhard Ritter
10. 12. Kammerspiele im Schauspielhaus München (Spielort: Stadt- theater Augsburg) Premiere: 20.11. U	**Dorothea Angermann** Schauspiel von Gerhart Hauptmann R: Julius Gellner BD (Dorothea Angermann), Lina Carstens, Therese Giehse, Dörte Pralle, Charlotte Schultz, Otto Framer, Kurt Horwitz, Kurt Lieck, Gerhard Ritter, Hans Schweikart
8. 12. Kammerspiele im Schauspielhaus München	**Peterchens Mondfahrt** Märchenspiel von Gerdt von Bassewitz; Mu: Clemens Schmalstich R: Hans Schweikart; BB: Otto Reigbert BD, Maria Bard, Maria Byk, Lina Carstens, Ursula von Diemen, Minna Höcker-Behrens, Else Kündinger, Ingeborg Scheel, Gretel Schmidt-Marlitt, Josef Eichheim, Adolf Grell, Fritz Krampert, Kurt Lieck, Ferdinand Martini, Siegfried Raabe, Arnulf Schröder, Julius Seger, Guido Török

23. 12.
Kammerspiele im
Schauspielhaus
München

Neidhart von Gneisenau
Schauspiel von Wolfgang Goetz
R: Otto Falckenberg; BB: Otto Reigbert
BD (Agnes von Gneisenau), Franz Arzdorf, Harry
Buckwitz, Will Dohm, Alexander Fischer-Marich,
Otto Framer, Viktor Gehring, Kurt Horwitz, Wolf-
gang Keppler, Kurt Lieck, Ferdinand Martini, Ri-
chard Révy, Gerhard Ritter, Heinz Rühmann,
Hans Schweikart

1927
30. 4.
Kammerspiele im
Schauspielhaus
München – Studio
»Junge Bühne«

Krankheit der Jugend
Schauspiel von Ferdinand Bruckner
R: Julius Gellner
BD (Marie), Maria Byk, Gina Falckenberg, Dörte
Pralle, Kurt Horwitz, Wolfgang Keppler, Kurt
Lieck

1. 6.
Kammerspiele im
Schauspielhaus
München

Gespenster
Familiendrama von Henrik Ibsen
R: Richard Révy
BD (Regine Engstrand), Therese Giehse, Alexan-
der Moissi, Richard Révy, Gerhard Ritter

16. 6.
Kammerspiele im
Schauspielhaus
München

Der Diktator
Schauspiel von Jules Romains
R: Otto Stoeckel
BD (Eine Frau), Else Bassermann, Lina Carstens,
Ebba Johannsen, Franz Arzdorf, Albert Basser-
mann, Harry Buckwitz, Josef Eichheim, Alexan-
der Fischer-Marich, Adolf Grell, Kurt Horwitz,
Wolfgang Keppler, Fritz Krampert, Ferdinand
Martini, Richard Révy, Arnulf Schröder, Julius
Seger, Otto Stoeckel

6. 8.
Kammerspiele im
Schauspielhaus
München

Monsieur Hélène
Lustspiel von Siegfried Geyer und Paul Frank
R: Robert Forster-Larrinaga; BB: Otto Reigbert
BD (Vera), Maria Bard, Therese Giehse, Minna
Höcker-Behrens, Josy Holsten, Will Dohm, Ro-
bert Forster-Larrinaga, Eberhard Kreysern, Fer-
dinand Martini, Richard Révy, Heinz Rühmann,
Arnulf Schröder

20. 8.	**Kukuli**
Kammerspiele im	Lustspiel von V. A. Jager-Schmidt
Schauspielhaus	R: Richard Révy
München	BD (Matoba), Therese Giehse, Minna Höcker-Behrens, Josy Holsten, Else Kündinger, Carola Neher, Edith Schulze-Westrum, Josef Eichheim, Ferdinand Martini, Richard Révy, Heinz Rühmann, Franz Scharwenka
30. 8.	**Kiki**
Kammerspiele im	Komödie von André Picard
Schauspielhaus	R: Hans Schweikart
München	BD (Juliette), Maria Bard, Maria Byk, Gina Falckenberg, Hilde Horst, Edith Schulze-Westrum, Franz Arzdorf, Will Dohm, Wolfgang Keppler, Ferdinand Martini, Richard Révy, Franz Scharwenka, Julius Seger
13. 9.	**Fuhrmann Henschel**
Kammerspiele im	Schauspiel von Gerhart Hauptmann
Schauspielhaus	R: Max Werner Lenz
München	BD (Hanne Schäl), Luise Ackermann, Berta Adldinger, Therese Giehse, Ruth Hellberg, Minna Höcker-Behrens, Josef Danegger, Will Dohm, Josef Eichheim, Adolf Grell, Oskar Höcker, Kurt Horwitz, Ferdinand Martini, Heinz Rühmann
5. 11.	**Die Buhlschwester**
Kammerspiele im	Lustspiel nach Plautus von Jakob Michael Reinhold Lenz
Schauspielhaus	R: Otto Falckenberg; BB: Otto Reigbert
München	BD (Magd Anne), Ruth Hellberg, Irene Lamond, Will Dohm, Josef Eichheim, Adolf Grell, Oskar Höcker, Walter Lantzsch, Heinz Rühmann
30. 11.	**Gespenster**
Kammerspiele im	Familiendrama von Henrik Ibsen
Schauspielhaus	R: Richard Révy
München	BD (Regine Engstrand), Therese Giehse, Ernst Deutsch, Ferdinand Martini, Max Werner Lenz

10. 12. Kammerspiele im Schauspielhaus München	**Zwerg Nase** Märchenspiel nach Wilhelm Hauff von Waldfried Burggraf; Mu: Ilja D. Jacobson R: Waldfried Burggraf BD (Hase), Gina Falckenberg, Ruth Hellberg, Minna Höcker-Behrens, Else Kündinger, Edith Schulze-Westrum, Josef Eichheim, Peter Elsholtz, Adolf Grell, Ferdinand Martini, Tonio Riedl, Ju- lius Seger, Guido Török

1928

24. 1. Kammerspiele im Schauspielhaus München	**Peer Gynt** Dramatisches Gedicht von Henrik Ibsen R: Richard Révy; BB: Otto Reigbert BD (Eine der Säterdirnen), Maria Bard, Anna Ernst, Gina Falckenberg, Therese Giehse, Ruth Hellberg, Minna Höcker-Behrens, Ebba Johann- sen, Irene Lamond, Edith Schulze-Westrum, Toni Treutler, Franz Arzdorf, Will Dohm, Josef Eich- heim, Adolf Grell, Kurt Horwitz, Fritz Krampert, Max Werner Lenz, Tonio Riedl, Hans Schweikart, Julius Seger, Guido Török
1. 3. U Kammerspiele im Schauspielhaus München – Studio »Junge Bühne«	**Traumstück** Spiel von Karl Kraus R: Julius Gellner BD, Maria Bard, Therese Giehse, Edith Schulze- Westrum, Kurt Horwitz, Hans Schweikart
13. 3. Kammerspiele im Schauspielhaus München	**Die Zensur** Theodizee von Frank Wedekind R: Otto Falckenberg BD (Kadidja), Edith Schulze-Westrum, Kurt Hor- witz, Richard Révy
2. 4. Kammerspiele im Schauspielhaus München	**Einbruch** Kriminalgroteske von Ralph A. Roberts und Arthur Landsberger R: Kurt Reiss BD (Lyra Bariatinska), Maria Byk, Ebba Johann- sen, Irene Lamond, Josef Eichheim, Rudolf Hoch, Wolfgang Keppler, Max Werner Lenz, Heinz Rüh- mann

4. 4. Kammerspiele im Schauspielhaus München	**Frühlings Erwachen** Kindertragödie von Frank Wedekind R: Hans Schweikart BD (Ilse), Maria Byk, Gina Falckenberg, Therese Giehse, Ruth Hellberg, Ebba Johannsen, Edith Schulze-Westrum, Toni Treutler, Josef Eichheim, Peter Elsholtz, Otto Framer, Adolf Grell, Willem Holsboer, Kurt Horwitz, Fritz Krampert, Max Werner Lenz, Wolfgang Liebeneiner, Ferdinand Martini, Robert Michal, Richard Révy, Tonio Riedl, Georg Schöberl, Julius Seger, Guido Török, Hans Wallner
17. 4. Kammerspiele im Schauspielhaus München	**Flucht** Stück von John Galsworthy R: Kurt Reiss; BB: Otto Reigbert BD (Straßenmädchen), Therese Giehse, Ruth Hellberg, Minna Höcker-Behrens, Ebba Johannsen, Toni Treutler, Will Dohm, Josef Eichheim, Adolf Grell, Max Werner Lenz, Richard Révy, Hans Schweikart
27.4. Kammerspiele im Schauspielhaus München	**Der Frauenarzt** Schauspiel von Hans José Rehfisch R: Richard Révy; BB: Otto Reigbert BD (Die Schwester), Therese Giehse, Ruth Hellberg, Ebba Johannsen, Carla Saltern, Toni Treutler, Will Dohm, Josef Eichheim, Peter Elsholtz, Otto Framer, Kurt Horwitz, Wolfgang Keppler, Max Werner Lenz
12. 5. U Kammerspiele im Schauspielhaus München	**Meier Helmbrecht** Tragödie von Eugen Ortner R: Otto Falckenberg; BB: Otto Reigbert und Else Kündinger BD (Sybilla, eine entlaufene Nonne), Maria Byk, Therese Giehse, Ruth Hellberg, Wilhelm Althaus, Will Dohm, Josef Eichheim, Otto Framer, Wolfgang Liebeneiner, Kurt Lieck, Richard Révy, Hans Schweikart

22. 5. Kammerspiele im Schauspielhaus München	**Der Geisterzug** Mysteriöse Komödie von John Ridley R: Theo Frenkel BD (Julia Price), Maria Byk, Ruth Hellberg, Minna Höcker-Behrens, Will Dohm, Josef Eichheim, Kurt Horwitz, Wolfgang Keppler, Kurt Lieck, Heinz Rühmann, Julius Seger
16. 6. Kammerspiele im Schauspielhaus München	**Der Liebestrank** Schwank von Frank Wedekind R: Gustaf Gründgens BD (Gräfin Totzky), Berta Adldinger, Minna Höcker-Behrens, Edith Schulze-Westrum, Will Dohm, Gustaf Gründgens, Walter Lantzsch, Georg Schoberl, Julius Seger
27. 6. Kammerspiele im Schauspielhaus München	**Mädel von heute** Lustspiel von Gustav Davis R: Richard Révy BD, Anneliese Born, Josy Holsten, Hanni Speidel, Will Dohm, Wolfgang Keppler, Richard Révy, Julius Seger, Adolf Ziegler
7. 8. Kammerspiele im Schauspielhaus München (Premiere: 20. 9. 1927)	**Der Hexer** Kriminalkomödie von Edgar Wallace R: Robert Forster-Larrinaga; BB: Otto Reigbert BD (Cora Ann Milton), Gina Falckenberg, Ernst Bernhard, Ralph Ebersperg, Josef Eichheim, Kurt Horwitz, Wolfgang Liebeneiner, Kurt Lieck, Richard Révy, Franz Scharwenka, Georg Schöberl, Fritz Seifert
8. 8. Kammerspiele im Schauspielhaus München	**Fräulein Josette, meine Frau** Lustspiel von Paul Gavault und Robert Charvay R: Hans Schweikart BD (Saint Assises' Frau), Maria Bard, Minna Höcker-Behrens, Vera Romanowsky, Wilhelm Althaus, Kurt Horwitz, Erwin Klietsch, Rudolf Raab, Richard Révy, Heinz Rühmann, Hans Schweikart

23. 9.
Kammerspiele im
Schauspielhaus
München
(Premiere:
28. 8. 1928)

Pygmalion
Komödie von George Bernard Shaw
R: Julius Gellner
BD (Eliza), Gina Falckenberg, Therese Giehse,
Minna Höcker-Behrens, Else Kündinger, Edith
Schulze-Westrum, Josef Eichheim, Kurt Horwitz,
Wolfgang Keppler, Wolfgang Liebeneiner, Richard Révy, Franz Scharwenka

19. 10.
Kammerspiele im
Schauspielhaus
München

Der Biberpelz
Diebskomödie von Gerhart Hauptmann
R: Richard Révy; BB: Thomas Theodor Heine
BD (Frau Motes), Therese Giehse, Ruth Hellberg,
Edith Schulze-Westrum, Will Dohm, Josef Eichheim, Kurt Horwitz, Walter Lantzsch, Karl Kurt
Lindner, Ferdinand Martini, Richard Révy, Hans
Schweikart.

26. 11.
Kammerspiele im
Schauspielhaus
München

Lulu
Monstretragödie von Frank Wedekind. In der
Bearbeitung von Otto Falckenberg
R: Otto Falckenberg; BB: Otto Reigbert; Choreographie: Inge Houblon
BD (Gräfin Geschwitz), Maria Byk, Gina Falckenberg, Therese Giehse, Josy Holsten, Margarethe
Koeppke, Herbert Dirmoser, Will Dohm, Josef
Eichheim, Kurt Horwitz, Walter Lantzsch, Franz
Rücker, Franz Scharwenka, Max Schütz, Hans
Schweikart

18. 12.
Kammerspiele im
Schauspielhaus
München

Schinderhannes
Schauspiel von Carl Zuckmayer
R: Richard Weichert; BB: Max Unold
BD (Julchen), Maria Byk, Therese Giehse, Minna
Höcker-Behrens, Josy Holsten, Herbert Dirmoser, Will Dohm, Josef Eichheim, Otto Framer,
Kurt Horwitz, Fritz Krampert, Walter Lantzsch,
Karl Kurt Lindner, Ferdinand Martini, Robert
Michal, Kurt Reiss, Richard Révy, Franz Rücker,
Heinz Rühmann, Franz Scharwenka, Max Schütz,
Julius Seger

20. 2.
Kammerpiele im
Schauspielhaus
München – Studio
»Junge Bühne«

Revolte im Erziehungshaus
Schauspiel der Gegenwart von Peter Martin
Lampel
R: Julius Gellner
BD (Viktoria, Tochter des Hausvaters), Herbert
Dirmoser, Peter Elsholtz, Kurt Horwitz, Wolf-
gang Keppler, Walter Lantzsch, Kurt Reiss, Tonio
Riedl, Franz Rücker, Max Schütz

25. 4.
Kammerspiele im
Schauspielhaus
München

Das Nachfolge Christi-Spiel
Einakter von Max Mell
R: Otto Falckenberg; BB: Otto Reigbert
BD (Lea), Maria Byk, Gina Falckenberg, Therese
Giehse, Josy Holsten, Edith Schulze-Westrum,
Herbert Dirmoser, Josef Eichheim, Peter Els-
holtz, Max Fischer, Adolf Grell, Kurt Horwitz,
Wolfgang Keppler, Walter Lantzsch, Wolfgang
Liebeneiner, Karl Kurt Lindner, Ferdinand Marti-
ni, Robert Michal, Richard Révy, Tonio Riedl,
Franz Rücker, Max Schütz, Alfred Tressin

20. 7.
Kammerspiele im
Schauspielhaus
München

Die Dreigroschenoper
Stück mit Musik nach dem Englischen des John
Gay von Bertolt Brecht; Mu: Kurt Weill
R: Hans Schweikart; BB: Caspar Neher
BD (Spelunkenjenny), Maria Bard, Therese
Giehse, Maria Schlotthauer, Dorothea Wieck,
Harry Buckwitz, Josef Eichheim, Peter Elsholtz,
Adolf Grell, Oskar Höcker, Kurt Horwitz, Fritz
Krampert, Walter Lantzsch, Hans Herrmann
Schaufuß

28. 11.
Kammerspiele im
Schauspielhaus
München

Die Verbrecher
Schauspiel von Ferdinand Bruckner
R: Richard Révy; BB: Otto Reigbert
BD (Karla Kudelka, Wirtin), Gina Falckenberg,
Therese Giehse, Ewald Balser, Will Dohm, Wolf-
gang Liebeneiner, Heinz Rühmann

8. 1.
Kammerspiele im
Schauspielhaus
München

Schieber des Ruhms
Patriotenkomödie von Marcel Pagnol und Paul
Nivoix
R: Josef Glücksmann; BB: Otto Reigbert
BD (Yvonne Bachelet), Ehmi Bessel, Therese
Giehse, Ewald Balser, Josef Eichheim, Otto Fra-
mer, Willem Holsboer, Kurt Horwitz, Karl Kyser,
Walter Lantzsch, Ferdinand Martini, Ernst Schlott,
Julius Seger

27. 2. U
Kammerspiele im
Schauspielhaus
München

Die Kreatur
Schauspiel von Ferdinand Bruckner
R: Otto Falckenberg; BB: Otto Reigbert
BD (Florence), Berta Adldinger, Maria Byk, Eleo-
nora von Mendelssohn, Ewald Balser

8. 4.
Kammerspiele im
Schauspielhaus
München – Studio
»Junge Bühne«

Cyankali
Drama von Friedrich Wolf
R: Otto Falckenberg; BB: Otto Reigbert
BD (Hete Fent), Therese Giehse, Edith Schulze-
Westrum, Will Dohm, Kurt Horwitz, Wolfgang
Keppler, Wolfgang Liebeneiner, Richard Révy

25. 8.
Kammerspiele im
Schauspielhaus
München

Die Flamme
Schauspiel von Hans Müller
R: Hanns Fritz Gerhard
BD (Ilonka), Maria Byk, Käthe Dorsch, Hilde
Horeschovsky, Phily Schroth, Hanns Fritz Ger-
hard, Wolfgang Liebeneiner, Richard Ulrich

17. 10.
Staatstheater
Berlin –
Schauspielhaus

**Geschichte Gottfriedens von Berlichingen
mit der eisernen Hand**
Schauspiel von Johann Wolfgang von Goethe
R: Ernst Legal; BB: Teo Otto
BD (Adelheid von Walldorf), Hildegard Büren,
Maria Koppenhöfer, Paul Bildt, Albert Florath,
Fritz Genschow, Heinrich George, Alexander
Granach, Veit Harlan, Ferdinand Hart, Clemens
Hasse, Wolfgang Heinz, Arthur Kraußneck, Bern-
hard Minetti, Albert Patry, Horst Teetzmann,
Heinrich Witte

7. 1.
Volksbühne Berlin –
Theater am Bülow-
platz

Liliom

Vorstadtlegende von Franz Molnár; Mu: Theo
Mackeben

R: Karl Heinz Martin; BB: Caspar Neher

BD (Julie), Gina Falckenberg, Therese Giehse,
Erika Helmke, Emilie Kurtz, Hans Albers, Josef
Almas, Herbert Berghof, Hans Böhm, Alexander
Engel, Leonard Steckel

23. 2.
Volksbühne Berlin –
Theater am Bülow-
platz

Gesellschaft der Menschenrechte

Stück um Georg Büchner von Franz Theodor
Csokor

R: Hans Rodenberg; BB: Edward Suhr

BD (Amalie Weidig), Grete Bäck, Margarete Mel-
zer, Eddie Peppler, Trude Rosen, Josef Almas,
Herbert Berghof, Hans Böhm, Josef Dahmen,
Ernst Ludwig Francken, Ernst Ginsberg, Hans
Goslar, Kurt Horwitz, Ernst Karchow, Paul Kauf-
mann, Fritz Klaudius, Erwin Kleist, Erich Kober-
ling, Oskar Kratz-Corell, Sigurd Lohde, Sigmund
Nunberg, Hermann Rabens, Theo Rocholl, Ernst
Schlott, Hermann Speelmans, Bobby Spuner,
Fritz Staudte, Leonard Steckel, Karl Heinz Stroux,
Jacob Sulzer, Erich Tormann, Wilhelm Voelcker,
Erich Wander, Kurt Weiße, Bruno Ziener

20. 3. U
Theater am Schiff-
bauerdamm Berlin

Italienische Nacht

Volksstück von Ödön von Horváth

R: Francesco von Mendelssohn

BD (Anna), Dela Behren, Cläre Eckstein, Marga-
rete Faas, Lotte Heinitz, Gerda Kuffner, Marianne
Kupfer, Elsa Wagner, Hans Adolfi, Hans Alva, Edvi
Denby, Viktor Gehring, Hans Henninger, Oskar
Höcker, Albert Hoerrmann, Fritz Kampers, Hel-
muth Kindler, Georg August Koch, Otto Matthies,
Peter Schöningh, Walter Schramm, Oskar Sima,
Wolfgang Viktor, Otto Waldis, Franz Weil-
hammer

17. 4. Volksbühne Berlin – Theater am Bülow- platz	**Die Ehe** Szenen von Alfred Döblin; Mu: Karol Rathaus R: Karl Heinz Martin; BB: Caspar Neher BD (Frau), Angelika Arndts, Grete Bäck, Lotte Ellon, Beate Finkh, Ellen Frank, Helene Körner, Emilie Kurz, Eddie Peppler, Gerda Schaefer, Au- guste Welten, Maria West, Josef Almas, Herbert Berghof, Hans Böhm, Ernst Busch, Josef Dah- men, Ernst Dedemeyer, Heinrich Gretler, Bruno Hübner, Ernst Karchow, Paul Kaufmann, Fritz Klaudius, Sigurd Lohde, Arthur Mainzer, Sig- mund Nunberg, Ernst Schlott, Hermann Speel- mans, Bobby Spuner, Leonard Steckel, Jacob Sulzer, Erich Tormann, Bruno Ziener
7. 10. Staatstheater Berlin – Schauspielhaus	**Peer Gynt** Versdrama von Henrik Ibsen R: Leopold Jessner; BB: Caspar Neher BD (Solveig), Maria Koppenhöfer, Genia Nikola- jewna, Sybil Rares, Elsa Wagner, Paul Bildt, Erich Dunskus, Albert Florath, Heinrich George, Ferdi- nand Hart, Robert Müller, Lothar Müthel, Franz Weber
<u>1932</u> 9. 3. Volksbühne Berlin – Theater am Bülow- platz	**Androklus und der Löwe** Komödie von George Bernard Shaw R: Karl Heinz Martin; BB: Nina Tokumbet BD (Lavinia), Hedwig Wangel, Josef Almas, Felix Bressart, Josef Dahmen, Ferdinand Hart, Ernst Karchow, Arthur Mainzer, Karl Meixner, Sig- mund Nunberg, Otto Wallburg
1. 4. U Volksbühne Berlin Theater am Bülowplatz	**Kamrad Kaspar** Volksstück von Paul Schurek; Mu: Hanns Eisler R: Günther Stark BD (Die Frau - Im Puppenspiel: Mariken), Grete Bäck, Inge Conradi, Eddie Peppler, Josef Almas, Ernst Busch, Ernst Ginsberg, Sigurd Lohde, Ar- thur Mainzer, Erich Tormann

5. 5. Deutsches Volkstheater Wien	**Liliom** Vorstadtlegende von Franz Molnár; Mu: Theo Mackeben R: Karl Heinz Martin; BB: Alfred Kunz BD (Julie), Melanie Horeschovsky, Lina Loos, Lina Woiwode, Hans Albers, Herbert Eichinger, Franz Schafheitlin, Otto Schmöle
21. 6. Volksbühne Berlin – Theater am Bülowplatz	**Geld ohne Arbeit** Komödie von Alberto Colantuoni. In der Bearbeitung von Robert Adolf Stemmle R: Günther Stark BD, Grete Bäck, Inge Conradi, Milena von Eckhardt, Eddie Peppler, Josef Almas, Josef Dahmen, Ernst Ginsberg, Bruno Hübner, Ernst Karchow, Paul Kaufmann, Erwin Kleist, Karl Meixner, Leonard Steckel
10. 11. Theater im Admiralspalast Berlin	**Liliom** Vorstadtlegende von Franz Molnár; Mu: Theo Mackeben R: Karl Heinz Martin; BB: Walter Bornemann BD (Julie), Ina Albrecht, Angelica Arndts, Grete Bäck, Gina Falckenberg, Emilie Kurtz, Anne Lore Mosheim, Hans Albers, Josef Dahmen, Alexander Engel, Hans Hemes, Peter Ihle, Paul Kaufmann, Fritz Klaudius, Erwin Kleist, Ludwig Roth, Wolfgang von Schwind, Fritz Staudte, Leonard Steckel, Jacob Sulzer, Alexander Wanda, Bruno Zierer
<u>1933</u> 19. 4. Volksbühne Berlin – Theater am Bülowplatz	**Florian Geyer** Tragödie des Bauernkrieges von Gerhart Hauptmann R: Heinz Hilpert; BB: Rochus Gliese BD (Marei, Lagerdirne), Gisela von Collande, Josef Almas, Ewald Balser, Paul Dahlke, Hans Halden, Karl Hellmer, Hans Henninger, Oskar Höcker, Bruno Hübner, Carl Jönsson, Ernst Karchow, Eugen Klöpfer, Heinrich Marlow, Erik Radolf, Heinrich Schroth, Erhard Siedel, Manfred Thau, Mathias Wieman

21. 2.   **Der zerbrochene Krug**
Volksbühne Berlin –   Lustspiel von Heinrich von Kleist
Theater am   R: Heinz Hilpert; BB: Willi Schmidt
Horst-Wessel-Platz   BD (Eve Rull), Gisela von Collande, Else Heims,
                               Genia Kurz, Lotte Stein, Paul Dahlke, Hans Hal-
                               den, Bruno Hübner, Emil Jannings, Carl Jönsson,
                               Günther Langenbeck, Heinrich Marlow

6. 4.   **Mensch, aus Erde gemacht**
Staatstheater Berlin –   Drama von Friedrich Griese
Gastspiel u. a. im   R: Jürgen Fehling; BB: Traugott Müller
Staatstheater Bremen,   BD (Lena), Heinrich George, Franz Klebusch,
Landestheater Olden-   Hans Mierendorff, Kai Möller
burg
(Premiere: 23. 9. 1933 U)

1935
13. 9.   **Aufbruch in Kärnten**
Renaissance-Theater   Schauspiel von Eberhard Wolfgang Möller
Berlin   R: Alfred Bernau; BB: Lore Sawade
                               BD (Die Nesch), Margarete Melzer, Hermann
                               Erhardt, Hugo Flink, Heinz Salfner, Friedrich
                               Ulmer

1937
8. 1.   **Der Richter von Zalamea**
Schiller-Theater   Versdrama von Pedro Calderón de la Barca.
der Reichshauptstadt   Freie Nachdichtung von Wilhelm von Scholz
Berlin   R: Ernst Legal; BB: Friedrich Winkler-Tannen-
                               berg
                               BD (Chrispa, Marketenderin), Trude Haefelin,
                               Johanna Zschokke, Heinz von Cleve, Heinrich
                               George, Clemens Hasse, Herbert Klatt, Rudolf
                               Schündler, Ernst Stahl-Nachbaur, Walther Sues-
                               senguth

17. 12.	**Der kluge Mann**

17. 12.
Theater am
Kurfürstendamm
Berlin

Der kluge Mann
Schauspiel von Paul Sarauw
R: Ernst Legal; BB: Heinz Daniel
BD (Ofelia Jensen, Haushälterin), Hilde Hein-
rich, Maria Krahn, Gerda Maria Terno, Raimund
Bucher, Heinrich George, Hans Korngiebel,
Ernst Legal, Hans Meyer-Hanno, Paul Schwed,
Ernst Stahl-Nachbaur, Eduard Wenck

1938
13. 12.
Schiller-Theater
der Reichshauptstadt
Berlin

König Heinrich IV. Erster Teil
Historisches Drama von William Shakespeare
R: Ernst Legal; BB: Robert Herlth
BD (Frau Hurtig), Lu Säuberlich, Gerda Maria
Terno, Boris Alekin, Claus Clausen, Heinz von
Cleve, Josef Dahmen, Heinrich Fürst, Heinrich
George, Herwarth Grosse, Knut Hartwig, Ger-
hard Haselbach, Hans Hessling, Werner Kepich,
Lothar Koerner, Josef Litsch, Karl Meixner, Hans
Meyer-Hanno, Kai Möller, Arthur Reppert, Heinz
Rippert, Otto Rubahn, Hans Joachim Schaufuß,
Ernst Schröder, Ernst Stahl-Nachbaur, Walther
Suessenguth, Paul Wegener, Max Wilmsen, Edu-
ard von Winterstein

31. 12.
Schiller-Theater
der Reichshauptstadt
Berlin

Die Wochenstube
Komödie von Ludwig Holberg; Mu: Otto Urak
R: Walther Suessenguth; BB: Nina Tokumbet
BD (Frau von Armselig), Irene Andor, Emmy
Bofinger, Hetti Buchholz, Tina Eilers, Moje For-
bach, Ingeborg Fröhlich, Ilse Fürstenberg, Else
Gattig, Hermine Graumann, Charlotte Habecker,
Carla Hoffmann, Elfriede John, Grete Kaiser, Lot-
te Katscher, Maria Krahn, Maja Kyser, Luise Mor-
land, Lu Säuberlich, Valeska Stock, Gerda Maria
Terno, Carola Toelle, Hanns Fischer, Hans Hess-
ling, Georg Hoffmann-Philipp, Lothar Koerner,
Karl Meixner, Arthur Reppert, Hans Joachim
Schaufuß

1939

19. 1. U
Schiller-Theater
der Reichshauptstadt
Berlin

Gott über Göttern
Drama von Ernst Legal
R: Ernst Legal; BB: Karl Rössing und Friedrich Prätorius
BD (Oenone, des Paris verlassene Frau), Maria Eis, Else Petersen, Lu Säuberlich, Hansjoachim Büttner, Claus Clausen, René Deltgen, Heinrich Fürst, Herwarth Grosse, Ernst Hartwich, Knut Hartwig, Peter Hennig, Hans Hessling, Georg Hoffmann-Philipp, Werner Kepich, Lothar Koerner, Josef Litsch, Paul Mederow, Karl Meixner, Kai Möller, Arthur Reppert, Heinz Rippert, Hans Joachim Schaufuß, Raimund Schelcher, Ernst Stahl-Nachbaur, Joachim Steindamm, Walther Suessenguth, Paul Wegener, Max Wilmsen

28. 3.
Schiller-Theater
der Reichshauptstadt
Berlin

König Heinrich IV. Zweiter Teil
Historisches Drama von William Shakespeare
R: Ernst Legal; BB: Robert Herlth
BD (Frau Hurtig), Gudrun Bülow, Moje Forbach, Lu Säuberlich, Gisela Uhlen, Karl Brenk, Claus Clausen, Heinz von Cleve, Josef Dahmen, Heinrich Fürst, Heinrich George, Hans Halden, Knut Hartwig, Gerhard Haselbach, Friedel Heinzmann, Hans Hessling, Georg Hoffmann-Philipp, Karl Hohberg, Werner Kepich, Lothar Koerner, Ernst Legal, Josef Litsch, Karl Meixner, Hans Meyer-Hanno, Kai Möller, Fritz Nygrin, Herbert Paulmüller, Arthur Reppert, Heinz Rippert, Otto Rubahn, Hans Joachim Schaufuß, Ernst Schröder, Detlef Sierck, Ernst Stahl-Nachbaur, Egon Vogel, Paul Wegener, Josef Wilhelmi, Max Wilmsen, Eduard von Winterstein

16. 4.
Schiller-Theater
der Reichshauptstadt
Berlin

Der Engel mit dem Saitenspiel
Komödie von Alois Johannes Lippl
R: Karl Wessels; BB: Friedrich Prätorius
BD (Vera Schellhorn), Ingeborg Fröhlich, Else Petersen, Lu Säuberlich, Trude Tandar, Claus Clausen, Heinz von Cleve, Ernst Legal, Josef

Litsch, Hans Joachim Schaufuß, Hans Adalbert von Schlettow, Ernst Stahl-Nachbaur, Franz Weilhammer

23. 9.
Schiller-Theater
der Reichshauptstadt
Berlin

Geschichte Gottfriedens von Berlichingen mit der eisernen Hand
Dramatisiert von Joahnn Wolfgang von Goethe
R: Heinrich George; BB: Friedrich Prätorius
BD (Elisabeth von Berlichingen), Charlotte Habecker, Else Petersen, Lu Säuberlich, Gerda Maria Terno, Claus Clausen, Kurt Joachim von der Gathen, Heinrich George, Herwarth Grosse, Hans Halden, Julius E. Herrmann, Hans Hessling, Georg Hoffmann-Philipp, Werner Kepich, Lothar Koerner, Karl Klüsner, Ernst Legal, Wolfgang Lukschy, Karl Meixner, Hans Meyer-Hanno, Kai Möller, Will Quadflieg, Paul Rehkopf, Arthur Reppert, Otto Rubahn, Ernst Schröder, Fritz Schröder, Ernst Stahl-Nachbaur, Walther Suessenguth, Paul Wegener, Eduard von Winterstein

9. 11.
Schiller-Theater
der Reichshauptstadt
Berlin

Don Carlos, Infant von Spanien
Dramatisches Gedicht von Friedrich Schiller
R: Ernst Legal; BB: Josef Fenneker
BD (Prinzessin von Eboli), Moje Forbach, Charlotte Habecker, Else Petersen, Lu Säuberlich, Claus Clausen, Herwarth Grosse, Hans Halden, Julius E. Herrmann, Hans Hessling, Georg Hoffmann-Philipp, Werner Kepich, Karl Klüsner, Lothar Koerner, Karl Meixner, Hans Meyer-Hanno, Will Quadflieg, Arthur Reppert, Otto Rubahn, Hans Joachim Schaufuß, Ernst Schröder, Fritz Schröder, Ernst Stahl-Nachbaur, Walther Suessenguth, Paul Wegener, Eduard von Winterstein

1940
8. 1.
Schiller-Theater
der Reichshauptstadt
Berlin

Der kluge Mann
Lustspiel von Paul Sarauw
R: Ernst Legal; BB: Friedrich Prätorius
BD (Ofelia Jensen, Haushälterin), Brigitte von Bülow, Ilse Fürstenberg, Lou Seitz, Heinrich Ge-

336

orge, Herwarth Grosse, Hans Halden, Hans Hessling, Ernst Legal, Hans Meyer-Hanno, Ernst Schröder, Ernst Stahl-Nachbaur

4. 3.
Schiller-Theater
der Reichshauptstadt
Berlin

John Gabriel Borkman
Schauspiel von Henrik Ibsen
R: Walter Felsenstein; BB: Josef Fenneker
BD (Fanny Wilton), Brigitte von Bülow, Ingeborg Fröhlich, Lucie Höflich, Alice Verden, Ernst Legal, Ernst Schröder, Paul Wegener

1. 6.
Schiller-Theater
der Reichshauptstadt
Berlin

Die Swedenhjelms
Komödie von Hjalmar Bergman
R: Heinrich George; BB: Friedrich Prätorius
BD (Julia Körner, geb. Swedenhjelm, Schauspielerin), Lucie Höflich, Gerda Maria Terno, Heinrich George, Herwarth Grosse, Hans Hessling, Ernst Legal, Wolfgang Lukschy

20. 11.
Schiller-Theater
der Reichshauptstadt
Berlin

Gregor und Heinrich
Schauspiel von Erwin Guido Kolbenheyer
R: Ernst Legal; BB: Paul Haferung
BD (Mathilde von Toscana, Markgräfin), Ilse Fürstenberg, Nora Quitt, Elisabeth Reinhold, Julia Serda, Marga Stiebitz, Gerda Maria Terno, Erwin Aderhold, Herbert Anders, Ludwig Andersen, Günther Ballier, Paul Bielcke, Horst Caspar, Claus Clausen, Herwarth Grosse, Hans Halden, Knut Hartwig, Hans Hessling, Hans Oswald Hoffmann, Georg Hoffmann-Philipp, Werner Kepich, Karl Klüsner, Lothar Koerner, Wolfgang Lukschy, Artur Malkowsky, Karl Meixner, Heiner Mey, Hans Meyer-Hanno, Hans Mierendorff, Kai Möller, Otto Rubahn, Hans Herrmann Schaufuß, Fritz Schröder-Jahn, Per Schwenzen, Ernst Stahl-Nachbaur, Hans Sternberg, Werner Völger, Paul Wegener, Eduard von Winterstein

1941

19. 5.
Schiller-Theater
der Reichshauptstadt
Berlin

Wenn der junge Wein blüht
Lustspiel von Björnstjerne Björnson
R: Ernst Legal; BB: Josef Fenneker
BD (Marna Arvik), Maria Eis, Charlotte Habecker,
Lola Luigl, Lu Säuberlich, Isolde Schober, Inge
Schwannecke, Gerda Maria Terno, Ursula Zeitz,
Lothar Koerner, Wolfgang Lukschy, Fritz Schrö-
der-Jahn, Paul Wegener

28. 11.
Schiller-Theater
der Reichshauptstadt
Berlin

Die Söhne des Herrn Grafen
Komödie von Gherardo Gherardi
R: Karl Heinz Martin; BB: Friedrich Prätorius
BD (Zelinde Tortorelli), Charlotte Habecker, Lo-
la Luigl, Carola Toelle, Martha Ziegel, Horst Birr,
Heinrich George, Werner Kepich, Wolfgang Luk-
schy, Hubert von Meyerinck, Otto Rubahn, Wer-
ner Scharf, Hans Herrmann Schaufuß, Walther
Suessenguth

1942

22. 3.
Schiller-Theater
der Reichshauptstadt
Berlin

Geographie und Liebe
Lustspiel von Björnstjerne Björnson
R: Ernst Legal; BB: Friedrich Prätorius
BD (Magd Ane), Mila Kopp, Trude Tandar, Carola
Toelle, Ursula Zeitz, Ernst Legal, Wolfgang Luk-
schy, Paul Wegener

14. 5.
Schiller-Theater
der Reichshauptstadt
Berlin

Sünder und Heiliger
Tragödie von Svend Borberg
R: Ernst Legal; BB: Josef Fenneker
BD (Aldonza, genannt Dulcinea), Maria Pieren-
kämper, Trude Tandar, Hans Halden, Hans Hess-
ling, Karl Meixner, Hans Meyer-Hanno, Heinz
Ohlsen, Will Quadflieg, Wener Scharf, Walther
Suessenguth

19. 9.
Schiller-Theater
der Reichshauptstadt
Berlin

Csongor und Tünde

Märchendichtung von Mihály Vörösmarty. Deutsche Übertragung von Ferdinand Klein-Krautheim; Mu: Ferenc Farkas

R: Anatal Nemeth; BB: Istvan Pekary

BD (Frau Dummian), Inge Drexel, Maria Eis, Lu Säuberlich, Gerda Maria Terno, Hans Hessling, Karl Meixner, Ernst-Walter Mitulski, Will Quadflieg, Werner Völger

1943
5. 5. U
Schiller-Theater
der Reichshauptstadt
Berlin

Katrin

Schauspiel von Walther Stanietz

R: Heinrich George; BB: Friedrich Prätorius

BD (Katrin), Ilse Fürstenberg, Ursula Zeitz, Horst Caspar, Heinrich George, Hans Hessling, Ernst Schröder

1944
20. 5.
Renaissance-Theater
Berlin –
Kleines Haus des
Schiller-Theaters

Emilia Galotti

Trauerspiel von Gotthold Ephraim Lessing

R: Walter Felsenstein; BB: Josef Fenneker

BD (Gräfin Orsina), Else Petersen, Maria Pierenkämper, Egon Brosig, Claus Clausen, Walter Groß, Hans Hessling, Georg August Koch, Lothar Koerner, Kai Möller, Walther Suessenguth, Theodor Vogeler, Peter Widmann

1948
11. 5.
Hebbel-Theater
Berlin

Der Teufelsschüler

Schauspiel von George Bernard Shaw

R: Franz Reichert; BB: Friedrich Prätorius

BD (Mrs. Dudgeon), Inge Koch, Tilly Lauenstein, Eva Schmidt-Götter, Lilo Zabke, Hans W. Hamacher, O. E. Hasse, Hans Hessling, Friedrich Honna, Herbert Hübner, Werner Pledath, Jakob Sinn, Walther Suessenguth, Eduard Wandrey, Ernst Wehlau

16. 6. Rheingau-Theater Berlin	**Caligula** Schauspiel von Albert Camus R: Peter Elsholtz; BB: Hans Bohser BD (Caesonia), Ingrid Rentsch, Hans Halden, Adalbert Koffler, Karl Meixner, Horst Oberländer, Dieter Ranspach, Wolfgang Rodig, Ernst Schröder, Rolf Ulrich, Klaus von Wahl

<u>1949</u>

10. 4. Hebbel-Theater Berlin	**Eine kleine Stadt** Schauspiel von Thornton Wilder R: Frederic Mellinger; BB: Ita Maximowna BD (Mrs. Webb), Reva Holsey, Marianne Prenzel, Helene Riechers, Renée Stobrawa, Hugo Gau-Hamm, Max Grothusen, Jürgen Gründling, Hans W. Hamacher, Herbert Hübner, Charles Knetschke, Lothar Koerner, Frederic Mellinger, Robert Müller, Werner Pledath, Erich Renzow, Paul Edwin Roth, Rolf Schlegel, Jakob Sinn, Ernst Wehlau

16. 10. Hebbel-Theater Berlin	**Undine** Schauspiel von Jean Giraudoux R: Karl Heinz Stroux; BB: Josef Fenneker BD (Eugenie), Ruth Flessburg, Charlotte Habecker, Reva Holsey, Ursula Krieg, Hannelore Minkus, Monika Siemer, Ilse Steppat, Kurt Buecheler, Sebastian Fischer, Max Grothusen, Hans W. Hamacher, Hans Hessling, Herbert Hübner, Hannsgeorg Laubenthal, Werner Pledath, Willi Sämann, Herbert Staskiewicz, Walther Suessenguth, Eduard Wandrey

3. 12. Hebbel-Theater Berlin	**Othello** Tragödie von William Shakespeare R: Karl Heinz Stroux; BB: Friedrich Prätorius BD (Emilia, Jagos Frau), Eva Krutina, Marianne Prenzel, Kurt Buecheler, Walter Franck, Hugo Gau-Hamm, Hans W. Hamacher, Hans Hessling, Werner Hinz, Herbert Hübner, Paul Edwin Roth, Herbert Staskiewicz, Eduard Wandrey

15. 1.   **Der Fall Winslow**

Hebbel-Theater   Schauspiel von Terence Rattigan

Berlin   R: Walther Suessenguth; BB: Friedrich Prätorius

BD (Violet, Dienstmädchen), Ruth Flessburg, Ursula Krieg, Tilly Lauenstein, Kurt Buecheler, Michael Günther, Herbert Hübner, Horst Nowack, Willi Sämann, Walther Suessenguth

26. 2.   **Der Grosskophta**

Theater am Schiff-   Lustspiel von Johann Wolfgang von Goethe

bauerdamm Berlin   R: Franz Reichert; BB: Helmut Koniarsky

BD (Marquise de la Motte), Ruth Schwinning, Gerhard Bienert, Hermann Götze, Dietrich Haugk, Willy A. Kleinau, Walther Suessenguth, Gerry Wolf, Klausjürgen Wussow

31. 5.   **Der Tod des Handlungsreisenden**

Hebbel-Theater   Schauspiel von Arthur Miller. Deutsche Fassung:

Berlin   Ferdinand Bruckner

R: Helmut Käutner; BB: Friedrich Prätorius

BD (Die Frau), Charlotte Habecker, Johanna Hofer, Renate Kamke, Marianne Prenzel, Kurt Buecheler, Hans W. Hamacher, Herbert Hübner, Fritz Kortner, Ernst Schröder, Herbert Stass, Fritz Tillmann, Eduard Wandrey

28. 11.   **Gericht bei Nacht**

Renaissance-Theater Spiel von Ladislaus Fodor

Berlin   R: Ralph Lothar; BB: Ita Maximowna

BD (Maria Magdalena), Angelika Feldmann, Alice Treff, Grete Wachter, Manja Wodowoz, Gustav Bertram, Alexander Engel, Otto Graf, Hans Halden, Josef Karma, Herbert Lejeune, Werner Stock, Walter Tarrach, Kurt Vespermann

15. 1.   **Intermezzo**

Hebbel-Theater   Komödie von Jean Giraudoux

Berlin   R: Karl Heinz Stroux; BB: Karl Gröning

BD (Léonide Mangebois), Ursula Krieg, Ruth Leuwerik, Erika Möckh, Renate Müller, Marion

Schnelle, Karin Schreiber, Florentine von Taut-
phoens, Eveline Teckelmann, Wilhelm Borchert,
Max Grothusen, Hans Hessling, Friedrich Honna,
Peter Mosbacher, Willi Sämann, Hans Herrmann
Schaufuß, Ernst Schröder, Eduard Wandrey

21. 6. Hebbel-Theater Berlin	**Die lustigen Weiber von Windsor** Komödie von William Shakespeare R: Rudolf Noelte; BB: Friedrich Prätorius BD (Frau Page), Julia Fjorsen, Ruth Hausmeister, Elsa Wagner, Alexander Engel, Max Grothusen, Hans W. Hamacher, Hans Hessling, Friedrich Honna, Ernst Jacobi-Scherwening, Paul Edwin Roth, Alfred Schieske, Werner Stock, Walther Suessenguth, Walter Tarrach, Fritz Tillmann, Eduard Wandrey, Franz Weber, Ernst Wehlau
8. 9. Schloßpark-Theater Berlin	**Die gelehrten Frauen** Verskomödie von Molière R und BB: Willi Schmidt BD (Philaminte), Eva Bubat, Ursula Diestel, Ma- rianne Prenzel, Gerty Soltau, Elsa Wagner, Walter Bluhm, Clemens Hasse, Gerd Martienzen, Klaus Schwarzkopf, Franz Stein, Hans Stiebner, Aribert Wäscher, Harry Wüstenhagen
25. 10. Schloßpark-Theater Berlin	**Colombe oder Das Glück der Liebe** Stück von Jean Anouilh R: Helmut Käutner; BB: Helmut Käutner und Alexander Camaro BD (Madame Alexandra), Ursula Diestel, Gisela Uhlen, Elsa Wagner, Paul Gorden, Clemens Has- se, Hans Hessling, Herbert Hübner, Carl Kuhl- mann, Gerd Martienzen, Erich Schellow, Klaus Schwarzkopf, Aribert Wäscher, Harry Wüsten- hagen

20. 2. **Bernarda Albas Haus**
Schloßpark-Theater Frauentragödie in spanischen Dörfern von Fede-
Berlin rico Garcia Lorca
R: Karl Heinz Stroux; BB: Herta Böhm
BD (Angustias, Bernardas Tochter), Eva Bubat,
Ursula Diestel, Gudrun Genest, Joana Maria Gor-
vin, Heidemarie Hatheyer, Lucie Höflich, Anto-
nie Jaeckel, Maria Janke, Franziska Kinz, Gerda
Lesny, Hannelore Minkus, Margarete Scheurig,
Elsa Wagner, Elisabeth Wegener, Ali Wonka

3. 4. DE **Samba**
Schloßpark-Theater Schauspiel von Ulrich Becher
Berlin R: Ludwig Berger; BB: Caspar Neher
BD (A Condessa), Lilo Herbeth, Ursula Lingen,
Hanna Rucker, Walter Bluhm, Wilhelm Borchert,
Rudolf Forster, Martin Held, Stanislav Ledinek,
Klaus Miedel, Peter Mosbacher, Ismail Ressaie,
Fritz Tillmann, Franz Weber

6. 9. **Das große Welttheater**
Berliner Festwochen Moralitätenspiel von Hugo von Hofmannsthal;
Vorplatz des Mu: Hermann Reutter
Charlottenburger R: Heinrich Koch; BB: Ita Maximowna
Schlosses BD (Welt), Maria Fein, Adelheid Seeck, Kurt
Fischer-Fehling, Herbert Hübner, Karl Meixner,
Siegmar Schneider, Ernst Schröder, Eduard
Wandrey, Jochen Zimmermann

17. 12. **Rose Bernd**
Schiller-Theater Schauspiel von Gerhart Hauptmann
Berlin R: Karl Heinz Stroux; BB: Caspar Neher
BD (Frau Flamm), Heidemarie Hatheyer, Erika
Helmert, Maria Hofen, Bärbel Jaschke, Hanny
Mühlendyck, Ruth Piepho, Wilhelm Borchert,
Kurt Buecheler, Erich Dunskus, Clemens Hasse,
Gert Schaefer, Alfred Schieske, Eduard Wandrey,
Eduard Wenck, Arthur Wiesner

5. 5. U   **Don Juan oder Die Liebe zur Geometrie**
Schiller-Theater   Komödie von Max Frisch
Berlin   R: Hans Schalla; BB: Helmut Koniarsky
BD (Celestine, die Kupplerin), Roma Bahn, Gudrun Genest, Hannelore Minkus, Edith Schneider, Elisabeth Wegener, Johanna Wichmann, Ali Wonka, Erwin Biegel, Horst Buchholz, Sebastian Fischer, Bernhard Goetzke, Max Grothusen, Herbert Hübner, Wilhelm Krüger, Klaus Miedel, Peter Mosbacher, Ernst Sattler, Walter Tarrach, Paul Wagner

13. 6.   **Kolportage**
Schloßpark-Theater   Komödie von Georg Kaiser
Berlin   R: Franz Reichert; BB: Helmut Koniarsky
BD (Frau Appeblom), Else Ehser, Marianne Prenzel, Lu Säuberlich, Elsa Wagner, Horst Buchholz, Erich Dunskus, Otto Graf, Martin Held, Wolfgang Kühne, Otto Matthies, Friedrich Siemers, Franz Stein

20. 12.   **König Richard III.**
Schiller-Theater   Tragödie von William Shakespeare
Berlin   R: Karl Heinz Stroux; BB: Karl Gröning
BD (Elisabeth, Gemahlin Eduards IV.), Roma Bahn, Tilly Lauenstein, Elsa Wagner, Reinhold Bernt, Wilhelm Borchert, Rudolf Brandt, Horst Buchholz, Kurt Buecheler, Hans Emons, Rudolf Fernau, Walter Franck, Hugo Gau-Hamm, Götz George, Otto Graf, Max Grothusen, Clemens Hasse, Klaus Herm, Hans Hessling, Karl Klüsner, Wilhelm König, Otto Matthies, Friedrich Maurer, Klaus Miedel, Robert Müller, Franz Nicklisch, Joseph Noerden, Edgar Ott, Ernst Sattler, Alfred Schieske, Werner Schott, Friedrich Siemers, Herbert Stass, Walter Tarrach, Fritz Tillmann, Theodor Vogeler, Paul Wagner, Eduard Wandrey

9. 3. U
Schloßpark-Theater
Berlin

Mademoiselle Löwenzorn
Fatale Komödie von Ulrich Becher
R: Ludwig Berger; BB: Ita Maximowna
BD (Mademoiselle Ziselin), Käthe Braun, Liane
Croon, Edith Schneider, Walter Bluhm, Rudolf
Brandt, Fritz Ebert, Guenter Hanke, Karl Hell-
mer, Klaus Herm, Claus Holm, Peter Mosbacher,
Edgar Ott, Herbert Wilk, Harry Wüstenhagen

13. 4.
Schiller-Theater
Berlin

Der Hauptmann von Köpenick
Ein deutsches Märchen von Carl Zuckmayer
R: Boleslaw Barlog; BB: Helmut Koniarsky
BD (Frau Obermüller), Ursula Diestel, Heidi
Ewert, Helga Fischer, Käthe Füllner, Ilse Fürsten-
berg, Gudrun Genest, Luitgard Im, Gisela Kall-
weit, Ethel Reschke, Herbert Anders, Albert Beß-
ler, Erwin Biegel, Reinhold Bernt, Rudolf Brandt,
Erich Dunskus, Fritz Ebert, Hans Emons, Hugo
Gau-Hamm, Paul Gorden, Max Grothusen, Cle-
mens Hasse, Horst Heidemann, Martin Held,
Klaus Herm, Claus Holm, Wilhelm König, Wer-
ner Krauß, Wilhelm Krüger, Wolfgang Kühne,
Stanislav Ledinek, Kurt Liese, Otto Matthies,
Klaus Miedel, Robert Müller, Franz Nicklisch,
Joseph Noerden, Edgar Ott, Arno Paulsen, Martin
Rickelt, Ernst Sattler, Siegmar Schneider, Harry
Schöpp, Werner Schott, Toni Stohr, Walter Tar-
rach, Aribert Wäscher, Paul Wagner, Eduard Wan-
drey, Franz Weber, Herbert Wilk

18. 9.
Schiller-Theater
Berlin

Faust
Der Tragödie erster Teil. Von Johann Wolfgang
von Goethe
R: Boleslaw Barlog; BB: Jörg Zimmermann; Cho-
reographie: Harald Kreutzberg
BD (Marthe), Hildegard Baumm, Käthe Braun,
Eva Bubat, Else Ehser, Gudrun Genest, Lucie
Höflich, Elisabeth Horn, Cordula Hubrich, Luit-
gard Im, Gisela Kallweit, Ada Witzke, Wilhelm
Borchert, Rudolf Brandt, Hans Emons, Sebastian

Fischer, Hugo Gau-Hamm, Martin Held, Klaus
Hellmer, Klaus Herm, Victor Janson, Wilhelm
Krüger, Stanislav Ledinek, Friedrich Maurer, Jo-
seph Noerden, Edgar Ott, Joachim Peters, Karl
Heinz Rennert, Siegmar Schneider, Werner
Schott, Franz Stein, Hans Stiebner, Toni Stohr,
Burkhard Wagner, Eduard Wandrey, Franz We-
ber, Walter Werner, Arthur Wiesner, Hans-Dieter
Zeidler

<u>1955</u>
20. 3. U
Schiller-Theater
Berlin

Krieg und Frieden
Roman von N. Leo Tolstoj. Für die Bühne nach-
erzählt von Alfred Neumann, Erwin Piscator und
Guntram Prüfer; Mu: Boris Blacher
R: Erwin Piscator; BB: H. W. Lenneweit
BD (Gräfin Rostowa), Hannelore Minkus, Else
Reuß, Johanna Wichmann, Wilhelm Borchert,
Kurt Buecheler, Fritz Eberth, Hugo Gau-Hamm,
Max Grothusen, Erwin Kalser, Klaus Miedel, Ro-
bert Müller, Joseph Noerden, Edgar Ott, Dieter
Ranspach, Siegmar Schneider, Arthur Schröder,
Theodor Vogeler, Hans-Dieter Zeidler

18. 6.
Schloßpark-Theater
Berlin

Doña Rosita oder Die Sprache der Blumen
Granadiner Dichtung um das Jahr 1900 von Fe-
derico Garcia Lorca
R: Heinrich Koch; BB: Ita Maximowna
BD (Haushälterin), Heike Balzer, Ursel Berg-
mann, Käthe Braun, Ursula Diestel, Inge Drexel,
Christiane Eisler, Tilly Lauenstein, Eva Lissa, Lu
Säuberlich, Lotte Stein, Walter Bluhm, Hans
Emons, Klaus Herm, Dieter Ranspach, Karl Heinz
Rennert, Erhard Siedel, Walter Tarrach

19. 9.
Schloßpark-Theater
Berlin

Der Silbersee
Wintermärchen von Georg Kaiser; Mu: Kurt
Weill, neu instrumentiert von Boris Blacher
R: Hans Lietzau; BB: H. W. Lenneweit
BD (Frau von Luber), Heike Balzer, Liane Croon,
Gudrun Genest, Eva Lissa, Johanna Wichmann,

Wilhelm Borchert, Erich Dunskus, Paul Gorden, Klaus Herm, Paul-Dolf Neils, Edgar Ott, Arno Paulsen, Joachim Peters, Karl Heinz Rennert, Martin Rickelt, Herbert Stass, Aribert Wäscher, Franz Weber, Harry Wüstenhagen, Hans-Dieter Zeidler

30. 12.
Schiller-Theater
Berlin

König Heinrich IV.
Historisches Drama von William Shakespeare. In der Bearbeitung von Richard Flatter
R: Josef Gielen; BB: Caspar Neher
BD (Frau Hurtig), Hildegard Baumm, Tilly Lauenstein, Elvira Schalcher, Reinhold Bernt, Kurt Buecheler, Erich Dunskus, Fritz Eberth, Hans Emons, Walter Franck, Hugo Gau-Hamm, Paul Gorden, Max Grothusen, Erich Gühne, Clemens Hasse, Stefan Kirchberger, Klaus Krauleidis, Werner Krauß, Wilhelm Krüger, René Langer, Friedrich Maurer, Werner Meissner, Edgar Ott, Dieter Ranspach, Ernst Sattler, Erich Schellow, Siegmar Schneider, Werner Schott, Erhard Siedel, Franz Stein, Theodor Vogeler, Paul Wagner, Eduard Wandrey, Arthur Wiesner, Herbert Wilk

1956

9. 3.
Schiller-Theater
Berlin

Der arme Vetter
Drama von Ernst Barlach
R: Hans Lietzau; BB: H. W. Lenneweit
BD (Frau Keferstein), Hildegard Baumm, Else Ehser, Elisabeth Horn, Helga Roloff, Walter Bechmann, Wilhelm Borchert, Rudolf Brandt, Erich Dunskus, Hans Emons, Walter Franck, Hugo Gau-Hamm, Bernhard Goetzke, Paul Gorden, Max Grothusen, Clemens Hasse, Stefan Kirchberger, Wilhelm Krüger, Stanislav Ledinek, Friedrich Maurer, Werner Meissner, Arno Paulsen, Martin Rickelt, Walter Tarrach, Franz Weber

20. 4. U
Schloßpark-Theater
Berlin

Das verlorene Gesicht

Ballade vom lachenden Mann von Günther Weisenborn

R: Hans Lietzau; BB: H. W. Lenneweit

BD (U, Mitglied der Green-Box), Elisabeth Horn,
Johanna von Koczian, Barbara Saade, Friedel
Schuster, Ingrid Sommer, Max Grothusen, Rein-
hard Kolldehoff, Stanislav Ledinek, Friedrich
Maurer, Arno Paulsen, Carl Raddatz, Erhard Sie-
del, Franz Stein

19. 9.
Schloßpark-Theater
Berlin

Nach Damaskus

Drama von August Strindberg. Einrichtung der
Trilogie für einen Abend: Franz Höllering

R: Hans Lietzau; BB: H. W. Lenneweit

BD (Die Mutter), Heike Balzer, Hilde Brust, Gise-
la von Collande, Else Ehser, Edith Hildebrandt,
Lucie Höflich, Herta Kravina, Else Reuß, Helga
Roloff, Walter Bechmann, Wilhelm Borchert, Ru-
dolf Fernau, Hugo Gau-Hamm, Paul Gorden,
Martin Held, Wilhelm Krüger, Wolfgang Kühne,
Otto Matthies, Joachim Pukaß, Arthur Schröder,
Franz Stein, Walter Tarrach, Aribert Wäscher,
Konrad Wagner, Eduard Wandrey, Arthur
Wiesner

22. 12. DE
Schiller-Theater
Berlin

Unter dem Milchwald

Spiel für Stimmen von Dylan Thomas. Deutsche
Nachdichtung von Erich Fried

R: Boleslaw Barlog; BB: Leni Bauer-Ecsy

BD (Polly Garter), Heike Balzer, Dagmar-Renate
Barthold, Barbara Böhme, Eva Bubat, Julia Costa,
Liane Croon, Ursula Diestel, Else Ehser, Christia-
ne Eisler, Karin Evans, Gudrun Genest, Edith
Hildebrandt, Hilla Hofer, Elisabeth Horn, Cordu-
la Hubrich, Gisela Kallweit, Herta Kravina, Tilly
Lauenstein, Eva Lissa, Hanny Mühlendyck, Sybil
Rares, Else Reuß, Gerda Schaefer, Elvira Schal-
cher, Ruth Schilling, Elsa Wagner, Petra Zander,
Walter Bechmann, Reinhold Bernt, Horst Boll-
mann, Rudolf Brandt, Karl Buecheler, Erich

Dunskus, Fritz Eberth, Hans Emons, Rudolf Fernau, Hugo Gau-Hamm, Bernhard Goetzke, Erich Gühne, Clemens Hasse, Klaus Herm, Klaus Miedel, Robert Müller, Franz Nicklisch, Edgar Ott, Arno Paulsen, Werner Schott, Erhard Siedel, Franz Stein, Toni Stohr, Walter Tarrach, Georg Völkel, Theodor Vogeler, Aribert Wäscher, Eduard Wandrey, Franz Weber, Arthur Wiesner, Herbert Wilk

1957
15. 2. DE
Schloßpark-Theater
Berlin

Rote Rosen für mich

Schauspiel von Sean O'Casey

R: Leo Mittler; BB: H. W. Lenneweit

BD (Mrs. Breydon), Julia Costa, Renate Danz, Tilly Lauenstein, Elsa Wagner, Walter Bechmann, Reinhold Bernt, Erich Dunskus, Hans Emons, Rudolf Fernau, Max Grothusen, Karl Hellmer, Klaus Herm, Otto Matthies, Friedrich Maurer, Franz Nicklisch, Edgar Ott, Werner Peters, Martin Rickelt, Ernst Sattler, Friedrich Siemers, Franz Stein, Toni Stohr, Hans-Dieter Zeidler

22. 9.
Schiller-Theater
Berlin

Wallenstein

Ein dramatisches Gedicht. Tragödie von Friedrich Schiller

R: Hans Lietzau; BB: H. W. Lenneweit

BD (Gräfin Terzky), Gudrun Genest, Lu Säuberlich, Eva-Katharina Schultz, Wilhelm Borchert, Rudolf Brandt, Hans Caninenberg, Walter Franck, Hugo Gau-Hamm, Paul Gorden, Erich Gühne, Clemens Hasse, Claus Hofer, Wilhelm Krüger, Stanislav Ledinek, Friedrich Maurer, Bernhard Minetti, Franz Nicklisch, Joseph Noerden, Edgar Ott, Arno Paulsen, Martin Rickelt, Erich Schellow, Alfred Schieske, Henning Schlüter, Siegmar Schneider, Arthur Schröder, Herbert Stass, Georg Völkel, Paul Wagner, Arthur Wiesner

25. 2.
Schiller-Theater
Berlin

Die Verbrecher
Schauspiel von Ferdinand Bruckner
R: Hans Lietzau; BB: H. W. Lenneweit
BD (Ernestine Puschek, Köchin), Ricarda Benndorf, Julia Costa, Else Ehser, Lore Hartling, Herta Kravina, Tilly Lauenstein, Ursula Lingen, Else Reuß, Lu Säuberlich, Walter Bechmann, Reinhold Bernt, Walter Bluhm, Kurt Buecheler, Fritz Eberth, Otto Graf, Max Grothusen, Clemens Hasse, Walter Henn, Rolf Henniger, Thomas Holtzmann, Wolfgang Kühne, Otto Matthies, Friedrich Maurer, Klaus Miedel, Edgar Ott, Carl Raddatz, Dieter Ranspach, Horst Rüschmeier, Ernst Sattler, Rudi Schmitt, Werner Schott, Friedrich Siemers, Georg Völkel, Theodor Vogeler, Paul Wagner, Eduard Wandrey, Herbert Wilk

17. 4.
Schloßpark-Theater
Berlin

Die Glanznummer
(The Entertainer)
Stück von John Osborne
R: Hans Lietzau; BB: Jörg Zimmermann
BD (Phoebe Rice), Christa Keller, Lothar Blumhagen, Martin Held, Arthur Schröder, Friedrich Siemers, Walther Suessenguth

7. 10.
Schiller-Theater
Berlin

Schau heimwärts, Engel
Stück nach Thomas Wolfe von Ketti Frings
R: Boleslaw Barlog; BB: Leni Bauer-Ecsy
BD (Mrs. Marie Pert, genannt Dicki), Julia Costa, Karin Evans, Ursula Gütschow, Tilly Lauenstein, Lucie Mannheim, Gisela Mattishent, Ruth Schilling, Eleonore Tappert, Kurt Buecheler, Otto Graf, Max Grothusen, Thomas Holtzmann, Klaus Kammer, Edgar Ott, Arno Paulsen, Alfred Schieske, Friedrich Siemers, Eduard Wandrey

7. 12. Schloßpark-Theater Berlin (Premiere: 6. 10. 1958)	**Die Dreigroschenoper** Stück mit Musik nach dem Englischen des John Gay von Bertolt Brecht; Mu: Kurt Weill R: Hans Lietzau; BB: Jörg Zimmermann BD (Mrs. Celia Peachum), Heike Balzer, Genia Goldbach, Johanna von Koczian, Ursula Lingen, Sigrid Pawlas, Sybil Rares, Renate Reiche, Bar- bara Saade, Hannelore Schroth, Reinhold Bernt, Erich Dunskus, Hermann Ebeling, Paul Esser, Wolfgang Gruner, Martin Held, Carl Raddatz, Henning Schlüter, Rudi Schmitt, Hans Schwarz, Werner Stock, Rudolf Stör, Toni Stohr, Georg Völkel, Stefan Wigger, Herbert Wilk

1959

18. 3. DE Schloßpark-Theater Berlin	**Der Balkon** Schauspiel von Jean Genet R: Hans Lietzau; BB: A. M. Vargas BD (Irma), Lore Hartling, Else Reuß, Anneliese Römer, Barbara Saade, Edith Schneider, Helga Siemers, Gisela Uhlen, Hermann Ebeling, Rudolf Fernau, Walter Franck, Paul Gorden, Max Grot- husen, Erich Gühne, Friedrich Joloff, Friedrich Maurer, Klaus Miedel, Bernhard, Minetti, Peter Mosbacher, Dieter Ranspach, Friedrich Siemers, Theodor Vogeler, Arthur Wiesner, Helmut Wildt
16. 11. Berliner Theater Berlin	**Bitterer Honig** Schauspiel von Shelag Delaney R: Ilo von Janko; BB: Erich Grandeit BD (Helen), Dinah Hinz, Ernst Jacobi, Kurt Weit- kamp, Günter von Wyhl
7. 12 Schiller-Theater Berlin – Werkstatt	**Noch zehn Minuten bis Buffalo** Spiel von Günter Grass R: Rolf Hädrich; BB: H. W. Lenneweg BD (Fregatte, eine Dame), Karl Hellmer, Franz Nicklisch, Rudi Schmitt, Stefan Wigger

1960

4. 6. DE
Schloßpark-Theater
Berlin

Der Nerz
Komödie von Félicien Marceau
R: Harry Meyen; BB: Helmut Koniarsky
BD (Marie-Paule Eins), Ursula Diestel, Gunhild
Esser, Gudrun Genest, Annette Grau, Erna Haf-
ner, Edith Hildebrandt, Hildegard Knef, Sigrid
Pawlas, Thea Thiele, Reinhold Bernt, Horst Boll-
mann, Otto Graf, Dieter Henkel, Claus Hofer,
Klaus Miedel, Martin Rickelt, Hans Schwarz, Wer-
ner Stock, Helmut Wildt

27. 9.
Schloßpark-Theater
Berlin

**Eine Dummheit macht auch der Geschei-
teste**
Komödie von Alexander N. Ostrowskij
R: Walter Henn; BB: H. W. Lenneweit
BD (Glafira Klimowna Glumowa), Ursula Die-
stel, Uta Hallant, Elisabeth Horn, Edith Robbers,
Gisela Uhlen, Elsa Wagner, Walter Bechmann,
K. G. Gensichen, Rolf Henniger, Claus Hofer,
Sven Holm, Dieter Ranspach, Siegmar Schnei-
der, Arthur Schröder, Eduard Wandrey

14. 12.
Schiller-Theater
Berlin –
Werkstatt

33 Minuten in Grüneberg
Possenbild mit Gesang von Karl von Holtei
R: Walter Henn; BB: H. W. Lenneweit
BD (Rosaura Klagesanft, Witwe aus Berlin), Gud-
run Genest, Walter Bluhm

1961

19. 5. U
Schloßpark-Theater
Berlin

Wände
Phantastisches Schauspiel von Jean Genet
R: Hans Lietzau; BB: Hansheinrich Palitzsch
BD (Die Mutter), Ursula Diestel, Käthe Füllner,
Gudrun Genest, Ursula Gütschow, Ruth Haus-
meister, Ursula Heyer, Hilla Hofer, Astrid Jelisch,
Eva Lissa, Ilse Pagé, Monika Peitsch, Else Reuß,
Gerda Schaefer, Lotte Stein, Heidemarie Theo-
bald, Elsa Wagner, Elisabeth Zimmerli, Joachim
Ansorge, Kurt Buecheler, Wolfgang Condrus,
Fritz Eberth, Rudolf Fernau, Hugo Gau-Hamm,

Paul Gorden, Peter Gross, Herbert Grünbaum,
Erich Gühne, Wolfgang Hinze, Claus Hofer,
Klaus Jepsen, Holger Kepich, Wilhelm König,
Klaus Krauleidis, Wolfgang Kühne, Woldemar
Leippi, Robert Müller, Edgar Ott, Konstantin Pa-
loff, Dieter Ranspach, Arthur Schröder, Herbert
Stass, Werner Stock, Theodor Vogeler, Herbert
Wilk

30. 9. DE
Schiller-Theater
Berlin –
Werkstatt

Glückliche Tage
Stück von Samuel Beckett
R: Walter Henn; BB: H. W. Lenneweit
BD (Winnie), Rudolf Fernau

1962
11. 1.
Schiller-Theater
Berlin

Nathan der Weise
Dramatisches Gedicht von Gotthold Ephraim
Lessing
R: Boleslaw Barlog; BB: Eva Schwarz
BD (Daja, eine Christin), Luitgard Im, Eva-Katha-
rina Schultz, Walter Bluhm, Lothar Blumhagen,
Ernst Deutsch, Herbert Grünbaum, Claus Holm,
Wilhelm König, Robert Müller

31. 3.
Schloßpark-Theater
Berlin

Der Liebestrank
Schwank von Frank Wedekind
R: Walter Henn; BB: H. W. Lenneweit
BD (Lisaweta Nikolajewna), Petra von der Linde,
Ilse Pagé, Anneliese Römer, Uta Sax, Rolf Henni-
ger, Hans Schwarz, Rudolf Stör, Eduard Wandrey,
Stefan Wigger

10. 5. DE
Schloßpark-Theater
Berlin

Das Orchester
Konzertstück von Jean Anouilh
R: Harry Meyen; BB: Hansheinrich Palitzsch
BD (Madame Hortense, die Chefin. Baß), Ilse
Pagé, Lu Säuberlich, Edith Schneider, Eva-Katha-
rina Schultz, Gundel Thormann, Curt Bois, Wer-
ner Stock

8. 10. Schloßpark-Theater Berlin	**Die Physiker** Komödie von Friedrich Dürrenmatt R: Hans Lietzau; BB: Helmut Koniarsky BD (Fräulein Dr. Mathilde von Zahnd, Irrenärztin), Sibylle Gilles, Lu Säuberlich, Gisela Stein, Ralf Bregazzi, Hermann Ebeling, Siegfried Gräbert, Hans Hepke, Claus Hofer, Joseph A. Jones, Lutz Kloss, Detlef Pfenner, Erich Schellow, Alfred Schieske, Rudi Schmitt, Hans Schwarz, Leonard Steckel, Georg Völkel
30. 12. Schiller-Theater Berlin	**König Richard III.** Tragödie von William Shakespeare R: Gustav Rudolf Sellner; BB: Hansheinrich Palitzsch BD (Margaretha, Witwe Heinrichs VI.), Ruth Hausmeister, Lu Säuberlich, Gisela Stein, Joachim Ansorge, Reinhold Bernt, Lothar Blumhagen, Ralf Bregazzi, Jörg Cossardt, Hugo Gau-Hamm, Bernhard Goetzke, Paul Gorden, Max Grothusen, Herbert Grünbaum, Rolf Henniger, Martin Hirthe, Holger Kepich, Wilhelm König, Wolfgang Kühne, Peter Kuiper, Moritz Milar, Joseph Noerden, Edgar Ott, Siegmar Schneider, Werner Schott, Arthur Schröder, Theo Sedat, Friedrich Siemers, Toni Stohr, Walter Tarrach, Paul Wagner, Eduard Wandrey, Helmut Wildt, Herbert Wilk
<u>1963</u> 30. 9. Schloßpark-Theater Berlin	**Judith** Tragödie von Jean Giraudoux R: Axel Corti; BB: Hubert Aratym BD (Sarah), Claudia Brodzinska, Astrid Hilbert, Hilla Hofer, Luitgard Im, Gudrun Schmidt, Elsa Wagner, Katharina Wesse, Lothar Blumhagen, Horst Bollmann, Kurt Buecheler, Walter Buller, Rudolf Fernau, Herbert Grünbaum, Klaus Herm, Wolfgang Kornetzky, Bernd Kummer, Wolfgang Menzel, Peter Mosbacher, Joseph Noerden, Otto

354

Richard Olschewski, Uwe Paulsen, Otto Reimer, Siegmar Schneider, Arthur Schröder, Joseph Warner, Michael Würden

25. 2.
Schiller-Theater
Berlin

Der Wald
Komödie von Alexander N. Ostrowskij
R: Boleslaw Barlog; BB: Heinz Pfeiffenberger
BD (Raissa Pawlowna Gurmyshskaja), Sibylle Gilles, Karin Remsing, Walter Bluhm, Fritz Eberth, Karl Hellmer, Klaus Miedel, Carl Raddatz, Walter Riss, Ernst Sattler, Friedrich Siemers

12. 6. U
Schloßpark-Theater
Berlin

»Sie werden sterben, Sire!«
Komödie von Leopold Ahlsen
R: Werner Düggelin; BB: Fritz Butz
BD (Perette, Maitresse), Kurt Buecheler, Rudolf Fernau, Herbert Grünbaum, Claus Hofer, Claus Holm, Sven Holm, Klaus Jepsen, Moritz Milar, Joseph Noerden, Rudi Schmitt, Ernst Schröder, Rolf Schult, Erhard Siedel, Walter Tarrach, Theodor Vogeler, The Kismet-Ginottis

4. 10. U
Schiller-Theater
Berlin

Der tolle Tag
Komödie von Pierre-Augustin Caron de Beaumarchais
R: Rolf Henniger; BB: H. W. Lenneweit
BD (Marzellina, Haushälterin), Uta Hallant, Luitgard Im, Gisela Mattishent, Friedrich W. Bauschulte, Horst Bollmann, Ralf Bregazzi, Wolfgang Condrus, Martin Hirthe, Sven Holm, Wilhelm König, Joseph Noerden, Dieter Ranspach, Theo Sedat, Erhard Siedel, Theodor Vogeler, Arthur Wiesner, Jürgen Wölffer

19. 12.
Schiller-Theater
Berlin

Die Wanze
Satirisches Drama von Wladimir Majakowskij;
Mu: Hans-Martin Majewski
R: Konrad Swinarski; BB: Ewa Starowieyska
BD (Rosalia Pawlowna Rinnesans), Heike Balzer, Christina Barlova, Else Ehser, Rita Engelmann, Christine Gerlach, Erna Haffner, Hilla Hofer, Bar-

bara Morawiecz, Heidemarie Theobald, Ralf Bregazzi, Wolfgang Condrus, Hermann Ebeling, Claus Eberth, Fritz Eberth, Günter Fischer, Hugo Gau-Hamm, Martin Hirthe, Sven Holm, Klaus Jepsen, Joachim Kemmer, Randolf Kronberg, Wolfgang Kühne, Jean-Friedrich Le Moign, Hans Madin, Krikor Melikyan, Klaus Miedel, Moritz Milar, Joseph Noerden, Uwe Paulsen, Dieter Ranspach, Otto Reimer, Rudi Schmitt, Ernst Schröder, Hans Schwarz, Theo Sedat, Ortwin Speer, Werner Stock, Theodor Vogeler, Helmut Wildt

1965
11. 2.
Schloßpark-Theater
Berlin

Wassa Schelesnowa
Drama von Maxim Gorki
R: Hans Lietzau; BB: Ewa Starowieyska
BD (Wassa Schelesnowa), Traudel Haas, Luitgard Im, Gisela Mattishent, Barbara Morawiecz, Helga Röske, Lu Säuberlich, Claus Eberth, Herbert Grünbaum, Martin Hirthe, Peter Kuiper, Moritz Milar, Franz Nicklisch, Arthur Schröder

10. 10.
Schiller-Theater
Berlin –
Werkstatt

Kammermusik
Einakter von Arthur L. Kopit
R: Dieter Giesing; BB: H. W. Lenneweit
BD (Frau, die Platten spielt – Mrs. Mozart), Gudrun Genest, Charlotte Joeres, Karin Remsing, Else Reuß, Anneliese Römer, Edith Schneider, Lotte Stein, Kurt Buecheler, Günter Flesch

1966
31. 3.
Schiller-Theater
Berlin

Maria Magdalena
Bürgerliches Trauerspiel von Friedrich Hebbel
R: Fritz Kortner; BB: H. W. Lenneweit
BD (Meister Antons Frau), Gisela Stein, Claus Eberth, Paul Gorden, Holger Kepich, Carl Raddatz, Arthur Schröder, Rolf Schult, Kurt Weitkamp

6. 12. Schloßpark-Theater Berlin	**Bernarda Albas Haus** Frauentragödie in spanischen Dörfern von Federico Garcia Lorca R: Alfred Radok; BB: Josef Svoboda BD (La Poncia, Magd), Heike Balzer, Christiane Correll, Gardi Deppe, Ursula Diestel, Rita Engelmann, Cornelia Froboess, Gurdrun Genest, Sibylle Gilles, Gustl Halenke, Hilla Hofer, Cordula Hubrich, Beate Menner, Barbara Morawiecz, Karin Remsing, Else Reuß, Edith Robbers, Petra Rosenberg, Lu Säuberlich, Elsa Wagner

1967

8. 10. DE
Schiller-Theater
Berlin –
Werkstatt
	Amerika Hurra!
	Drei Einakter von Jean-Claude van Itallie
	R: Harry Meyen; BB: H. W. Lenneweit
	1. **Bewerbung**
	    Fuge für acht Darsteller
	    BD (1. Bewerberin – Jane Smith, Putzfrau)
	2. **Television**
	    BD (Eine der drei Darstellerinnen der Fernsehszenen)
	3. **Motel**
	    Maskenspiel für drei Puppen
	    BD (Motelbesitzerin)
	Uta Hallant, Ilse Pagé, Karin Remsing, Friedrich W. Bauschulte, Lothar Blumhagen, Jürgen Herterich, Jürgen Thormann, Helmut Wildt

30. 11. Schloßpark-Theater Berlin	**Pygmalion** Komödie von George Bernard Shaw R: Max P. Ammann; BB: H. W. Lenneweit BD (Mrs. Higgins), Gisela Dreyer, Rita Engelmann, Charlotte Joeres, Reinhild Solf, Lotte Stein, Friedrich W. Bauschulte, Gerd Böckmann, Max Buchsbaum, Martin Hirthe, Heinz Rabe, Erich Schellow

1968
3. 12.
Schloßpark-Theater
Berlin

Man kann nie wissen
Komödie von George Bernard Shaw
R: Boleslaw Barlog; BB: Eva Schwarz
BD (Mrs. Clandon), Brigitte Goebel, Helga Köhler, Helga Krauss, Gerd Böckmann, Ernst Deutsch, Peter Hoffmann, Henri Hohenemser, Bernhard Minetti, Gerhard Riethdorf, Eduard Wandrey, Stefan Wigger, Helmut Wildt

1970
Tournee
Thalia-Theater
AG Zug/Konzert-
direktion Kempf

Thérèse Raquin
Von Emile Zola. Dramatisiert von Michael Voysey
R: Otto Tausig; BB: Roman Weyl
BD (Madame Raquin), Loni von Friedl, Hans Karl Friedrich, Götz George, Klaus Münster

1971
26. 2.
Schloßpark-Theater
Berlin

Die gelehrten Frauen
Komödie von Molière. In neue Alexandriner gebracht von Hans Weigel
R: Oscar Fritz Schuh; BB: Wladimir Udinzoff
BD (Philaminte), Inga Artmann, Uta Hallant, Eva-Katharina Schultz, Christa Witsch, Friedrich W. Bauschulte, Toni Berger, Rudolf Brandt, Karl Hellmer, Dieter Ranspach, Manfred Tümmler, Georg Völkel, Carlos Werner

1972
7. 4.
Schloßpark-Theater
Berlin

Home
Spiel von David Storey
R: Hans-Peter Kaufmann; BB: Gert B. Fleischer
BD (Kathleen), Sonja Karzau, Joachim Kerzel, Carl Raddatz, Helmut Wildt

18. 11.
Staatliche Schauspiel-
bühnen Berlin –
Schloßpark-Theater

Musik
Sittengemälde von Frank Wedekind
R: Dieter Dorn; BB: Bert Kistner
BD (Aufseherin im Gefängnis), Ursula Diestel, Carla Hagen, Lu Säuberlich, Gisela Stein, Michael Degen, Rolf Henniger, Joachim Kerzel, Heinz Rabe, Eduard Wandrey

1973
15. 2.
Staatliche Schauspiel-
bühnen Berlin –
Schiller-Theater

Moral
Komödie von Ludwig Thoma
R und BB: Willi Schmidt
BD (Frau Lund), Erika Bleyhoeffer, Gudrun Ge-
nest, Gisela Mattishent, Lieselotte Rau, Liane Ru-
dolph, Lu Säuberlich, Friedrich W. Bauschulte,
Lothar Blumhagen, Horst Bollmann, Martin
Held, Martin Hirthe, Samy Neubauer, Franz Nick-
lisch, Heinz Rabe, Siegmar Schneider, Harry
Schöpp, Georg Völkel, Helmut Wildt

16. 5.
Staatliche Schauspiel-
bühnen Berlin –
Schiller-Theater –
Werkstatt

Welt, jetzt kannste wieder losjehen!
Eine Glaßbrenner-Lesung von Dieter Hilde-
brandt
BD, Lotte Stein, Heidemarie Theobald, Martin
Held, Otto Matthies, Rolf Schult, Helmut Wildt

30. 9.
Staatliche Schauspiel-
bühnen Berlin –
Schloßpark-Theater

Die Letzten
Schauspiel von Maxim Gorki
R: Ernst Schröder; BB: Sibylle Ulsamer
BD (Fedosja, Kinderfrau), Loni von Friedl, Carla
Hagen, Christel Kaven, Lisi Mangold, Lieselotte
Rau, Susanne Tremper, Sky Dumont, Thomas
Holtzmann, Joachim Kerzel, Manfred Lehmann,
Marcel Werner, Helmut Wildt

1974
19. 9.
Staatliche Schauspiel-
bühnen Berlin –
Schiller-Theater

Ivanov
Schauspiel von Anton Tschechow
R: Hans Lietzau; BB: Achim Freyer
BD (Zinaida Savišna), Monika Bohnet, Monika
Freisfeld, Loni von Friedl, Renate Köhler, Maria
Körber, Gisela Stein, Lotte Stein, Sabine Titze,
Egon Balder, Friedrich W. Bauschulte, Martin
Benrath, Max Buchsbaum, Christoph Felsen-
stein, Hans-Joachim Grubel, Eberhard Heimann,
Martin Held, Christoph Lerch, Fritz Lichtenhahn,
Hans Madin, Heinz Rabe, Carl Raddatz, Stefan
Wigger

21. 12.	**Juno und der Pfau**
Staatliche Schauspiel-	Tragödie von Sean O'Casey
bühnen Berlin –	R: Hans Lietzau; BB: Gralf-Edzard Habben
Schiller-Theater	BD (Frau Tancred), Carla Hagen, Maria Körber, Sabine Titze, Curt Bois, Horst Bollmann, Georg Corten, Max Grothusen, Eberhard Heimann, Peter Herzog, Christoph Hofrichter, Klaus Jepsen, Joachim Kerzel, Manfred Lehmann, Georg Völkel, Peter Wagenbreth, Franz Winter

<u>1975</u>	**Die Macht der Finsternis**
Tournee	Drama von Leo N. Tolstoi
Bühne 64	R: René Deltgen; BB: Pit Fischer
Zürich	BD (Matrjona), Marion Conrad, Stefanie Grossmann, Eva Kotthaus, Meriam Pstross, Celia Steinbach, Peter Friedrich, Götz George, Valentin Klaus, Günter Meincke, Günter Spörrle

<u>1976</u>	
7. 11.	**Hochzeit**
Staatliche Schauspiel-	Drama von Elias Canetti
bühnen Berlin –	R: Günter Krämer; BB: Bert Kistner
Schiller-Theater	BD (Johanna, die Brautmutter), Monika Freisfeld, Maria Körber, Gisela Mattishent, Daphne Moore, Christine Oberländer, Christine Prober, Maria Schanda, Carin Schier, Gisela Schneeberger, Lotte Stein, Dagmar von Thomas, Lothar Blumhagen, Curt Bois, Heinz-Theo Branding, Georg Corten, Alexander Grill, Herbert Grünbaum, Eberhard Heimann, Manfred Lehmann, Rainer Pigulla, Dieter Ranspach, Stefan Wigger

<u>1977</u>	
9. 6.	**Die Kassette**
Staatliche Schauspiel-	Komödie von Carl Sternheim
bühnen Berlin –	R: Günter Ballhausen; BB: Herbert Wernicke
Schloßpark-Theater	BD (Elsbeth Treu), Heike Balzer, Uta Hallant, Christine Oberländer, Friedrich W. Bauschulte, Rainer Pigulla, Jürgen Thormann

20. 11.
Staatliche Schauspiel-
bühnen Berlin –
Schloßpark-Theater

Der Vater
Trauerspiel von August Strindberg
R: Günter Krämer; BB: Andreas Reinhardt
BD (Margret, alte Amme des Rittmeisters), Chri-
stine Oberländer, Edith Robbers, Gisela Stein,
Lothar Blumhagen, Alexander Grill, Hans-Joa-
chim Grubel, Fritz Lichtenhahn, Friedrich Sie-
mers

<u>1978</u>
29. 4.
Staatliche Schauspiel-
bühnen Berlin –
Schloßpark-Theater

Glaube Liebe Hoffnung
Kleiner Totentanz von Ödön von Horváth
R: Günter Krämer; BB: Andreas Reinhardt
BD (Irene Prantl), Margit Carstensen, Ursula Die-
stel, Angelika Milster, Dagmar von Thomas, Lo-
thar Blumhagen, Heinz-Theo Branding, Hans-
Joachim Grubel, Herbert Grünbaum, Klaus Jep-
sen, Fritz Lichtenhahn, Otto Matthies, Wolfgang
Pampel, Hugo Schrader, Hans Schwarz, Fried-
rich Siemers, Michael Tregor

<u>1980</u>
15. 4.
Staatliche Schauspiel-
bühnen Berlin –
Schiller-Theater

**Der Hofmeister oder Vorteile der Privat-
erziehung**
Komödie von Jakob Michael Reinhold Lenz
R: Wolf Seesemann; BB: Kazuko Watanabe
BD (Marthe), Sibylle Gilles, Susanne Granzer,
Cordula Habel, Christine Prober, Lothar Blum-
hagen, Tillmann Braun, Georg Corten, Helmut
Gauß, Martin Hirthe, Yves Jansen, Holger Kepich,
Holger Madin, Wolfgang Pampel, Heinz Rabe,
Anton Rattinger, Manfred Staudigl, Manfred
Tümmler

11. 9.
Staatliche Schauspiel-
bühnen Berlin –
Schiller-Theater –
Werkstatt

'ne scheene Jejend is det hier!
Berliner Szenen, Texte und Lieder
R: Peter Fischer; BB: Bert Kistner
BD, Heike Balzer, Christine Biniasch, Ursula Die-
stel, Gudrun Genest, Uta Hallant, Edith Robbers,
Sabine Sinjen, Friedrich W. Bauschulte, Horst
Bollmann, Max Buchsbaum, Horst Friesecke,

Helmut Gauß, Hans-Joachim Grubel, Herbert Grünbaum. Ludwig Kaschke, Karl-Ulrich Meves, Axel Radler, Fritz Roeder, Erich Schellow, Jürgen Thormann

1981

12. 4.
Staatliche Schauspiel-
bühnen Berlin –
Schiller-Theater –
Werkstatt

»Samuel Beckett«
Matinee zum 75. Geburtstag
R: Klaus Engeroff; BB: Hans Bohrer
BD, Lieselotte Rau, Eva-Katharina Schultz, Horst Bollmann, Martin Held, Carl Raddatz, Rudi Schmitt

27. 6.
Staatliche Schauspiel-
bühnen Berlin –
Schiller-Theater

Penthesilea
Tragödie von Heinrich von Kleist
R: Hans Neuenfels; BB: Hans Neuenfels und Anna Viebrock
BD (Die Oberste), Nicole Heesters, Charlotte Joeres, Verena Peter, Lieselotte Rau, Edith Robbers, Katharina Thalbach, Elisabeth Trissenar, Hans-Eckart Eckhardt, Hans-Joachim Grubel, Ulrich Haß, Jörg Holm, Holger Madin, Hermann Treusch

1982

4. 5.
Staatliche Schauspiel-
bühnen Berlin –
Schiller-Theater –
Werkstatt

»Schauspieler reden«
R: Peter Fischer; BB: Bert Kistner
BD, Ursula Diestel, Barbara Frey, Sibylle Gilles, Uta Hallant, Edith Robbers, Holger Kepich, Holger Madin, Peter Matić, Axel Radler, Erich Schellow, Erich Schwarz

5. 6.
Staatliche Schauspiel-
bühnen Berlin –
Schiller-Theater

»Mein Goethe«
Zum Goethe-Jahr sprechen ihre Lieblings-Lyrik und -Prosa von Johann Wolfgang von Goethe
BD, Maria Hartmann, Nicole Heesters, Eva-Katharina Schultz, Helmut Berger, Horst Bollmann, Gerhard Friedrich, Boy Gobert, Martin Held, Peter Matić, Kurt Meisel, Peter Roggisch, Erich Schellow, Klaus Schwarzkopf, Hermann Treusch

1983
15. 3.
Staatliche Schauspiel-
bühnen Berlin –
Schiller-Theater

»Am Anfang war der Dieb«
Genet-Soiree. Ein Gespräch mit Jean Genet:
Schauspieler lesen Genet
BD, Barbara Frey, Charlotte Joeres, Verena Peter,
Lieselotte Rau, Elisabeth Trissenar, Michael Alt-
mann, Andreas Bißmeier, Joachim Bliese, Lothar
Blumhagen, Manuel Bullinger, Hans-Eckart Eck-
hardt, Ulrich Haß, Jörg Holm, Holger Madin,
Bernhard Minetti, Erich Schellow, Hermann
Treusch, Klaus Völker

19. 3.
Staatliche Schauspiel-
bühnen Berlin –
Schiller-Theater

Der Balkon
Schauspiel von Jean Genet
R und BB: Hans Neuenfels
BD (Elyane), Barbara Frey, Charlotte Joeres, Ve-
rena Peter, Lieselotte Rau, Sinaida Stanley, Elisa-
beth Trissenar, Michael Altmann, Andreas Biß-
meier, Joachim Bliese, Lothar Blumhagen, Ma-
nuel Bullinger, Hans-Eckart Eckhardt, Ulrich
Haß, Dieter Hergt, Jörg Holm, Stefan Krause,
Ulrich Kuhlmann, Holger Madin, Bernhard Mi-
netti, Helge Musial, Erich Schellow, Michael
Schmidl, Paul Schmitz, Hermann Treusch, Ulrich
Zelle

17. 9. DE
Staatliche Schauspiel-
bühnen Berlin –
Schloßpark-Theater
(ab 16. 9. 1985
Schiller-Theater)

Einmal Moskau und zurück
Zeitgenössische Geschichte von Alexander
Michailowitsch Galin
R: Helmut Polixa; BB: Kathrin Kegler
BD (Rosa A. Pessotschinskaja), Gudrun Genest,
Regina Lemnitz, Antje Weisgerber, Martin Held,
Helmut Wildt

1984
28. 9.
Staatliche Schauspiel-
bühnen Berlin –
Schiller-Theater

Berlin – Ein Ort für Zufälle
Texte, Lieder, Gedichte
BD, Uta Hallant, Lieselotte Rau, Antje Weisgerber,
Horst Bollmann, Boy Gobert, Martin Held, Carl
Raddatz, Erich Schellow

1985
28. 9.
Staatliche Schauspiel-
bühnen Berlin –
Schiller-Theater

Unverhofftes Wiedersehen

Ein Abend über die Liebe

R: Peter Fischer; BB: Ursula Scheib

BD, Heike Balzer, Ursula Diestel, Gudrun Genest, Sibylle Gilles, Charlotte Joeres, Lieselotte
Rau, Karin Remsing, Edith Robbers, Eva-Katharina Schultz, Friedrich W. Bauschulte, Lothar
Blumhagen, Holger Kepich, Heinz Rabe, Carl
Raddatz, Erich Schellow, Jürgen Thormann, Helmut Wildt

Filmographie
(soweit feststellbar)

Zusammengestellt von Herbet Holba

Die Jahreszahlen bezeichnen, mit Ausnahme der durch eine Anmerkung ausgenommenen Filme, das jeweilige Uraufführungsdatum.

Erklärung der Abkürzungen: BD = Berta Drews, Ti = Verleihtitel, D = Deutschland, Ö = Österreich, NL = Niederlande, CH = Schweiz, I = Italien, F = Frankreich; der in Klammer gesetzte Name ist die Rollenbezeichnung.

1933

Schleppzug M 17 (TiÖ: Fleisch in Fesseln)
Regie: Heinrich George, Werner Hochbaum
BD (Marie), Heinrich George, Betty Amann, Wilfried Seyferth, Maria Schanda, Friedrich Ettel, Robert Müller

Hitlerjunge Quex
Regie: Hans Steinhoff
BD (Frau Völker), Heinrich George, Claus Clausen, Rotraut Richter, Hans Richter, Rudolf Platte, Franziska Kinz, Hans Deppe

1936

Der Kaiser von Kalifornien
Regie: Luis Trenker
BD (Chansonette), Luis Trenker, Viktoria von Ballasko, Bernhard Minetti, Paul Verhoeven, Alexander Golling

1938

Urlaub auf Ehrenwort
Regie: Karl Ritter
BD (Anna Hartmann), Rolf Moebius, Fritz Kampers, René Deltgen, Carl Raddatz, Ingeborg Theek, Beppo Brem, Heinrich Schroth

1939
Alarm auf Station III
Regie: Philipp Lothar Mayring
BD (Frauke Kolk), Gustav Fröhlich, Jutta Freybe, Kirsten Heiberg, Hans
Nielsen, Eric Ode, Aribert Wäscher, Hermann Brix

1941
Über alles in der Welt
Regie: Karl Ritter
BD (Anna Möbius), Carl Raddatz, Hannes Stelzer, Fritz Kampers, Carsta Löck,
Joachim Brennecke, Paul Hartmann, Karl John, Georg Thomalla

Heimkehr
Regie: Gustav Ucicky
BD (Elfriede), Paula Wessely, Attila Hörbiger, Carl Raddatz, Eduard Köck,
Werner Fuetterer, Peter Petersen, Ruth Hellberg, Elsa Wagner

1942
Der große Schatten
Regie: Paul Verhoeven
BD (Lizzy), Heinrich George, Heidemarie Hatheyer, Will Quadfflieg, Ernst
Legal, Erich Ponto, Paul Verhoeven

1945
Die Schenke zur ewigen Liebe
Regie: Alfred Weidenmann
BD (Frau Stiel), Monika Burg, Carl Raddatz, Maria Koppenhöfer, Josef
Sieber, Albert Florath, Günther Lüders, Hans Stiebner
(Anmerkung: Der Film blieb unvollendet.)

1949
Mädchen hinter Gittern
Regie: Alfred Braun
BD (Paula Rellspieß, Fürsorgerin), Petra Peters, Richard Häußler, Alice Treff,
Ralph Lothar, Fritz Wagner, Arno Paulsen, Else Ehser

1950
Lockende Gefahr
Regie: Eugen York
BD (Frau Rüger), Angelika Hauff, Walter Richter, Adi Lödel, Werner Riepel,
Kurt A. Jung, Rudi Gerdes

1952
Wenn Abends die Heide träumt
Regie: Paul Martin
BD (Zimmermädchen), Rudolf Prack, Viktor Staal, Margot Trooger, Siegfried Breuer, Ernst Deutsch, Otto Gebühr

1953
Ave Maria
Regie: Alfred Braun
BD (Kerstin Melartin), Zarah Leander, Marianne Hold, Hans Stüwe, Ingrid Pan, Hilde Körber, Carl Wery, Josef Sieber

1955
Ein Mann vergißt die Liebe
Regie: Volker von Collande
BD (Frau Spicker), Willy Birgel, Maria Holst, Willi Forst, Annemarie Düringer, Heinrich Gretler, Wolfgang Neuss, Lys Assia, Aribert Wäscher

Ciske – Ein Kind braucht Liebe (D/NL)
Regie: Wolfgang Staudte
BD (Frau Freimuth), Heli Finkenzeller, Alexander Kerst, Günther Lüders, Dick van der Velde, Hermann Speelmans, Walter Janssen

Suchkind 312
Regie: Gustav Machaty
BD (Frau Brennecke), Inge Egger, Paul Klinger, Heli Finkenzeller, Josef Sieber, Karin Hardt, Hans Leibelt

1956
Der Bauer vom Brücknerhof (auch: Mein Bruder Josua)
Regie: Hans Deppe
BD (Franziska Donath), Willy A. Kleinau, Kenneth Spencer, Ingrid Andree, Karl Hellmer, Jan Hendriks, Hans Nielsen, Gunnar Möller

Anastasia, die letzte Zarentochter
Regie: Falk Harnack
BD (Fräulein Peuthert), Lilli Palmer, Ivan Desny, Franziska Kinz, Rudolf Fernau, Kurt Heintel, Peter Carsten

1958

Es geschah am hellichten Tag (D/CH)
Regie: Ladislao Vajda
BD (Frau Schrott), Heinz Rühmann, Michel Simon, Ewald Balser, Gert Fröbe, Siegfried Lowitz, Heinrich Gretler, Sigfrit Steiner

Das Mädchen vom Moorhof
Regie: Gustav Ucicky
BD (Mutter Nilsson), Maria Emo, Claus Holm, Wolfgang Lukschy, Werner Hinz, Horst Frank, Hilde Körber, Alice Treff

Polikuschka (D/I/F)
Regie: Carmine Gallone
BD (Frau des Tischlers), Folco Lulli, Ellen Schwiers, Ivan Desny, Sabine Bethmann, Hugo Lindinger, Hans von Borsody, Antonella Lualdi

1959

Kriegsgericht
Regie: Kurt Meisel
BD (Frau Willners)), Karlheinz Böhm, Christian Wolff, Klaus Kammer, Hans Nielsen, Albert Hehn, Sabine Sesselmann, Carl Wery

Jons und Erdme / La Donna Dell'Altro (D/I)
Regie: Victor Vicas
BD (Jasgulka), Giulietta Masina, Carl Raddatz, Karin Baal, Richard Basehart, Agnes Fink, Gert Fröbe, Dietmar Schönherr

1960

Die Fastnachtsbeichte
Regie: Wilhelm (William) Dieterle
BD (Frau Bäumler), Hans Söhnker, Götz George, Hilde Hildebrand, Christian Wolff, Gitty Daruga, Friedrich Domin

1961

Zu jung für die Liebe
Regie: Erica Balqué
BD (Frau Brehm), Loni von Friedl, Adelheid Seeck, Helmut Käutner, Heinz Blau, Wolfgang Reichmann, Anita Höfer

Unser Haus in Kamerun
Regie: Alfred Vohrer
BD (Tante Edith), Johanna von Koczian, Götz George, Hans Söhnker, Horst Frank, Walter Rilla, Kenneth Spencer

1962
Ich kann nicht länger schweigen
Regie: Jochen Wiedermann
BD (Frau Woitke, Wirtin), Paul Klinger, Charles Regnier, Barbara Frey, Michael Verhoeven, Hans Nielsen, Käthe Haack

Das Mädchen und der Staatsanwalt
Regie: Jürgen Goslar
BD (Frau Hecker), Wolfgang Preiss, Götz George, Elke Sommer, Paul Dahlke, Agnes Fink, Gisela Uhlen, Dorothea Wieck

Frauenarzt Dr. Sibelius
Regie: Rudolf Jugert
BD (Babette, Haushälterin), Lex Barker, Barbara Rütting, Senta Berger, Loni Heuser, Rudolf Platte, Hans Nielsen, Elisabeth Flickenschildt

1964
Nebelmörder
Regie: Eugen York
BD (Frau Ritzel), Hansjörg Felmy, Ingmar Zeisberg, Hilde Sessak, Elke Arendt, Wolfgang Völz, Wolfgang Büttner

1973
Einer von uns beiden
Regie: Wolfgang Petersen
BD (Mutter Braats), Klaus Schwarzkopf, Jürgen Prochnow, Elke Sommer, Ulla Jacobsson, Fritz Tillmann, Walter Gross, Klaus Theo Gärtner, Gunther Beth, Wolf Roth

1979
Die Blechtrommel / Le Tambour (D/F)
Regie: Volker Schlöndorff
BD (Oma Anna), Mario Adorf, Andrea Ferréol, David Bennent, Heinz Bennent, Tina Engel, Angelika Winkler, Roland Teubner, Katharina Thalbach

Fernsehen

(Fernsehfilme, Theateraufzeichnungen und Serien – soweit feststellbar)

Zusammengestellt von Peter Spiegel

Erklärung der Abkürzungen: R = Regie, B = Drehbuch, BR = Bildregie (bei Bühnenaufzeichnungen), P = Produktionsfirma, ML = Musikalische Leitung, Ro = Rolle von Berta Drews.
Das angegebene Datum bezeichnet die Erstausstrahlung, die jeweilige Sendeanstalt folgt in Klammern; RB = Radio Bremen; SRG = Schweizer Fernsehen (deutschsprachig).

Der Biberpelz. Eine Diebskomödie von Gerhart Hauptmann. 25. 4. 1955 (SFB; live). R und B: Werner Völger. Mit Martin Held, Karl Hellmer, Friedrich Maurer, Lu Säuberlich, Ralph Lothar, Jakob Tiedtke, Edith Hancke, Arthur Wiesner. *Ro: Frau Wolff.*

So war Mama (I Remember Mama). Eine Komödie von John van Druten (nach dem Roman »Mama's Bank Account« von Kathryn Forbas). 1955 (SFB; live). R: Werner Völger. Mit Erna Sellmer ua. *Ro: Mama.*

Kehr wieder, kleine Sheba* (Come back, Little Sheba). Drama von William Inge. 3. 8. 1961 (BR; live). R: Kurt Wilhelm. Mit Paul Dahlke, Chariklia Baxevanos, Bert Fortell. *Ro: Lola.*
*Anmerkung: Der übliche deutsche Titel des Bühnenstücks lautet: »Komm zurück, kleine Sheba«.

Jedermannstraße. TV-Serie von Iwa Wanja. 26 Folgen. 9. 11. 1962 – 11. 9. 1965 (SFB). P: Allianz-Prod. R: Ralph Lothar. Mit Willi Rose, Karl John, Gisela Fackeldey sowie mit Inge Landgut, Paul Westermeier, Rolf Weih, Brigitte Mira, Walter Ladengast, Ulli Lommel, Walter Gross. *Ro: Frau Jesche.*

Die Grotte (La grotte). Schauspiel von Jean Anouilh. 19. 12. 1963 (BR/SRG). R: Michael Kehlmann. Mit Carl-Heinz Schroth, Alois Mario Giani, Anneliese

Stöckl, Ernst Stankovski, Achim Benning, Walter Buschhoff, Reinhard Koll-dehoff, Götz von Langheim, Ida Krottendorff, Michael Ande. *Ro: Marie-Jeanne, Köchin.*

Der Kaiser vom Alexanderplatz. Berliner Volksstück von Horst Pillau (nach einer Idee von Hans Tamow). 13.3. 1964 (ZDF).R: Erik Ode. Mit Rudolf Platte, Anita Kupsch, Loni Heuser, Erik Ode, Alexa von Porembsky, Tilo von Berlepsch, Lia Eibenschütz, Claus Tinney. *Ro: Wally Dreffke.*

Die Sanfte. Fernsehspiel nach der gleichnamigen Erzählung (Krotkaja) von Fedor M. Dostojewski. 22.11. 1964 (SFB). R und B: Willi Schmidt. Mit Peter Mosbacher, Carin Braun, Elsa Wagner, Ursula Krieg, Helmut Griem, Martin Hirthe. *Ro: Hauptmannswitwe.*

»Sie werden sterben, Sire.« Komödie von Leopold Ahlsen. 3.12. 1964 (WDR/SRG). P: Bavaria Atelier GmbH. R: Imo Moszkowicz. Mit Paul Dahlke, Herbert Fleischmann, Alexander Kerst, Klaus Schwarzkopf, Robert Meyn, Sigfrit Steiner. *Ro: Perette.*

Don Juan oder Die Liebe zur Geometrie. Komödie von Max Frisch. 21.10. 1965 (BR). R: Michael Kehlmann. Mit Helmuth Lohner, Manfred Inger, Hertha Martin, Fritz Schulz, Grete Zimmer, Theo Lingen, Nurith Yaron, Ina Peters. *Ro: Celestina, die Kupplerin.*

Bei Pfeiffers ist Ball. Ein Alt-Berliner »Tanzvergnügen« von Michael Alex. 5.3. 1966 (SFB). R: Thomas Engel. Mit Willi Rose, Cornelia Froboess, Erich Fiedler, Klaus Dahlen, Emmy Burg, Maria Litto, Brigitte Mira, Franz Muxen-eder sowie mit Ursula Benz, Edith Hancke, Hans Hass jr., Jo Herbst, Trio Sorrento (Bühnenprogramm). *Ro: Ulrike Pfeiffer.*

Um Lucretia (Pour Lucrèce). Drama von Jean Giraudoux (Ü: Harry Kahn). 23.3. 1966 (ZDF). R: Wolfgang Liebeneiner. Mit Antje Weisgerber, Lola Müthel, Max Eckard, Pinkas Braun, Robert Freytag, Karin Hübner. *Ro: Barbette.*

Ein unruhiger Tag (I'll Have You to Remember). Fernsehspiel von Clive Exton (Ü: Ruth Hammelmann). 3.8. 1966 (ZDF). P: Elan-Film Gierke & Co. R: Karlheinz Bieber. Mit Paul Dahlke. *(Ro: Millicent James).*

Philadelphia, ich bin da! Schauspiel von Brian Friel. 26.9. 1967 (RB). R: Karl Fruchtmann. Mit Peter Striebeck, Karl Hellmer, Brigitte Lohmann, Wolf-gang Büttner, Bruni Löbel. *Ro: Madge.*

Im Ballhaus ist Musike. Ein Alt-Berliner »Tanzvergnügen« von Michael Alex. 18. 11. 1967 (SFB). P: Alfred Bittin-Filmproduktion. R: Thomas Engel. ML: Horst Kudritzki. Mit Willi Rose, Cornelia Froboess, Wolfgang Condrus, Walter Gross, Erich Fiedler, Wolfgang Lukschy, Rita Paul, Bully Buhlan, Brigitte Mira. *Ro: Ulrike Pfeiffer.*
(Fortsetzung von *Bei Pfeiffers ist Ball*; siehe auch folgenden Film.)

Im Ballhaus wird geschwoft. Ein Alt-Berliner »Tanzvergnügen« von Michael Alex. 6. 7. 1968 (SFB). R: Thomas Engel. ML: Horst Kudritzki. Mit Willi Rose, Cornelia Froboess, Wolfgang Condrus, Hans Deppe, Edith Hancke, Rita Paul, Bully Buhlan, Brigitte Mira. *Ro: Ulrike Pfeiffer.*

In dieser Hölle. Fernsehspiel von Herbert Tjadens. 26. 2. 1969 (ZDF). R: Gedeon Kovacs. Mit Inger Zielke, Mathias Ponnier, Hans-W. Hamacher, Hans Cossy. *Ro: Eliza.*

Der Geizige (L'avare). Komödie von Molière (Ü: Hans Weigel). 6. 4. 1969 (ZDF). P: Bavaria Atelier GmbH. R: Otto Tausig. Mit Max Mairich, Irmi Paulis, Charikia Baxevanos, Jürgen Wölffer, Wolf Lindner, Peter Ertelt, Walter Reichelt, Manfred Lichtenfeld. *Ro: Frosine.*

Spion unter der Haube. Fernsehfilm in zwei Teilen von George Marton, Tibor Meray. 25. 9. 1969 (1. Teil) /27. 9. 1969 (2. Teil) (ZDF). P: TV-60 München. R: Günter Gräwert. Mit Loni von Friedl, Götz George, Sieghardt Rupp, Louise Martini, Werner Peters, Martin Held, Paul Dahlke, Rudolf Schündler, Martin Hirthe. *Ro: Madame Katja.*

Der unterbrochene Akt. (Akt przerywany). Eine nicht-szenische Komödie von Tadeusz Rózewicz (Ü: Illka Boll). 9. 4. 1970 (NDR/RB/SFB 3). P: NDR. R: Gerlach Fiedler. B: Alfred Berndt. Mit Dieter Hildebrandt, Ulli Hoffmann, Gisela Dreyer, Herbert Böhme sowie mit Friedrich Luft, Rolf Michaelis, Heinz Ritter. *Ro: Ältere Frau.*

Tod eines Klavierspielers. Kriminalfilm der Serie »Der Kommissar« von Herbert Reinecker. 5. 6. 1970 (ZDF/ORF). P: Neue Münchner Fernsehproduktion. R: Wolfgang Staudte. Mit Erik Ode, Fritz Wepper, Günther Schramm, Reinhard Glemnitz, Helma Seitz, Ingrid Andree, Günter Ungeheuer. *Ro: Mutter Dehmel.*

Die menschliche Pyramide oder Wohl dem, der eine Bleibe hat. Fernsehspiel von Wolfdietrich Schnurre. 31. 1. 1971 (SFB). R: Hans Dieter Schwarze. Mit Leonard Steckel, Ursula Günther, Blandine Ebinger, Günter Strack, Hermann Günther, Wolfgang Büttner. *Ro: Klara.*

Elsa Brandström. Dokumentarspiel von Hans Wiese. 26. 3. 1971 (ZDF). P: Intertel Television GmbH. R: Fritz Umgelter. Mit Renate Zillessen, Hans Epskamp, Günter Mack, Sigfrit Steiner, Alf Marholm. *Ro: Alte Mutter.*

Schwester Ignatia. Kriminalfilm der Serie »Der Kommissar« von Herbert Reinecker. 10. 3. 1972 (ZDF/ORF). P: Neue Münchner Fernsehproduktion. R: Dietrich Haugk. Mit Erik Ode, Fritz Wepper, Günther Schramm, Reinhard Glemnitz, Maria Becker, Romuald Pekny, Volker Eckstein, Elisabeth Osterberger, Jan Hendriks. *Ro: Frau Gebhardt.*

Hofball bei Zille. Musikalisches Spiel im Berliner Milljöh von Günter Neumann. 13. 8. 1972 (ZDF). R: Thomas Engel. Mit Erika Dannhoff, Barbara Schöne, Peer Schmidt, Günter Pfitzmann, Ekkehard Fritsch, Brigitte Mira, Hilde Sessak, Erich Fiedler. *Ro: Moritaten-Sängerin.*

Einmal Moskau und zurück (Retro). Zeitgenössische Geschichte von Alexander M. Galin. 12. 11. 1983 (SFB 3/RB 3/NDR 3). R: Helmut Polixa. BR: Hans Sommerfeld. Mit Martin Held, Antje Weisgerber, Gudrun Genest, Helmut Wildt, Regina Lemnitz. *Ro: Rosa A. Pessotschinskaja.*
(Aufzeichnung einer Aufführung aus dem Berliner Schloßpark-Theater.)

Namenregister

Granach, Alexander 103, 105, 108
Grass, Günter 9
Griese, Friedrich 155
Grosse, Herwarth 208
Grosz, George 232
Groth, Klaus 133
Gründgens, Gustaf 166, 175, 204, 244

H

Habecker, Charlotte 173 f., 247
Halbe, Max 172
Hamsun, Knut 161, 167
Hanson, Lars 194 f.
Harlan, Veit 104, 172, 193, 209
Hartung, Gustav 166 f.
Hasse, O. E. 291
Hatheyer, Heidemarie 269
Hauptmann, Gerhart 58, 79, 84, 211, 219 f., 301
Heck 202
Held, Berthold 58 f., 61
Held, Martin 119, 273, 305
Henn, Walter 289
Herlth, Robert 209
Hilpert, Heinz 113, 118 f., 153 f., 175, 268, 293
Hinkel, Hans A. 159
Hinz, Werner 268
Hitler, Adolf 87, 146, 153, 168 f., 181, 211
Höflich, Lucie 58, 79, 89, 95, 185, 203
Hörth, Ludwig 51, 56

Hoffmann-Harnisch, Wolfgang 61 f., 68
Holl, Gussy 163
Horwitz, Kurt 75, 81, 85

I

Ibsen, Henrik 98, 172, 178 f.
Ihering, Herbert 96, 136, 179, 198, 218
Imre, Andor 16, 28
Imre, Béla 16 ff., 31
Imre, Gisélla 16
Imre, Wally 16 f.
Ingenohl 175
Ipsen, Bodil 204, 221 ff.

J

Jacobi 106 f.
Jacobs, Monty 106 f.
Jacobsohn, Siegfried 91, 188
Jannings, Emil 162
Jawlensky, Alexej 77
Jessner, Leopold 98, 118, 126, 129
Johst, Hanns 155
Jones, James 273
Jünger, Ernst 212
Jung, Carl Gustav 229

K

Käutner, Helmut 81, 270
Kainz, Josef 91

Georg Thomallas Memoiren sind so
komödiantisch und publikumswirksam
wie seine Bühnen- und Leinwanderfolge –
garniert mit reichlich Zeit-, Theater- und
Filmgeschichte – aufregend, unterhaltsam
und spannend.

272 Seiten mit Bildseiten und Rollenverzeichnis

Langen Müller